国家社科基金项目（13CSH094）资助

沈君彬　著

福建人民出版社
海峡出版发行集团
THE STRAITS PUBLISHING & DISTRIBUTING GROUP

图书在版编目（CIP）数据

社会政策的时空之维：时空关照与农民工社会政策变迁/沈君彬著. --福州：福建人民出版社，2022.12
ISBN 978-7-211-08958-1

Ⅰ.①社… Ⅱ.①沈… Ⅲ.①民工—社会政策—研究—中国 Ⅳ.①F323.6

中国版本图书馆 CIP 数据核字（2022）第 222969 号

社会政策的时空之维——时空关照与农民工社会政策变迁
SHEHUI ZHENGCE DE SHIKONG ZHIWEI

作　　者：沈君彬
责任编辑：程顺祺
责任校对：陈　璟
出版发行：福建人民出版社　　电　　话：0591-87533169(发行部)
网　　址：http://www.fjpph.com　　电子邮箱：fjpph7211@126.com
地　　址：福州市东水路 76 号　　邮政编码：350001
经　　销：福建新华发行（集团）有限责任公司
印　　刷：福州德安彩色印刷有限公司
地　　址：福州市金山浦上工业区 B 区 42 幢
开　　本：787 毫米×1092 毫米　1/16
印　　张：24.5
插　　页：2
字　　数：416 千字
版　　次：2022 年 12 月第 1 版　　2022 年 12 月第 1 次印刷
书　　号：ISBN 978-7-211-08958-1
定　　价：98.00 元

序

农民工是改革开放以来中国社会经济变迁过程中出现的一个规模巨大的社会群体。他们来自农村，通过迁移流动生活和工作于异地他乡；他们在流迁过程各个环节的工作和生活中，处于不利甚至被歧视的状态，往往无法享受到流入地户籍居民所享有的各种社会福利、社会保障和公共服务，是一个计划经济体制下的传统社会政策所难以顾及、需要新的社会政策予以特别关照的群体。为满足农民工的这种新的社会政策需求，中国各级政府和包括学者在内的社会各界付出了巨大的努力。人们对农民工在流迁过程中的社会保护和公共服务需求的认识不断深化，针对农民工的社会政策也经历了一个从无到有、不断完善的过程，农民工在流迁过程中得到的公共服务和社会保护也不断得到强化。将这些社会政策和相关实践予以归纳梳理，揭示其背后的认识依据和学理逻辑，不仅具有重要的学术价值，而且具有重要的政策意义，无疑是一项十分有意义的工作。

摆在案头的沈君彬博士的新作《社会政策的时空之维——时空关照与农民工社会政策变迁》，即是这方面的一部力作。作者在书中提出了狭义时空关照与广义时空关照的概念，并将它们应用于农民工社会政策变迁、创新的研究，形成了本书所特有的分析视角。在此视角下，作者系统回顾了1979年至2021年40余年间国家层面上发布的涉及农民工群体管理和服务的各类文件，通过对这些文件的梳理，总结出了农民工社会政策范式的变迁轨迹及其时空关照响应状况。作者随后通过对改革开放以来发布的23份中央一号文件的系统梳理，对农民工社会政策狭义时空关照的历史展开了分阶段检视；利用社会福利政策的分析框架，对农民工社会政策广义时空关照现状进行多维度考察；基于广义时空关照的视角，跟踪比较了东部、中部与西部典型省份农民工社会政策的创新实践，最后在考察国家层面政策变迁与地方层面实践创新的基础上，提出了农民工社会保护体系因应转型的若干思路。全书读起来给人耳目一新的感觉，而且环环相扣，逻辑清晰，一改近年来笔者读到的不少农民工社会政策相关论著文本简单罗列、内容枯燥乏味的通病，具有较强的可读性。对于需要全面系统地了解中国农民工社会政策演变及其最新进展的读者而言，这是一部值得一读的重要文献。

通读全文，笔者以为，本书具有以下几个值得称道的特点。首先，作者的工作既源于又超越了前人的工作，很好地体现了学术研究中传承与创新之间的关系。正如作者在开篇中指出的，本书的研究源于清华大学社会学系课题组关于农民工社会政策时间维度的研究和福建师范大学朱宇、林李月关于农民工社会政策空间维度的研究。作者在充分吸收并使用上述两个团队成果的基础上看到了它们进一步改进和拓展的空间，将分别源于上述两个团队的“时间延伸”和“空间扩展”的思路“纵横交叠”起来，提出了本书的新概念和更为综合的分析框架。这种通过传承促进创新的研究路径值得提倡和借鉴。其次，作者在书中所做的研究建立在扎实的理论基础和宽广的国际视野之上。作者在书中梳理、归纳了政策范式转移理论、公民权理论、生命周期理论等相关理论，借鉴了国际劳工组织、世界银行、亚洲开发银行、联合国开发计划署等相关国际组织提出的社会保护政策框架，并将它们有机地融入作者提出的狭义/广义时空关照的概念和相关分析之中，从而进一步增强了书中所做工作的科学性和说服力。最后，书中的工作建立在广泛而扎实的实地调研和新近获取的第一手数据基础之上。作者于2018年对福建省内福州、泉州、厦门三地1200位农民工和东南沿海苏州、温州、泉州以及东莞四地2400位新生代农民工进行了问卷调查，同时对福建省内福州、泉州、厦门三地和福建省外苏州、温州、东莞等地的公务员、企业主、企业人力资源管理者以及新老农民工进行了深度访谈。作者团队在苏、浙、闽、粤、豫、皖、鄂、湘、川、渝、贵、陕等12省市调研期间，还根据研究需要对当地公务员、各类社会组织管理人员以及处于不同流迁状态、生命周期的农民工展开了深度访谈。这些问卷调查和深入访谈资料不仅为书中所作的分析提供了可靠且翔实的数据基础，而且体现了作者在研究工作中深入实际、踏实严谨的科学态度。

当然，本书仍有些值得作者在今后的研究中进一步拓展和深化的空间。作者在时空关照的概念框架下对农民工社会政策的变迁做了系统全面的梳理，但在其实际效果的评估上着墨不多，而这是今后进一步改进农民工社会政策的一个重要依据，值得作者在今后的工作中予以加强。作者在书中借鉴了相关国际组织提出的社会保护政策框架，但却未论及中国农民工社会政策及其演变在国际上的借鉴意义，这也是值得作者在今后的研究中多加思考的一个重要方面。当然，这些建议仅供作者参考。事实上，上述对本书的评述也未必准确到位，笔者作为本书作者的博士后合作导师，可能还难免有偏爱之嫌，本书的成败得失，还有赖于读者做出判断。

是为序。

2022 年 8 月 10 日

于上海经纬学府涵青家园

目 录

图目录

表目录

第一章　问题缘起、理论框架与研究设计

我们研究中国的社会科学者面临的挑战：怎样从实践的认识而不是西方经典理论的预期出发，建立符合中国历史实际的理论概念？怎样通过民众的生活实践，而不是以理论的理念来替代人类迄今未曾见过的社会实际，来理解中国的社会、经济、法律及其历史？我曾经建议：我们要到最基本的事实中去寻找最强有力的分析概念。一个做法是从悖论现象出发，对其中的实践做深入的质性调查（当然不排除量性研究，但是要在掌握质性认识之上来进行量化分析），了解其逻辑，同时通过与现存理论的对话和相互作用，来推进自己的理论概念建构。在这个过程之中我们不妨借助于有用的西方理论，尤其是针对西方现代形式主义主流的理论性批评。我们真正需要的是从实践出发的一系列新鲜的中、高层概念，在那样的基础上建立符合实际以及可以和西方理论并驾齐驱的学术理论。①

——黄宗智

第一节　问题缘起

一　时间延伸、空间扩展与农民工社会政策变迁

毋庸讳言，就研究理路和逻辑进展而言，本书的研究主要包括“农民工社会政策的时空之维”② 与“农民工社会政策的范式变迁”③ 两条进

①黄宗智：《认识中国：走向从实践出发的社会科学》，《中国社会科学》2005年第1期。

②本书第二章和第三章的研究主题是“农民工社会政策的时空之维”。

③本书第四章至第七章的研究主题是“时空关照视域下农民工社会政策的范式变迁”。

路。其中，“农民工社会政策的时空之维”这一进路的研究缘起于与农民工社会保护密切相关的两篇文献：其一是清华大学社会学系课题组撰写的题为《困境与行动——新生代农民工与“农民工生产体制”的碰撞》[①]（以下简称《困境与行动》）的研究报告，其学术贡献在于延伸了农民工社会政策研究的时间维度；其二是福建师范大学地理科学学院朱宇、林李月撰写的学术论文《流动人口的流迁模式与社会保护：从“城市融入”到“社会融入”》[②]，其学术创新在于扩展了农民工社会政策研究的空间维度。[③]

《困境与行动》一文中，沈原、郭于华等学者基于北上广的抽样调查数据、农民工集体抗争的田野调查以及官方二手资料，系统梳理了新生代农民工与世界工厂的关系。《困境与行动》一文的关键词为：“新”“老”差异、“新”“旧”冲突、“生产”与“再生产”、公民身份。所谓“新”“老”差异是指与1980年前出生的老一代农民工相比，1980年之后出生的新生代农民工群体不仅数量庞大，而且表现出了与老一代农民工不同的社会群体特征。有如，与老一代农民工相比，新生代农民工的受教育程度有了很大提高，而且有相当比例的人是直接从学校进到工厂的。新生代农民工与农村联系相对较弱，务农经历少甚至根本没有务农经历；他们与城市的关系更密切，消费习惯、生活追求和价值观都跟以农村为根的父辈大相径庭。[④] 所谓“新”“旧”冲突是指新生代农民工的社会群体特征与旧的农

---

①该研究报告由清华大学社会学系和中国青少年发展基金会“新生代农民工研究课题组”联合完成。该课题组2011年5月至12月在华北地区、长三角、珠三角等三个农民工相对集中区域，对新生代农民工群体展开问卷调查。调查最终获得的有效问卷1017份，其中北京214份、上海387份、广州416份。基于代际分化的视角，为了展开新生代农民工和第一代农民工社会保护状况的对比，该课题组还完成了242份针对第一代农民工的问卷，其中北京41份、上海113份、广州88份。

②该文的数据来源于作者2009年2月在福州市人口较为集中的工业园区以及商业服务业密集的市中心区展开的问卷调查和深入访谈。其中，问卷调查的对象为在福州工作时间达到3个月及以上，年龄在16到65周岁间的在业流动人口。调查对象中，有一半属于正规就业的流动人口，另一半则为非正规就业人员，包括街头商贩、搬运工、摩的司机、临时工以及其他管理不规范的小企业、小作坊里的非正式员工。

③上述学者及其研究团队的其他相关研究成果亦对本书研究的开展提供了许多有益启示。

④清华大学社会学系课题组：《困境与行动——新生代农民工与“农民工生产体制”的碰撞》，载沈原主编《清华社会学评论》（第六辑），北京：社会科学文献出版社，2013，第48页。

民工生产体制的根本冲突。其中“新”指新生代农民工的社会群体特征，其主要表现为：面对劳动争议，新生代农民工积极进行抗争；面对与劳动付出不相称的薪资收入，新生代农民工选择“用脚投票”，通过频繁换工来表达不满；面对“农民工”的称呼，新生代农民工鲜明地强调自己不是“农民”，而是“新工人”。[①] 所谓“旧”指新生代农民工面临的“仍然是近三十年来形成的‘农民工生产体制’”，这一体制包括“拆分型劳动力再生产模式”[②] 和“工厂专制政体”[③] 两个方面。《困境与行动》指出，“新”“旧”之间的矛盾具体表现为新的城乡关系定位与劳动力再生产模式之间、新的企业关系定位与劳动过程之间，以及新的公民身份定位与旧的国家干预方式之间三个方面的矛盾与冲突。[④] 最后，该文指出，新生代农民工社会群体特征的变化及其积极抗争行动，预示着“农民工生产体制”的不可持续性。政府和企业应直面“农民工生产体制”的内在矛盾，在企业中落实其“企业公民”身份，在社区生活中落实他们的“社区公民”身份。[⑤]

《困境与行动》认为，“农民工生产体制”只关注农民工的劳动力生产而忽视劳动力再生产。可见，“农民工生产体制”之下的农民工社会保护体系只关注流动农民工群体的有限需求，而忽视了农民工“上游”群体以及“下游”群体的社会保护需求，“拆分型劳动力再生产模式”是对“农民工生产体制”之下有限的农民工社会保护体系，只关注正式进入城市劳动力市场阶段的“狭义农民工群体”的生动描述。

---

①清华大学社会学系课题组：《困境与行动——新生代农民工与“农民工生产体制”的碰撞》，载沈原主编《清华社会学评论》（第六辑），北京：社会科学文献出版社，2013，第47—48页。

②《困境与行动》一文指出，“拆分型劳动力再生产模式”的基本特征是将农民工劳动力再生产的完整过程分解开来。其中，“更新”部分如赡养父母、养育子嗣及相关的教育、医疗、住宅等安排，交由他们在乡村地区的老家去完成，城镇和工厂只负担这些农民工个人劳动力日常“维持”的成本。

③《困境与行动》一文指出，“工厂专制政体”指以生产过程中高强度、长时间的简单劳动，微薄的工资待遇，严苛的管理制度，肮脏、恶劣与危险的工作环境等为特征的工厂体制。

④清华大学社会学系课题组：《困境与行动》，第49页。

⑤同上。

基于生命周期理论、前馈控制理论以及发展性社会政策理论，如图 1-1所示，完整的农民工“生命周期河”[①] 之中广义农民工群体可划分为“上游”群体、“中游”群体和“下游”群体。相应的，依据生命周期的转换可以将其划分为三个阶段：预备进入城市劳动力市场阶段、正式进入城市劳动力市场阶段和正式退出城市劳动力市场阶段。其中，农民工的“上游”群体指处于预备进入城市劳动力市场阶段的被养育、受教育的农村青少年儿童[②]，农民工的“中游”群体指正式进入城市劳动力市场阶段的第一代农民工和新生代农民工，而农民工的“下游”群体则是指正式退出城市劳动力市场阶段养老或者养伤的农民工。综上所述，基于“时间延伸”的维度，所谓广义农民工群体是指处于不同生命周期的广义农民工，既包

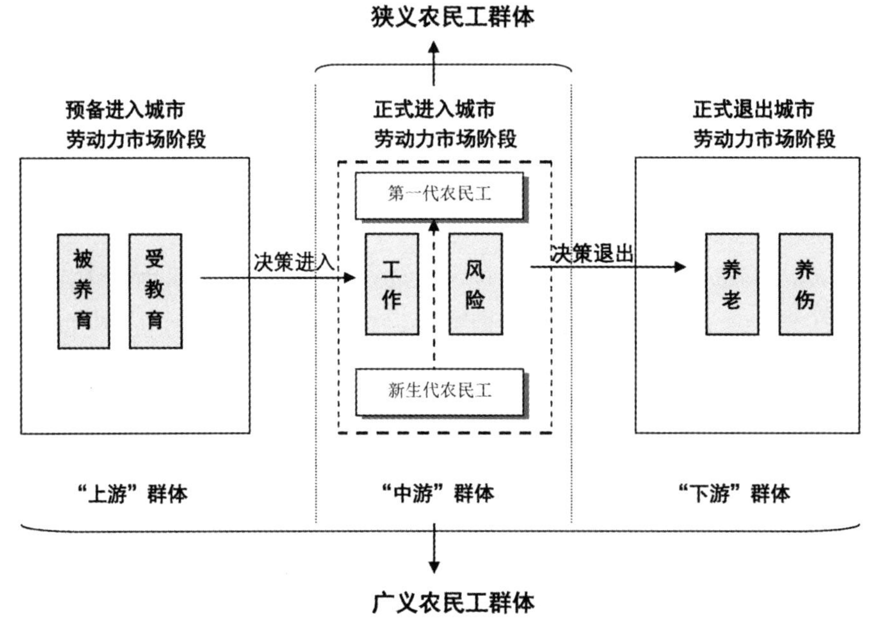

图 1-1　农民工的“生命周期河”

资料来源：笔者根据相关资料整理而成。

①从“上游”到“中游”再到“下游”，农民工生命阶段的转换如同河流一般无隙，因此称为“生命周期河”。

②应该指出的是，并非所有“上游”群体都生活在农村。现实中，许多农民工随迁子女跟随其父母在流入地城市学习、生活。对于这些“第三代农民工”群体而言，城市可能是他们打工的起点和出发点。

括预备进入城市劳动力市场阶段的“上游”群体、正式进入城市劳动力市场阶段的“中游”群体，又包括正式退出城市劳动力市场阶段的“下游”群体。而狭义农民工群体仅包括处于正式进入城市劳动力市场阶段的“中游”群体——第一代农民工和新生代农民工。

如前文所述，清华大学社会学系课题组的研究高度关注“新”“老”差异、“新”“旧”冲突，《困境与行动》的研究延伸了农民工社会政策研究的时间维度。“时间延伸”之余，他们既有研究的进一步延伸空间在于：其一，该课题组的研究缺乏“空间扩展”的视角，不同流迁状态农民工社会保护需求的差别化问题值得值得跟踪、研究；其二，虽然有丰富的“时间延伸”的蕴意，但是该课题组有关狭义农民工群体的研究更多针对新生代农民工群体，相对缺乏农民工社会保护需求代际差异的深入研究；其三，《困境与行动》虽然关注到了赡养父母、养育子嗣以及相关的教育、医疗、住宅等安排方面的需求，但是该研究报告只将这些需求视为“劳动力再生产”需求的核心部分，如果能将这些需求置于生命周期理论的视角之下，从农民工自身不同生命周期刚性需求的角度来考量会更加契合农民工自身“预备进入城市劳动力市场阶段”“正式进入城市劳动力市场阶段”“正式退出城市劳动力市场阶段”的发展阶段性。

朱宇、林李月所著述《流动人口的流迁模式与社会保护：从“城市融入”到“社会融入”》一文的最大学术贡献在于揭示了流动人口流迁模式的复杂性和多元分化及其对他们社会保护的影响。基于福州市流动人口的问卷调查及流动人口、企业雇主和相关政府部门官员访谈的结果表明：其一，流动人口的流迁模式呈现出在流入地定居、保持流动状态和向流出地回流的三维分化；其二，流动人口流迁模式呈现出三维分化的现实导致其对社会保护的需求在整体上不同于流入地当地居民，同时在其群体内部呈现多元分化的局面；其三，基于前述研究发现，流动人口的社会保护模式亟待从“城市融入”向“社会融入”转换。①总的看来，朱宇、林李月研究团队有关定居型、返乡型及循环型流动人口群体社会保护需求异质性及其差别化因应的研究，扩展了农民工社会政策研究的空间维度。

---

①朱宇、林李月：《流动人口的流迁模式与社会保护：从“城市融入”到“社会融入”》，《地理科学》2011 年第 3 期。

如图 1-2 所示，完整的农民工“流迁状态链”包括“下游”状态、“中游”状态和“上游”状态。[①] 相应的，可以把农民工的流迁状态划分为三个期/区[②]：“正式返乡期/区”“流迁决策期/区”“正式定居期/区”。其中，处于流迁决策期/区的农民工可视为处于流迁状态中的“中游”状态，无论是“定居型”农民工、“返乡型”农民工抑或是“循环型”农民工均处于农民工的狭义状态之中。相应的，处于正式返乡期/区的农民工可视为处于流迁状态中的“下游”状态，该状态中的农民工群体已经返回家乡超过六个月，同时主观意愿上将不再外出务工。处于正式定居期/区的农民工可视为处于流迁状态中的“上游”状态，该状态中的农民工群体已经正式取得城市户籍，在城市定居的事实表明其已经成为户籍身份上的市民群

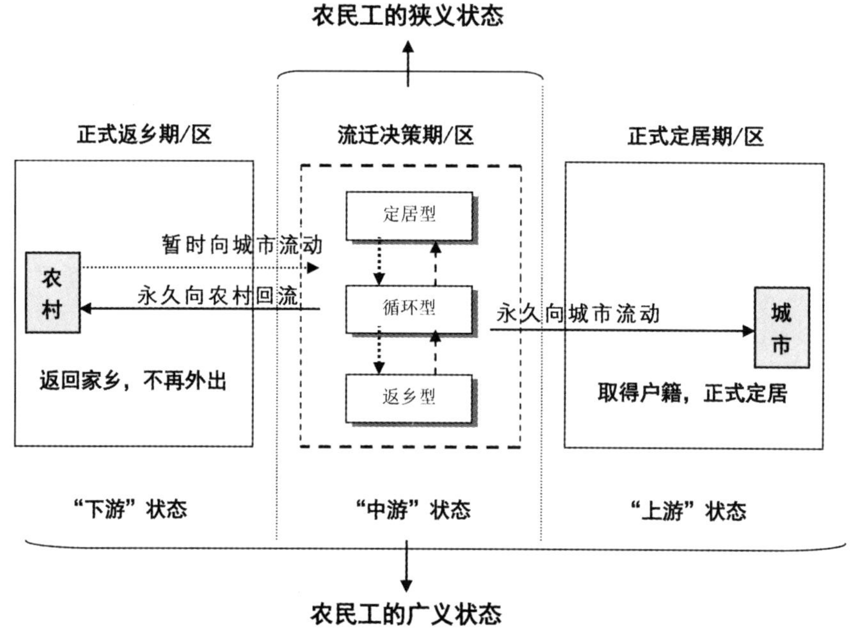

图 1-2　农民工的“流迁状态链”

资料来源：笔者根据相关资料整理而成。

---

①无论是返回家乡、进城定居抑或是在流入地城市务工，都是农民工广义状态中不可或缺的一环，因此将农民工流动的“下游”状态、“中游”状态和“上游”状态的持续叠加称为“流迁状态链”。

②所谓“期”具有时间的蕴意，而“区”具有空间的意涵。因此，“正式返乡期/区”“流迁决策期/区”“正式定居期/区”的表述兼具时空蕴意。“期/区”的兼用表明，流迁过程既意味着时间的推移又蕴含着空间的转换。

体之一。综上所述，基于“空间扩展”的维度，所谓农民工的广义状态指处于农民工流迁状态全程的广义农民工状态，既包括处于正式返乡期/区的“下游”状态、流迁决策期/区的“中游”状态以及正式定居期/区的“上游”状态。换言之，农民工的广义状态既包括“已返乡”农民工和“已定居”农民工，也包括在各流入地城市处于流动状态的农民工。而农民工的狭义状态则仅包括流迁决策期/区的“中游”状态——流动农民工群体，可细分为“定居型”农民工、“返乡型”农民工及“循环型”农民工。

如前文所述，朱宇、林李月及其学术团队的研究扩展了农民工社会政策研究的空间维度。“空间扩展”之余，他们既有研究的进一步拓展空间在于：其一，农民工和流动人口在群体范围上①存在显著差异，可以农民工为研究对象展开农民工群体流迁模式分化及社会保护需求异质性的研究；其二，朱宇及其团队有关流动人口流迁模式的研究仅局限在“流迁决策期/区”的流动人口群体，农民工社会保护体系建构完善的一个可能视角在于充分考量农民工广义状态的社会保护需求；其三，朱宇及其团队的研究相对缺乏“时间延伸”的视角，不同生命周期农民工的社会保护需求的异质性问题值得深入分析、探讨；其四，其问卷调查和深入访谈的时间已经过去十多年，且其实证研究的地点局限在福州市。

综上所述，笔者将“时间延伸”维度和“空间扩展”纵横交叠起来展开农民工社会政策变迁实践过程与实际结果的研究。意即，农民工社会政策的时空之维是一个值得学界关注的细分研究领域。现实情境中，农民工并非均质化的群体。比如，根据农民工代际分化的事实，可以将该群体划分为第一代农民工和新生代农民工；又如，根据农民工流迁模式呈现在流入地定居、保持流动状态和向流出地回流的三维分化的事实，可以将农民工群体划分为定居型农民工、循环型农民工与返乡型农民工三类亚群体。②基于上述判断，农民工群体代际需求异质性与流迁决策差别化的事实正成

①有如，从狭义来看，农民工是乡—城流动人口的一部分。而在城流动人口既包括乡—城流动人口，也包括城—城流动人口。城—城流动人口异质性的社会保护需求及其“再市民化”问题是笔者后续研究的重点之一。

②沈君彬：《异质性与差别化——农民工的社会保护需求与社会政策调适》，北京：社会科学文献出版社，2020，第33页。

为国家在调整农民工相关社会政策时的重要考量因素。[①] 但是如图 1-1、图 1-2 所示，农民工群体代际需求异质性与流迁决策差别化仍属于农民工社会政策的狭义时空之维，农民工社会政策调适应该综合评估、全面考量农民工的广义状态及广义农民工群体的社会保护需求。进而言之，农民工社会政策的狭义时空之维和广义时空之维的概念（理念）的内涵及其应用场域亟待得到明确。

本书的第二条进路是“农民工社会政策的范式变迁”。梳理相关文献，国内学者有关国家调整农民工政策的历史发展阶段划分抑或农民工社会政策的不同发展时期界定的研究并不鲜见。例如，金维刚与石秀印（2016）将农民工社会政策的调整划分为被动应对阶段、管理限制阶段、积极引导阶段和全面推进阶段等四个阶段。[②] 又如，姚进忠（2015）则通过农民工正式社会政策文本的解读，基于其建构逻辑的演进，将 1978 年至 2012 年农民工社会政策的建构逻辑划分为流动控制逻辑与制度吸纳逻辑两个逻辑阶段。在此基础上，他认为社会权利逻辑是未来农民工社会政策的可能走向。[③]

从政策范式转移的角度来审视农民工社会政策从旧政策范式走向新政策范式为农民工社会政策变迁研究提供了一个新的视角。相关典型研究集中在《中国公共政策评论》（第 1 卷）组稿刊发的三篇主题文章之中。在各自研究中，崔传义（2007）、仇国平和温卓毅（2007）、蒋晓阳和黄黎若莲（2007）等学者均认为我国农民工政策包括新政策范式与旧政策范式两个阶段或两种范式，具体的范式转移时间为 21 世纪初期。崔传义认为，从 21 世纪开始，农民工社会政策出现了从限制农民流动向保障农民工群体权益的范式转移。[④] 仇国平和温卓毅认为，21 世纪初期，我国政府把农民工

①沈君彬：《异质性与差别化——农民工的社会保护需求与社会政策调适》，北京：社会科学文献出版社，2020，第 10 页。

②金维刚、石秀印：《中国农民工政策研究》，北京：社会科学文献出版社，2016，第 169 页。

③姚进忠：《农民工社会政策的建构逻辑与未来走向——基于 1978—2012 年政策文本》，《北京理工大学学报》（社会科学版）2015 年第 5 期。

④崔传义：《论中国农民工政策范式的转变》，《中国公共政策评论》2007 年第 1 卷。

群体的角色重新定义为“产业工人的重要组成部分”，继而触发了农民工社会政策范式的转移。[①] 蒋晓阳和黄黎若莲则指出 20 世纪 90 年代末农民工社会政策范式发生了较大转型，农民工社会政策范式实现了从防范、控制向制度性吸纳的过渡。[②] 与上述研究不同，金维刚与石秀印（2016）以及姚进忠（2015）的分析并未置于政策范式转移的框架之中，但是他们各自有关农民工社会政策阶段划分的标准对本书的研究具有一定参考价值。

就上述两类研究，笔者认为，囿于研究时间限制，崔传义、仇国平和温卓毅、蒋晓阳和黄黎若莲对农民工社会政策的跟踪期间限于 2007 年之前。换言之，上述学者对于农民工社会政策范式转移的研究区间只有约 30 年。2008 年至 2021 年的 14 年间，“双向度城镇化”背景下农民工群体相关社会政策密集出台，农民工社会政策范式在三个维度均发生了显著变化。可见，学界亟待展开自改革开放至 2021 年的 40 余年间农民工社会政策范式转移的更为完整的研究。即便研究成果具有一定时间限制性，但是上述学者使用政策范式和范式转移的概念和框架来分析农民工社会政策的变迁，在理论框架和分析视角等方面对本书仍具有启示价值。而金维刚与石秀印（2016）以及姚进忠（2015）的阶段划分缺乏系统的分析框架，但他们关注到了 2007 年之后的数年间农民工社会政策的发展变迁。借此，本书基于政策范式转移理论展开自改革开放至 2021 年间农民工社会政策范式转移历程和转移轨迹的长周期分析。

党的十八大以来，特别是 2014 年以来，随着农民工社会政策的调适、变迁，农民工社会保护体系不断建构完善。基于政策范式转移理论，全新政策范式下的农民工社会保护体系是否能够因应、满足不同生命周期、不同流迁状态农民工群体的异质性社会保护需求呢？这是本书的主要研究任务，亦可以借此确定本书的研究目标。

---

①仇国平、温卓毅：《中国农民工政策的重大调整：走向新政策范式》，《中国公共政策评论》2007 年第 1 卷。

②蒋晓阳、黄黎若莲：《农民工政策的范式转移及其障碍》，《中国公共政策评论》2007 年第 1 卷。

二 研究目标

学界有关“农民工社会政策的时空之维”“农民工社会政策的范式变迁”两个进路的研究成果存在一些不足之处，这为本书的研究工作提供了潜在空间，亦构成了本书的研究目标。

研究目标一：在理论研究与实证分析的基础上建构出农民工社会政策狭义时空关照和广义时空关照的概念，明确这一组概念的理论内涵与应用场域。

研究目标二：系统梳理、总结改革开放四十多年来农民工相关社会政策的范式转移轨迹及其狭义与广义时空关照状况。

研究目标三：解读23份涉农中央一号文件文本，揭示各文件的狭义时空关照情况。

研究目标四：建构出农民工社会政策的广义时空关照评价体系，基于该体系评价2014年以来涉及农民工社会政策的文件在宏观目标层面与中观原则层面的时空关照水平。

研究目标五：基于狭义时空关照和广义时空关照的考察视角，跟踪比较2014年来东部、中部及西部共12个省、直辖市农民工社会政策的创新实践。

三 研究意义

本书尝试提出农民工社会政策的时空之维——农民工社会政策狭义时空关照与广义时空关照的概念，并将它们应用于国家层面农民工社会政策变迁轨迹与地方政府农民工社会政策创新实践的研究。狭义时空关照与广义时空关照既可以作为农民工社会政策研究的一个切入面向，同时这一组概念又可以作为农民工社会保护体系调整建构的一种指导理念。狭义时空关照与广义时空关照概念的引入既有理论意义，又有实践价值。具体来说，在理论层面上，农民工社会政策的时空之维可以为国内外学者继续深入研究农民工问题抑或流动人口回流问题提供新的研究思路与分析视角；在实践方面，这一组概念可以为中央政府与各流入地、流出地政府优化新时期农民工群体管理与服务的相关决策提供宏观指导理念和中观指导原则。

第二节　理论框架

一　理论基础

围绕着“时空关照与农民工社会政策变迁”这一研究主题，本书参考和借鉴了政策范式转移理论、公民权理论、生命周期理论、发展性社会政策理论与社会政策发展性理念、时空社会学理论、前馈控制理论与反馈控制理论等社会学、公共管理学、发展心理学、工程管理等学科的理论作为本书研究的理论基础。回溯、梳理上述理论的目的是为了建构出（狭义/广义）时空关照的概念，进而将其应用于农民工社会政策变迁的具体情境之中。

如图 1-3 所示，在本书研究过程中，在充分考量农民工群体弱势性地位的成因与个体差异化需求的基础上，结合上述跨学科理论，本书提出了时空关照（含狭义时空关照与广义时空关照）的概念并将这一组概念应用于：第一，考察农民工社会政策的范式转移轨迹；第二，对中央一号文件狭义时空关照历史进行分阶段检视；第三，对新近农民工社会政策广义时空关照现状展开多象限考察；第四，对东部、中部和西部地方省份农民工

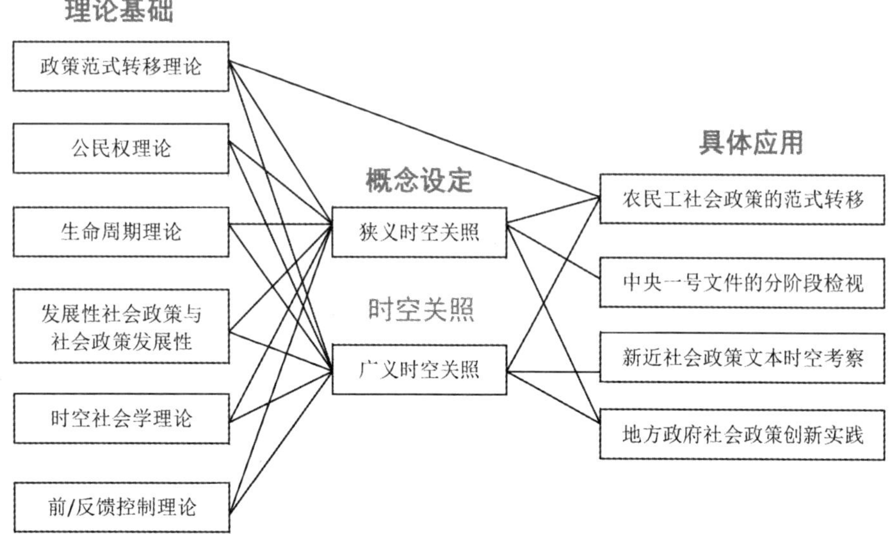

图 1-3　本书理论基础及其应用

资料来源：笔者根据相关资料整理而成。

社会政策创新实践展开狭义与广义时空关照状况的跟踪、比较。

（一）政策范式转移理论

“范式”（paradigm）的概念最早是由美国科学史家、科学哲学家托马斯·库恩（Thomas Samuel Kuhn）提出来的。在库恩看来，所谓“范式”，指的是特定的社区成员共同拥有的理念、价值和技术的总和。目前，“范式”的概念已经被广泛应用于社会科学的各个学科，特别是应用于公共政策分析领域。在库恩研究的基础上，哈佛大学彼得·霍尔（Peter Hall）与萨巴蒂尔（Paul A. Sabatier）等学者发展出了“政策范式”（policy paradigm）的概念。其中，彼得·霍尔认为，所谓“政策范式”是政策制定者所习惯性工作的一个由各种理念和标准组成的框架，它“不仅指明政策目标以及用以实现这些目标的工具类别，而且还指明它们需解决之问题的性质”。[①] 根据彼得·霍尔的理论，政策范式代表着政策行动的框架，它“可以在一个国家一定历史时期的整体政策中体现，也可以在某个特定的政策领域中体现。政策范式对公共政策的制定具有决定性的影响”。[②] 应该指出的是，政策范式一旦形成，就会具有相当的稳定性，不会轻易改变。但是，“它并非不受挑战。一个稳定的范式如果不能提供解决问题的适当方式，它就会变弱，从而出现范式转移[③]（paradigm shift）”。[④] 彼得·霍尔认为“政策制定通常是一个包含了三个主要变量的过程：指导

---

①Hall，P. A.，“Policy Paradigms，Social Learning and the State：The Case of Economic Policymaking in Britain”，*Comparative Politics*，Vol. 25，No.3（1993）：275—296. 译文参见彼得·霍尔《政策范式、社会学习和国家：以英国经济政策的制定为例》，彭科、温卓毅译，《中国公共政策评论》2007年第1卷。

②岳经纶、郭巍青：《构建和谐社会与中国公共政策的范式转移》，《中国公共政策评论》2007年第1卷。

③那么，什么才是政策范式转移的标志呢？就此，中山大学的学者朱亚鹏认为，一个政策范式一旦形成，就具有一定的稳定性，但并非绝对不发生变化。在坚持现有价值观的前提下，人们可能认为实现这些价值观的手段和方式是可以协商的。离政策范式的核心越近，要改变政策遇到的阻力就会越大。而当关于某项公共政策所有认知性要素，即政策目标、政策策略、方案及政策工具都发生根本变化时，就被认为是发生了政策范式的变化。参见朱亚鹏《住房问题与住房政策的范式转移》，《中国公共政策评论》2007年第1卷。

④岳经纶、郭巍青：《构建和谐社会与中国公共政策的范式转移》。

特定领域之政策的总体性目标（overarching goals）；为了实现这些目标所采用的手段或政策工具（instruments）；以及这些工具的精确设置（precise settings）”。① 为了便于区分这三种程度不同的政策变迁，彼得·霍尔将其分别命名为政策的第一序列变化、政策的第二序列变化与政策的第三序列变化，并以 1970 年至 1989 年间英国宏观经济政策制定为例对这三种政策变迁逐一加以说明。彼得·霍尔认为政策的第一序列变化是指“总体目标和政策工具保持不变，同时工具设置依据经验和新知识做出调整的工程”②；第二序列变化是指“政策总体目标保持原样，政策工具及其配置按照过往经验进行调整的变化”③；而第三序列变化属于政策的大规模变化，这种变化一般而言比较少发生，是特指“政策的三个组成部分同时发生变化：工具设置、工具自身和政策背后的目标层次”④。⑤ 彼得·霍尔认为，政策的第一序列变化、政策的第二序列变化与政策的第三序列变化“是不同类型的社会学习⑥的产物”⑦。具体来说，政策的第一序列变化与第二序列变化往往发生在一个相对封闭的政策网络中，它们属于比较简单的社会学习的产物。换言之，有关于政策工具与手段的学习属于“常规决策”的范畴。“这种政策调整不会挑战现有政策范式。政策变化往往呈现出渐进的、满意的和日常决策的特征。”⑧ 政策的第三序列变化则不然，它往往与整个政策目标的重构紧密联系，是关于政策目标学习的产物，⑨ 即“第三序列变化往往导致激烈的政策变化，将会引起政策范式的转移”⑩。

---

①Hall, P. A., “Policy Paradigms, Social Learning, and the State: The Case of Economic Policymaking in Britain”, *Comparative Politics*, Vol. 25, No.3 (1993): 275—296.

②同上。

③同上。

④同上。

⑤如果农民工社会政策发生了第三序列变迁，那么其“工具设置、工具自身和政策背后的目标层次”等政策的三个组成部分将同时发生变化。

⑥所谓社会学习就是为了解决政策问题而进行的对新理念的集体探寻。参与这个学习过程的，不仅有政府官员、政治家、政策专家，还有媒体，乃至普罗大众。

⑦Hall, “Policy Paradigms, Social Learning, and the State”.

⑧朱亚鹏：《住房问题与住房政策的范式转移》，《中国公共政策评论》2007 年第1 卷。

⑨如果以是否发生政策范式的转移为质变的标准，政策的第一序列变化与第二序列变化尚属于量变，而政策的第三序列变化无疑属于质变。

⑩Hall, “Policy Paradigms, Social Learning, and the State”.

本书借助政策范式转移理论来梳理、总结改革开放四十多年来农民工相关社会政策的范式转移历程与转移轨迹。

（二）公民权理论

英国著名社会政策学家、公民权理论奠基人托马斯·汉弗莱·马歇尔（Thomas Humphrey Marshall）在其所著《公民身份与社会阶级》一书中指出，公民权蕴含民事权、政治权、社会权等三个维度的权利。嵌入本书研究的主体之中：农民工群体比较关注的民事权包括依法签订劳动合同、劳动报酬权、自由迁徙的权利、司法诉讼服务的可及性；农民工的政治权主要包括该群体的选举权和被选举权等；农民工群体的社会权则包括就业权利、社会救助权利、社会保险权利、接受职业培训的权利、农民工子女接受教育的权利、住房保障权利等。①

将公民权依现实可能性的强弱划分则可以分为应有权利、法定权利和实有权利。② 作为理性经济人，如图 1-4 所示，包括农民工在内，公民必然希望应有权利、法定权利和实有权利三者间呈逻辑上重合的全同关系。

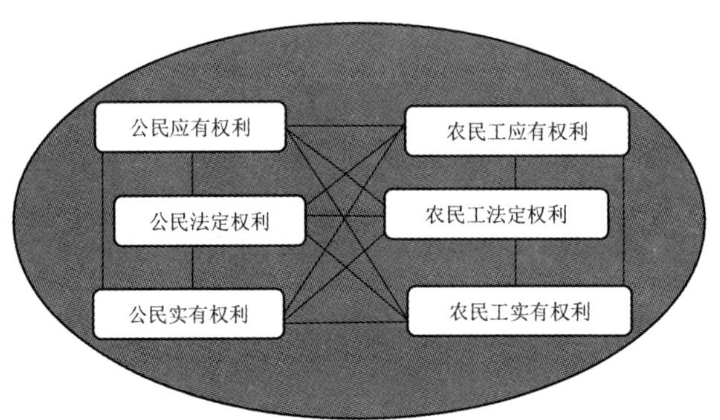

图 1-4　公民（农民工）应有权利、法定权利、实有权利的全同关系

资料来源：笔者绘制。

①沈君彬：《异质性与差别化——农民工的社会保护需求与社会政策调适》，北京：社会科学文献出版社，2020，第 15 页。

②曾坚、尹力、陈芳等：《权利体系中的社会保障制度研究》，北京：中国民主法制出版社，2007，第 193 页。

然而现实并不完美。如图 1-5 所示，应有权利、法定权利和实有权利三者关系在现实生活中必定是呈收缩态势的，从逻辑上讲三者是包含关系。在这种情况下，“法律制定者和实施者的作为主要体现为尽可能地使后两者尽量接近前者，且后两者的重合度加大。这一思维恰恰最能体现权利实现的应有趋势”[①]。

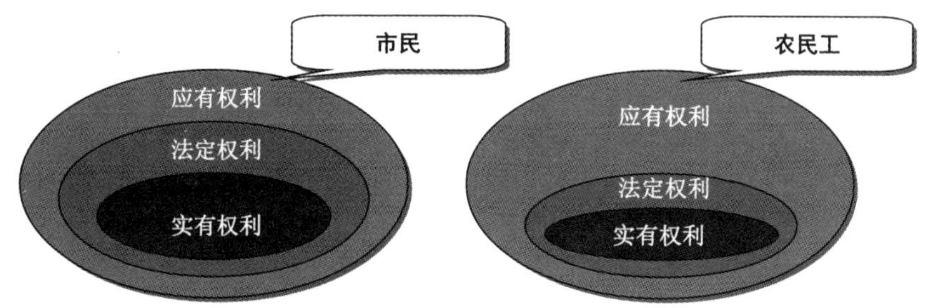

图 1-5　权益保障范式下农民工与市民应有权利、法定权利、实有权利的差异

资料来源：曾坚、尹力、陈芳等《权利体系中的社会保障制度研究》，北京：中国民主法制出版社，2007，第 193 页。笔者将之作了改造，以适应农民工和市民权利差异的情境。

（三）生命周期理论

生命周期是指生物体所经历的“出生→成长→成熟→衰退→死亡”的全部过程，其基本含义可通俗地理解为“从摇篮到坟墓”（Cradle-to-Grave）的整个过程。对于人类而言，生命周期是指从出生到死亡的全部生命历程中前后经历的明显异同的经济和社会特征阶段，这一全程可大致划分为儿童期、成熟期与老年期等三个阶段。个体生命历程无疑存在显著差异性，以家庭为单位，如图 1-6 所示，许多人都会经历“出生→结婚→第一个孩子出生→最后一个孩子出生→父母之一过世→父母皆过世→死亡”等生命阶段。[②]

与人的社会保护需求相伴随的是无处不在的风险。如图 1-6 所示，一

---

①曾坚、尹力、陈芳等：《权利体系中的社会保障制度研究》，北京：中国民主法制出版社，2007，第 193 页。

②生命周期理论将其称为个体的“生命事件”。

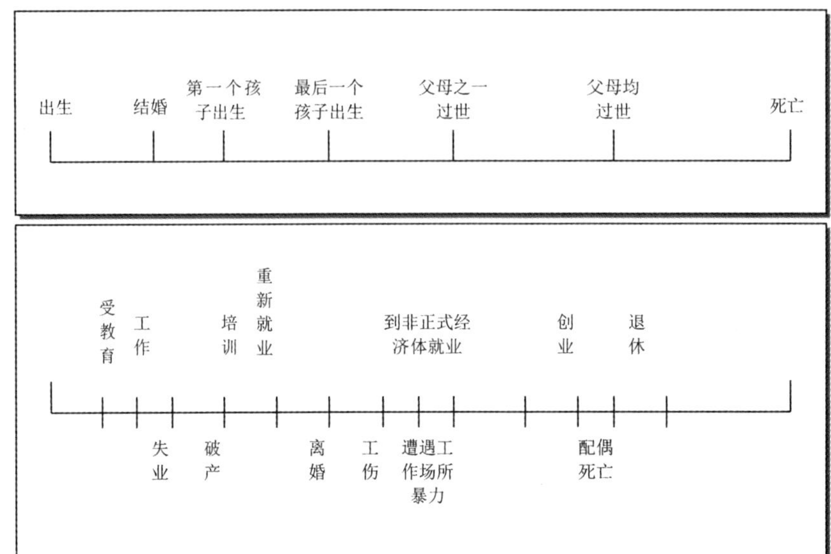

图 1-6 生命周期与个体生命事件

资料来源：翻译自 Garcia A. B. and Gruat J. V., *Social Protection: A Life Cycle Continuum Investment for Social Justice, Poverty Reduction and Development*. Geneva: Social Protection Sector, ILO, 2003. 笔者略有调整。

个普通人在生命历程中都与“受教育→工作→失业→破产→培训→重新就业→离婚→工伤→到非正式经济体就业→遭遇工作场所暴力→创业→配偶死亡→退休”的现实需求与潜在风险相伴。基于生命周期理论，笔者发现，人在生命周期的不同阶段，其多样化需求是紧密联系而非机械分割的，前一阶段的经历会对其后面阶段的经历产生直接的影响。在社会政策理论中，这种关联性主要表现为一些特定阶段的问题会在后一阶段重新出现，或者会影响到其后续阶段的机会。① 嵌入本书研究的主题之中，生命周期理论是农民工社会政策广义时间关照与狭义时间关照概念建构的重要理论基础。

（四）发展性社会政策理论与社会政策发展性理念

“十四五”及2035年远景期，我国应当积极构建全面发展性社会政

①徐月宾、刘凤芹、张秀兰：《中国农村反贫困政策的反思——从社会救助向社会保护转变》，《中国社会科学》2007年第3期。

策体系。[①] 全面发展性社会政策体系包括“发展性社会政策理论”与“社会政策发展性理念”两个维度。所谓“发展性社会政策”[②] 具有三个方面的内涵：一是社会政策是生产力，经济政策和社会政策可以相互促进；二是社会政策应主要以社会投资为导向；三是政府、非政府组织、个人都是社会政策的主体，都应该在社会政策中发挥出各自的作用。笔者认为农民工社会政策的调适应当遵循发展性社会政策的理念要求。所谓“社会政策发展性”是指在经济发展的同时，要通过社会政策的调整、建构来不断提高保障和改善民生水平。人民群众追求美好生活的愿望十分强烈，应保持改善民生与经济发展互促共进、相得益彰的良好态势。嵌入本书研究的主体之中，要通过农民工社会政策调适合理扩充农民工社会保护体系，积极因应不同流迁状态、不同生命周期农民工的异质性社会保护需求。

（五）时空社会学理论

时空社会学是从时间和空间特别是社会时空的特性和视角出发，运用时空分析方法，研究社会的结构和过程的一门分支社会学。[③] 由于时空社会学适应刻画与解释中国崛起过程的需要，这一学科和理论在中国得以迅速发展。时空特性是研究社会发展的重要维度，社会时间和社会空间概念是建构社会理论的核心。[④] 借此，在社会变革过程中，时间和空间不再仅仅是外在的“坐标”，而成为内在的基本变量，时空特征变化成为解释社会变迁的重要原因。[⑤] 应该指出的是，本书狭义时空关照和广义时空关照所谓的“时间”与“空间”更多局限在“物理时空”的范畴之内，但是景天魁有关时空社会学的深入研究为本书农民工社会政策广义和狭义时空关照概念（理念）的提出奠定了理念基础。如何将农民工社会政策研究的时

---

①葛道顺：《“十四五”时期构建全面发展性社会政策的思考》，《人民论坛》2020年第36期。

②此为葛道顺对于 Developmental Social Policy 的译名，本书依循这一译名。许多学者将之译为“发展型社会政策”。

③景天魁：《时空社会学在中国的兴起》，《西北师大学报》（社会科学版）2018年第2期。

④景天魁：《中国社会发展的时空结构》，《社会学研究》1999年第6期。

⑤景天魁：《时空社会学在中国的兴起》。

空之维从“物理时空”拓展到“社会时空”，是笔者农民工社会政策后续研究的重点方向之一。

（六）前/反馈控制理论

前馈控制（feedforward control）是在苏联学者所提出的“不变性原理”的基础之上发展而成的管理措施，属于开环控制。自 20 世纪 50 年代以来，在工程领域，前馈控制理念逐渐得到广泛应用。所谓前馈控制，是指管理者通过观察情况、收集整理信息、掌握规律、预测趋势，力求准确预测工程项目中可能出现的问题，并采取预防措施，将可能发生的问题与偏差消弭在萌芽状态。“上医医未病之病”就充满了前馈控制的蕴意。意即，为了避免未来可能出现的问题而事先采取的控制措施。在自动控制理论中，反馈控制（feedback control）是信号沿前向通道与反馈通道进行闭路传递，从而形成一个闭合回路的控制方法。一般来说，反馈控制的不足之处在于存在时滞问题。意即，从发现偏差到采取更正措施间可能存在时间延迟现象。管理者在发出修正信号的时候，情况可能已经发生重大变化，实际损失可能已经形成。前馈控制和反馈控制的理念可应用于工程管理与自动控制领域，亦可应用于社会管理与社会控制领域。嵌入本书的研究主体之中，前馈控制与反馈控制可以作为农民工社会政策调适与农民工社会保护体系调整建构的指导理论之一。

二　分析框架

本书有关农民工社会政策变迁的研究根据不同的具体主题综合运用了如下四个具体分析框架：一是对移民迁移社会政策分析框架①的扩展性诠释，该分析框架对于本书建构出农民工社会政策时空关照特别是广义时空关照的概念具有启发意义；二是社会福利政策的分析框架，该分析框架可以增加农民工社会政策研究的系统性；三是农民工社会政策“两维四分”的结构框架，该结构框架的运用可以同时增加农民工社会政策研究的科学性和

---

① Sabates-Wheeler，R.，WAITE，M.，*Migration and Social Protection：A Concept Paper*. Brighton：Development Research Centre on Migration，Globalisation and Poverty，University of Sussex，(2003)：1-62.

系统性；四是农民工社会政策“四位一体”的建构模型，该建构模型有助于明晰农民工社会政策构建的影响因素。

（一）对国际移民社会政策分析框架的扩展性诠释

为便于展开对国际移民群体迁移风险、弱势地位形成及其社会保护的系统研究，Sabates-Wheeler 等学者（2003）提出了国际移民社会政策分析框架。在分析国际移民相对弱势地位的具体成因时，Sabates-Wheeler 等学者指出主要包括四个方面的因素：第一，时间因素；第二，空间因素；第三，社会政治因素；第四，社会文化因素。① 虽然 Sabates-Wheeler 等学者所提出的社会政策分析框架的研究对象是国际移民，但由于户籍分割背景下福利城乡和区域区隔体制②的影响，社会权利（权利）难以同步转移和赋予，农民工群体虽然在城乡之间没有地理障碍，但该群体与国际移民群体一样面临着迁移的风险和弱势性。

在移民迁移社会政策分析框架中，就时间因素来说，迁移和流动是人口的时空移动过程，在迁移过程的不同阶段，国际移民面临着不同的风险和弱势性，而且不同时间跨度的迁移也在一定程度上呈现弱势性的差异。③ 嵌入本书的研究主题之中，农民工个体在迁移和流动的不同阶段中同样面临着异质性的风险和弱势性。从现实情境出发，昨天仍在流出地农村的农村预备劳动力可能今天成为在流入地城市求职、务工的农民工；同样，今天由于失业而在流入地城市徘徊的农民工，明天可能选择退出城市劳务市场返回流出地农村。④ 如图 1-7 所示，从生命周期与前馈控制的角度出发，基于发展性社会政策理论与社会政策发展性理念，Sabates-Wheeler 等学者

---

①Sabates-Wheeler，R.，WAITE，M.，*Migration and Social Protection：A Concept Paper*. Brighton：Development Research Centre on Migration，Globalisation and Poverty，University of Sussex，（2003）：1-62.

②这一区隔体制同样可以使用社会福利政策进行分析，有如，基于“资金筹集”的维度，社会福利地方化筹资机制导致了福利的区域区隔。

③黄晨熹：《迁流、弱势和社会保护：流动人口社会政策研究》，《劳动经济评论》2013 年第 1 期。

④作者的问卷调查结果及相关访谈表明，农民工群体退出流入地城市劳务市场的具体原因是极其复杂的。

提出的移民社会政策分析框架在应用于农民工社会政策分析之时，可以对其迁移时间进行延伸。换言之，广义时空关照视域下农民工社会保护体系在时间上应当延伸至农民工个体进入劳务市场之前以及退出劳务市场之后。

就国际移民在迁移过程中弱势性地位生成的空间因素而言，主要包括社会环境风险、重新安家制约、工作环境恶劣、居住和工作的非正式化等。由于许多国际移民只能在“次等劳动力市场”非正规就业，同时难以同步享受流入国（地区）的社会权利，迁移者主要采取迁移网络等非正式社会保护机制来管理迁移过程中的显性与隐形风险。应该指出的是，迁移流动意味着国际移民在空间上的转移和工作生活环境的改变，正是因为空间的转移和环境的变化而给该群体带来了许多方面的脆弱性和弱势性。但是，从总体风险管控的角度来说，迁移行为本身也是个人或家庭用来抵御或减少风险的非正式社会保护机制。[①]换言之，做出跨国迁移的决定是国际移民基于实现扩大个人或家庭收益与抵御风险目标的一个理性决策。农民工个体的进城决策亦是如此。同理，无论是跨国流动的国际移民群体抑或是跨地区流动的农民工群体都可能基于实现扩大个人或家庭收益与抵御风险目标而做出回流或者定居的决定。因此，从生命历程与反馈控制的角度出发，基于发展性社会政策理论与社会政策发展性理念，Sabates-Wheeler等学者提出的移民社会政策分析框架在应用于农民工社会政策分析之时，可以对其迁移空间进行扩展。意即，广义农民工社会保护体系在空间的维度上应当能扩展至覆盖返回流出地农村或进城定居的“农民工”[②] 个体。

此外，在社会政治方面，由于缺乏流入国（地区）政府的政治承诺，[③]许多国际移民面临着制度性约束。有如，国际移民群体经常在教育、经济机会和社会服务方面遭受到不公正的待遇，特别是被排斥在政治生活之外

---

①黄晨熹：《迁流、弱势和社会保护：流动人口社会政策研究》，《劳动经济评论》2013年第1期。

②其中，返回流出地农村的“农民工”的户籍身份应为农民，而将户籍迁入流入地城市的“农民工”的户籍身份应是城市居民。

③近年来，我国农民工群体社会境遇的逐步改善与中央和地方各级政府对该群体的关注与关爱密不可分，这也可视为一种政治承诺。

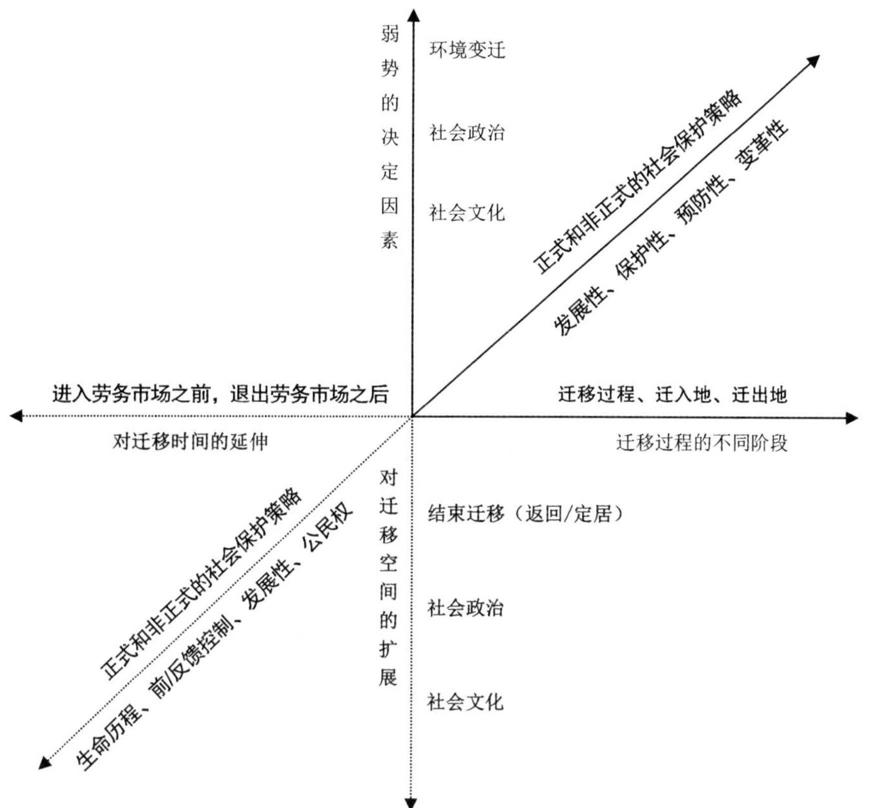

图 1-7　对 Sabates-Wheeler 等学者移民社会政策分析框架的延伸扩展

资料来源：根据黄晨熹《迁流、弱势和社会保护：流动人口社会政策研究》一文中的相关图表调整而成。

的境遇使得他们难以公平获取各类资源和服务，跨国移民在“遭受社会排斥→缺乏机会和资源→遭受歧视和剥削→陷入贫困与无助→进一步遭受社会排斥”的恶性循环之中。在社会文化方面，由于国际移民和流入国（地）居民在价值、习俗、规范等方面存在显著差异，这些地方建构①因素往往使他们面临着就业机会、资源与服务获取、社会融入等方面被排斥的被动局面。

①国际移民在价值、习俗、规范等方面与当地居民的差异性通常被视为“移民”的地方建构（local construction）。

（二）社会福利政策的分析框架

在参考 Burns E. M. 的著作 *Social Security and Public Policy* 相关研究的基础上，美国学者尼尔·吉尔伯特（Neil Gilbert）和保罗·特雷尔（Paul Terrell）提出了社会福利政策的分析框架。如图 1-8 所示，社会福利政策的分析框架从“支持它们的社会价值”“支持它们的理由或假设”“各个维度内的选择范围”等三个立体化的分析视角来考察细分社会福利政策“分配基础”“分配内容”“服务输送”“资金筹集”等四个具体选择维度。

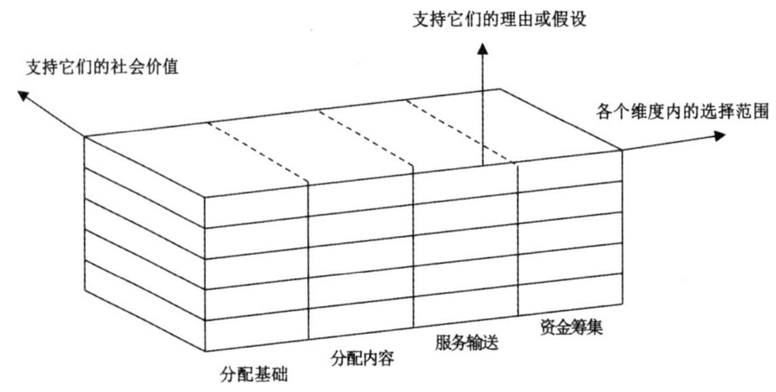

图 1-8　社会福利政策的分析框架①

资料来源：尼尔·吉尔伯特、保罗·特雷尔，《社会福利政策导论》，黄晨熹、周烨、刘红译，华东理工大学出版社，2003，第 84 页。

嵌入本书的研究主题之中，社会福利政策的分析框架的可取之处在于如下四点：其一，该分析框架具有明显的动态性、延续性的特点，② 在分析某个具体的农民工社会政策议题时可以做到理论探讨和具体实践的结合；其二，无论是用于分析国家层面上农民工社会政策范式的变迁抑或是跟踪地方政府细分农民工社会政策的创新实践，社会福利政策的分析框架都能将农民工社会政策的价值理念、制度设计、实际运行等多个方面串联起来展开多维度、多角度的立体式分析和比较；其三，社会福利政策的分析框架的四个具体选择维度可以在最大程度上考量细分农民工社会政策设

---

①意即后文中的政策框架。

②沈君彬：《异质性与差别化——农民工的社会保护需求与社会政策调适》，北京：社会科学文献出版社，2020，第 20 页。

计、实施与调适时需要考量的各类影响要素，力求还原出农民工社会政策运营的实践情境；其四，使用社会福利政策的分析框架展开相关社会政策的分析可以增强农民工社会政策研究的系统性。

以农民工社会救助为例，基于社会福利政策的分析框架，面对农民工群体社会救助的“真空现象”①，各级流入地政府应该如何规划、完善细分的社会救助制度呢？有如，普惠性抑或选择性？是否考虑政策对象的户籍？在分配基础的维度上，需要考量农民工社会救助对象如何确定的问题。在分配内容的维度上，既要统筹考虑农民工社会救助体系所要包括的细分项目类型，有如失业救助、医疗救助、住房救助等，又要考虑细分项目的给付内容，比如物质救助、技能救助和精神救助等失业救助具体给付形式。在服务输送的维度上，需要考虑各社会救助内容应该采取何种输送方式以便提升服务输送的效率和实际救助效果方面的问题。在资金筹集的维度上，则要考虑农民工社会救助资金的来源和渠道。由此可见，通过分配基础、分配内容、服务输送以及资金筹集的四维度统筹考量，可以最大程度体现出农民工相关社会政策设计时需要顾及的具体影响因素。

（三）农民工社会政策“两维四分”的结构框架

在《农民工社会政策及其建构》一文中，童星与张海波（2006）指出，就业、教育培训、子女教育、户籍、权益保护、社会保障、住房、农民工关怀等八个具体的社会政策议题，既是农民工群体应该享有的基本社会权利，也是政策制定者应当为农民工提供的公共服务。② 两位学者认为，上述八个社会政策议题在横向上包括“问题取向”与“福利取向”这两种具体取向，在纵向上可以分别纳入“生存型”与“发展型”两个阶段之中。系统回溯我国农民工社会政策的发展变迁历史，同时嵌入现实的社会政策制定、执行情境之中，囿于资源有限性约束与社会认同形成的过程性，在多方博弈之下，上述八个社会政策议题在制度安排上明显存在先后不等的“解决”秩序。具体来说：在横向上，问题取向型社会政策优先于

---

①刘怡文：《农民工群体的社会救助该何去何从》，《经济研究导刊》2019 年第 12 期。

②童星、张海波：《农民工社会政策及其建构》，《社会保障研究》2006 年第 1 期。两位学者的这一观点无疑符合公民权理论特别是“社会权”的内在蕴意。

福利取向型社会政策；在纵向上，发展型社会政策的迫切性逊于生存型社会政策。借此，可以将不同的社会政策议题置于“两维四分”的结构框架之中分为如下四类：“生存－问题型”社会政策、“生存－福利型”社会政策、“发展－问题型”社会政策、“发展－福利型”社会政策，上述社会政策类型所对应的农民工社会保护需求解决的迫切程度逐次递减。

就农民工社会政策“两维四分”的结构框架内应该嵌入的具体社会政策议题，笔者以为，应该将童星和张海波所提的就业、教育培训、子女教育、户籍、权益保护、社会保障、住房、农民工关怀等八个社会政策议题替换为社会救助、就业、职业安全、社会保险、职业培训、子女教育、权益保护、户籍、住房保障、农民工关怀等十个社会政策议题。如图 1-9 所示，“生存－问题型”社会政策包括社会救助、就业、职业安全等三类具体政策；“生存－福利型”社会政策则主要指社会保险政策；“发展－问题型”社会政策包括职业培训、子女教育、权益保护、户籍等四类政策；“发展－福利型”社会政策则包括住房保障政策与农民工关怀。①

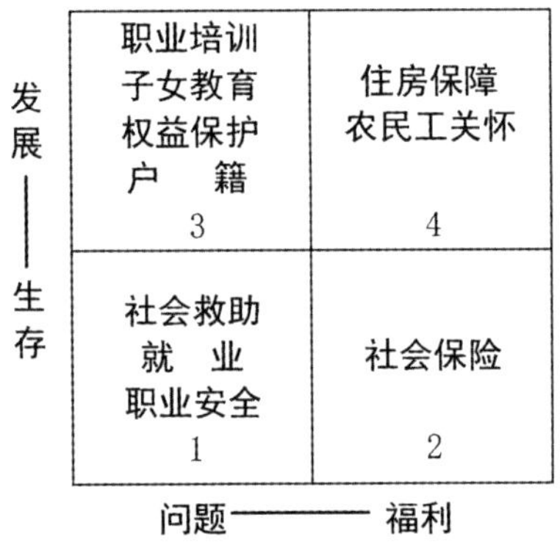

发展—生存	问题	福利
发展	职业培训 子女教育 权益保护 户　籍 3	住房保障 农民工关怀 4
生存	社会救助 就　业 职业安全 1	社会保险 2

（纵轴：发展——生存；横轴：问题——福利）

图 1-9　农民工社会政策“两维四分”的结构框架

资料来源：笔者在童星与张海波（2006）所提结构框架的基础上调整修改而成。

①笔者以为，相对社会保险，对农民工群体的社会救助安排无疑更加迫切。因此，相对童星与张海波（2006）所提出的农民工社会政策结构框架，本书将社会保障拆分为社会保险与社会救助，并将社会救助划入“生存－问题型”社会政策中，同时提出应在“生存－问题型”社会政策象限内设置职业安全这一社会政策议题。本书认为，社会保险政策应该代替童星与张海波所提的“社会保障”成为“生存－福利型”社会政策的唯一社会政策议题。此外，本书还将部分具体社会政策议题的名称进行了微调。

经过调整，如图 1-9 所示，农民工社会政策“两维四分”结构框架的可取之处主要体现在：其一，该分析框架将不同的农民工社会政策议题嵌入同一结构框架的四个象限之中，可以增加农民工社会政策研究的科学性和系统性；其二，该分析框架有助于研究者理解农民工社会政策范式的变迁轨迹，特别是中央和地方各级政府回应农民工社会保护需求项目、位序和结构的决策逻辑；其三，基于其包容性，利用农民工社会政策“两维四分”的结构框架，一方面，新的政策议题可以不断纳入这一政策框架之中进行考虑，另一方面，农民工的各项社会权利可以被分解到不同的操作层面之上。①

（四）农民工社会政策“四位一体”的建构模型

童星与张海波两位学者共同指出，农民工社会政策的建构受到三个因素的影响——价值理念、制度安排、社会认同。② 他们认为，任何农民工社会政策的制定都必须寻求此三个因素之间的平衡。③ 农民工社会政策“三位一体”的建构模型对于学者们研究如何为农民工提供服务提供了一个独特的分析框架。但该框架的一个明显不足之处在于实际上将农民工社会政策的对象排除在影响因素之外④，这一框架仅将农民工群体视为社会认同的参与者之一，相对忽视了农民工群体自身的能动作用。

在现实的社会政策环境之中，农民工群体自身绝不仅是社会认同的参与群体之一。随着经济社会形势的发展，代际更替背景下社会张力不断扩大，（新生代）农民工群体的整体利益诉求与能动作用对于农民工相关社会政策的制定与调适具有强大的推动作用。无论是非理性的维权抗争案例

---

①童星、张海波：《农民工社会政策及其建构》，《社会保障研究》2006 年第 1 期。

②同上。

③这三个因素的定位有所区别，其中价值理念属于软性约束，是农民工社会政策的基础；制度安排属于客观建构，是农民工社会政策的手段；社会认同属于主观建构，其是农民工社会政策的保障。

④沈君彬：《异质性与差别化——农民工的社会保护需求与社会政策调适》，北京：社会科学文献出版社，2020，第 18 页。

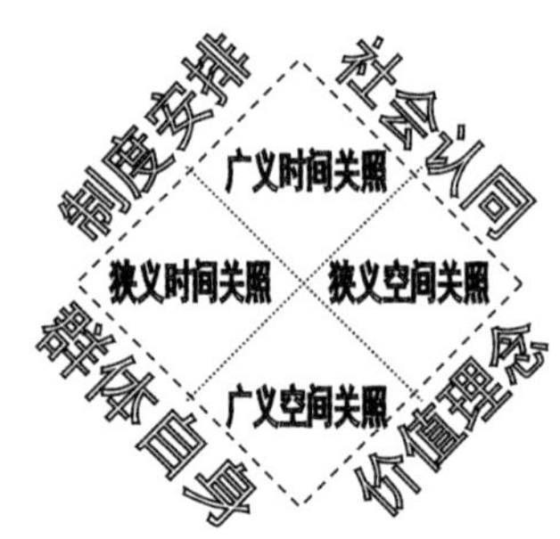

图 1-10　农民工社会政策“四位一体”的建构模型

资料来源：笔者在童星与张海波（2006）提出的农民工社会政策的建构模型的基础上自制。

抑或是理性的利益表达诉求件①均表明农民工群体自身已经成为农民工社会政策建构影响因素的其中一极。如图 1-10 所示，（农民工）群体自身、制度安排、价值理念、社会认同等四个方面构成了农民工社会政策调适、建构的四要素。依据农民工社会政策“四位一体”的建构模型，无论是农民工社会政策体系的宏观转型抑或是细分农民工社会政策项目的微观调适，均需要达到群体自身、制度安排、价值理念、社会认同四个要素之间相对平衡和妥协的状态。

嵌入本书的研究主题之中，如前文所述，狭义时空关照与广义时空关照既可以作为农民工社会政策研究的一个切入面向，又可以成为农民工社会保护体系调整完善时的一种指导理念。同时，从农民工群体需求的角度来说，无论是狭义空间关照视域下不同流迁模式农民工个体差异化核心社会保护需求的因应状况，抑或是广义空间关照视域下农民工群体对于社会保护体系向上游和下游延伸渴望的满足水平，均可以置于农民工社会政策“四位一体”的建构模型之中进行分析、评估。②

---

①以福州市 12345 便民（惠企）服务平台为例，笔者以“农民工工资”为关键词进行诉求件搜索，截至 2021 年 3 月 26 日，共有农民工工资拖欠的诉求件记录 727 条。通过这一服务平台表达利益诉求，许多农民工工资被拖欠的问题最终得到解决。

②笔者认为，无论是中央政府层面的社会政策变迁，抑或是地方政府层面的社会政策创新，就总体而言，均遵循“先有狭义时空关照，后有广义时空关照”的秩序。此先后顺序的形成可以用群体自身、制度安排、价值理念、社会认同等四个要素的动态平衡和妥协来解释。

三　概念界定

1. 时空关照

本书对时空关照概念的界定，包含狭义时空关照与广义时空关照两个层面。其中，狭义时空关照包括狭义时间关照和狭义空间关照两个维度。嵌入农民工社会保护体系建构抑或农民工社会政策调适的视域之中，所谓狭义时间关照是指各级政府在制定、调整农民工社会政策时需要充分考量代际分化背景下不同代际农民工群体异质性的社会保护需求①。而狭义空间关照则是指各级政府在制定、调整农民工社会政策时需要充分关照、因应多元流迁模式下不同流迁意愿农民工群体差别化的社会保护需求②。

广义时空关照包括广义时间关照与广义空间关照两个维度。其中，农民工社会政策的广义时间关照指农民工社会保护体系应能广泛覆盖处于不同生命阶段（预期/即期/往期）农民工个体差异化的社会保护需求。因此，农民工社会政策的对象包括“上游”农民工群体、“中游”农民工群体与“下游”农民工群体。而农民工社会政策的广义空间关照则指的是农民工社会保护体系应能广泛覆盖不同流迁意愿、流迁行为与流迁阶段农民工个体差异化的社会保护需求。因此，处于“上游”状态的农民工群体、“中游”状态的农民工群体与“下游”状态的农民工群体都是农民工社会政策的对象。

就狭义和广义两个层面时空关照之间的关系，笔者认为，广义时空关照的内涵更加丰富，狭义时空关照是广义时空关照的一部分。本书的研究主题正是基于狭义与广义时空关照的视角来剖析国家层面农民工社会政策的变迁历程与变迁轨迹，以及地方层面农民工社会政策的创新实践。

2. 农民工

根据国家统计局《2020年农民工监测调查报告》的指标解释，所谓农民工，是指“户籍仍在农村，年内在本地从事非农产业或外出从业6个月

---

①基于表述的简洁性考量，本书把“代际分化背景下不同代际农民工群体异质性的社会保护需求”简称为“代际需求异质性”。

②基于表述的简洁性考量，本书把“多元流迁模式下不同流迁意愿农民工群体差别化的社会保护需求”简称为“流迁需求差别化”。

及以上的劳动者”。[①] 根据其是否在户籍所在乡镇地域以内从业可以将农民工划分为本地农民工与外出农民工两个群体。

3. 新生代农民工

在国家统计局发布有关“农民工”指标解释的基础上，本书以1980年1月1日为时点，将当日及之后出生且大于16周岁且小于38周岁的农民工称为新生代农民工。2018年7月下旬至8月，笔者与研究团队赴福建省内福州、厦门、泉州等三个沿海市展开流动农民工群体需求代际差异主题的调查。为印证新生代农民工群体流迁模式多元化的判断，笔者及研究团队所有成员于2018年4月15日至5月30日赴苏州、温州、泉州以及东莞四地针对新生代农民工群体展开问卷调查，前后历时一个半月。两次调查截止时间稍有先后，但新生代农民工调查对象的年龄上限均设定为38周岁，下限均为16周岁。

4. 农民工群体中的“上游”群体、“中游”群体、“下游”群体[②]

基于广义时间关照的概念，所谓农民工群体中的“上游”群体是指尚未

①一些学者与各界热心人士认为“农民工”这一称谓具有歧视性意味，应用其他中性词汇替代。就此，笔者研究团队经过多次讨论后仍决定继续沿用“农民工”这一概念。考量因素如下：其一，“农民工”的称谓已约定俗称，为社会公众所广知与接受；其二，“农民工”的称谓并不是造成农民工在城市社会中相对弱势地位的根本原因，如何通过社会政策调适建构为该群体提供能够覆盖其流迁全程与完整生命周期的社会保护体系才是当务之急；其三，在农民工群体仍作为一个独特的群体存在，农民工问题尚未根本解决之前，无论是政策研究、政策制定抑或政策执行都需要有一个较为准确的称谓来指代该群体，从而增强政策的针对性，以便更好地为农民工群体服务；其四，在操作层面上难以找到可以完美替代“农民工”的中性词汇。有学者建议用“新市民”“异地务工人员”“外来务工者”等称谓来替代“农民工”，但是这些称谓既包括“乡—城流动人口”也包括“城—城流动人口”，其指代性并不准确。有学者建议使用“进城就业农民”的概念，但就农民工群体的实际流向而言，有三分之二的农民工群体是在城市转移就业，另外三分之一则是在乡镇就业，所以“进城就业”的概念界定也并不完全准确。还有学者建议直接使用“乡—城流动人口”，但这一概念并没有突出农民工群体流动的“就业驱动”属性，同时亦存在与“进城就业农民”等概念类似的指代不清的问题。对这一问题的更详细的相关研究和讨论，可参见笔者所著的《异质性与差别化——农民工的社会保护需求与社会政策调适》一书。

②见本书第三章第二节《上下游群体延伸与广义时间关照》中对这一组概念的相关界定。应该指出的是，本书有关上游群体、中游群体与下游群体的概念界定与《异质性与差别化——农民工的社会保护需求与社会政策调适》一书有所区别。

进入城市劳动力市场且未升学的初中、高中毕业生等农村预备劳动力与农村义务教育阶段学生。所谓“中游”群体是指在城市流动务工状态中农民工群体，既包括第一代农民工群体，也包括新生代农民工群体。而所谓“下游”群体则是指已经退出城市劳动力市场的老年农民工或者伤退农民工。

5. 农民工群体的“上游”状态、“中游”状态、“下游”状态①

基于广义空间关照的概念，本书所谓农民工群体的“上游”状态是指做出进城定居决策并且顺利实现定居目标的已定居“农民工”群体，从户籍意义上说，农民工的“上游”状态已经与“农民工”身份相脱嵌，他们已经成为城市居民抑或定居城市的“新市民”。所谓农民工群体的“中游”状态指仍处于流迁决策期的农民工，就流迁而言，他们可能是“定居型”农民工，也可能是“循环型”农民工抑或是“返乡型”农民工。而本书所指农民工群体的“下游”状态是指在现实情境之中已经返回流出地农村的返乡“农民工”群体，就户籍身份而言，他们属于农民。

6. 流迁需求差别化

指多元流迁模式下不同流迁意愿的农民工具有差别化的社会保护需求。为验证农民工群体流迁模式多元分化及多元流迁模式下农民工群体社会保护需求差别化的判断，2018 年 4 月至 5 月，笔者研究团队通过对位于东南沿海的苏州、温州、泉州与东莞等四地新生代农民工群体的问卷调查，揭示了该年轻群体流迁模式多元化同时不同流迁模式新生代农民工群体的社会保护需求具有明显差别化特征的事实。流迁需求差别化的事实是狭义空间关照概念的建构基础。

7. 代际需求异质性

指代际分化背景下，第一代农民工群体与新生代农民工群体在社会保护需求上存在一定代际异质性。为印证这种异质性，2018 年 7 月下旬至 8 月，笔者研究团队对福建省下辖的福州、泉州、厦门等三个沿海地市 1200 名流动农民工群体开展问卷调查和深度访谈，结果表明，农民工群体的社会保护需求具有明显的代际异质性。代际需求异质性的事实是狭义时间关照概念的建构基础。

---

①见本书第三章第二节《上下游群体延伸与广义时间关照》中对这一组概念的相关界定。

第三节　研究设计

一　研究思路

如图 1-11 所示，本书沿着“设定研究视角（理念）→考察（国家）政策变迁→跟踪（地方）政策创新→展开总结思考”的逻辑进路逐次展开具体研究。

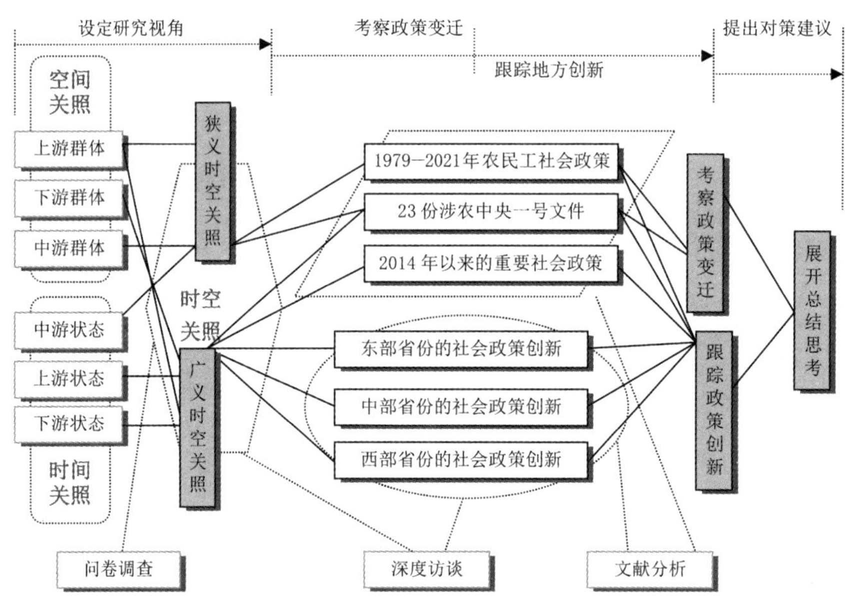

图 1-11　本书的研究思路

资料来源：笔者根据相关资料整理而成。

二　研究方法

本书在具体研究过程中主要使用了问卷调查、深度访谈、文献分析等三种研究方法。

（一）问卷调查

农民工群体代际需求异质性与流迁需求差别化事实的确认是本书研究的逻辑起点，亦是农民工社会政策狭义时空关照概念界定的基础。为印证农民工群体代际需求异质性的判断，笔者研究团队于2018年7月下旬至8月在福州、泉州、厦门三地对1200位农民工①开展了问卷调查。为了印证农民工群体流迁需求差别化的判断，笔者研究团队于2018年4月至5月在苏州、温州、泉州以及东莞四地对2400位新生代农民工②开展了问卷调查。③

（二）深度访谈

为印证农民工群体代际需求异质性的判断，笔者研究团队对福州、泉州、厦门三地的公务员、企业主、企业人力资源管理者以及新、老农民工共计30名受访者展开深度访谈。④ 为印证农民工群体流迁需求差别化的判断，笔者研究团队在苏州、温州、泉州以及东莞调研期间对此四地的公务员、企业主、企业人力资源管理者以及正规就业与非正规就业的新生代农民工共计40名受访者展开深度访谈。⑤ 笔者研究团队在苏、浙、闽、粤、豫、皖、鄂、湘、川、渝、贵、陕等12省市调研期间，还根据研究需要对当地公务员、各类社会组织管理人员以及处于不同流迁状态、生命周期的农民工展开了深度访谈。⑥

---

①本次调查的有效样本数为1096个，有效率为91.3%。本次调查所用问卷可见本书附录部分。

②本次调查的有效样本数为2250个，有效率为93.8%。本次调查所用问卷可见本书附录部分。

③上述两次问卷调查之外，笔者研究团队还曾于2018年6月至7月间先后到福建省龙岩、三明、南平等三个山区市，针对此三地的已返乡农民工做了600份问卷，其中有效问卷为480份。本次针对返乡农民工的问卷主要测度该群体社会保护需求的代际差异。本书第二章关于农民工群体社会保护需求代际差异的研究仅关注流动农民工群体，未研究返乡农民工群体，因此该章未对返乡农民工群体的调查数据进行分析。

④访谈对象分布为：公务员6人、企业主3人、企业人力资源管理者3人、新生代农民工9人、第一代农民工9人。

⑤访谈对象分布为：公务员8人、企业主4人、企业人力资源管理者4人、正规就业的新生代农民工12人、非正规就业的新生代农民工12人。

⑥上述三次大规模访谈之外，在开展问卷调查之余，笔者研究团队还曾于2018年6月至7月间先后到福建省龙岩市新罗区W镇、三明市宁化县S镇、武夷山市X镇，针对此三镇的56名已返乡农民工展开深度访谈。本书第二章中，笔者针对已返乡新生代农民工Z的访谈记录即来源于2018年6月至7月间开展的访谈。

（三）文献分析

本书第四章、第五章与第六章均采用文献分析的研究方法。其中，第四章通过梳理、分析 1979 年至 2021 年间中共中央、全国人大、国务院以及下属各部委发布的有关农民工的重要文件，动态展示改革开放以来中国农民工社会政策范式的转移轨迹。第五章以涉农中共中央一号文件为分析对象，通过对改革开放以来 23 份涉农中央一号文件的梳理来考察、揭示国家政策层面对农民工群体流迁需求差别化、代际需求异质性的因应变化历程，逐一揭示 23 份文件的狭义时空关照情况。第六章通过对“公民权利政策范式”下 2014 年以来与农民工社会保护相关的重要社会政策文本的梳理与评价，来揭示国家层面上出台的各类农民工相关社会政策的时空关照蕴意。

三 技术路线

本书从农民工群体代际需求异质性与流迁需求差别化的现实出发，嵌入农民工社会政策变迁的具体情境之中，尝试提出“时空关照”理念并借此衍生出“狭义时空关照”与“广义时空关照”这一组既密切联系又有所区别的概念。

基于狭义与广义时间关照的研究视角，本书试图揭示国家层面上农民工社会政策的范式转移历程及其时空关照响应状况。通过对改革开放以来发布的 23 份中央一号文件的系统梳理，本书对农民工社会政策狭义时空关照历史展开分阶段检视。利用社会福利政策的分析框架，本书对农民工社会政策广义时空关照现状进行多维度考察。基于广义时空关照的研究视角，本书跟踪、比较东部、中部与西部典型省份农民工社会政策创新的实践。在考察国家层面政策变迁与地方层面实践创新的基础上，本书最后提出农民工社会保护体系因应转型的若干思路。

具体来说，本书需要回答的关键性“问题集”主要包括如下四个方面：其一，嵌入农民工社会政策变迁的具体研究情境之中，“时空关照”“狭义时空关照”“广义时空关照”的定义分别是什么？为什么要提出这一组概念？其二，基于（狭义/广义）时空关照的分析视角，从国家层面上看，如何正确认识农民工社会政策（狭义/广义）时空关照的历史与现状？具体来说，国家层面上制定的农民工社会政策经历了哪些历程、阶段？如何评价国家层面上制定的农民工社会政策对该群体流迁模式多元化与代际需求异质性（狭义时空关照）的因应历史？如何评估国家层面上制定的农民工社会政策对农民工群体广义时空关照的现状？其三，在地方政府创新农民工社会政策的层面上，基于广义时空关照的分析视角，东部、中部以及西部典型省份在农民工社会政策创新上有何具体举措？对其他省份有何启示？其四，农民工社会保护体系应如何转型、调适以更好因应异质性农民工群体的广义时空关照需求。本书的技术路线见图 1-12。

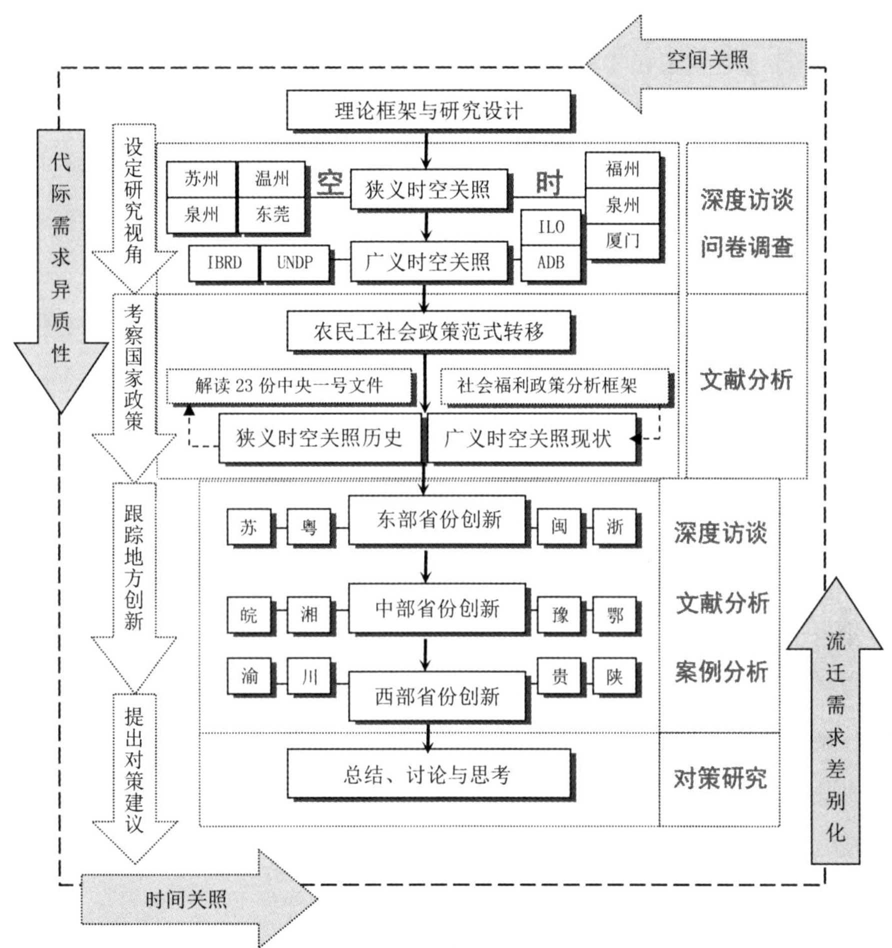

图 1-12　本书的技术路线

资料来源：笔者根据相关资料整理而成。

四　主要内容

本书共分为八章。

第一章为理论框架和研究设计，核心工作是通过国内外文献综述明确本书的研究空间，确立本研究的理论框架和具体研究设计。

第二章提出狭义时空关照的概念，并将这一概念作为农民工社会政策研究的一个切入面向。通过对苏州、温州、泉州与东莞等四地新生代农民工群体的问卷调查，揭示了该年轻群体流迁模式多元化与流迁需求差别化的事实。同时，通过对作为农民工密集流入地的福州、泉州与厦门等三个沿海地市部分流动农民工群体的问卷调查，揭示了该群体代际需求异质性的客观事实。基于对农民工群体流迁模式多元化、流迁需求差别化与代际需求异质性的实证研究，本书提出了农民工社会政策的狭义时空之维。

在总结国际劳工组织、世界银行、亚洲开发银行以及联合国开发计划署等国际发展组织社会保护政策框架，辨析上述国际发展组织对于我国社会保护扩展政策建议的基础上，第三章提出广义时空关照的概念。广义时空关照包含广义时间关照与广义空间关照两个维度，其中广义时间关照与农民工群体向上下游延伸密切相关，而农民工概念向上下游状态扩展则成为广义空间关照的实质性内涵。本章还讨论广义时空关照与狭义时空关照之间的关系。

第四章研究农民工社会政策的范式转移与时空关照响应。本章首先通过分析 1979 年至 2021 年间发布的农民工相关政策文本，阐述农民工社会政策所历经的“防控管制范式”“权益保障范式”“公民权利范式”等三个政策范式以及每个政策范式的特征。在此基础上，本章对此三个农民工社会政策范式的总体狭义与广义时空关照情况展开判断，同时对上述三个农民工社会政策范式之下各细分农民工社会政策是否具有狭义与广义时空关照蕴意展开详细评价。

第五章逐一梳理改革开放后共计 23 份涉农中央一号文件，通过考察上述文件对农民工群体代际需求异质性与流迁需求差别化的因应变革历程，揭示农民工社会政策狭义时空关照历史的变迁轨迹。

第六章基于社会福利政策的四维度分析框架，对“公民权利”政策范式之下农民工“生存－问题型”“生存－福利型”“发展－问题型”“发展－福利型”等相关社会政策的广义时空关照状况展开分象限讨论与比较。

第七章主要关注时空关照视域下东部、中部与西部典型省份农民工社会政策的创新情况。其中，本章第一节以江苏、浙江、福建及广东等东部四省农民工社会政策作为研究对象，基于文本分析与深度访谈，跟踪、比较上述东南沿海省份农民工社会政策创新的实践与经验，及时掌握人口密集流入地省份农民工社会政策创新的最新进展情况。本章第二节以“公民权利范式”之下中部河南省、安徽省、湖北省与湖南省的农民工社会政策为研究对象，通过文本分析与相关群体的深度访谈，基于广义时空关照的视角分析上述中部省份农民工社会政策的创新实践，总结相关创新经验，得出其对全国其他地区的启示。本章第三节同样通过文本分析与深度访谈跟踪、比较作为农民工主要流出地的四川、重庆、贵州和陕西等西部三省一市农民工社会政策创新的实践、经验及其启示。

第八章是本书的总结、讨论与思考部分。

五　研究创新

本书可能的创新之处主要体现在理论创新、研究视角、研究观点、研究时间以及研究群体等五个维度上，具体如下：

其一，在理论创新的维度上，提出农民工社会政策狭义时空关照和广义时空关照的概念、内涵及其可能的应用场域。农民工社会政策广义时空关照和狭义时空关照（即农民工社会政策的时空之维）既可以作为农民工社会政策研究的一个切入面向，又可以成为扩展农民工社会保护体系的一种指导理念。这一组概念的提出可助力政府决策，有助于增强农民工社会政策调适的系统性、科学性、针对性及可操作性。

其二，在研究视角的维度上，将农民工代际分化与农民工流迁模式（居留意愿）的研究糅合起来，基于“时间”与“空间”的复合型视角研究农民工社会政策的变迁轨迹与创新实践。社会政策的“时空视角”并不局限于农民工社会政策的研究，基于某个具体群体的社会政策抑或某个细分社会政策变迁轨迹与创新实践的研究均可采取类似的“时间”与“空间”的复合型视角。换言之，本书的研究拉开了时空社会政策研究的序幕。

其三，在研究观点的维度上，基于农民工广义时空关照视域提出建构“终生式—全程型”农民工社会保护体系的观点。“终生式—全程型”农民工社会保护体系可以积极回应不同生命周期、不同流迁状态预期、即期与“往期”农民工的异质性社会保护需求。

其四，在研究时间的维度上，将农民工社会政策范式转移的研究延伸至

2021年。改革开放以来，农民工社会政策经历了从“防控管制范式”到“权益保障范式”，再向“公民权利范式”切换的过程。在此期间，农民工社会政策的范式转移经历了从严控到宽松、从从紧到从宽、从消极到积极、从无序到有序、从管理到服务的转变过程。本书的研究完整覆盖了上述“范式”和阶段。

其五，在研究群体的维度上，以群体异质性与需求差别化为切入点，在提升农民工群体研究精细化水平的同时亦提升了农民工社会政策的精准度。有如，在农民工社会政策狭义时空关照视域下，基于流迁模式多元化的视角，将农民工群体划分为“定居型”农民工、“循环型”农民工与“返乡型”农民工三类亚群体；基于该群体代际分化的事实，将农民工群体划分为第一代农民工和新生代农民工。又有如，广义时空关照视域下农民工异质性社会政策调适的目标是满足不同生命周期、不同流迁状态农民工的差别化需求偏好。具体来说，在农民工社会政策广义时间关照视域下，将农民工群体扩展为“上游”“中游”和“下游”群体；在农民工社会政策广义空间关照视域下，还指出要关照、因应农民工“上游”“中游”和“下游”状态的差别化需求。

六　不足之处

本书提出了狭义时空关照与广义时空关照的概念，并将这一组概念作为农民工社会政策研究的切入面向和农民工保护体系调整的指导理念。农民工社会政策（广义/狭义）时空之维的提出是本书最重要的学术创新和理论贡献。然而，虽然有狭义时空关照和广义时空关照之分，但本书关照的时间与空间更多局限在“物理时空”的范畴之内。近些年来，时空问题在哲学社会科学领域受到越来越多的关注，且多指社会时间和社会空间问题。[①] 因此，如果能将农民工社会政策的时空之维从“物理时空”拓展到“社会时空”的界域，则相关研究可以进一步关照到时势、时局、权力、互动、结构、过程等情境和变量，进而可以更好地诠释农民工社会政策变迁与创新的实践逻辑和理论逻辑。这既是本书研究的不足之处，也是笔者后续开展时空社会政策研究的重点方向之一。

① 王思斌：《注重社会工作中的时间和空间》，《中国社会工作》2019年第31期。

第二章　狭义时空关照

从研究社会发展的角度看，时空特性也是一个基本的因素，或者说，也是研究社会发展的一个重要视角。①

——景天魁

第一节　代际需求异质性

一　数据来源和样本描述

农民工群体代际需求异质性的印证②是狭义时间关照概念建构的事实基础和逻辑起点。为印证流动农民工群体代际需求异质性的判断，2018年7月下旬至8月，笔者研究团队分别在福建省内流动农民工较为密集的福州市、厦门市与泉州市选取部分流动农民工开展问卷调查和深度访谈。本次流动农民工社会保护需求调查合计完成问卷1200份，福州、厦门、泉州每地样本数量均为400份。最终获得的有效样本数为1096个，总体有效率为91.3%。其中，福州市有效问卷数为369份，厦门市有效问卷数为366份，泉州市有效问卷数为361份。

基于代际分化的视角，国家统计局发布的《2017年农民工监测调查报

①景天魁：《中国社会发展的时空结构》，《社会学研究》1999年第6期。

②在笔者所著的《异质性与差别化——农民工的社会保护需求与社会政策调适》一书（社会科学文献出版社2020年版）第四章《流动与返乡农民工群体社会保护需求的代际差异》中对流动农民工群体和返乡农民工群体社会保护需求的代际差异均有较为深入的分析。本节的研究重点在于通过印证流动农民工代际需求异质性的事实来建构起狭义时间关照的概念，未探讨返乡农民工社会保护需求的代际差异。

告》揭示，1980 年及以后出生的新生代农民工[①]占比首次过半，占全国农民工总量的 50.5%，老一代农民工占全国农民工总量的 49.5%。[②] 由此，在福州、厦门、泉州三地展开的 1200 份农民工调查问卷中，1980 年以后出生的新生代农民工调查对象设定为 606 人，而第一代农民工调查对象设定为 594 人。[③] 在最终获取的 1096 份有效调查问卷中，新生代农民工有效问卷为 556 份，第一代农民工调查对象的有效问卷为 540 份。

借鉴朱宇和林李月 2009 年在福州市开展的农民工流迁模式分化的问卷调查，笔者在福州、厦门、泉州三地的问卷调查同样采取配额抽样和随机拦截相结合的办法来进行。在各地的 400 份问卷中，200 份问卷的调查对象是正规就业的农民工[④]，而另外 200 份的调查对象则是非正规就业的农民工。[⑤] 为增强对于流动农民工群体社会保护需求代际差异的直观感受，笔者团队还在福州、厦门、泉州三地展开了深度访谈。访谈对象共 30 人，其中公务员 6 人，分别任职于三地的社会保障部门、住建部门、基层法院、工会等政府部门和群团组织。此外，笔者团队还访谈了企业主 3 人，企业人力资源管理者 3 人，新生代农民工 9 人，第一代农民工 9 人。

---

①在 2016 年与笔者的一次交谈中，朱宇表示，随着时间的推移再以 1980 年及以后出生作为新生代农民工的标准将丧失新生代农民工身份界定的社会意义。因此，笔者认为，在进入 2020 年后将年龄在 40 岁及以下的农民工视为新生代农民工是更为合适的统计标准。

②该报告发布于 2018 年 4 月 27 日，而笔者开展调查的时间是 2018 年 7 月下旬至 8 月之间，因此参考了 2017 年的农民工监测调查报告数据。根据国家统计局 2021 年 4 月 30 日发布的《2020 年农民工监测调查报告》显示，2020 年农民工平均年龄已经达到 41.4 岁，比 2019 年提高 0.6 岁。从年龄结构看，40 岁及以下农民工（可视为实质上的新生代农民工）所占比重为 49.4%，比 2019 年（50.6%）下降 1.2 个百分点。40 岁及以下的农民工所占比重返回到 50%以下。

③福州、泉州、厦门三地各自的 400 份问卷中，新生代农民工数量控制为 202 份，第一代农民工数量则控制为 198 份。

④所谓正规就业的农民工，是指在工业、贸易以及服务行业当中员工规模在 100 人以上正规企业就业者。

⑤所谓非正规就业的农民工，其具体从事职业主要包括搬运工、街头小贩、各种临时工、摩的司机，同时还包括在各种管理不规范的小作坊、小企业非正式就业的农民工。

二　代际需求异质性

（一）社会保护需求的代际差异

囿于研究精力，如图 2-1 所示，笔者在四个象限（四分）内选取个别典型社会政策议题展开农民工社会保护需求代际异质性的研究。其中，“生存—问题型”社会政策选择就业，“生存—福利型”社会政策选择社会保险，“发展—问题型”社会政策选择权益保障与职业培训，“发展—福利型”社会政策则选择住房保障。

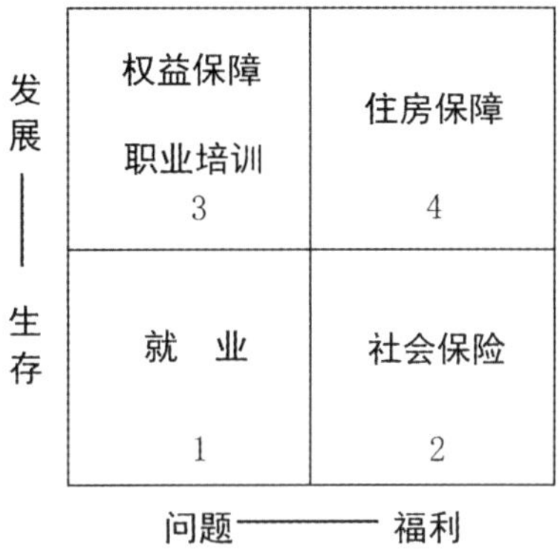

发展—生存	问题	福利
发展	权益保障 职业培训 3	住房保障 4
生存	就　业 1	社会保险 2

问题——福利

图 2-1　开展代际需求异质性研究的五个社会政策议题的分布

资料来源：基于童星与张海波（2006）所提结构框架调整修改而成。

1. 就业需求的代际差异

农民工就业属于“生存—问题型”社会政策议题。基于福州、厦门、泉州三地的 1096 份新老农民工有效问卷调查数据，笔者利用新老流动农民工合同签订情况与就业稳定性数据来展开对新老农民工群体就业需求代际差异的分析与比较。如表 2-1 所示，本次调查中已经签订劳动合同的新生代农民工占该群体总量的 62.2%，而 540 名第一代农民工中已签订合同的占比仅为 50.4%。新生代农民工群体的合同签订率高于第一代农民工。与这一组对比数据相呼应的是，认为有必要签订劳动合同的新生代农民工的比例亦高于第一代农民工。

表 2-1 流动农民工合同签订情况的代际差异

相关描述项		新生代农民工（N=556）	第一代农民工（N=540）
签订劳动合同情况	已签订	62.2%	50.4%
	未签订	37.8%	49.6%
您个人认为是否有必要签订劳动合同	有必要	60.8%	47.4%
	没有必要	36.0%	50.2%
	不知道	3.2%	2.4%

资料来源：笔者自制。

然而，应当引起高度关注的是，虽然本次调查中新生代农民工群体的合同签订率与个人认为有必要签订合同的比率均高于第一代农民工，但是如表2-1所示，认为有必要签订劳动合同的新生代农民工的数量（338人）少于实际已经签订劳动合同的新生代农民工数量（346人）。这多出的8人表明，虽然本次调查中新生代农民工的合同签订率情况比第一代农民工乐观一些，但是加强对该群体劳动合同签订重要性的宣传工作仍然是非常重要的。

本次调查中，虽然新生代农民工的合同签订率较高，但是相对较高的合同签订率并未带来相对较高的就业稳定性。如表2-2所示，较之于第一代农民工，新生代农民工就业稳定性较差。其表现为：

其一，虽然新生代农民工签订正式劳动合同的比率高于第一代农民工，但是签订了无固定期限合同的比率（18.5%）低于第一代农民工（21.3%）。根据《中华人民共和国劳动合同法》第十二条之规定，劳动合同分为固定期限劳动合同、无固定期限劳动合同和以完成一定工作任务为期限的劳动合同。[①] 现实的工作情境之中，无固定期限劳动合同对于劳动

①《中华人民共和国劳动合同法》第十五条规定，以完成一定工作任务为期限的劳动合同，是指用人单位与劳动者约定以某项工作的完成为合同期限的劳动合同。笔者团队在前期调查、研究过程中发现，在福建省务工的流动农民工群体中，签订该类合同者在10%以内。因此，笔者将以完成一定工作任务为期限的劳动合同归入固定期限合同范围之内而没有单列。

者无疑有着更好的保护作用。新生代农民工之所以签订该类合同者相对较少，与该群体年龄较小有关。《中华人民共和国劳动合同法》第十四条规定，订立无固定期限劳动合同适用于如下情形：情形之一，劳动者在该用人单位连续工作满十年的；情形之二，用人单位初次实行劳动合同制度或者国有企业改制重新订立劳动合同时，劳动者在该用人单位连续工作满十年且距法定退休年龄不足十年的；情形之三，连续订立二次固定期限劳动合同的，且劳动者没有本法第三十九条和第四十条第一项、第二项规定的情形，续订劳动合同的；情形之四，用人单位自用工之日起满一年不与劳动者订立书面劳动合同。由于本次调查的新生代农民工对象年龄界定在 16 至 38 周岁之间，该群体签订无固定期限合同的可能性较低。

表 2-2　流动农民工就业稳定性的代际差异

就业稳定性相关描述项		新生代农民工（N=556）	第一代农民工（N=540）
劳动合同情况	签订正式劳动合同	62.2%	50.4%
合同期限（类别）	签订固定期限合同	81.5%	78.7%
	签订无固定期限合同	18.5%	21.3%
是否更换过工作	没有更换过工作	14.0%	15.2%
	有更换过工作	86.0%	84.8%

资料来源：笔者自制。

其二，如表 2-2 所示，虽然该群体较年轻，工作年限较低，但是其更换过工作的比率却高于第一代农民工。本次调查的 556 名新生代农民工中，有跳槽经历的占 86%。而务工时间长得多的第一代农民工有跳槽经历者仅占该群体的 84.8%。由此可见，新生代农民工就业稳定性较差。

那么，为什么新生代农民工的就业稳定性较差呢？经过与多位访谈对象的深度访谈①，笔者认为，可以将拓展的莫布雷模型进行再扩展，嵌入新生代农民工群体离职的时空情境之中展开相关分析。如图 2-2 所示，在

①在访谈之外，为深入分析新生代农民工群体就业稳定性较差的具体原因，笔者研究团队两位成员还曾在 2018 年 10 月 8 日至 2019 年 12 月 25 日内分两个时段在某皮革厂（图 2-2 中的 A 公司）分别以普工和项目顾问的身份进行了长期的参与式观察。

社会各界外部影响力释放的背景下，新生代农民工离职的驱动因素是多元化的。首先，在企业的维度上，客观地说，当前新生代农民工就业的一些企业存在管理不规范的问题。① 其次，就新生代农民工自身的维度来说，

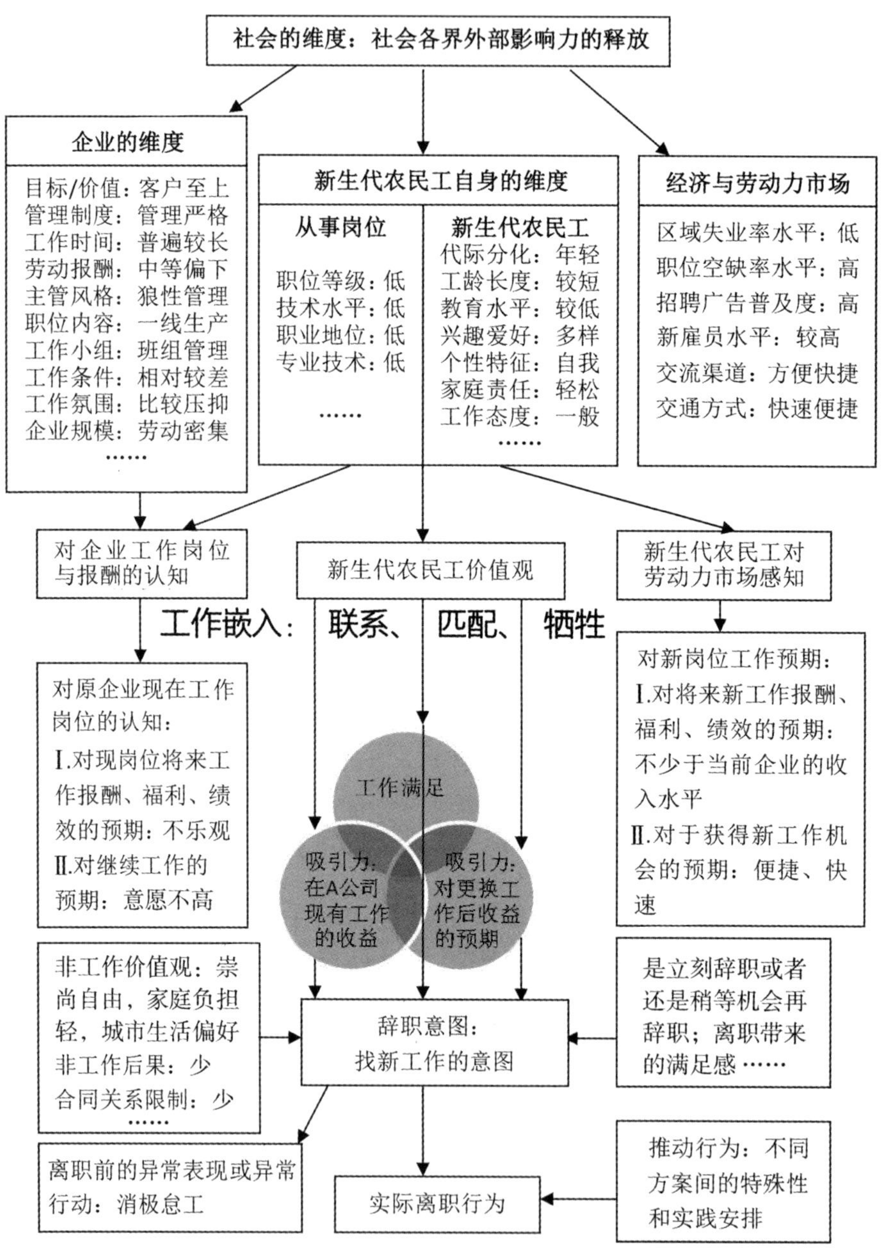

图 2-2 扩展的莫布雷模型的再扩展及其应用

资料来源：笔者根据资料整理。

---

①有如，企业劳动时间较长，劳动强度较大，工作环境不佳，员工缺乏归属感等。

该群体可能从事的岗位要求与自身的群体特性之间存在冲突。再次，福州、厦门、泉州发达的经济，活跃的劳动力市场降低了新生代农民工离职的机会成本。复次，工作更加灵活、时间上更有弹性的快递员、网约车司机、送餐员等新蓝领职业用人需求剧增，同时“刘易斯拐点”之下农村劳动力蓄水池趋于枯竭的现实使得新生代农民工的就业机会增多。此外，从代际分化的角度来说，新生代农民工群体比较注重自我感受，在感觉个人工作付出与所得不对等时往往倾向于用脚投票做出离职决策。

2. 社会保险需求的代际差异

农民工社会保险属于“生存－福利型”社会政策议题。如图 2-3 所示，农民工群体可以参加的主要社会保险项目包括：基本养老保险、失业保险、工伤保险、基本医疗保险和生育保险。基本养老保险方面，根据《国务院关于建立统一的城乡居民基本养老保险制度的意见》（国发〔2014〕8 号）规定，将农村社会养老保险和城镇居民社会养老保险两项制度合并实

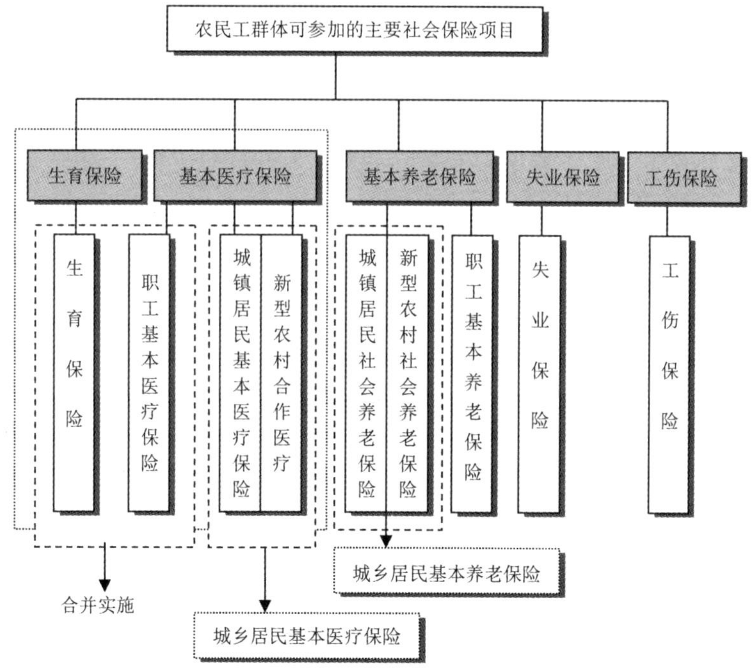

图 2-3　农民工群体可参加的主要社会保险项目（“五险”）制度框架

资料来源：沈君彬《异质性与差别化——农民工的社会保护需求与社会政策调适》，北京：社会科学文献出版社，2020，第 131 页。笔者根据《国务院办公厅关于全面推进生育保险和职工基本医疗保险合并实施的意见》（国办发〔2019〕10 号）对原图进行了部分修改。

施，在全国范围内建立统一的城乡居民基本养老保险制度。除了城乡居民基本养老保险制度之外，农民工还可以选择参加职工基本养老保险。

医疗保险方面，《国务院关于整合城乡居民基本医疗保险制度的意见》（国发〔2016〕3号）规定，要整合城镇居民基本医疗保险和新型农村合作医疗两项制度，建立统一的城乡居民基本医疗保险制度。在城乡居民基本医疗保险制度之外，农民工还可以根据自己意愿参加职工基本医疗保险。

此外，根据《国务院办公厅关于全面推进生育保险和职工基本医疗保险合并实施的意见》（国办发〔2019〕10号）的精神，2019年底之前，生育保险和职工基本医疗保险遵循保留险种、保障待遇、统一管理、降低成本的总体思路，推进合并实施。① 两险合并实施之后，实现参保同步登记、基金合并运行、征缴管理一致、监督管理统一、经办服务一体化。基于社会福利政策的四维度分析框架，生育保险和职工基本医疗保险合并实施的改革之处更多体现在服务输送和资金筹集环节。② 在上述保险项目之外，作为新产业工人的农民工还可以参加失业保险和工伤保险。

基于福州、厦门、泉州三地最终获取的1096份有效调查问卷，新老流动农民工各险种的参保率情况如表2-3所示。应该指出的是，在本次针对福州、厦门、泉州三地新老流动农民工的调查问卷中，由于考虑到研究口径的延续性以及农民工重复参保的情况③，表2-3的统计数据只考察受访者群体参加职工基本养老保险的情况，而不考虑其参加城乡居民基本养老保险的参保率。与此相类似，表2-3只考察受访者群体参加职工基本医疗保险的参保率，而不考虑其是否参加城乡居民基本医疗保险的情况。

---

①有人认为合并实施之后社会保险体系将由“五险”变“四险”。从该《意见》可知，生育保险和职工基本医疗保险两险合并实施后，生育保险作为一项独立的社会保险险种仍将给予保留。

②根据笔者与福州市社保一线经办人员的访谈，福建省从2015年开始将医保和生育保险强制捆绑办理。因此在问卷中不再单列基本医疗保险与生育保险，而将此两个险种合称为医疗、生育保险。

③访谈中，有些农民工表示自己既参加了流入地城镇的职工基本养老保险，又参加了新型农村社会养老保险。其原因颇为复杂，但笔者了解到重复参保的激励因素之一在于有些农村地区将老人的养老保险待遇领取资格和其子女是否参保新农保相挂钩。

表 2-3　流动农民工社会保险参保情况的代际差异

参保相关描述项	新生代农民工（N=556）		第一代农民工（N=540）		合计
	频数	占比	频数	占比	
参加基本养老保险	251	45.1%	255	47.2%	46.2%
参加工伤保险	316	56.8%	297	55.0%	55.9%
参加医疗、生育保险	229	41.2%	227	42.0%	41.6%
参加失业保险	167	30.0%	156	28.9%	29.5%

资料来源：笔者自制。

如表 2-3 所示，福州、厦门、泉州三地的调查中，新老流动农民工群体工伤保险的参保率是最高的，达到 55.9%；基本养老保险次之，达到 46.2%；医疗、生育保险排名第三，参保率为 41.6%；而失业保险的参保率是最低的，仅为 29.5%。① 三地调查中，新生代农民工有效问卷为 556 份，第一代农民工基本调查对象的有效问卷为 540 份。统计数据显示，第一代农民工养老保险和医疗、生育保险的参保率略高于新生代农民工，而在工伤保险和失业保险的参保率上略低于新生代农民工，但总体上各险种参保率的代际差异并不明显。经过与新老农民工、企业管理人员以及三地社会保险经办人员的深度访谈，有关上述险种参保率代际差异的一个可能解释是：第一代农民工由于进城务工时间较长，许多人没有在农村老家参加基本养老保险和医疗保险，因此他们在流入地城市参加职工基本养老保险和职工基本医疗保险的比例相对较高。此外，从生命周期的角度来说，由于随着年龄的增长，第一代农民工无疑更加担忧个人的养老和医疗保障问题。

你说我买这个干吗？今年在这里，明年跑那里。年年天南地北到处跑，跑东跑西的，你买了这个不是等于没买吗？再说，刚出来打工没多久，养老的事还远，现在买有什么用？管不了那么多，等到时候再说。（访谈记录：QZS—NMG/CNF—2018.7.26）

①笔者与福州、厦门、泉州三地社保经办人员的访谈中了解到彼时福建省对于农村户口者不强制参保失业险。

按照目前水平，养老金一个月保底990元。(新生代农民工) 觉得投入和产出不成比例。在这里打工的年轻人收入不高，流动性又大，都想着每个月多拿一点钱，养老不交的话就可以叫公司直接打卡里，多拿一点。那些上了年纪的，肯定会更担心自己以后的养老问题，工作稳定性也比较强。所以缴费这一块，确实有参保积极性逆向选择的问题。(访谈记录：FZS—GWY/CJX—2018.8.22)

3. 权益保障需求的代际差异

农民工权益保障属于“发展一问题型”社会政策议题。为比较福州、厦门、泉州三地新老农民工权益保障需求的代际差异，笔者在调查问卷中设置了“流动农民工群体收入保障状况”“流动农民工群体休息时间、工作时间与加班费水平”“流动农民工群体权益积极维护渠道”“流动农民工群体实际得到工会等相关组织、部门帮助情况”等方面的问题。福州、厦门、泉州三地1096名新老农民工的调查数据表明，新生代农民工与第一代农民工群体在权益保障的需求上存在显著差异。

表 2-4　流动农民工群体收入保障状况的代际差异

收入保障状况相关描述项		新生代农民工（N=556）	第一代农民工（N=540）
工资收入水平	个人平均月收入水平（元）	4092	4183
	家庭平均月收入水平（元）	5890	6856
工资发放情况	过去一年存在拖欠工资的情况	5.0%	8.3%
	过去一年存在罚扣工资的情况	19.1%	12.2%
对工资水平的满意情况	满意	12.4%	16.5%
	不满意	87.6%	83.5%

资料来源：笔者自制。

如表2-4所示，新生代农民工与第一代农民工群体在收入保障状况方面存在显著代际差异。其中，新生代农民工的个人平均月收入水平稍低于第一代农民工，同时新生代农民工的家庭平均月收入水平显著低于第一代农民工。就个人平均月收入水平的代际差异，经过笔者与多位企业主、企业人力资源管理者与新老农民工访谈对象的深度访谈，其原因可能有两个方面：其一是部分第一代农民工工作经验相对比较丰富，更有可能获取较高的收入；其二是因为较之于新生代农民工，第一代农民工在流入地城市具有更强的“经济驱动性”，其月休息天数较少且日工作时数较长，因此其工资收入更高。①

我们公司行业比较特殊。这里鞋服的企业比较多，我也经常跟这些企业的人力资源同行聊天。他们这种企业，年纪大点的工人稳定性比较好，特别是有一些老员工，手上的活做很多年了，非常熟练，闭着眼睛都能做，加班时间又长，当然赚钱就多。一些90后、00后的工人，虽然年轻，手脚也利索，但是不愿意加班。你叫他加班，他就说晚上有事没空。肯定就赚得比较少。（访谈记录：QZS—QYGL/CYL—2018.7.26）

在本次调查中，有5.0%的新生代农民工过去一年存在被拖欠工资的情况，而第一代农民工被拖欠工资的比率达到8.3%，高于新生代农民工。由此可见，第一代农民工更可能遭遇“被欠薪”的困境。同时，有19.1%的新生代农民工表示过去一年存在罚扣工资的情况。而过去一年被罚扣工资的第一代农民工的比率较低，为12.2%。其背后的原因在于较之于第一代农民工，新生代农民工的行动取向格外突出，② 该群体与“工厂专制政体”③ 的碰撞频繁。

在回应“您对工资水平满意吗?”这一问题时，有87.6%的新生代农民工表示不满意，第一代农民工表示不满意的比率稍低，为83.5%。可见，新生代农民工对工资水平的满意度更低。这既与工资收入水平较低，

①后续笔者有关新老流动农民工群体休息时间、工作时间代际差异的调查结果证明了这一判断。

②清华大学社会学系课题组：《困境与行动——新生代农民工与“农民工生产体制”的碰撞》，载沈原主编《清华社会学评论（第六辑）》，北京：社会科学文献出版社，2013，第46页。

③“工厂专制政体”主要表现为生产过程中高强度、长时间的简单劳动，微薄的工资待遇，严苛的管理制度，肮脏、恶劣与危险的工作环境等。

又与工资拖欠和工资罚扣等侵害新生代农民工群体权益的企业违法违规行为密切相连。

劳动（休息）时间长短与经济报酬是否合理是农民工权益保障状况的重要考察因素。笔者的调查数据表明，新老流动农民工群体总体上每月休息日数较少，每日工作时数较长，同时不少企业未按《中华人民共和国劳动合同法》第四十四条规定的标准给员工支付加班费①。本次调查结果表明，新生代农民工与第一代农民工群体在权益保障状况与需求上存在显著差异。基于代际分化的视角，本次调查中新生代农民工的月休息日数比第一代农民工稍多。如表2-5所示，月休息少于4日（含4日）的新生代农民工比率为52.3％，做出同样选择的第一代农民工占比为57.6％。而表示每月都没有休息日的新生代农民工比率为13.1％，第一代农民工则高达17.4％。② 同样在本次调查中，表示每日工作时间在11至13个小时的新生代农民工为21.8％，而第一代农民工则高达28.9％。此外，还有10.6％的新生代农民工日工作时间在13小时以上，而工作强度类似的第一代农民工则达到78.3％。由此可见，相对新生代农民工，第一代农民工的总体工作时间较长，月休息时间较短。由此可见，基于代际分化的视角，劳动保障行政部门实施劳动保障监察时既可以采取双随机执法检查、年度审查、接受举报投诉等形式关注所监察企业农民工的总体劳动权益保障情况，又可以第一代农民工为重点展开“用人单位遵守工作时间和休息休假规定的情况”③ 的劳动保障监察专项执法检查。

---

①《中华人民共和国劳动合同法》第四十四条规定，有下列情形之一的，用人单位应当按照下列标准支付高于劳动者正常工作时间工资的工资报酬：（一）安排劳动者延长工作时间的，支付不低于工资的百分之一百五十的工资报酬；（二）休息日安排劳动者工作又不能安排补休的，支付不低于工资的百分之二百的工资报酬；（三）法定休假日安排劳动者工作的，支付不低于工资的百分之三百的工资报酬。

②在针对三地新老农民工的深度访谈中，问及持续加班、不休息的原因，极少有流动农民工表示是被迫的。客观地说，“经济驱动”可以部分解释农民工休息时间短、工作时间长的原因。但更重要的原因在于，由于该群体基本工资水平较低，一些制造业企业流水线生产与计件工资制要求农民工必须长时间、超负荷工作才有可能获得相对比较高的加班收入。

③《劳动保障监察条例》（国务院令第423号）规定了9项具体的劳动保障监察事项，其中第5项为“用人单位遵守工作时间和休息休假规定的情况”。

表 2-5 流动农民工群体休息时间、工作时间与加班费水平的代际差异[①]

		新生代农民工（N=556）	第一代农民工（N=540）
每月休息日数	8 日及以上	11.0%	6.1%
	4 至 8 日	23.6%	18.9%
	少于 4 日（含 4 日）	52.3%	57.6%
	都没有休息日	13.1%	17.4%
每日工作时数	9 小时以下	27.9%	18.2%
	9 至 11 小时	39.7%	34.6%
	11 至 13 小时	21.8%	28.9%
	13 小时以上	10.6%	18.3%
加班费	没有加班费，也没有其他形式补贴	2.3%	3.7%
	没有加班费，但有其他形式补贴	15.5%	16.5%
	加班费跟正常工资差不多	50.5%	46.1%
	加班费高于正常工资	31.7%	33.7%

资料来源：笔者自制。

本次调查还显示，新老农民工的加班费水平在总体上不存在显著代际差异。但是受访者中有三分之二的流动农民工表示“加班费跟正常工资差不多”“没有加班费，也没有其他形式补贴”“没有加班费，但有其他形式补贴”。“加班费高于正常工资”的受访农民工仅占调查对象总数的三分之一左右。由此可见，《中华人民共和国劳动合同法》第四十四条在贯彻实施力度上仍然有待加强。应该引起关注的是，如表 2-5 所示，在三地打工的第一代农民工表示“没有加班费，也没有其他形式补贴”“没有加班费，但有其他形式补贴”的总体比率（20.2%）稍高于新生代农民工（17.8%）。

在《困境与行动——新生代农民工与“农民工生产体制”的碰撞》一文中，清华大学社会学系课题组指出，在流入地城市新生代农民工面临着

① 本表有关每日工作时数的统计数据来自附录 2 中的 B6。

自身的新特征与旧体制的矛盾，所谓旧体制[①]在就业方面主要指的是“工厂专制政体”。嵌入新生代农民工日常工作情境之中，“工厂专制政体”主要表现为生产过程中高强度、长时间的简单劳动，微薄的工资待遇，严苛的管理制度，肮脏、恶劣与危险的工作环境等。[②] 该课题组于 2011 年在北京、广州、上海开展的针对新老农民工群体的问卷调查数据表明，尽管新生代农民工在平均外出务工年限（4.3 年）上远低于第一代农民工（12.4 年），同时新生代农民工在权益受损的比例（14.1%）上也比第一代农民工（19.5%）更低，但新老农民工有群体维权运动经历者的比例却没有显著差异（新生代为 4.5%，第一代为 5.0%）。上述数据意味着新生代农民工比第一代农民工更多地参与了维权活动，同时该群体表现出了更强的行动取向。[③] 由此可见，流动农民工群体在维权参与率上存在显著代际差异。那么，在福州、厦门、泉州三地展开的针对 1200 名新老农民工的问卷调查中，流动农民工群体在权益维护渠道方面存在哪些差异呢？

流动农民工群体的权益维护渠道分为积极与消极两类。经过笔者研究团队成员讨论，将“走法律途径解决问题”“寻求工会等相关部门、组织的帮助”“找对方协商解决问题”“找老乡、亲朋好友帮助”等四种维权方式（渠道）视为积极维权渠道，而将“自认倒霉”“用言行恐吓”“暴力维权”“其他方式维权”等四种维权方式（渠道）视为消极维权渠道。

如表 2-6 所示，本次调查显示，新生代农民工采取积极维权方式维护自身权益的比率（87.6%）高于第一代农民工（80.9%）。就四种具体积极维权渠道使用的代际差异，相对而言新生代农民工比较青睐“走法律途径解决问题”。本次调查中，新生代农民工选择这一渠道者高达 40.6%，而第一代农民工则仅有 27.4%在自身权益被侵害时选择“走法律途径解决问题”。

---

①该课题组认为“农民工生产体制”包括两个基本层面：其一是“拆分型劳动力再生产制度”；其二是“工厂专制政体”。其中，“拆分型劳动力再生产制度”的基本特征是将农民工劳动力再生产的完整过程分解开来；“工厂专制政体”更多指代新生代农民工所面临的较为严苛的工作环境。

②清华大学社会学系课题组：《困境与行动——新生代农民工与“农民工生产体制”的碰撞》，载沈原主编《清华社会学评论（第六辑）》，北京：社会科学文献出版社，2013，第 49 页。

③该课题组指出，新生代农民工的行动特质还表现在该群体频繁地以罢工表达不满，同时强烈抗议社会对其身份歧视等方面。

表 2-6 流动农民工群体权益积极维护渠道的代际差异

	新生代农民工（N=556）		第一代农民工（N=540）		合计
	频数	占比	频数	占比	
走法律途径解决问题	226	40.6%	148	27.4%	34.1%
寻求工会等相关部门、组织的帮助	108	19.4%	109	20.2%	19.8%
找对方协商解决问题	95	17.1%	111	20.6%	18.8%
找老乡、亲朋好友帮助	58	10.4%	69	12.8%	11.6%
合计	487	87.6%	437	80.9%	84.3%

资料来源：笔者自制。

从我们院这几年经办的案件来看，新生代的维权意识和能力都比较强，去年我们院受理的涉及新生代的劳动纠纷案件就有300多件。不仅数量比第一代农民工多，而且他们（新生代农民工）的诉求更全面，对法条也更熟悉……为什么他们（新生代农民工）的维权意识和能力比较强？我觉得原因可能有几点：第一肯定是因为他们的受教育年限比较长，读书多自然接触法律知识的机会多；第二还是跟教育有关，有些中等或者高等职业类技术学校毕业出来的年轻人在校期间就接受过相关法律知识的培训或者宣传，遇到问题的时候自然懂得依法来处理、解决；第三我觉得跟互联网的普及有关系，年轻人对互联网驾轻就熟，他们遇到问题懂得用互联网来查找相关法律法条，帮助自己维权。这给我们的一个启示是，要全面落实依法治国方略，我们上上下下就要努力做好新时期、新形势下的法制宣传教育工作。如何让我们的普法教育途径更加畅通、多元，也是我这几年一直在思考的问题。（访谈记录：XMS—GWY/HD—2018.8.11）

由此可见，新生代农民工的依法维权意识和维权能力都比较强。虽然也有部分新生代农民工选择消极维权方式，但是总体上新生代农民工群体的维权渠道选择比较理性务实，值得肯定。相对来说，在自身权益受到侵害时，第一代农民工比新生代农民工更加倾向于采取“寻求工会等相关部门、组织的帮助”“找对方协商解决问题”“找老乡、亲朋好友帮助”的方式维护自身权益。

如表2-6、2-7所示，本次调查中，84.3%的流动农民工在自身权益受到侵害时选择了如下理性的积极维权方式：34.1%的新老农民工走法律途径解决问题，19.8%寻求工会等相关部门、组织的帮助，18.8%找对方协商解决，11.6%的新老农民工则找老乡、亲朋好友帮助。但是也有15.7%的新老农民工采取的维权方式比较消极，本次调查中有6.8%的受访者“自认倒霉”，而用言行恐吓和暴力维权的受访者也分别占1.6%和5.5%。此外，还有1.8%的受访者采取了其他方式维权。如表2-7所示，本次调查显示新生代农民工采取消极维权方式维护自身权益的比率（12.4%）低于第一代农民工（19.1%）。

表2-7 流动农民工群体权益消极维护渠道的代际差异

	新生代农民工（N=556）		第一代农民工（N=540）		合计
	频数	占比	频数	占比	
自认倒霉	29	5.2%	45	8.3%	6.8%
用言行恐吓	8	1.4%	10	1.9%	1.6%
暴力维权	20	3.6%	40	7.4%	5.5%
其他方式维权	12	2.2%	8	1.5%	1.8%
合计	69	12.4%	103	19.1%	15.7%

资料来源：笔者自制。

本次调查数据显示，有19.4%的新生代农民工和20.2%的第一代农民工在维护自身权益的时候会寻求工会等相关部门、组织的帮助。那么，新老流动农民工群体实际得到工会等相关组织、部门帮助情况如何呢？这一渠道的应用是否存在代际差异？如表2-8所示，新老农民工群体实际得到工会等相关组织、部门帮助的比率是比较低的。

基于代际分化的视角，如表2-8所示，新生代农民工经常得到工会等相关组织、部门帮助的比率是2.2%，稍低于第一代农民工的2.4%。而偶尔得到此类帮助的新生代农民工占该类受访者总数的14.0%，而第一代农民工的这一数据为16.1%，稍优于新生代农民工。此外，有83.8%的新生

表 2-8 流动农民工群体实际得到工会等相关组织、部门帮助情况的代际差异

指标	新生代农民工（N=556）	第一代农民工（N=540）
经常得到帮助	2.2%	2.4%
偶尔得到帮助	14.0%	16.1%
从没获得帮助	83.8%	81.5%

资料来源：笔者自制。

代农民工受访者表示从没获得帮助，而第一代农民工群体表示从没有获得帮助的比率为 81.5%。

4. 职业培训需求的代际差异

与权益保障一样，农民工职业培训同样属于“发展－问题型”社会政策议题。笔者使用“持有职业资格证书情况”“参加各类培训情况”等具体的两个项目来评估、比较流动农民工职业培训需求的代际差异。其中，我们将“持有职业资格证书情况”视为新老农民工人力资本的存量指标，而将“参加各类培训情况”视为新老农民工人力资本的增量指标。如表 2-9 所示，本次调查中，有 14.0%的新生代农民工持有一份职业资格证书，而第一代只有 10.7%。而持有两份及以上职业资格证书的新生代农民工占比为 4.2%，第一代农民工只有 3.5%。可见，新生代农民工群体人力资本的存量优于第一代农民工。

表 2-9 流动农民工持有职业资格证书和参加培训情况的代际差异

相关描述项		新生代农民工（N=556）	第一代农民工（N=540）
持有职业资格证书情况	未获得任何资格证书	81.8%	85.8%
	（有证书者）获一种资格证书	14.0%	10.7%
	（有证书者）获两种及以上资格证书	4.2%	3.5%
参加各类培训情况	参加过培训	47.1%	38.9%
	平均参加培训次数	2.8 次	3.4 次

资料来源：笔者自制。

此外，如表2-9所示，本次调查中，参加过培训的新生代农民工占比为47.1%，高于第一代农民工的38.9%。但是相对而言，新生代农民工的人均培训次数（2.8）少于第一代农民工（3.4）。由于平均打工时间较短，培训次数有限。但是在访谈中，笔者了解到有不少新生代农民工根据自己的职业发展规划有针对性地主动参与一些职业培训项目，如电子商务、驾驶证、养殖技术等，其中一些培训项目属于自费。由此可见，新生代农民工群体比较重视个人技能和素质的提升。因此，在建构覆盖全生命周期的职业培训体系时，以新生代农民工群体为重点开展职业技能提升培训是非常有必要的。因此，正如人力资源和社会保障部印发的《新生代农民工职业技能提升计划（2019—2022年）》所提出的职业技能培训“普遍、普及、普惠”① 目标，无疑是及时、准确的。②

表2-10 流动农民工群体工种与岗位分布的代际差异

相关描述项		新生代农民工（N=556）	第一代农民工（N=540）
工种与岗位分布	普通工人（普工）	59.9%	63.9%
	技术工人	22.5%	19.6%
	企业中低层管理者	17.6%	16.5%

资料来源：笔者自制。

由于人力资本存量优于第一代农民工调查对象，而受教育水平、个人主观能动性等因素又使得新生代农民工群体在人力资本增量上处于相对有利的位置，因此该群体在工种和岗位分布上具有一定优势。如表2-10所示，新生代农民工从事普通工人岗位的占比为59.9%，而第一代农民工为63.9%；从事技术工人的比重为22.5%，而第一代农民工为19.6%；担任所在企业中低层管理者的比重为17.6%，而第一代农民工为16.5%。

---

①其中，“普遍”指普遍组织新生代农民工参加职业技能培训，提高该群体的培训覆盖率；“普及”指普及农民工职业技能培训课程资源，提高培训可及性；“普惠”则是指农民工普惠性补贴政策要全面落实，切实提高各方主动参与农民工培训的积极性。

②《新生代农民工职业技能提升计划（2019—2022年）》充分考虑了新生代农民工群体异质性的培训需求，是一份典型的具有时空关照蕴意的政策文件。

5. 住房保障需求的代际差异

农民工住房保障属于“发展－福利型”社会政策议题。本书构建了“住房获取方式”“住房条件”“购、建房区位选择意向”“住房公积金缴纳情况”等项目来具体评估、比较流动农民工住房保障需求的代际差异。

本次调查数据显示，流动农民工住房获取方式具有显著代际差异：新生代农民工倾向于住单位宿舍，而第一代农民工在外租赁房屋的比例高于新生代农民工。如表 2-11 所示，53.6%的新生代农民工受访者住单位宿舍，而租赁房屋者只有 36.1%；而第一代农民工则有 45.2%的受访者住单位宿舍，租赁房屋者则为 46.1%。访谈中笔者了解到，第一代农民工租赁房屋的比率较高可能由于该群体多数已婚已育，相对 90 后、00 后未婚新生代农民工，在外租赁房屋可以改善家庭的生活品质。

表 2-11　流动农民工群体住房获取方式的代际差异

不同代际农民工	单位宿舍	租赁房屋	其他
新生代（N=556）	53.6%	36.1%	10.3%
第一代（N=540）	45.2%	46.1%	8.7%

资料来源：笔者自制。

本次调查数据显示，流动农民工群体住房条件具有显著代际差异。如表 2-12 所示，新生代农民工的人均居住面积为 16.58 平方米，而第一代农民工的人均居住面积则达到 18.31 平方米。新生代农民工虽然人均居住面积相对狭小，但其居住质量指数①却优于第一代农民工。如表 2-12 所示，本次调查中新生代农民工的居住质量指数为 0.66，第一代农民工则仅有 0.64。那么，为什么第一代农民工人居居住面积比较大，居住质量指数却偏低呢？其原因与新老流动农民工的职业分布和租住房屋的类型有关。首先，相对新生代农民工，第一代农民工更多在建筑业和制造业等传统劳动密集型行业工作，上述行业特别是建筑业往往居住质量较差。其次，在访

①参考朱宇研究团队的研究设计，笔者同样在综合考虑了农民工所居住房屋在自来水、住房用途、电/液化气、厕所、洗澡设施、厨房等六个方面的定性描述之后，形成了居住质量指数。

谈中，笔者发现，相对于第一代农民工喜欢租住民房，新生代农民工更加偏爱合租公寓式住房，这类房屋在自来水、住房用途、电/液化气、厕所、洗澡设施、厨房等多方面的居住舒适性都优于民房。

住得有好有坏，这个肯定是有差别的。一般来说，都是出来打工，年轻人对住比较挑剔。这个很好理解，他们成长条件好，对生活品质的要求肯定比老一代高嘛。当然，这还跟具体从事的行业有关系。一般来说，你在制造业工厂、建筑工地还有做采掘类的行业，多数都是住集体宿舍的。在外面租房子上班不方便，上班很早，下班很晚，很多人要加班得很迟。如果你是做服务行业，就比较多租房。我们现在年轻人都在逃离"流水线"，很多在制造业工厂的都是70后、80后甚至60后，所以年纪轻的租房的多，住宿条件也好一点。我是这么理解的。还有一点，住宿条件还会反过来影响年轻人的职业选择。有点辩证的意思。你比方说，厦门的建筑工地上现在很少看到年轻人，特别是90后、00后的年轻人。都是四五十岁的多。为什么？不仅工作强度大，而且危险系数高。还有一个原因就是很多工地住宿条件很差，可能就是工棚或者活动房，不一定有空调，年轻人受不了这个。（访谈记录：XMS—GWY/LSX—2018.8.10）

表 2-12　流动农民工群体住房条件的代际差异

不同代际农民工	人均居住面积平方米	居住质量指数
新生代农民工（N=556）	16.58	0.66
第一代农民工（N=540）	18.31	0.64

资料来源：笔者自制。

本次调查数据显示，流动农民工群体在购、建房区位选择上具有显著代际差异。如表2-13所示，有36.7%的新生代农民工倾向于返回家乡自建或者购买住房；而做出同样选择的第一代农民工占比为41.3%，高于新生代农民工。[①] 具体来说，选择回乡购买住房的新生代农民工的比率稍多

①笔者注意到，与这一组数据相关联的是，本次问卷调查显示，1096名新老流动农民工中，新生代"返乡型"农民工占该细分农民工群体的36.0%，而第一代"返乡型"农民工则占细分群体总数的46.1%。具体数据可参见表2-23。

于第一代农民工，而第一代农民工则更倾向于回乡自建住房。① 那么为什么新生代返乡农民工更倾向于购买商品房而不是自建住房呢？笔者研究团队的前期相关研究表明，这一趋势与新老返乡农民工回流之后的区位选择有密切联系。相对来说，第一代农民工回流到老家农村的比率较高，因此他们更倾向于回乡自建住房。而新生代农民工则更倾向于回流到县城或乡镇工作生活，因此他们购买商品房的意愿较高。本次调查中，新老农民工在流入地购买住房的比率亦呈现出明显的异质性。其中，新生代农民工在流入地购买住房的比率为22.5%，第一代农民工在流入地购买住房的比例则为25.4%。可见，第一代农民工更倾向于在流入地购买住房。此外，在未来购、建房区位/类型选择上“没有计划或其他计划”的新生代农民工占比较高，达到40.8%，而第一代农民工“没有计划或其他计划”则仅为33.3%。由此可见，新生代农民工由于年纪较轻，对于未来的购、建房等问题考虑较少。

表 2-13　流动农民工群体购、建房区位/类型选择意向的代际差异

有关购、建房区位选择意向的相关描述项	新生代农民工（N=556）		第一代农民工（N=540）		合计
	频数	占比	频数	占比	
回乡自建住房	118	21.2%	158	29.3%	25.2%
回乡购买住房	86	15.5%	65	12.0%	13.8%
在流入地购买住房	125	22.5%	137	25.4%	23.9%
没有计划或其他计划	227	40.8%	180	33.3%	37.1%
合计	556	100%	540	100%	100%

资料来源：笔者自制。

本次调查数据还显示，流动农民工群体缴纳住房公积金情况具有显著代际差异。如表2-14所示，新生代农民工有缴纳公积金的比率为11%，而第一代农民工则仅有6.5%。可见，第一代农民工在公积金缴纳上处于

①在调查中，笔者发现农民工自建房存在“在外打工一年，回家居住几天”的“无效消费”现象。

比较不利的位置。

表 2-14　流动农民工群体住房公积金缴纳情况的代际差异

不同代际农民工	有住房公积金（N）	有住房公积金	无住房公积金（N）	无住房公积金
新生代（N=556）	61	11.0%	495	89.0%
第一代（N=540）	35	6.5%	505	93.5%

资料来源：笔者自制。

无论流动农民工个体最终的购、建房的区位/类型选择是“回乡自建住房”“回乡购买住房”“在流入地购买住房”抑或“其他计划”，拥有住房公积金都是个人实现安居梦想的助推力。颇为遗憾的是，本次调查显示新老流动农民工缴纳住房公积金的比例过低，特别是第一代农民工缴纳比例较低，对于未来购买、建房意愿比较强烈的他们来说无疑是非常不利的。

（二）社会互动需求的代际差异

如第一章所述，社会救助、就业、职业安全、社会保险、职业培训、子女教育、权益保护、户籍、住房保障、农民工关怀等十个社会政策议题可以分门别类嵌入“生存－问题型”社会政策、“生存－福利型”社会政策、“发展－问题型”社会政策、“发展－福利型”社会政策等四个象限之中。上述社会政策议题同时也是农民工社会保护的重要组成项目。但是另有一些议题，如社会交往、身份认同、对城镇主观印象①等无法纳入社会保护体系之中，但对于流动农民工群体而言，这些议题对其流迁决策与在流入地的幸福感与获得感密切相连。

如图 2-4 所示，笔者将社会交往、身份认同、对城镇主观印象等议题统称为社会互动议题。笔者研究团队于 2018 年 7 月下旬至 8 月在福州市、厦门市与泉州市三地针对 1200 名新老流动农民工所开展的问卷调查包含了上述议题。

①就此三个社会互动议题之间的关系，笔者认为，新生代农民工身份认同需求与社会交往需求的满足状况会显著影响该群体城镇主观印象评价。

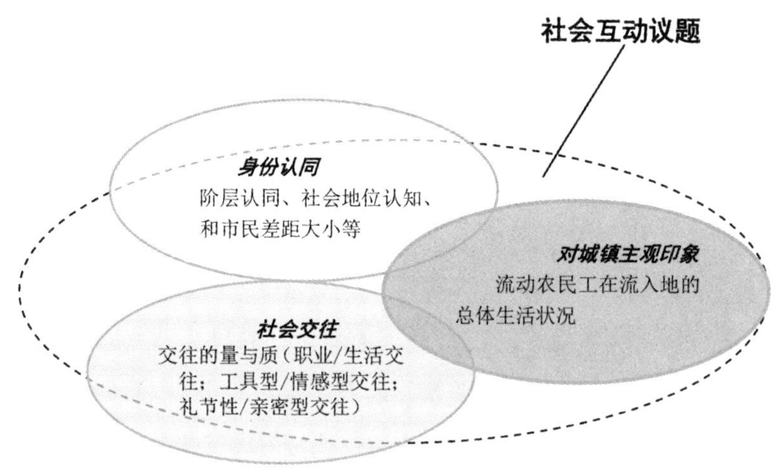

图 2-4　社会互动议题的构成

资料来源：笔者绘制。

1. 社会交往的代际差异

如表 2-15 所示，基于福州、厦门、泉州三地最终获得的 1096 份新老农民工有效问卷调查数据，总体上新老流动农民工与市民交往少，社会交往水平较低。基于代际分化的视角，就与市民交往的频率，第一代农民工比新生代农民工频率会高一些。问卷中，表示与市民交往“很频繁”和“较为频繁”的第一代农民工占该群体总数的 35.2%，而有相同表示的新生代农民工仅占该群体总数的 27.5%。反之，表示与市民“偶尔”和“没有”的第一代农民工占该群体总数的 28.1%，而有相同表示的新生代农民工占该群体总数的 44.5%。

表 2-15　流动农民工与市民交往频率的代际差异

不同代际农民工	很频繁	较为频繁	一般	偶尔	没有	合计
新生代（N=556）	7.0%	20.5%	28.0%	40.5%	4.0%	100%
第一代（N=540）	8.3%	26.9%	36.7%	26.1%	2.0%	100%

资料来源：笔者自制。

此外，需要引起高度关注的是，流动农民工群体与市民之间的交往不仅“量”比较少，而且“质”也不高。针对市民与新老流动农民工的深度访谈表明，两个群体间发生的交往以职业交往为主，生活交往较少；工具型交往较多，情感型交往较少；礼节性交往较多，亲密型交往较少。①

如表 2-16 所示，本次调查数据显示，新老流动农民工与市民交往的个人主观感受不存在显著代际差异。在本次调查中，第一代农民工与新生代农民工群体在与市民交往的个人主观感受方面选择“一般”的比例最高。其中，新生代农民工中有 39.9%选择“一般”，而第一代农民工中有 41.3%认为“一般”。此外，有 27.5%的新生代农民工认为自己与市民交往的个人主观感受方面“不大平等”或者“很不平等”，而做出同样选择的第一代农民工占比为 25.2%。而认为自己与市民交往的个人主观感受方面“非常平等”或者“较为平等”的新生代农民工占该群体总数的 32.6%，做出类似选择的第一代农民工占比为 33.5%。

表 2-16　流动农民工与市民交往个人主观感受的代际差异

不同代际农民工	非常平等	较为平等	一般	不大平等	很不平等	合计
新生代（N=556）	4.7%	27.9%	39.9%	22.1%	5.4%	100%
第一代（N=540）	5.9%	27.6%	41.3%	21.1%	4.1%	100%

资料来源：笔者自制。

2. 身份认同的代际差异

为便于测量、比较新老农民工阶层认同的代际差异，笔者借鉴陆文荣等人于 2014 年开展的相关研究，在测量新老流动农民工阶层认同情况时设置了“中上阶层”“中产阶层”“劳工阶层”以及“底层群体”四个阶层选项②。如图 2-17 所示，本次调查数据显示，新老农民工最倾向于认同自己属于“劳工阶层”，其次是“底层群体”，而认为自己归属于“中产阶层”或者“中上阶层”的受访者极为有限。基于代际分化的视角，64.0%的新生代农民工比较倾向于认同自己属于“劳工阶层”，比做出同样选择的第

①沈君彬：《异质性与差别化——农民工的社会保护需求与社会政策调适》，北京：社会科学文献出版社，2020，第 144 页。

②陆文荣、何雪松、段瑶：《新生代农民工：发展困境及出路选择——基于苏浙沪七个城市的调查数据分析》，《学习与实践》2014 年第 10 期。

一代农民工要高出4.6%。相比较而言，第一代农民工比新生代农民工更认同自己属于底层群体，但是两者之间频数的差距不大。总体而言，新生代农民工对自己的身份地位有比较清晰的认识。

表 2-17 流动农民工群体阶层认同的代际差异

阶层认同	新生代农民工（N=556）		第一代农民工（N=540）		合计
	频数	占比	频数	占比	
底层群体	159	28.6%	178	33.0%	30.8%
劳工阶层	356	64.0%	321	59.4%	61.8%
中产阶层	35	6.3%	29	5.4%	5.8%
中上阶层	6	1.1%	12	2.2%	1.6%
合计	556	100%	540	100%	100%

资料来源：笔者自制。

笔者在问卷中设置了有关流动农民工对自身在流入地城镇所处社会地位认知的问题。如表2-18所示，绝大多数新老农民工认为自己在流入地城镇所处的社会地位一般或者比较低。在代际分化的视角下，新生代农民工认为自己在流入地城镇所处社会地位“比较低”或者“非常低”的比率较高，达到42.1%，而做出同样选择的第一代农民工占该群体总数的31.5%。时隔十多年之后，这一数据再一次印证了王春光有关新生代农村流动人口正在形成“底层”社会认同的判断。①

表 2-18 流动农民工群体对本人在流入地城镇所处社会地位认知的代际差异

不同代际农民工	非常高	比较高	一般	比较低	非常低	合计
新生代（N=556）	0.9%	5.0%	52.0%	35.6%	6.5%	100%
第一代（N=540）	1.1%	6.1%	61.3%	28.5%	3.0%	100%

资料来源：笔者自制。

①王春光：《新生代农村流动人口的社会认同与城乡融合的关系》，《社会学研究》2001年第3期。

借鉴陆文荣等人的研究成果，笔者还在问卷中设置了“农民工”“农民”“打工者”“工人”“白领 ”“管理人员”等六个具体的身份类别。如表2-19所示，就流动农民工整体而言，该群体对于“打工者”“工人”两个类似的身份类型具有较高的认同感。其中，48.9％的受访者认同自己属于“打工者”，亦有18.2％的受访者认为自己应该属于“工人”。除上述具有较高认同感的两个身份外，认为自己是“农民工”的受访者仅占调查对象的13.7％，而认同自己是“农民”或者“管理人员”的均只有89人，分别占受访对象的8.1％。此外值得关注的是，只有3.0％的受访对象认为自己在身份上应该属于“白领”。

表2-19　流动农民工群体身份认同的代际差异

身份认同	新生代农民工（N＝556）		第一代农民工（N＝540）		合计
	频数	占比	频数	占比	
农民工	61	11.0％	89	16.5％	13.7％
农民	21	3.8％	68	12.6％	8.1％
打工者	289	52.0％	247	45.7％	48.9％
工人	112	20.1％	87	16.1％	18.2％
白领	23	4.1％	10	1.9％	3.0％
管理人员	50	9.0％	39	7.2％	8.1％
合计	556	100％	540	100％	100％

资料来源：笔者自制。

如表2-19所示，基于代际分化的视角，本次调查数据显示：受访者中，较之于第一代农民工，新生代农民工更加认同自己的“打工者”或者“工人”身份；该“外地人、农村人、年轻人”群体认为自己在身份上属于“农民工”或者“农民”的比率比第一代农民工低；较之于第一代农民工，更多的新生代农民工认可自己的“白领”和“管理人员”身份。

如表2-17所示，64.0％的新生代农民工比较倾向于认同自己属于“劳工阶层”，而做出同样选择的第一代农民工为59.4％。而表2-19中，认可自己属于“打工者”或者“工人”的新生代农民工占比为72.1％，而认可自己“打工者”或者“工人”身份的第一代农民工则仅为61.8％。由此可见，相对第一代农民工，新生代农民工倾向于认为自己属于“劳工阶层”，他们的阶层意识正在形成。同时，在深度访谈中，不少新生代农民工对于自己身份的认同是比较模糊、疑惑甚至是“撕裂”的。①

总之，我也不知道自己算是怎么回事？应该是四不像吧？你说我是厦门人，我户口还在龙岩老家农村，但是又在厦门在海沧工作、生活了这么多年。你说我是管理人员，我在SWKJ确实在做车间管理，但是在工厂管理不管理就是那么回事吧。你说我是个白领，工资确实不比坐班的少，但我又是个穿工装的。你说我是农村人，我又从小没种过地。你们搞学问的怎么界定我这种情况？（访谈记录：XMS—NMG /WGH—2018.8.10）

在本次调查问卷设计中，笔者还设置了有关流动农民工对自己和流入地城市市民差距大小认知的问题。调查数据显示，本次新老农民工调查对象中，少有人认为自己与流入地市民差距“比较小”或者“没差别”。反之，认为自己与流入地城市市民群体差距“非常大”或者“比较大”的流动农民工占比接近半数。基于代际分化的视角，如表2-20所示，令笔者颇

①正因为这一现状，不少学者和社会各界人士指出，“农民工”称谓不仅是一种职业标签，更是一种等级标签。“农民工”三字具有明显的歧视性意味。因此，他们纷纷呼吁取消“农民工”这一称谓，而用“新城就业农民”“新市民”“外来务工者”“乡—城流动人口”“新产业工人”等称谓来替代。如本书第一章所述，笔者并不完全认可这一观点，特别是，在农民工群体仍然作为一个独特群体存在，其独特的社会保护需求被完全满足之前，农民工相关社会政策研究、政策制定、政策执行需要一个指代清晰的词语来指代这一庞大的“外来人、农村人、打工人”群体。就这一问题，在《怎样搞好调查研究》（中国言实出版社2020年版）一书中，国务院研究室原主任、党组书记魏礼群有详细论述和解释：“2004年，我们按照国务院领导批示，组织对解决农民工问题的调研……我们组织了有党中央、国务院17个部门参加，8个农民工输出输入大省的有关领导和五位专家参加调查……对调查中掌握的丰富材料加以科学分析，去粗取精、去伪存真、由此及彼、由表及里地思考，把握事物的本质，找出规律性和普遍性的东西，包括对‘农民工’这个概念的定义都提出了意见。当时，对‘农民工’的定义就有分歧。有的说，叫‘农民工’是对这个群体的歧视，是歧视农民和农民工，他在城市务工不就是工人吗？为什么还要叫农民工呢？党中央和国务院文件也是不断演变的过程，原来没提农民工，只称为进城务工人员，但务工人员的内涵不是太清晰，后来提农民工人，但又是农民又是工人也不太清楚，最后研究认为，在没有更准确的概念取代之前，还是简称农民工为好。”

为诧异的是，新生代农民工认为自己与流入地城市市民群体差距“非常大”或者“比较大”者占比达到 56.1%，远超过第一代农民工的 44.4%。而认为自己与流入地市民差距“比较小”或者“没差别”的新生代农民工只有 14.9%，低于第一代农民工的 18.7%。可见，相对较高的城市融入意愿并没有带来实际的“高融入感”。其可能的原因在于新生代农民工群体有比较强烈的“相对被剥夺感”。经过文献梳理与深度访谈，笔者认为，新生代农民工群体“相对被剥夺感”生成原因包括两个方面：一是流动新生代农民工群体心理较为敏感与焦虑①；二是该亚群体在流迁模式多元化的同时，其总体上城市定居与城市融入的意愿强于第一代农民工群体。然而这一具有较高“定居与融入意愿”的新生代亚群体在流入地城市遇到的制度性排斥并不比第一代农民工弱的现实，强化了其对于自身身份认同的不确定性、困惑与惶恐，促成了该群体“相对被剥夺感”的形成。②

表 2-20　流动农民工群体对自己和市民差距大小认知的代际差异

不同代际农民工	非常大	比较大	一般	比较小	没差别	合计
新生代（N=556）	20.1%	36.0%	29.0%	6.8%	8.1%	100%
第一代（N=540）	14.4%	30.0%	36.9%	10.7%	8.0%	100%

资料来源：笔者自制。

3. 对城镇主观印象的代际差异

新老流动农民工群体对流入地城镇的主观印象无疑可以揭示外来人口群体的社会保护需求和社会互动需求的满足状况。如表 2-21 所示，本次调查数据显示，整体上流动农民工群体对流入地城镇的主观印象一般。基于代际分化的视角，新生代农民工对福州、厦门与泉州的主观印象不如第一代农民工。有如，表示“非常喜欢”和“比较喜欢”流入地城镇的新生代农民工占

①卢光莉与周新明于 2012 年开展有关新生代农民工心理健康水平的研究结果表明，该农民工亚群体在人际关系敏感、焦虑、偏执、强迫症状等多个因子上得分均明显比第一代农民工高。这一观点可见卢光莉、周新明《新生代农民工心理问题现状调查研究》，《中国保健营养》2012 年第 14 期。

②沈君彬：《异质性与差别化——农民工的社会保护需求与社会政策调适》，北京：社会科学文献出版社，2020，第 150 页。

比为 41.4%，而第一代农民工群体中相应的比例则达到 48.2%；表示“不大喜欢”或者“很不喜欢”流入地城镇的第一代农民工为该群体总数的 13.1%，而新生代农民工群体中相应的比例为 15.5%；对于流入地城镇主观印象“一般”的新生代农民工占比为 43.1%，高于第一代农民工的 38.7%。

表 2-21　流动农民工群体对流入地城镇主观印象的代际差异

不同代际农民工	非常喜欢	比较喜欢	一般	不大喜欢	很不喜欢	合计
新生代（N=556）	8.1%	33.3%	43.1%	11.9%	3.6%	100%
第一代（N=540）	10.4%	37.8%	38.7%	10.9%	2.2%	100%

资料来源：笔者自制。

上述数据表明，福州、厦门、泉州三地应该强化对农民工群体的社会保护体系建设，同时充分尊重其流迁意愿，在其所在区域积极营造关爱“新市民”的浓厚氛围，让新老农民工群体能够在流入地体面劳动、愉快生活。同时，根据新生代农民工对流入地城镇主观印象较差的问题，相关部门应该通过座谈交流等方式掌握该“外地人、农村人、年轻人”群体在各地工作生活的独特需求，并积极给予政策响应。

（三）流迁模式的代际差异

为了调查福州、厦门、泉州三地新老流动农民工的流迁意愿，本研究团队参考朱宇和林李月于 2009 年在福州市进行的有关流动人口流迁模式与社会保护的问卷调查设计，在问卷中设置如下问题。如果可以自由选择，您将来的去留决定是：1. 在流入地定居；2. 继续工作一段时间后选择某个城镇定居；3. 继续工作一段时间后返乡定居；4. 继续在流入地和流出地之间循环流动；5. 难以决定。

如表 2-22 所示，本研究团队于 2018 年 7 月下旬至 8 月在福州市、厦门市与泉州市三地获得的 1096 名新老流动农民工有效调查数据表明，有 25.5%的新生代农民工倾向于在流入地城市定居，而做出同样决策的第一代农民工为 16.3%；有 11.9%的新生代农民工倾向于继续工作一段时间后选择某个城镇定居，而做出同样决策的第一代农民工为 12.6%；选择继续工作一段时间后返乡定居的新生代农民工有36.0%，而第一代农民工受访者中倾向于返乡的占比为46.1%。问卷统计结果还表明，继续在流入地和流出地之间循环流动的新生代农民工占比为9.7%，而同样决策的第一代农民工则有11.5%。此外，在流迁意愿上“难以决定”的新生代农民工稍多于第一代农民工，二者所占比率分别是16.9%和13.5%。

表 2-22　流动农民工群体流迁意愿的代际差异

对农民工流迁意愿的描述项	新生代农民工（N）	占比	第一代农民工（N）	占比
在流入地定居	142	25.5%	88	16.3%
继续工作一段时间后选择某个城镇定居	66	11.9%	68	12.6%
继续工作一段时间后返乡定居	200	36.0%	249	46.1%
继续在流入地和流出地之间循环流动	54	9.7%	62	11.5%
难以决定	94	16.9%	73	13.5%

资料来源：笔者自制。

在调查统计阶段，参考两位学者的统计口径，笔者将不同流迁模式的新老流动农民工分为“定居型”“返乡型”“循环型”三类。其中，“定居型”农民工在定居意愿上包括“在流入地定居”与“继续工作一段时间后选择某个城镇定居”①，而“返乡型”农民工是指选择“继续工作一段时间后返乡定居”的受访者，所谓“循环型”农民工则是在调查中选择“继续在流入地和流出地之间循环流动”者或者“难以决定”者。如表2-23所示，本次调查中，“定居型”农民工群体占比为33.2%，接近三分之一。而“返乡型”农民工群体为41.0%，在三类流迁决策的细分农民工群体中的占比是最高的。在1096名农民工中，“循环型”农民工有283人，占受访者总量的25.8%，占比是三类群体中最低的。基于代际分化的视角，本次调查数据显示，新生代农民工群体中“定居型”群体的占比为37.4%；第一代农民工受

①可见，一些学者认为的“定居型”农民工就是有意愿在流入地城镇定居这一界定本身就存在偏差。

访者中“定居型”群体为28.9%，显著低于新生代农民工“定居型”群体所占比例。① 可见，相对于第一代农民工，新生代农民工在城市定居的意愿确实会高一些，但是其占比也仅略强于三分之一。这一结果与一些学者想象中“多数新生代农民工倾向于在城市定居”“新生代农民工进入并定居于城市已成为不可逆转的趋势”的观点出入较大。与此相反的是，本次调查中“返乡型”第一代农民工的比率为46.1%，而“返乡型”新生代农民工的比率则为36.0%。可见，较高的定居意愿未必会带来较高的实际定居行为。个体的流迁决策本身是动态变化的。基于生命历程的视角，随着年龄的增长，在经历一些生老病死的生命事件之后，一些“定居型”新生代农民工将改变自己的流迁意愿，转变为“返乡型”农民工或者“循环型”农民工。表2-23还显示，本次调查中，“循环型”新生代农民工群体和“循环型”第一代农民工的比率相近，前者为26.6%，后者为25%。基于如上数据，新老流动农民工在流迁模式上呈现出显著的代际分化特征——代际分化背景之下农民工群体的流迁意愿均呈三元分化之势，且无论是选择定居、返乡抑或是循环流动的比重均未超过50%。新生代农民工在城市定居的意愿高于第一代农民工，且其返乡意愿低于第一代农民工。

表2-23　流动农民工群体流迁模式的代际差异

农民工类别	新生代农民工	第一代农民工	合计
定居型	37.4%（N=208）	28.9%（N=156）	33.2%（N=364）
返乡型	36.0%（N=200）	46.1%（N=249）	41.0%（N=449）
循环型	26.6%（N=148）	25.0%（N=135）	25.8%（N=283）

资料来源：笔者自制。

综上所述，虽然存在“大多数新生代农民工都想在城市定居”此类的误解与“刻板印象”，但笔者研究团队在福州、厦门、泉州三地开展的问

①这一现象非常值得关注。本章有关农民工流迁需求差别化的研究内容显示，“定居型”农民工的社会保护现状在诸多方面都是最好的，“返乡型”农民工的社会保护现状在三个群体之中许多项目都是最差的，而“循环型”农民工则处于居中的位置。这一研究发现也为本章“代际需求异质性”中新老农民工社会保护需求（状况）代际差异原因的诠释提供了一个可能的分析视角。

卷调查和深度访谈表明，新生代农民工确实具有一些明显的群体新特性。有如，他们与城乡、企业、国家的关系均发生了根本的变化。① 又有如，该群体在“就业需求”“社会保险需求”“权益保障需求”“职业培训需求”“住房保障需求”等社会保护需求方面与第一代农民工群体存在显著差异。不仅如此，第一代农民工与新生代农民工还在“社会交往”“身份认同”“对城镇主观印象”“流迁模式”等方面存在显著代际差异。上述农民工群体代际需求异质性的印证为狭义时间关照概念的建构奠定了事实基础，也成为狭义时间关照概念建构的逻辑起点。

本节探讨了福州、厦门、泉州三地556名新生代农民工的流迁意愿，并与540名第一代农民工群体的流迁模式展开了横向比对。但是囿于群体样本数量和问卷调查地点集中于福建省所辖的福州、厦门和泉州三地，研究结果可能存在代表性不足的问题。因此，要展开对新生代农民工社会保护现状的研究，特别是多元流迁模式下新生代农民工群体社会保护需求异质性的研究，需要跳出福建省而在更大的地域范围内展开更大样本数量的问卷调查。

第二节　流迁需求差别化

所谓流迁需求差别化是指多元流迁模式下不同流迁意愿的农民工具有差别化的社会保护需求。农民工群体流迁需求差别化是狭义空间关照概念建构的事实基础，而农民工群体流迁模式呈多元分化之势的印证则是确认农民工群体流迁需求差别化的逻辑起点。

一　数据来源和样本描述

为印证农民工群体流迁模式多元化与流迁需求差别化的判断②，2018

①清华大学社会学系课题组：《困境与行动——新生代农民工与“农民工生产体制”的碰撞》，载沈原主编《清华社会学评论（第六辑）》，北京：社会科学文献出版社，2013，第46页。

②本节的研究重点在于通过印证农民工群体流迁模式多元化与流迁需求差别化的事实来建构起狭义空间关照的概念，未对这一主题展开充分研究。在笔者所著的《异质性与差别化——农民工的社会保护需求与社会政策调适》一书第二章《“扎根”“无根”抑或“归根”：新生代农民工群体多元化的流迁模式》与第三章《多元流迁模式下新生代农民工群体异质性的社会保护需求》对这一问题有较为深入的分析。

年 4 月中旬至 5 月底，笔者研究团队通过对苏州、温州、泉州与东莞等四个沿海经济发达地市[①]合计 2400 名新生代农民工[②]展开问卷调查。调查对象要求跨县流动且在调查地工作六个月以上，既包含 80 后、90 后也包括部分 16 周岁以上[③]的 00 后新生代农民工。

具体调查主要在苏州、温州、泉州与东莞新生代农民工较为集中的各类开发区、工业园区（从事第二产业）以及新生代农民工较为集中的商业、服务业密集区（从事第三产业）展开。如表 2-24 所示，本次调查不考虑城市规模，各城市样本数统一设定为 600 份，合计样本总数为 2400 份，其中有效样本数为 2250 份，有效率为 93.8%。

表 2-24　苏州、温州、泉州、东莞四地调查的样本数、有效样本数及有效率

城市	样本数（N）	有效样本数（N）	有效率
苏州	600	564	94.0%
温州	600	550	91.7%
泉州	600	566	94.3%
东莞	600	570	95.0%
合计	2400	2250	93.8%

资料来源：笔者自制。

考虑到非正规就业与正规就业的分异，每个城市的 600 份问卷中，有 300 份问卷的调查对象为非正规就业的新生代农民工。其具体职业包括管

①此四地是农村经济发展的四大模式苏南模式、温州模式、晋江模式、珠江模式的发源地。苏州、温州、泉州与东莞四地经济发达，民营企业众多，吸纳了海量（新生代）农民工在当地就业，便于笔者开展问卷调查与深度访谈。

②在代际分化的视角下，之所以选取新生代农民工群体展开流迁模式多元化的调查与研究，是因为笔者在既往研究中发现一个“刻板印象”——相对其父辈与兄辈，新生代农民工在流入地城镇定居的意愿非常强烈。通过本次调查，笔者试图用第一手的研究数据打破这一“刻板印象”。

③本次问卷调查和访谈过程中，笔者研究团队曾经遇到个别年龄低于 16 周岁的打工青少年。基于该年龄群体的特殊性，笔者研究团队只与其进行了个别访谈，了解其现实生存状况与社会保护需求，但未将他们列为问卷调查对象。

理欠规范的小企业、小作坊中非正式就业者、街头小贩、搬运工、摩的司机及各类临时工。另300份问卷则面向正规就业的新生代农民工群体，他们在工业、贸易和服务行业中员工规模在100人以上的各类企业正规就业。在调查实施过程中，正规就业与非正规就业新生代农民工的抽取都严格按照该群体在其就业的主要职业类型中的现实分布进行。

2250份有效问卷的统计结果表明，虽然非正规就业与正规就业的新生代农民工在某些特征上存在差异，但是就总体来说，他们存在明显的同质性特征：年轻、跨县流动、来自农村、以初高中文化①为主。表2-25将本次调查样本的基本特征直观地呈现出来，在此不再赘述。

表2-25 苏州、温州、泉州、东莞四地调查样本基本特征

基本特征	样本数（N）	比率	基本特征	样本数（N）	比率
性别			是否独生子女		
男	1215	54%	是	778	34.6%
女	1035	46%	否	1472	65.4%
年龄			婚姻状况		
16至20周岁	268	11.9%	未婚	936	41.6%
21至30周岁	1154	51.3%	有配偶	1224	54.4%
31至38周岁	828	36.8%	离异或丧偶	90	4.0%
教育程度			在外打工时间		
小学及以下	208	9.2%	一年以下	164	7.3%
初中	898	39.9%	1至5年	1019	45.3%
中专及高中	635	28.2%	5至10年	726	32.3%
大专及以上	509	22.6%	10年以上	341	15.2%

资料来源：笔者自制。

①即低学历的年轻人、外地人、农村人。基于Sabates-Wheeler等学者提出的移民社会政策分析框架，上述标签意味着由于人力资本和社会资本的缺乏，该群体在流入地城市处于不利的位置。

二　流迁模式多元化

为了调查苏州、温州、泉州和东莞四地2400名新生代农民工的流迁意愿，笔者同样参考朱宇和林李月于2009年在福州市开展的有关流动人口流迁模式与社会保护的问卷调查设计，在问卷中设置了如下问题。如果可以自由选择，您将来的去留决定是：1. 在流入地定居；2. 继续工作一段时间后选择某个城镇定居；3. 继续工作一段时间后返乡定居；4. 继续在流入地和流出地之间循环流动；5. 难以决定。如表2-26所示，在调查统计阶段，笔者同样参考两位学者的统计口径，将不同流迁模式的新生代农民工分为“定居型”“返乡型”“循环型”三类。

如表2-26所示，在城镇定居并没有成为新生代农民工群体的主流选择。虽然略有高低，但在总体上，“定居”“返乡”抑或“循环流动”的选择基本持平。具体来说，“定居型”新生代农民工占受访者总数的35.7%，“返乡型”新生代农民工占受访者总数的34.6%，均略微超过三分之一；而“循环型”新生代农民工的占比为29.7%，接近30%。

表2-26　苏州、温州、泉州、东莞四地新生代农民工群体的定居意愿

新生代农民工类别	定居意愿	人数（N_1）	占比	人数（N_2）	占比
定居型	在流入地定居	569	25.3%	803	35.7%
	继续工作一段时间后选择某个城镇定居	234	10.4%		
返乡型	继续工作一段时间后返乡定居	778	34.6%	778	34.6%
循环型	继续在流入地和流出地之间循环流动	200	8.9%	669	29.7%
	难以决定	469	20.8%		
合计		2250	100%	2250	100%

资料来源：笔者自制。

与传统印象中新生代农民工对于中大城市的户口有特殊的冲动和偏好不同，本次调查发现户籍制度本身并不是造成新生代农民工群体在流入地城市定居意愿地的根本原因。如表2-27所示，为了测度苏州、温州、泉州和东莞四地2400名新生代农民工的户口迁移意愿，笔者设置了如下问题。如果可以自由选择，您将来有关户口迁移的决定是：1. 全家迁到流入地；2. 自己一个人迁到流入地；3. 保留老家农村户口；4. 难以决定。2250份有效问卷中，表示要将“全家迁到流入地”的受访者仅占总数的20.0%；表示要“自己一个人迁到流入地”的受访者占比为12.7%；而表示“难以决定”的受访者占比为10.9%。在本次调查中，表示要“保留老家农村户口”的新生代农民工则高达1269人，为受访者总数的56.4%。

表2-27 苏州、温州、泉州、东莞四地新生代农民工群体的户口迁移意愿

迁户选择	样本数（N）	占比
全家迁到流入地	451	20.0%
自己一个人迁到流入地	285	12.7%
保留老家农村户口	1269	56.4%
难以决定	245	10.9%
合计	2250	100%

资料来源：笔者自制。

如果进一步提高落户门槛，在放弃家乡土地才能落户的前提条件下，则如表2-28所示，表示要将“全家迁到流入地”的受访者仅占总数的12.8%；表示要“自己一个人迁到流入地”的调查对象占比为8.1%；而表示“难以决定”的受访者占比为12.4%。本次调查中，表示要“保留老家农村户口”的新生代农民工则高达1501人，占比为66.7%，已经超过受访对象的三分之二。经过与24名新生代农民工①的深度访谈，虽然他们中多数人缺乏务农的经历与经验，但是笔者仍然感受到了他们对于家乡土地的深厚感情和眷恋。土地作为农民（工）最后的保障，不仅局限于物质层面，更是他们应对不确定性风险的精神保障。因此，《国务院关于实施支持农业转移人口市民化若干财政政策的通知》等相关文件提出的“维护进城落户农民土地承包权、宅基地使用权、集体收益分配权”的决策无疑是非常有必要的。

---

①受访者中正规就业者和非正规就业者各占一半。

表 2-28　在放弃家乡土地才能落户的前提条件下苏州、温州、泉州、东莞四地新生代农民工群体的户口迁移意愿

迁户选择	样本数（N）	占比
全家迁到流入地	287	12.8%
自己一个人迁到流入地	183	8.1%
保留老家农村户口	1501	66.7%
难以决定	279	12.4%
合计	2250	100%

资料来源：笔者自制。

你问我为什么不把户口迁过来，因为现在都说老家农村户口值钱啊，我和老公都没这个打算。在这里主要是打工赚钱，然后让孩子把书读好。反正只要有居住证，落不落户都能让小孩子读书，要读好的小学的话，你把户口放进来也没用，当地泉州人都很难。老家的地肯定是要留着的，现在种是没人种，但这是最后的命根子，肯定不会丢的。还有一个就是在这里房子贵，买不起。要安家肯定要有个房子的。我老公打工的 AT 是大厂，算比较稳定，我自己这里只是一个小工厂，钱少，没保险。两个孩子要拉扯，到处到要花钱，哪里有什么办法？（访谈记录：QZ—NMG/MJX—2018.4.29）

本次调查数据显示，新生代农民工群体在流入地城镇的定居意愿远低于社会预期。访谈结果表明，定居、返乡抑或循环流动都是新生代农民工基于个体认知和家庭需求做出的能动选择。本次调查数据表明，户籍门槛并非是新生代农民工定居意愿低的主要阻碍因素。朱宇和林李月的系列研究表明，乡—城流动人口落户意愿低可能源于其工作的不稳定性。[①] 如表

①笔者在多次调研和访谈中感受到，农民工个体工作不稳定的现实往往意味着其个人和家庭缺乏稳定的收入来源。因此，应该基于生命周期理论增强早期的社会政策干预，提升预期农村劳动力的人力资本，增强其流入城市之后的生存能力。在预期农村劳动力教育扶贫帮持政策方面，陕西省安康市无疑取得了卓有成效的工作成绩，教育扶贫帮持的“安康个案”可参见本书第七章。

2-29 所示，本次调查结果亦表明，88.0%的新生代农民工至少换过一次工作，其中，22.3%的受访者更换过 2 次工作；16.3%的受访者更换过 3 次工作，还有 15.3%的受访者更换过 4 次及以上工作。由于比较年轻，特别是其中的 90 后、00 后群体对于自身的发展定位不够清晰，同时囿于个人人力资本与社会资本，从事的工作往往劳动强度比较大，稳定性比较差，新生代农民工群体"短工化"的趋势比较明显。在长期针对农民工群体的问卷调查和深度访谈中，笔者遇到的不少 90 后、00 后"旅游打工族"[①]"三和大神"[②]"日结族"[③]即是新生代农民工群体"短工化"不稳定就业的现实例证。

可见，在代际分化的背景下，对于新生代农民工群体社会保护问题不能简单采取"落户解决"的思路来应对。包括新生代农民工群体在内，农民工相关社会政策调适的原则之一应该是在深刻认识、充分尊重个体的流迁意愿的基础之上提供异质性的公共服务，来满足多元流迁模式下农民工群体差别化的社会保护需求。简言之，展开对新生代农民工群体流迁需求差别化的研究无疑是非常必要的。

---

① "旅游打工族"是指一些新生代农民工开始出现"旅游式打工"的工作模式，这些年轻的务工者在较短的时间内到过多个城市，换过多种工作，边打工边在打工地城市游玩，长的几个月，短的几天。这一现象与新生代农民工"短工化"趋势密切相关，值得密切关注。在笔者进行的课题访谈中，一些企业管理者认为"旅游打工族"的经历表明其外出务工"根本就不是在打工赚钱，更像是出来旅游"。

② "三和大神"是特殊的都市边缘群体，原意主要指游荡在深圳市龙华区景乐新村北区三和人力市场的一些工作生活境遇不佳的新一代农民工。他们中的一些人身背债务，由于各种原因与家人鲜有来往，没有身份证，倾向于做"工作一天玩三天"的日结工作，游走在都市边缘。笔者与该群体的访谈表明，他们中的许多人原本怀揣着外出打工赚钱的梦想来到深圳，来到龙华，然而低学历、低技能、低收入的现实和枯燥无味的工作环境无情打碎了梦想。因此，这个群体极度排斥从事枯燥无味的流水线工作，更倾向于做各类当天可以结算薪水的临时工作，"三和大神"群体形成了底层社会独特的人生态度和生活状态。

③ "日结族"多指从事日结工作的新生代农民工。日结工作主要包括发传单、酒店临时帮工、钟点工、拉货搬运、招会员（卖卡）等。相比正常工作做日结对专业技能和连续工作时长要求较低，但"做一天是一天"的"日结族"缺乏工作稳定性、成长空间和社会保障。

表 2-29　苏州、温州、泉州、东莞四地新生代农民工打工至今更换工作情况

更换工作次数	样本数（N）	占比
0	269	12.0%
1	768	34.1%
2	501	22.3%
3	367	16.3%
≥4	345	15.3%
合计	2250	100%

资料来源：笔者自制。

三　流迁需求差别化

如图 1-9 所示，社会救助、就业、职业安全、社会保险、职业培训、子女教育、权益保护、户籍、住房保障、农民工关怀等十个具体社会政策议题被嵌入农民工社会政策“两维四分”的结构框架之中。其中，“生存—问题型”社会政策包括社会救助、就业、职业安全等三项社会政策；“生存－福利型”社会政策则主要指社会保险政策；“发展－问题型”社会政策由职业培训、子女教育、权益保护、户籍等四类政策组成；“发展－福利型”社会政策主要包括住房保障政策与农民工关怀。

囿于研究篇幅，如图 2-5 所示，笔者在四个象限内各选取一至两个典型社会政策展开流迁需求差别化的研究。其中，“生存－问题型”社会政策选择就业，“生存－福利型”社会政策选择社会保险，“发展－问题型”社会政策选择子女教育与职业培训①，“发展－福利型”社会政策则选择住房保障。文献综述与笔者的前期研究成果表明，无论是就业需求、社会保险需求、子女教育需求、职业培训需求抑或是住房保障需求均是流动农民工群体高度关注的焦点性需求。同时，与农民工相关的就业政策、社会保

①显而易见的是，从生命周期的角度来说，提高和强化农民工家庭的人力资本主要有两条途径：其一是通过职业培训来提高在职农民工的劳动技能，具体表现为该群体人力资本存量的改善；其二是通过农民工子女教育来提高新成长农村劳动力的平均受教育年限和质量，具体表现为该群体人力资本增量的改善。

险政策、子女教育政策、职业培训政策和住房保障政策又是密切关系“农民工生产”和“农民工再生产”的重要社会政策。

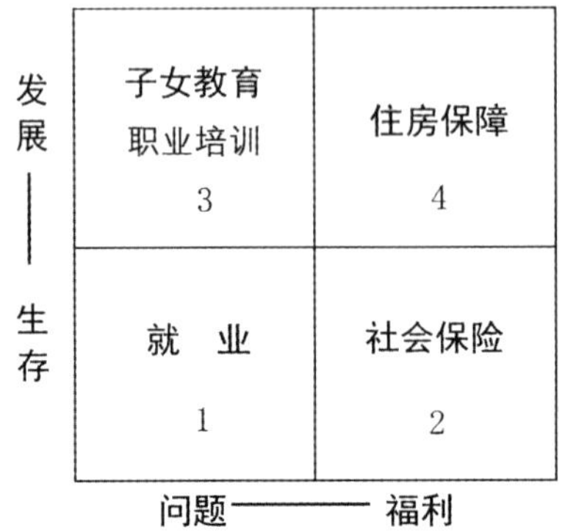

图 2-5 开展流迁需求差别化研究的五个社会政策议题的分布

资料来源：笔者基于童星与张海波（2006）所提结构框架调整修改而成。

（一）多元流迁模式下新生代农民工群体差别化的就业需求

农民工群体的就业需求是刚性需求，也是典型的生存一问题型需求。笔者既往的研究表明，即便在代际分化的背景下，就业抑或经济考量仍然是新生代农民工进城的主要目的。笔者研究团队在苏州、温州、泉州与东莞等东南沿海四地新生代农民工的调查数据表明，多元流迁模式下农民工群体的职业构成存在显著差异性。如表 2-30 所示，以从事制造业的比例作为比较对象，本次调查统计结果表明，多元流迁模式下“定居型”新生代

表 2-30 多元流迁模式下新生代农民工群体从事制造业的比例

新生代农民工类别	人数（N）	占比
定居型（N=803）	409	50.9%
返乡型（N=778）	454	58.4%
循环型（N=669）	453	67.7%
合计（N=2250）	1316	58.5%

资料来源：笔者自制。

农民工从事制造业的比例最低，“循环型”新生代农民工从事制造业的比例最高，而“返乡型”新生代农民工该行业的从业比例居中。

本次调查还表明，“定居型”新生代农民工群体在公司管理人员、企业文职人员以及销售等对文化水平和综合素质需求较高的岗位上从业的比例较高，而“返乡型”与“循环型”群体则较少从事这些要求较高的工作。就“定居型”新生代农民工而言，上述从业比例“一低一高”的事实一方面可以解释为什么该群体倾向于在城镇定居；另一方面充分证明了如果能提升当前农民工职业培训的水平，则有助于改善该群体人力资本的存量并提升其就业层次，最终将有助于该群体融入城市甚至在城市定居。在资源有限性约束之下，由于“定居型”新生代农民工的主观流迁意愿是要在城镇定居，因此加强对该细分群体的职业培训无疑具有较高的效益和产出。

顺利找到工作是新生代农民工流入城市之后的当务之急。虽然新生代农民工群体的求职渠道较其父辈和兄辈有所拓宽，但是总体上仍然比较依赖原有的社会网络。如表 2-31 所示，依靠“亲友介绍”方式求职的新生代农民工共有 1203 人，占调查对象总数的 53.5%。即便如此，多元流迁模式下农民工群体的求职渠道存在显著差异。如表 2-31 所示，除“亲友介绍”外；“定居型”新生代农民工通过“毕业分配或者校推”“招聘类网站、手机软件及微信等”等渠道找到工作的比例最高；“返乡型”新生代农民工使用“自己闯”求职渠道的比例较高；“循环型”农民工较多经由招聘类网站、手机软件及微信等来找寻工作。经过与多位访谈对象的深度访谈，笔者了解到，上述现象的一个可能原因在于“定居型”新生代农民工的受教育水平较高，综合素质总体较强，因此他们一方面比较有可能通过“毕业分配或者校推”的方式找到工作；另一方面，较强的学习能力和新媒体使用能力亦有助于该群体借助“招聘类网站、手机软件及微信等”渠道来获得工作机会。

现在都说再读个小中专没什么用，但我觉得话不能那么绝对，只能说做人很多时候要自己跟自己比。从我自己的经历来说，读书还是比不读强，你看找一个工作至少会方便很多。在我老家那种小地方，你进个厂要托关系的。但是在东莞、在深圳，只要有手机，有网络，自己有点能力，你随时都能找到工作。我自己是有长远考虑才想进这个厂，厂里这里是用数控机床的，幸好是我是中专毕业的，公司老板才考虑用我……是有想长期留在广东，但是要走一步是一步，希望能在这里学到一点技术，工资什么的能慢慢涨上去。关键是要学到技术，自己要有能力才行。（访谈记录：DG—NMG/HP—2018.5.20）

表 2-31 多元流迁模式下新生代农民工群体的求职渠道

新生代农民工类别	亲友介绍	毕业分配或者校推	招聘类网站、手机软件及微信等	自己闯	劳务市场或中介	政府的劳务输出	合计
定居型（N＝803）	43.1％（N＝346）	13.8％（N＝111）	22.2％（N＝178）	13.7％（N＝110）	5.7％（N＝46）	1.5％（N＝12）	100％
返乡型（N＝778）	64.1％（N＝499）	5.0％（N＝39）	8.7％（N＝68）	15.0％（N＝117）	6.3％（N＝49）	0.8％（N＝6）	100％
循环型（N＝669）	53.5％（N＝358）	8.8％（N＝59）	14.9％（N＝100）	13.8％（N＝92）	7.6％（N＝51）	1.4％（N＝9）	100％

资料来源：笔者自制。

如表 2-32 所示，多元流迁模式下新生代农民工群体工作报酬水平存在明显的差异性。月收入在 5000 元以上的 409 位新生代农民工中，“定居型”新生代农民工有 248 人，占该“高收入群体”总量的 60.6％；“循环型”群体和“返乡型”群体分别只有 81 人和 80 人，比例明显偏低。通过对部分收入较高的新生代农民工的访谈，笔者研究团队成员讨论后认为，“定居型”新生代农民工群体在公司管理人员、文员及销售人员等岗位上从业的比例较高，这些岗位一般需要较高的文化水平和综合素质，更可能获得较高的经济收入。

表 2-32 多元流迁模式下新生代农民工群体的工资报酬水平

		定居型（N＝803）	循环型（N＝669）	返乡型（N＝778）	合计
月收入	2000 元以下（N＝21）	28.6％（N＝6）	33.3％（N＝7）	38.1％（N＝8）	100％
	2000～3000 元（N＝378）	23.3％（N＝88）	44.2％（N＝167）	32.5％（N＝123）	100％
	3000～4000 元（N＝674）	26.6％（N＝179）	37.7％（N＝254）	35.7％（N＝241）	100％
	4000～5000 元（N＝768）	36.7％（N＝282）	20.8％（N＝160）	42.5％（N＝326）	100％
	5000 元以上（N＝409）	60.6％（N＝248）	19.8％（N＝81）	19.6％（N＝80）	100％

资料来源：笔者自制。

此外，表 2-32 还显示，月收入在 4000 至 5000 元之间的 768 位受访者之中，“返乡型”新生代农民工占比最高，“定居型”新生代农民工占比次之，而“循环型”新生代农民工的比例是最低的。这一比例与本研究团队最初的预测有所出入，其背后的原因可能在于“返乡型”新生代农民工的最终目的是要返回家乡，该细分群体加班的时间较长，因此在月收入在4000至5000元之间的占比最高。具体来说，在本次调查中，共有427位新生代农民工每日工作时数超过11个小时，其中“返乡型”新生代农民工占比为44.3%；而在没有休息日的394位受访对象中，“返乡型”新生代农民工占比同样是最高的，达到45.2%。比较而言，“定居型”新生代农民工在三个亚群体之中每日工作时数较短，而每月休息日数较多。经过访谈，笔者了解到，许多“返乡型”新生代农民工在城市打工的目的是为以后返回农村老家积攒财富，因此该群体中的不少人的想法是在城市务工期间要尽量“多加班，多赚钱”。因此，在保证身体得到最基本的休息的前提下，加班不仅不被视为一种工作压力，而成为许多“返乡型”新生代农民工获取经济利益的一种主动需求。①

（二）多元流迁模式下新生代农民工群体差别化的社会保险需求

农民工参加社会保险的需求属于典型的“生存—福利型”需求。笔者研究团队在东南沿海四地新生代农民工的调查数据显示，多元流迁模式下新生代农民工群体的社会保险需求②呈现出明显的流迁需求差别化特征。笔者在东南沿海四地与公务员、企业管理者与新生代农民工受访者的深度访谈亦验证了这一差别化特征。

如表2-33所示，本次调查的结果显示，各险种参保率从高到低依次

---

①正是由于这一动机，在访谈中，笔者听到了不少给排班人员送礼或者“拍马屁”从而达到多加班目的具体事例。“车间政治经济学”的逻辑是车间里负责排班的车间主任就是“老大”，“你可以不鸟老板，资本家山高皇帝远，但是一定要听老大的”（访谈记录：WZ—NMG/HNB—2018.5.12）。

②在调查问卷设计上，笔者设置了如下问题：“您是否已购买以下保险：1.城镇职工基本养老保险；2.城镇职工基本医疗保险；3.失业保险；4.工伤保险。”在这一问题中，笔者主要调查新生代农民工参加城镇职工基本养老保险的情况，而不考虑其参加城乡居民基本养老保险的情况。同时，本问将医疗保险设定为城镇职工基本医疗保险，而不考虑其参加城乡居民基本医疗保险的情况。此外，工伤保险具有强制性参保特征，而失业保险则采取自愿的原则参保。

是：工伤保险→城镇职工基本养老保险→城镇职工基本医疗保险→失业保险。流迁模式分化的背景下，各具体社会保险项目的分群体参保率从高到低均为："定居型"新生代农民工→"循环型"新生代农民上→"返乡型"新生代农民工。其背后的逻辑颇为简单：由于工伤保险、城镇职工基本养老保险、城镇职工基本医疗保险、失业保险的社会保险项目组合可视为一种以在流入地城市定居为依归的社会保险组合形式。"定居型"新生代农民工群体在主观意愿上其最终流向是融入流入地城市，他们在正规企业稳定就业的比例较高，因此上述社会保险项目组合的供给和他们城市融入需求间具有比较强的供需适配性。反之，"返乡型"新生代农民工群体的主观流向是回流农村，他们灵活就业与从事非正式工作的比例相对较高，上述社会保险项目组合的供给和他们返乡需求间的供需适配性是比较弱的。而处于"流而不迁"状态之中的新生代农民工由于在主观流迁意愿上处于在城市定居和返回家乡之间，因此他们在上述以在流入地城市定居为依归的社会保险组合中的参保率处于居中的位置上。

表 2-33　多元流迁模式下新生代农民工群体各社会保险项目的参保率

新生代农民工类别	城镇职工基本养老保险	城镇职工基本医疗保险	失业保险	工伤保险
定居型（N＝803）	50.1％（N＝402）	47.9％（N＝385）	37.2％（N＝299）	64.6％（N＝519）
返乡型（N＝778）	40.9％（N＝318）	36.0％（N＝280）	24.8％（N＝193）	54.6％（N＝425）
循环型（N＝669）	43.4％（N＝288）	40.8％（N＝273）	26.9％（N＝180）	59.8％（N＝400）
合计（N＝2250）	44.8％（N＝1008）	41.7％（N＝938）	29.9％（N＝672）	59.7％（N＝1344）

资料来源：笔者自制。

多元流迁模式之下，不同流迁意愿的新生代农民工具体社会保险项目参保率存在显著差异，同时，各亚群体对于未来养老问题的担心程度亦存在显著差异。由于该群体相对年轻①，对于个人养老问题缺乏长远规划，在回应“您是否担心过个人未来的养老问题?”这一问题时，有37.9%的受访者表示“还没想”，有35.2%的受访者回答“不担心”，而选择“担心”的新生代农民工受访者只占总数的26.9%。如表2-34所示，在三类新生代农民工亚群体中，“定居型”新生代农民工（36.0%）比较担心未来的养老问题，“循环型”新生代农民工（23.0%）次之，而“返乡型”群体则仅有20.8%的受访者表示了类似的担忧。此消彼长，有高达37.9%的“返乡型”新生代农民工不担心未来的养老问题，“循环型”群体中有34.4%不担心该问题，而“定居型”群体选择“不担心”者仅为33.4%。此外，受访者中还有852名新生代农民工表示“还没想”。其中，42.6%的“循环型”新生代农民工还没想今后的养老问题，做出类似选择的“返乡型”新生代农民工有41.3%。反之，仅有30.6%的“定居型”新生代农民工“还没想”今后的养老问题。

表2-34　多元流迁模式下新生代农民工对未来养老问题的担心程度

新生代农民工类别	担心	不担心	还没想	合计
定居型 （N=803）	36.0% （N=289）	33.4% （N=268）	30.6% （N=246）	100%
返乡型 （N=778）	20.8% （N=162）	37.9% （N=295）	41.3% （N=321）	100%
循环型 （N=669）	23.0% （N=154）	34.4% （N=230）	42.6% （N=285）	100%
合计 （N=2250）	26.9% （N=605）	35.2% （N=793）	37.9% （N=852）	100%

资料来源：笔者自制。

就上述调查结果，笔者以为，“循环型”新生代农民工由于处于“流而不迁”的状态之中，未来去向未定，因此较少考虑未来的养老问题。而

①针对东南沿海四地2400位新生代农民工群体的调查截止时间为2018年5月30日，截至该日调查对象的年龄在16至38周岁之间。

“定居型”新生代农民工在城市定居的意愿强烈，在较为青睐流入地城市定居为依归的社会保险组合的同时，高度关注未来的养老问题。在针对新生代农民工的深度访谈中，许多“定居型”新生代农民工表现出关于养老问题的群体焦虑——相对遥远且更多处于心理层面的土地保障，他们对于城市社会保障制度的需求比“返乡型”与“循环型”群体强烈得多。[①] 同时，他们对于现行城镇养老保险制度在便携性和缴费年限门槛上的诸多制约颇感无奈。三个群体中，“返乡型”新生代农民工群体未来的决策是要返回老家农村，土地具有一定的养老保障功能使得他们不会过分焦虑今后的养老问题，而在制度保障上他们更加青睐城乡居民基本养老保险等保险制度。[②]

（三）多元流迁模式下新生代农民工群体差别化的职业培训需求

职业培训属于“发展—问题型”社会政策议题。笔者研究团队在东南沿海四地新生代农民工的调查数据显示，新生代农民工在流入地或者流出地参加过培训的比例较低，即便是参加过培训者，其平均培训次数也偏少，同时培训结构、培训内容、培训形式都难以适应新生代农民工群体的需要。就总体来说，本次调查显示，新生代农民工群体的职业培训需求未得到满足。这一现状无疑不利于该群体人力资本存量的增加和改善。

此外，不同流迁模式下新生代农民工群体的职业培训需求呈差别化之势。本次调查中，为了解新生代农民工群体在流入地参加职业培训的主观意愿，问卷设置了如下问题：您会考虑参加各类有助于提升个人技能或者

---

①虽然国家在制度设计上规定不能以放弃“土地三权”作为农民工进城落户的前置性条件，但包括“定居型”群体在内的许多新生代农民工对于国家相关政策了解不够，因此他们对于城市社会保障制度有过高期待。另一方面，选择了城市生活就意味着高物价、高房价和有限的社会支持网络，因此即期收入相对较低的他们对于预期的养老问题较为焦虑。

②针对不同流迁决策新生代农民工的访谈中，笔者感受到了城市和乡村生活对于生命个体的差异性要求。有如，城市特别是大城市要求“定居者”适应快节奏、高压力的生活，这往往意味着城市居民必须有着更加清晰和长远的规划，否则就会面临着“不早点交养老保险，以后不到15年就没有养老金”的焦虑和压力。相对而言，许多“返乡型”新生代农民工今后的目标是返回农村老家，而农村慢节奏和相对较小的生活压力使得农村居民可以“走一步是一步”“到时候再说”。

素质的培训项目吗？如表 2-35 所示，新生代农民工受访者中，有 81.6% 表示愿意参加培训项目，不愿意参加的则占 18.4%。基于流迁模式分化的视角，在 2250 名新生代农民工受访者中，参加培训的意愿从高到低分别是："循环型"群体（88.0%）、"定居型"群体（81.1%）、"返乡型"群体（76.6%）。其中，"循环型"新生代农民工群体参加培训的主观意愿较高的原因是该群体外出务工的时间较短，他们中的许多人由于意识到自己缺乏工作经验，愿意通过培训来提升自己的专业技能，从而在就业市场中处于相对有利位置。[①] 反之，"返乡型"群体认为自己今后的归宿是回到老家农村，他们中的不少人缺乏长远的职业规划。在他们看来，当务之急是"多干点活，多赚点钱，毕竟回老家以后里里外外都要花钱"。相对而言，"培训就是在浪费时间，不划算"。为此，一方面政府相关部门或者企业在组织职业培训的时候应该多注意做好"返乡型"新生代农民工群体的引导、动员工作，让他们明白磨刀不误砍柴工，提升个人人力资本水平的收益回报是非常可观的。另一方面，如何在培训内容设计和实施上做到"适销对路"是提升新生代农民工职业培训效果的关键因素。

表 2-35　多元流迁模式下新生代农民工群体参加培训的主观意愿

新生代农民工类别	愿意参加培训	不愿意参加培训	合计
定居型 （N=803）	81.1% （N=651）	18.9% （N=152）	100%
返乡型 （N= 778）	76.6% （N=596）	23.4% （N=182）	100%
循环型 （N=669）	88.0% （N=589）	12.0% （N=80）	100%
合计 （N=2250）	81.6% （N=1836）	18.4% （N=414）	100%

资料来源：笔者自制。

①沈君彬：《异质性与差别化——农民工的社会保护需求与社会政策调适》，北京：社会科学文献出版社，2020，第 113 页。

> 你说培训会有用？我看没什么用。我们做这个的，不要什么技术含量，就是要勤劳，手脚要快，要赶得上趟。培训就是浪费时间，不划算。我出来打工就是趁年轻多干点活，多赚点钱，毕竟回老家以后里里外外都要花钱。而且，培训的东西也没什么用。什么5S管理，什么企业制度、企业文化、班组建设，我回老家以后养猪要5S吗？要企业制度吗？要班组建设吗？这些都是虚的，方便他们管理，让你乖乖干活不要想七想八，对我回去以后没什么用。（访谈记录：WZ—NMG/HNB—2018.5.12）①

为此，笔者研究团队在东南沿海四地展开的此次调查问卷中设置了如下问题——您会考虑参加何种培训项目：1. 电焊（餐饮、驾驶、美发、烹饪）等就业技能培训；2. 岗位技能提升培训；3. 创业技能培训；4. 种植、养殖实用技术培训；5. 电子商务培训；6. 其他。如表2-36所示，多元流迁模式下新生代农民工群体的培训项目需求偏好差异明显。其中，"定居型"群体比较偏好"岗位技能提升培训""创业技能培训"，同时该群体亦比较青睐"电焊（餐饮、驾驶、美发、烹饪）等就业技能培训"。该群体的流迁意愿上是在城镇定居，因此他们对于提升自身综合素质特别是业务、技术能力有着强烈需求，应针对性地提升该群体相关培训项目的供给质量与数量，增强其可及性。②

如表2-36所示，"循环型"新生代农民工群体对于多数培训项目的需求度处于"定居型"群体和"返乡型"群体之间。客观地说，对该群体中的多数人而言，"流而不迁"的状态是暂时的，随着时间的推移与生命事件的出现，"循环型"新生代农民工个体或早或迟都将做出"定居"或者"返乡"的决策。对于各培训供应方来说，如何提升各类农民工群体的培训项目的"可及性、相关性、质量、相适性"，真正实现培训项目供需适配的目标是提升多元流迁模式下新生代农民工培训效果的重要考量因素。

---

①笔者在整理新生代流动农民工HNB与后文中返乡新生代农民工Z的访谈记录时，颇为感叹的是，新生代农民工自身的主观能动性和对培训的态度在很大程度上决定着培训的可及性与实际培训效果。因此，培训供给方需要提供的不仅仅是知识和技能，如何提升该群体对于培训重要性的认识也是一项重要的工作任务。

②沈君彬：《异质性与差别化——农民工的社会保护需求与社会政策调适》，北京：社会科学文献出版社，2020，第115页。

表 2-36　多元流迁模式下新生代农民工群体培训项目需求的异质性

新生代农民工类别	电焊（餐饮、驾驶、美发、烹饪）等就业技能培训	岗位技能提升培训	创业技能培训	种植、养殖实用技术培训	电子商务培训	其他	合计
定居型（N=651）	23.7%（N=154）	42.7%（N=278）	13.5%（N=88）	5.5%（N=36）	11.2%（N=73）	3.4%（N=22）	100%
返乡型（N=596）	18.3%（N=109）	20.3%（N=121）	12.8%（N=76）	31.2%（N=186）	14.1%（N=84）	3.3%（N=20）	100%
循环型（N=589）	23.8%（N=140）	33.3%（N=196）	12.2%（N=72）	16.6%（N=98）	8.7%（N=51）	5.4%（N=32）	100%
样本合计	403	595	236	320	208	74	1836

资料来源：笔者自制。

相对而言，“返乡型”新生代农民工群体在流迁意愿上最终目标是要返回老家农村，因此他们选择“种植、养殖实用技术培训”与“电子商务培训”的比例远高于“定居型”群体与“循环型”群体。在流入地城市务工积攒了丰富的工作经验和一定的资金、技术之后，返回老家农村创业或者成为新型职业农民，为乡村振兴贡献有生力量，是他们的现实选择。因此，各级政府特别是流出地政府应该利用各种假期针对“返乡型”群体多组织“种植、养殖实用技术培训”“电子商务”“创业相关知识”等方面的技术培训。

回想起那段时间在这个厂里，虽然上班很累，但做事情我①还是比较认真的，毕竟是饭碗。我是一直在想长期的路要怎么走比较好。2012 年的时候，我发现广东那里有搞一个“圆梦计划”可以让我们读大专，我就考了华南师大，2014 年的时候顺利毕业了。毕业以后我自己就想，来广东快

①本访谈记录的访谈对象为三明市宁化县已返乡的新生代农民工 Z。访谈时间为 2018 年 7 月 8 日。

十年了压力还是比较大，如果能通过打工一路升上去，算是一条路。从我的情况来看，好像也可以，我毕业当年就升了车间主管，工资加了一半还多，但是长期在厂里好像不是我想要的，主要是工厂生活总体上比较枯燥的。后来看到网上有介绍一些在外面打工的人回老家创业的报道，我就很有兴趣。在读大专的时候老师有讲SWOT分析，我就对自己是不是回老家找找机会做了个分析。为什么会这样想，你看，一个是优势，我家里还是有这个条件的，一个是房子很大，家里老房子前面有一块旱田基本都闲着，什么都没种，然后我们家有好几片茶山，附近交通特别好，离市区又不算太远；另一个是弱势，我在企业打工是不会有大的发展的，很难靠技术和管理升上到比较高的位置；还有就是机会，我反复掂量，现在农村有很多政策，回老家会给一些优惠贷款支持、培训啊什么的，还有一些创业的帮助。最后就是挑战，主要是自己要动起来，不能懒吧：自己下了班就经常用手机上网去学一些东西，比如要怎么做生意搞推销，怎么开网店，怎么做管理，五花八门都看；逢年过节有回老家碰到有培训机会我都会让堂哥①叫上我，再买几本书看，就是零零星星有在做一些准备……现在回来快三年了，做了几件事情，一是把茶山利用起来，以前都是自己采茶叶，费时费力。现在在采茶季前就有很多客人在QQ群、微信群里预订，他们过来采，采完以后我帮着晾晒，然后快递给他们，他们有的自己喝，有的送人。毕竟是自己采的茶叶，味道很不一样。二是把家里的旱田挖成鱼塘，投了鱼苗，现在开始出鱼了，客人过来可以钓鱼，钓完鱼以后可以他们自己加工，也可以我帮他们加工。三是把农家乐做起来了，家里门前的一大块空地种了很多草莓，每年都会长很多。老房子稍微整了一下，一楼、二楼可以放好几张桌子，客人玩完以后有地方吃饭。这三年下来，一年比一年好，今年开始赚的钱比打工那个时候会多一些。觉得自己回来是对的。最近，我城里的大姐夫还出了主意，让我学做茶膳，这样可以把茶山和农家乐联在一起，比较有特色。（访谈记录：SM—FXNMG/Z—2018.7.8）②

①Z的堂哥为其所在村的村委会主任。

②访谈记录表明，Z的返乡决策类型属于“发展驱动”型。通过Z的回忆，笔者可以清楚看到，Z在返乡之前的人力资本积累（包括各类培训）为Z返乡之后顺利创业起到了积极的作用。

所谓社会政策的供需适配性，是由英国社会政策学家斯蒂芬·德沃鲁(Stephen Devereux)与沙琳·库克(Sarah Cook)提出的涉及"可及性、相关性、质量、相适性"等四项评价标准。该标准为评价社会政策能否满足社会需求提供了一个颇为实用的框架。基于该框架，笔者尝试使用改造过的"可及性、相关性、质量、相适性"为评价标准（参见表2-37）对新生代农民工群体的培训供给现状进行评价。其中，"可及性"的评价标准为："旨在帮助新生代农民工的培训服务是否具有物理的（地点和覆盖面）和经济的（成本）可及性？获得服务的条件和权利资格是什么？""相关性"的评价标准为："提供给新生代农民工的培训服务是否考虑了他们的实际和迫切需求？培训是否针对新生代农民工群体面临的异质性问题提出了差别化的解决方案？""质量"的评价标准为："提供给新生代农民工的培训服务是否达到了一定的质量标准？""相适性"的评价标准为："递送培训服务的干预和机制是否考虑了新生代农民工群体的活动和（如在时间上或劳动使用上的）约束？"

表2-37 新生代农民工培训项目供需适配性的评价标准

可及性	旨在帮助新生代农民工的培训服务是否具有物理的（地点和覆盖面）和经济的（成本）可及性？获得服务的条件和权利资格是什么？
相关性	提供给新生代农民工的培训服务是否考虑了他们的实际和迫切需求？培训是否针对新生代农民工群体面临的异质性问题提出了差别化的解决方案？
质　量	提供给新生代农民工的培训服务是否达到了一定的质量标准？
相适性	递送培训服务的干预和机制是否考虑了新生代农民工群体的活动和（如在时间上或劳动使用上的）约束？

资料来源：基于沙琳·库克(Sarah Cook)所编《需要和权利资格：转型期中国社会政策研究的新视角》一书中供需适配性的四项标准嵌入新生代农民工的培训需求调适而成。

本次针对苏州、温州、泉州、东莞新生代农民工群体的调查结果表明，就总体而言，新生代农民工群体的职业培训需求没有得到满足，当前农民工培训体系供需适配性不足的问题还比较明显。从培训的可及性看，许多农民工流出地政府囿于培训经费等原因对外出务工者的培训工作力度有待加强。从需求侧看，在访谈中，许多新生代农民工反映他们不知道在哪里可以参加流出地组织的培训；一些新生代农民工想参加一些能提升个人技能或者素质的培训项目，可是许多企业的支持力度有限，都自己掏腰包又负担不起。本次调查中，不考虑参加各类有助于提升个人技能或者素质的培训项目的414名新生代农民工中，有14%的受访者（58人）因“培训费很贵”而不参加培训。从相关性上看，提供给受访新生代农民工群体的培训服务大多数没有考虑他们的实际和迫切需求，特别是当前培训体系没有根据新生代农民工群体多元化的流迁模式为其提供差别化的培训解决方案。从质量上看，当前新生代农民工调查对象主要接受企业组织的适应工作单位运营需要的具有一定局限性的培训。许多中小企业组织的培训在培训质量、培训方式上往往难以达到新生代农民工的需求，从而使不少新生代农民工丧失了参加培训的动力和热情。从相适性上看，由于新生代农民工的总体劳动强度较大，劳动时间较长，“工作忙，没有时间”成为许多受访者参加培训意愿低下的主要理由之一。不考虑参加各类有助于提升个人技能或者素质的培训项目的414名新生代农民工中，有29.5%的受访者（124人）表示其不参加培训的原因在于“工作忙，没有时间”。

（四）多元流迁模式下新生代农民工群体差别化的子女教育需求

农民工的子女教育需求属于“发展－问题型”需求。本研究团队在苏州、温州、泉州、东莞四地针对新生代农民工的调查结果表明，多元流迁模式下已育新生代农民工群体的子女教育需求呈现出明显的差别化特征。

就适龄子女就学地点的整体需求而言，如表2-38所示，在842位已育新生代农民工群体中，期望子女在城镇就学者占比为61.1%，实际在城镇就学者占比为43.9%，期望值高于实际值17.2%。换言之，本次调查中还有145名新生代农民工子女未能如父母所愿在城镇就学。在多元流迁模式下，如表2-38所示，“定居型”新生代农民工群体对于子女在城镇就学的期望是最高的，其次是“循环型”新生代农民工群体，期望最低的是“返乡型”新生代农民工群体。这一排序的逻辑在于“定居型”群体渴望在城镇定居，他们对于孩子受教育水平有较高的期待，在访谈中该类农民工群体不少人表示希望孩子能在身边接受更好的教育，希望“能让孩子读个大学，在城里找个好点的工作，不要像我们那么辛苦”。而相对而言，“返乡型”新生代农民工群体对于孩子的期待是比较低的。同时，“返乡型”群体工作时间普遍较长，受经济因素驱动明显，想让孩子在城镇就学的比例较低。“流而不迁”的“循环型”新生代农民工群体则处于居中的位置。愿望是美好的，然而“定居型”新生代农民工群体的期望值与实际值之间的差异是最大的，其主观愿望满足程度最低。相对而言，“返乡型”群体的期望值与实际值之间的差异最小，该细分群体的主观愿望满足程度相对较高。

表 2-38　多元流迁模式下新生代农民工群体对适龄子女就学地点需求的异质性

新生代农民工类别	子女实际在城镇就学	期望子女在城镇就学	期望值与实际值的差异
定居型（N=259）	52.1%（N=135）	77.6%（N=201）	25.5%（N=66）
返乡型（N=387）	39.3%（N=152）	49.6%（N=192）	10.3%（N=40）
循环型（N=196）	42.3%（N=83）	62.2%（N=122）	19.9%（N=39）
合计（N=842）	43.9%（N=370）	61.1%（N=515）	17.2%（N=145）

资料来源：笔者自制。

中国人“望子成龙，望女成凤”的心愿同样适用于新生代农民工群体。本次调查测度了新生代农民工群体对其适龄子女的后续就学需求，如表 2-39 所示，842 位已育新生代农民工群体中有近一半期望子女能接受高等教育，而期望子女能接受高中教育的新生代农民工群体接近六成。此外，有 26.1%的新生代农民工群体期望子女在城镇就读高中。而“期望孩子初中毕业后参加工作”的新生代农民工群体的占比仅为 3.8%。多元流迁模式下新生代农民工群体对其适龄子女的后续就学需求呈现出明显的异质性特征。“定居型”新生代农民工群体比较重视子女的教育，该群体在“期望子女能接受高等教育”“期望子女能接受高中教育”“期望子女在城镇就读高中”等几项细分调查中占比都是最高的。反之，“返乡型”新生代农民工群体对于自己子女的受教育水平期待较低，他们在相应的细分调查中占比都是最低的。“循环型”群体则处于居中的位置。

表 2-39　多元流迁模式下新生代农民工群体对其适龄子女后续就学需求的异质性①

新生代农民工类别	期望子女能接受高等教育	期望子女能接受高中教育	期望子女在城镇就读高中	期望孩子初中毕业后参加工作
定居型 (N=259)	59.5% (N=154)	76.8% (N=199)	34.4% (N=89)	1.2% (N=3)
返乡型 (N=387)	42.6% (N=165)	46.3% (N=179)	16.8% (N=65)	5.7% (N=22)
循环型 (N=196)	51.5% (N=101)	63.8% (N=125)	33.7% (N=66)	3.6% (N=7)

资料来源：笔者自制。

我是高中毕业后出来打工，跑过几个地方，各有各的好处，也各有各的不好的地方，最后到昆山算是稳定下来。因为碰到女朋友了，觉得合适，就结婚，后来有孩子了，就稳定下来。女儿一开始在老家由父母带，有空看看视频，后来读小学就带在身边。以前也想过回去，毕竟在这里压力很大，要买房子没那么容易。在和家里人商量好几次后，还是决定要为了孩子留在这里。一个是我在 FRD 这里做品管，我们老板对我不错，公司还是有实力的，我也通过自学考试拿到了大专毕业证，在这个公司持续做下去慢慢会有发展的。条件成熟了落户也是可以的。另外就是为了孩子考虑，这里的教育质量比我们老家强很多，我们老家那个村子，山清水秀，但多少年都没出个大学生，都去外面打工。农村的孩子不聪明吗？未必。我个人的体会，环境太重要了。所以，一切从现实出发，愚公移山。我和我爱人的任务是从农村老家走出来，在这里给孩子安个家。孩子的任务是把书读好，争取以后能读个好高中，上个好大学。我自己没有读大学，倒不是自己脑子不好用，以前真的是不懂事，没有认真去读。如果有

① 本表中，“期望子女能接受高等教育”数据源于附录 1 中的 D14，而本表中的其他三项统计数据来源于附录 1 中的 D13。

认真读，即使只是个大专，起点都会高很多。对女儿，女孩子我也不求她多有出息，以后能当上正儿八经的城里人，有份好点的工作，安稳生活就行。想来想去，我们两口子待在昆山的目的，就是想能让孩子读个大学，在城里找个好点的工作，不要像我们那么辛苦。（访谈记录：SZ—NMG/DQ—2018.4.18）

（五）多元流迁模式下新生代农民工群体差别化的住房保障需求

农民工的住房保障需求属于“发展－福利型”需求。笔者团队在苏州、温州、泉州、东莞四地新生代农民工的调查数据显示，多元流迁模式下新生代农民工群体的住房保障需求同样呈现出明显的差别化特征。

首先，如表2-40所示，多元流迁模式下新生代农民工群体的住房获取方式呈现出明显的差别化特征。其中，“返乡型”新生代农民工群体倾向于在单位宿舍居住，该群体自购住房的比例最低。“定居型”新生代农民工则居住在单位宿舍的比例是最低的，他们自购住房的比例最高，同时在外租赁房屋的比例也最高。而“循环型”新生代农民工在多数住房获取方式方面都处于居中的位置，但是该群体通过租赁房屋解决住房问题的比例最低，同时该细分群体通过其他方式①解决住房问题的比例最高。

表2-40　多元流迁模式下新生代农民工群体的住房获取方式

新生代农民工类别	单位宿舍	亲朋提供	自购住房	租赁房屋	其他	合计
定居型 （N=803）	45.7% （N=367）	1.1% （N=9）	8.5% （N=68）	40.3% （N=324）	4.4% （N=35）	100%
返乡型 （N= 778）	54.8% （N=426）	1.4% （N=11）	2.2% （N=17）	36.5% （N=284）	5.1% （N=40）	100%
循环型 （N=669）	51.3% （N=343）	1.2% （N=8）	3.7% （N=25）	33.0% （N=221）	10.8% （N=72）	100%

资料来源：笔者自制。

其次，如表2-41所示，多元流迁模式下新生代农民工群体的住房条件

①典型的方式包括搭建窝棚和住在船上等。

呈现出明显的差别化特征。其中，“定居型”新生代农民工人均居住面积最大，达到17.18平方米，“循环型”新生代农民工次之，为16.32平方米。而“返乡型”新生代农民工的人均居住面积最少，仅为14.53平方米。笔者在综合考虑了房租在自来水、住房用途、电/液化气、厕所、洗澡设施、厨房等六个方面的定性描述之后形成了“居住质量指数”指标。新生代农民工调查数据表明该群体整体“居住质量指数”为0.65。其中，“定居型”新生代农民工群体的“居住质量指数”为0.67，“循环型”群体次之，为0.64，而“返乡型”群体的居住质量最差，“居住质量指数”仅为0.63。

表 2-41　多元流迁模式下新生代农民工群体的住房条件

新生代农民工类别	人均居住面积（平方米）	居住质量指数
定居型（N=803）	17.18	0.67
返乡型（N=778）	14.53	0.63
循环型（N=669）	16.32	0.64

资料来源：笔者自制。

经过与不同流迁意愿新生代农民工的访谈，辅以多元流迁模式下新生代农民工群体的住房获取方式和住房条件的统计结果，笔者提出如下观点：其一，“定居型”新生代农民工有比较强烈的改善自身居住条件的意愿和实际行动；其二，“返乡型”新生代农民工的居住条件较差，同时在日常居住上的投入较少；其三，新生代农民工受访者无论是居住面积或者是居住质量都显著低于本地居民。

再次，如表2-42所示，多元流迁模式下新生代农民工群体的住房类型需求呈现出明显的差别化特征。其中，“定居型”新生代农民工更偏向购买商品房或限价房的意愿在三个群体类别中是最强烈的。“返乡型”新生代农民工群体则最不倾向于购买商品房或购买限价房，他们对于公共租赁房、单位宿舍两种住房类型有强烈的需求。与“定居型”与“返乡型”群体相比，处于“流而不迁”状态中的“循环型”新生代农民工无论是购买商品房、限价房抑或是租住公共租赁房、单位宿舍的需求都处于居中位置。

表 2-42　多元流迁模式下新生代农民工群体的住房类型需求

新生代农民工类别	商品房	限价房	公共租赁房	单位宿舍	合计
定居型（N=803）	11.1%（N=89）	23.5%（N=189）	37.1%（N=298）	28.3%（N=227）	100%
返乡型（N=778）	3.5%（N=27）	11.3%（N=88）	43.1%（N=335）	42.1%（N=328）	100%
循环型（N=669）	6.6%（N=44）	19.9%（N=133）	40.2%（N=269）	33.3%（N=223）	100%

资料来源：笔者自制。

最后，如表 2-43 所示，多元流迁模式下新生代农民工群体解决今后住房问题的途径呈现出明显的差别化特征。其中，“返乡型”新生代农民工更偏向“继续居住单位宿舍”“继续在流入地租房”这两种途径解决今后住房问题，而“在流入地购房”的比例是最低的。与之相反，“定居型”新生代农民工选择“继续居住单位宿舍”“继续在流入地租房”这两种途径解决今后住房问题的比例是最低的，而“在流入地购房”的比例是最高的。“循环型”新生代农民工选择上述途径解决今后住房问题的比例均处于居中的位置。

表 2-43　多元流迁模式下新生代农民工群体解决今后住房问题的途径

新生代农民工类别	继续居住单位宿舍	继续在流入地租房	在流入地购房	合计
定居型（N=803）	40.1%（N=322）	29.4%（N=236）	30.5%（N=245）	100%
返乡型（N=778）	45.7%（N=356）	44.1%（N=343）	10.2%（N=79）	100%
循环型（N=669）	41.7%（N=279）	36.6%（N=245）	21.7%（N=145）	100%

资料来源：笔者自制。

综上所述，苏州、温州、泉州、东莞四地 2250 名新生代农民工的有效调查数据表明，新生代农民工群体的居留意愿呈现出明显的“定居”“循环”“返乡”的三元分化之势，该研究结论成为新生代农民工群体流迁需求差别化确认的逻辑起点。笔者的大量深度访谈及苏州、温州、泉州、东莞四地 2250 名新生代农民工的有效调查数据亦表明，“定居型”“循环型”“返乡型”群体在“就业需求”“社会保险需求”“职业培训需求”“子女教育需求”“住房保障需求”上存在显著群体差异。而新生代农民工群体流迁需求差别化的印证也奠定了狭义空间关照概念建构的事实基础。

第三节　农民工社会政策的狭义时空之维

本节研究的目标是建构起农民工社会政策狭义时空关照（农民工社会政策的狭义时空之维）的概念。狭义时空关照包括狭义时间关照和狭义空间关照两个维度。如前文所述，农民工群体代际需求异质性的印证是狭义时间关照概念建构的事实基础和逻辑起点，而新生代农民工群体流迁需求差别化事实的确认是狭义空间关照概念建构的事实基础和逻辑起点。由本章第一节的研究结果可知——新老农民工群体的社会保护需求具有明显的代际异质性。表 2-44 基于需求满足程度评估的视角，将农民工群体异质性代际需求倾向性的事实进行了评估、汇总。依据本章第一节的相关研究，本节将适宜评估的具体农民工需求①分别归置于如下社会政策议题之中：就业需求、社会保险需求、权益保障需求、职业培训需求、住房保障需求②、社会互动需求、主观流迁意愿。

笔者将各类具体社会保护需求满足程度进行代际比较，其中满足程度较高或者社会保护比较到位的项目赋值为 2，而满足程度较低或者社会保护比较不到位的项目赋值为 1。满足程度（社会保护水平）持平的项目或者无法赋值的项目统一赋值为 0。如表 2-44 所示，代际分化背景下新生代农民工社会保护现状（需求满足程度）的倾向性描述中赋值为 2 的项目共计 18 项，而赋值为 1 的项目有 17 项，总得分为 53。第一代农民工社会保护现状的倾向性描述中赋值为 2 的项目共计 17 项，而赋值为 1 的项目有 18 项，总得分为 52。可见，就总体而言，现行农民工社会保护体系对于第一代农民工群体和新生代农民工群体的保障程度非常接近。但是，第一节

---

①上述需求既包括农民工群体的社会保护需求，也包括社会互动需求以及农民工个体的主观流迁意愿。

②应该指出的是，囿于研究精力，农民工社会政策“两维四分”的框架之中还有许多具体的社会政策议题未被列入。

的研究结果以及表 2-44 的倾向性描述都表明新老流动农民工的社会保护需求①呈现出明显的异质性特征。

基于此事实，笔者提出农民工社会政策的狭义时间之维——狭义时间关照的概念。所谓农民工社会政策的狭义时间关照指的是中央和地方各级政府在制定和完善农民工相关社会政策时应该充分考量代际分化背景下农民工群体代际需求异质性的事实，通过积极地调整、建构，使得保护体系更好满足、回应新老农民工的异质性社会保护需求。

如表 2-45 所示，多元流迁模式下“定居型”“返乡型”及“循环型”新生代群体的社会保护需求呈现出明显的差别化特征。笔者将多元流迁模式下各类新生代农民工社会保护相关指标（实际境遇）展开高低比较并进行赋值，其中实际境遇最好者赋值为 3，实际境遇居中者赋值为 2，实际境遇最坏者赋值为 1，将无法比较、赋值的项目统一赋值为 0。多元流迁模式下各细分群体在上述各类项目中的汇总得分被称为流迁需求差别化总得分。如表 2-45 所示，多元流迁模式下“定居型”新生代农民工的流迁需求差别化总得分为 22，“循环型”新生代农民工的流迁需求差别化总得分为 18，而“返乡型”新生代农民工的流迁需求差别化总得分仅为 14。基于这一事实，所谓农民工社会政策的狭义空间关照指的是中央和地方各级政府在制定和完善农民工相关社会政策时应该充分考量流迁模式多元化背景下农民工群体流迁需求差别化的趋势，通过积极地调整、建构使得农民工社会保护体系更好满足、回应不同流迁意愿农民工的差别化社会保护需求。

综合农民工社会政策狭义时间关照与农民工社会政策狭义空间关照的概念与内涵，所谓农民工社会政策的狭义时空关照指的是中央和地方各级政府在制定和完善农民工相关社会政策时既要考量农民工群体代际需求异质性的事实，又要关照农民工群体流迁需求差别化的趋势。要通过农民工社会政策优先序和瞄准机制的建构，积极、灵活、动态地调整农民工相关社会政策，使得农民工社会保护体系既能满足新生代和第一代农民工的异质性需求，又能回应“定居型”“返乡型”及“循环型”农民工亚群体的差别化社会保护需求。

---

①本节乃至本书的一个核心理念是新老农民工在流入地城市各细分项目社会保护不足的程度视同于社会保护需求的急切程度。有如，新生代农民工群体养老保险参保率低意味着当前农民工社会保护体系应当正视并积极响应、解决新生代农民工群体的养老保险参保问题。

表 2-44 福州、厦门、泉州三地农民工群体异质性代际需求倾向性汇总

需求描述		新生代农民工群体		第一代农民工群体	
		倾向性描述（高低）	倾向性描述（赋值）	倾向性描述（高低）	倾向性描述（赋值）
就业需求	劳动合同的实际签订率	较高	2	较低	1
	认为有必要签订合同的比率	较高	2	较低	1
	签订固定合同的比率	较高	2	较低	1
	无固定期限合同的签订比率	较低	1	较高	2
	更换工作的频率	较高	1	较低	2
社会保险需求	养老保险参保率	较低	1	较高	2
	工伤保险参保率	较高	2	较低	1
	医疗、生育保险参保率	较低	1	较高	2
	失业保险参保率	较高	2	较低	1
权益保障需求	个人平均月收入水平	较低	1	较高	2
	家庭平均月收入水平	较低	1	较高	2
	被工资拖欠情况	较低	2	较高	1
	被罚扣工资情况	较高	1	较低	2
	工资水平满意度	较低	1	较高	2
	月休息时间	较高	2	较低	1

续表

需求描述		新生代农民工群体		第一代农民工群体	
		倾向性描述（高低）	倾向性描述（赋值）	倾向性描述（高低）	倾向性描述（赋值）
权益保障需求	每天工作时间	较低	2	较高	1
	加班费水平	持平	0	持平	0
	走法律渠道解决问题的比率	较高	2	较低	1
	寻求工会等部门、组织帮助维权的比率	较低	1	较高	2
	找对象协商解决问题的比率	较低	1	较高	2
	找老乡、亲朋好友帮助维权的比率	较低	1	较高	2
	自认倒霉而不维权的比率	较低	2	较高	1
	用言行恐吓维权的比例	较低	2	较高	1
	用暴力维权的比率	较低	2	较高	1
	用其他方式维权的比率	较高	1	较低	2
	得到工会等相关部门、组织实际帮助的比率	较低	1	较高	2
职业培训需求	职业资格证书持有水平	较高	2	较低	1
	培训参加率	较高	2	较低	1
	参加培训次数	较低	1	较高	2
	普工岗位从业率	较低	1	较高	2

续表

需求描述		新生代农民工群体		第一代农民工群体	
		倾向性描述（高低）	倾向性描述（赋值）	倾向性描述（高低）	倾向性描述（赋值）
职业培训需求	技术工人岗位从业率	较高	2	较低	1
	企业中底层管理者岗位从业率	较高	2	较低	1
住房保障需求	人均居住面积	较低	1	较高	2
	居住质量指数	较高	2	较低	1
	回乡自建住房需求	较低	0	较高	0
	回乡购买住房需求	较高	0	较低	0
	在流入地购买住房需求	较低	0	较高	0
	住房公积金缴纳情况	较高	2	较低	1
社会互动需求	与市民交往频率	较低	1	较高	2
	与市民交往个人主观感受水平	持平	0	持平	0
	对流入地城镇主观印象	较低	0	较高	0
主观流迁意愿	定居意愿	较高	0	较低	0
	返乡意愿	较低	0	较高	0
	循环流动	较高	0	较低	0

资料来源：笔者根据相关资料整理而成。

表 2-45　苏州、温州、泉州、东莞四地新生代农民工的流迁需求差别化汇总

	“定居型”新生代农民工群体			“循环型”新生代农民工群体			“返乡型”新生代农民工群体		
1 从事制造业工人职业的比重	3 最低			1 最高			2 居中		
2 月收入在 5000 元以上的比例	3 最高			2 居中			1 最低		
3 加班时间	3 最短			2 居中			1 最长		
4 求职渠道	0 政府劳务输出	0 毕业分配/校推	0 招聘网站或手机软件微信等	0 劳务市场/中介			0 亲友介绍	0 自己闯	
5 各类社会保险的参保率	3 各险种均最高			2 各险种均居中			1 各险种均最低		
6 对养老问题的担心程度	1 最担心			2 居中			3 不担心		
7 参与培训的主观意愿	2 居中			3 最高			1 最低		
8 培训项目需求	电焊、餐饮等就业技能培训	岗位技能提升培训	创业技能培训	除“其他”培训外各类需求均居中			种（养）殖使用技术培训	电子商务培训	
9 适龄子女就学地点需求（期望值和实际值的差异）	1 最大			2 居中			3 最小		
10 适龄子女后续就学需求	0 接受高等教育	0 接受高中教育	0 在城镇读高中	0 各类需求均居中			0 初中毕业后参加工作		
11 住房获取方式	0 自购住房	0 租赁房屋		0 其他			0 居住单位宿舍	0 亲朋提供	
12 人居居住面积	3 最大			2 居中			1 最少		
13 居住质量指数	3 最高			2 居中			1 最低		
14 住房类型需求	0 买商品房	0 买限价房		0 各类需求均居中	0 公共租赁房	0 单位宿舍			
15 解决今后住房问题的途径	0 在流入地购房			0 各类需求均居中	0 居住单位宿舍	0 在流入地租房			

资料来源：笔者根据相关资料整理而成。

第三章　广义时空关照

没有一条自然规律不能归结为某种用空间—时间概念的语言来表述的规律。

——爱因斯坦

第一节　社会保护扩展：国际组织的启示

如本书第二章所述，所谓狭义时空关照，是指中央和地方各级政府在制定和完善农民工相关社会政策时既要考量农民工群体代际需求异质性的事实，又要关注农民工群体流迁需求差别化的趋势。中央和地方各级政府要通过农民工社会政策优先序和瞄准机制的建构，积极、灵活、动态地调整农民工相关社会政策，使得农民工保护体系既能满足新生代和第一代农民工的异质性需求，又能回应“定居型”“返乡型”以及“循环型”农民工亚群体的差别化需求。就具体应用场域而言，狭义时空关照既可以作为农民工社会政策研究的一个切入面向，又可以成为农民工社会保护体系调整完善时的一种指导理念。

本章的研究目标在于建构起广义时空关照的概念，并说明其所适用的场域。基于时空关照的复合型定位，笔者认为，在狭义时空关照的基础上，广义时空关照概念的设定亦可视为农民工社会政策制定的一种指导理念，这一理念对于当前农民工社会保护体系积极、有序扩展的实践具有一定指导作用。在既往的文献梳理中，笔者发现对社会保护（社会保障)[①] 的普遍需要已被国际社会承认是一种人权。有如，《世界人权宣言》第22条指出："每个人，作为社会的一员，有权享受社会保障，并有权享受他的个人尊严和人格的自由发展所必需的经济、社会和文化方面各种权利的实现，这种实现是通过国家努力和国际合作并依照各国的组织和资源情况。"国际合作成为各国社会保护体系扩展的能动选择，在此背景下国际组织特别是国际劳工组织、世界银行、亚洲开发银行、联合国开发计划署等国际发展组织对于各国社会保护的扩展倾注了极大热情，而且形成了各自的社会保护政策框架。

在全球化的背景下，中国社会保护制度体系的扩展与改革难免受到国际发展组织抑或国际机制[②]的影响。基于主动融入的视角，作为中等收入国家与新兴经济国家，中国合理汲取、借鉴国际发展组织有关社会保护政策的框架与建议，对于构建中国特色的社会保护体系无疑具有巨大的促进作用。[③] 究其本质，狭义时空关照与广义时空关照是农民工社会保护体系的扩展原则和指导理念。因此，嵌入本书的研究框架之中，在狭义时空关照概念的基础上，系统分析、比较国际发展组织的社会保护政策框架，亦

---

①回溯国际劳工组织、世界银行、亚洲开发银行、联合国开发计划署等国际发展组织的有关社会政策文献，可以发现，相对于这些国际发展组织过去使用较频繁的"社会保障"（Social Security）一词，自20世纪90年代以来，上述国际发展组织更加倾向于使用"社会保护"（Social Protection）的概念。在国际发展组织的推动下，社会保护的政策框架在不断完善的基础上逐渐被越来越多的国家和政府以及学术机构所认同。相关观点可见徐月宾、刘凤芹、张秀兰《中国农村反贫困政策的反思——从社会救助向社会保护转变》，《中国社会科学》2007年第3期。该文的相关注释指出："尽管不同的国际组织对社会保护框架的表述和内容都有所不同，例如经合组织国家的社会保护框架是积极的社会政策，世界银行是风险管理，而国际劳工组织则强调社会投资等，但社会保险、社会救助和对劳动力市场的干预是所有框架中都包括的内容。"考虑到社会保护概念的包容性和开放性特征，本书倾向于使用社会保护的概念来展开农民工群体分化与社会需求异质性的分析。当然，由于社会保护和社会保障在历史和现实中的紧密联系，本书对于这两个概念存在混用的现象。

②"国际机制"这个概念，涵盖了国际组织、国际组织制定的法律和行动准则及其具体的任务执行工作等。此概念可参见刘冬梅《论国际机制对中国社会保障制度与法律改革的影响——以联合国、国际劳工组织和世界银行的影响为例》，《比较法研究》2011年第5期。

③但是，不能认为只有统一的社会保护制度发展道路才是积极、合理和有效的，而差别的社会保护制度发展道路则是消极、不合理和无效的。笔者认为，社会保护制度发展道路没有优劣之分，而在于其是否适合本国（本地区）基本国（区）情。

有助于进一步明晰农民工社会政策广义时空关照的概念与内涵。[①]

一　国际劳工组织的社会保护政策框架及其启示

在国际劳工组织的政策框架中，社会保护的主要目标和定义可表述为五个方面："（一）减少收入的无保障性，包括消除穷困，以及改善所有人享有医疗服务的途径，以确保体面的工作和生活条件；（二）减少不平等和不公正；（三）提供适当的津贴作为一种合法权利；（四）确保消除基于民族、种族或性别的歧视；（五）确保财政的可承受性、效率和可持续性。"[②]

自1919年国际劳工组织成立以来，在世界范围内推进社会保护一直是该组织的一项核心工作，因此也是其标准制定的重点领域之一。由此，国际劳工组织对包括中国在内的世界各国的社会保护制度的完善产生了显著的影响，其最近的行动方式和行动逻辑可参见图3-1。1944年，第26届国际劳工大会通过《费城宣言》[③] 呼吁"在世界各国推进能够……扩大社会保障措施的计划，向所有需要保护的人提供基本收入和全面医疗卫生服务……"对人人享有社会保障权利的承认随后被纳入1948年《世界人权宣言》[④]，1966年《国际经济、社会与文化公约》[⑤] 和许多其他区域及国际人权条约[⑥]。

---

①在分配基础的维度上，许多国际发展组织的社会保护体系政策框架高度关注移民与非正式就业群体。

②见第100届国际劳工大会会议报告六《致力于社会正义和公平全球化的社会保障》。

③即《国际劳工组织宗旨和目标的宣言》，该宣言是国际劳工组织章程的重要组成部分。

④《世界人权宣言》，联合国大会第217 A（III）号决议，1948年。

⑤《经济社会文化权利公约》，联合国大会第2 200 A（XXI）号决议，1966年。

⑥具体而言，包括下列公约：《关于消除各种形式的歧视妇女公约》，1979年12月18日联合国大会第34/180号决议通过，第11（1）（E），11（2）（b）及14（2）条；《儿童权利公约》，1989年11月20日联合国大会第44/25号决议通过，第26，27（1），27（2）及27（4）条；《消除一切形式的种族歧视公约》，1965年12月21日联合国大会第2106（XX）号决议，第5（e）（四）条。《保护所有移民工人及其家属权利的国际公约》，1990年12月18日联合国大会第45/158号决议通过，第27条和54条；《残疾人权利公约》，2006年12月13日联合国大会第A/RES/61/106号决议通过；《关于人的权利和义务的美洲宣言》，美洲国家组织第XXX号决议，由美洲国家（1948）第九届国际会议通过；关于美洲人权公约经济社会文化方面人权的附加议定书——"圣萨尔瓦多议定书"（1988年）；《非洲人权宪章》，1981年6月在肯尼亚首都内罗毕召开的非洲国家元首和政府首脑第十八届大会通过；《非洲儿童权利和福利宪章》，1990年7月11日非统组织第CAB/LEG/24.9/49号文件通过；《保护人权和基本自由公约》，CETS第005号（1950年）；欧洲社会宪章（1961年），1996年修订。

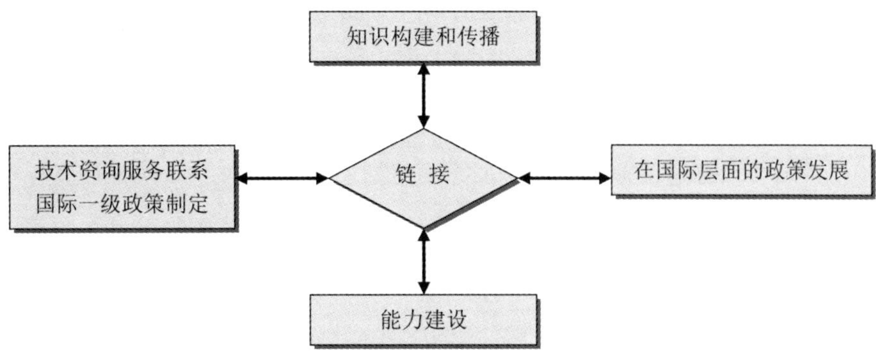

图 3-1　国际劳工组织行动方式及其联系

资料来源：第 100 届国际劳工大会会议报告六《致力于社会正义和公平全球化的社会保障》。

系统考察当前国际劳工组织进行社会保护扩展的法律框架，笔者发现，公约和建议书是其开展工作的主要工具，通过缔结公约和发布建议书的形式，国际劳工组织将社会保护延伸到所有需要保护的人群中去。国际劳工组织理事会更新后的两个重要的建议书①和六个公约②构成了国际劳工组织关于社会保障和生育保护法律文书的核心内容。就本书的研究主题而言，在这些公约和建议书中特别值得一提的是 1952 年国际劳工组织通过的《社会保障（最低标准）公约》（第 102 号公约），该公约首先在世界范围内使用"社会保障"概念。在目前六个社会保障公约中，1952 年《社会保障（最低标准）公约》（第 102 号）是举足轻重的旗舰式公约。它是唯一定义了九类传统社保情形③的国际公约，并对每种情形规定了最低标准④。

---

①这两个建议书分别是：1944 年发布的《收入保障建议书》（第 67 号）和 1944 年发布的《医疗护理建议书》（第 69 号）。

②这六个公约分别是：1952 年的《社会保障（最低标准）公约》（第 102 号）；1964 年的《工伤津贴公约》（第 121 号）；1967 年的《残废、老年和遗属津贴公约》（第 128 号）；1969 年的《医疗和疾病津贴公约》（第 130 号）；1988 年的《促进就业和失业保护公约》（第 168 号）；2000 年的《生育保护公约》（第 183 号）。

③即医疗护理、疾病津贴、失业津贴、老年津贴、工伤津贴、家庭津贴、生育津贴、残疾津贴、遗属津贴。

④具体而言，一是在发生某种情况时受到保护人口的一个最低比例；二是在发生某种情况时提供津贴的一个最低水平；三是发生某种情况时享受有关津贴的条件和期限。

此外，这一公约的重要历史意义还在于，将此前单个国家的社会保障政策集合为当代各国政府共同追求的社会目标和执政理念。① 该公约缔约至今，“目前全球有 172 个国家和地区至少实行了一种社会保障制度”。② 然而，该公约不要求普遍覆盖，也不要求提供整套的社保福利（即国家社会保护底线）来确保人人终身享有基本保护。特别是在提供福利的重点和顺序方面，在根据需求的轻重缓急安排使用国家有限资源方面，该公约没有什么指导作用。

鉴于国际劳工组织现有社会保护标准在促进人人享有社会保障权利方面的局限性，需要在一个新的社会保护政策框架下制定一个新的建议书来进一步进行规范和指导。意即，通过在法律和实践方面尽快细化全面社会保护的概念，使所有有需要的人都能得到保护。最重要的是，这是为了保护目前得不到保护的人，即穷人和最弱势的群体，包括非正规经济中的工人及其家庭，确保他们的一生中享受有效的基本社会保护。在 2012 年 6 月召开的第 101 届国际劳工大会上，国际劳工组织批准了第 202 号建议书《关于国家社会保护底线的建议书》。在国际劳工组织的制度框架设计意图中，这个文书还支持现代发展战略，强调通过减少贫困、不平等和不健康状况，追求经济和社会的同步发展，帮助劳工组织成员国尽快向所有需要的人提供基本社会保护，消除长期存在的覆盖面差距。

正是在此背景下，就如何建立和扩大国家社会保护制度覆盖面，国际劳工组织采取了“横向扩展与纵向扩展”相结合的“社会保护阶梯”政策范式（参见图 3-2）。意即，在国际劳工组织的政策框架中，扩大社会保障覆盖面行动的概念性战略在本质上可被视为是双层面的。第一个层面包括将一定程度的收入保障及对卫生保健的获取扩展到所有人，即使在较低的基本水平上，这一层面可称为横向扩展。第二个层面包括将寻求提供更高水平的收入保障，并获取更高质量的卫生保健，达到即使在面对生命中重

①应指出的是，根据《国际劳工组织章程》第十九条，相关公约“应送交各会员国以备批准”。但近几年社会上对上述国际标准有一些误传，将非强制性标准当作经会员国批准后具有法律效力的国际公约标准。这类误传容易误导社会大众认知。因此，专业人士有责任正确阐释，防止我国基本社会保障水平跨越“尽力而为”的界限。

②胡晓义等：《当代中国社会保障制度》，北京：中国劳动社会保障出版社，2009，第 3 页。

大不测，如失业、生病、病残、丧失养家之人及年老时，还能维持生活水准的水平，这一层面可称为纵向扩展。这两个层面应该齐头并进，并符合国情。①另外，《关于国家社会保护底线的建议书》第一次以国际标准的形式确认了自 2001 年以来发展完善的、以人人享有基本社会保护为目标的，包括纵、横两向扩面在内的社会保护扩面战略。现阶段该机构正着力推动这一具有生命周期蕴意的社会保护标准的宣传和落实工作。

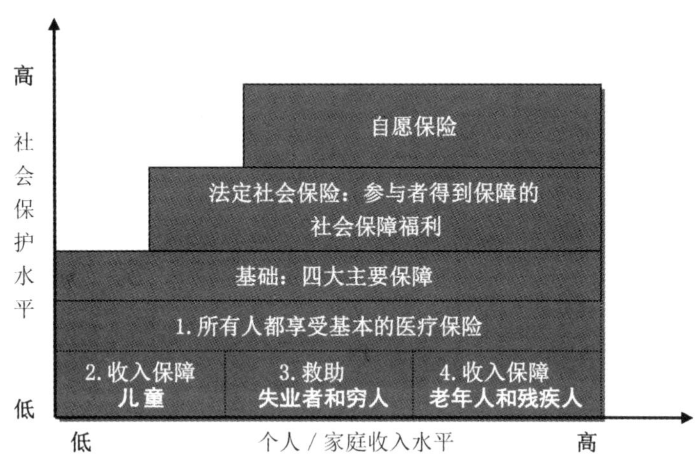

图 3-2 社会保护阶梯

资料来源：①“The strategy for the extension of social security”，出自国际劳工组织社会保障全球扩面网站；②第 100 届国际劳工大会会议报告六《致力于社会正义和公平全球化的社会保障》。（在参考此两份资料的基础上，笔者将图形作了微调。）

在理念的层面上，在国际劳工组织的政策框架中，社会保护作为一项投资于“人类基础设施”的投资项目，其重要性并不亚于对实物性基础设施的投资。如图 3-3 所示，某国投资于社会保护体系有助于其国民获得良好的教育、培训与健康服务，从而提升自己的人力资本。有如，儿童福利有助于儿童获得受教育机会，反过来，又有助于打破代际贫困的恶性循环；医疗保健则能通过减轻家庭医疗服务经济负担的方式帮助贫困家庭维持在贫困线之上；而收入支持则能帮助个人与家庭避免陷入贫困，同时能够提供人们所需的保障以促使人们能承受风险并投资于自身的生产能力。

---

①见第 100 届国际劳工大会会议报告六《致力于社会正义和公平全球化的社会保障》。

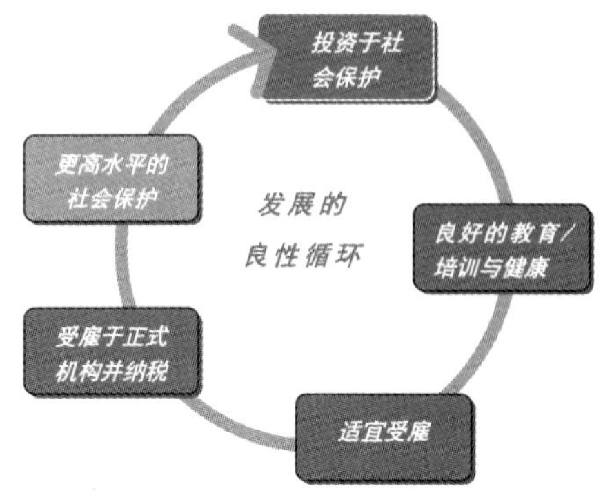

图 3-3 发展的良性循环

资料来源："Why a Social Protection Floor?"，出自国际劳工组织社会保障全球扩面网站。

在激烈的职场竞争中具备良好知识、技能和经验的应聘者显然更加适宜受雇，其受雇于正式机构的机会显著增强，纳税额亦水涨船高，最终人才红利成为国家发展的新动能。进而言之，一个国家的人才红利越大，则该国的即期和预期劳动人口都能享受到更高水平的社会保护，而这个国家的政府亦更有动力投资于社会保护体系，以便进一步做大人才红利。

作为事实上的弱势就业人群，我国的农民工群体多在非正规经济中就业，国际劳工组织的社会保护政策框架中的“社会保护阶梯”政策范式与“发展的良性循环”发展理念对我国农民工社会保护体系积极、有序扩展具有如下启示：其一，加强对处于不同生命阶段农村人口人力资本的积极干预。有如，教育与培训是强化农民工人力资本的重要途径，可以通过提高新成长农村劳动力教育年限和质量来实现农村人力资本增量的改善，也可以通过培训在职农民工的技能来改善其人力资本的存量。其二，通过农民工社会保护体系的扩展让该群体终身享受有效的基本社会保护，这应该成为后续农民工相关社会政策调适的重要工作目标。其三，在农民工社会保护体系扩展战略上，做到横向扩展和纵向扩展相结合，在量和质两个维度上实现阶梯式提升。其四，农民工社会保护体系的扩展战略应该符合中国的具体国情和历史发展阶段，而区域性农民工细分社会政策的调适则应该嵌入各流出地和流入地省市的实际发展情境与情势之中，做到因地制宜、因时而变，具有一定弹性和灵活性。

二　世界银行的社会保护扩展主张及其启示

在深刻认识养老金制度对稳定国家经济和保障老年人口生活方面的重要性的基础上，世界银行对世界各国特别是其客户国社会保护政策框架的影响主要体现在各国养老金制度的改革过程之中。通过与世界银行客户国和捐赠国的决策者、养老金专家及民间组织代表们的充分互动，采取在全球范围内资助养老金制度改革的方式①，世界银行在应对养老金面临的挑战方面产生了显著影响：一方面，“世界银行客户和国际社会更广泛地理解和认可世界银行关于养老金制度的改革框架”；另一方面，世界银行认为，其积极介入可“帮助世界银行客户国提高自身能力与水平，以更有效地应对本国面临的挑战”。②

回溯世界银行的养老金政策框架，笔者发现，该行对多支柱体系的偏好由来已久。在世界银行的政策框架中，多支柱的制度设计不仅能够更加顺利地实现养老金制度的多重目标，而且具有更大的灵活性，能更好地满足养老保障各主要目标人群的需要。

但需要特别指出的是，在坚持其养老金制度改革主要动机的前提下，世界银行关于养老金制度改革的观点发生了一些变化，相应的政策调整主要体现在如下五个方面：第一，对改革的急迫性和改革措施有了更好的理解；第二，把多支柱从三支柱扩大到多达五个支柱（参见表 3-1），且不再只重视第一和第二支柱；第三，认识到有效改革方式的多样性，包括支柱的数量、不同支柱之间适当的平衡、各支柱根据具体情况或需要来设计的方式等；第四，更好地认识到初始条件对确定可行改革的潜力和局限的重要性；第五，在养老金制度设计和实施过程中，世界银行鼓励和支持各国自己主导的制度创新。③ 在世界银行养老金政策的如上五个方面调整中，

---

①1984 年至 2004 年的 10 年间，世界银行参与了 80 多个国家的养老金制度改革，对 68 个国家的养老金制度改革提供了 204 笔贷款。此后，申请资助的国家数量在不断增加。除贷款外，世界银行还借助其自身内外部的专家团队为客户国的养老金制度改革提供技术支持和分析支持。通过养老金贷款及相关技术支持的方式，世界银行促进了多支柱框架的养老金制度改革方案在世界银行客户国的采取和运用，扩大了自身的政策影响。

②罗伯特・霍尔茨曼、理查德・欣茨等：《21 世纪的老年收入保障——养老金制度改革国际比较》，郑秉文等译，北京：中国劳动社会保障出版社，2006，第 2 页。

③罗伯特・霍尔茨曼、理查德・欣茨等：《21 世纪的老年收入保障——养老金制度改革国际比较》，郑秉文等译，北京：中国劳动社会保障出版社，2006，第 3—5 页。

该行把多支柱从三支柱扩大到五个支柱的转变特别值得重视。通过汲取低收入国家的经验，世界银行意识到建立基本支柱①与建立第四支柱②的重要性。

表 3-1　多支柱养老金制度

支柱	目标群体			主要标准		
	终生贫困者	非正规部门	正规部门	特征	参与	筹资或担保
0	X	X	x	“基本”或“社会”养老金，至少是社会救助（普享型或家计调查式）	普享型或补救型	预算或一般税收
1			X	公共养老金计划，公共管理（待遇确定型或名义账户制）	强制性	缴费，或许有一些金融储备
2			X	企业或个人养老金计划（完全积累的待遇确定型或完全积累的缴费确定型）	强制性	金融资产
3	x	X	X	企业或个人养老金计划（部分积累的待遇确定型或完全积累的缴费确定型）	自愿性	金融资产
4	X	X	X	非正式扶持（家庭）、其他正规社会福利计划（医疗保健）以及其他个人金融或非金融资产（房屋所有权）	自愿性	金融和非金融资产

注：x 的大小和外形反映了每个支柱对每个目标群体的重要性，它们的重要性依 x、X、X 的顺序而增强。

资料来源：罗伯特·霍尔茨曼、理查德·欣茨等《21 世纪的老年收入保障——养老金制度改革国际比较》，郑秉文等译，北京：中国劳动社会保障出版社，2006，第 10 页。

---

① 又被称为零支柱，该支柱以消除贫困为明确目标，有助于将社会保障扩大到所有老年人口。

② 又被称为非经济支柱，包括其他更为广泛的社会政策，如家庭赡养、医疗服务和住房政策等。

在实际操作层面，世界银行将养老金制度改革的主要目标确立为："力求以适合具体国情的方式实施能增进福利水平的计划的同时，提供水平充足、可负担、可持续和稳健的退休收入。"具体而言："第一，水平充足是指提供的待遇除了能保证绝大多数人退休后消费水平不致明显下降、保持相对稳定外，还应足以防止所有老年人陷入绝对贫困。第二，可负担是指制度成本没有超出个人和社会的经济支付能力，不会影响经济和社会的其他方面，也不会产生难以承受的财政后果。第三，可持续是指制度财务状况良好，在各种假设条件下，在可预见的将来都能持续运行下去。第四，稳健则是指制度能承受冲击，包括经济的、人口的和政治方面的冲击。"① 此外，将养老金制度的设计和改革与稳定经济产出，促进经济发展相联系亦是世界银行所一贯坚持的主张，意即，在世界银行看来，养老金制度的"改革设计和实施都必须有助于实现经济增长、促进经济发展，有助于消除资本和劳动力市场的扭曲现象"②。

世界银行对于中国社会保护体系发展的核心观点集中体现在世界银行与中国国务院发展研究中心联合完成的中国展望报告《2030 年的中国：建设现代、和谐、有创造力的社会》一书中，在该书题为"所有人享有均等机会和基本保障"的主报告第六章中，世界银行认为："过去 30 年③，中国的社会发展取得了令人瞩目的成就，全面普及了义务教育，扩大了中高等教育的机会，大大减轻了传染病负担，显著拓宽了医疗保险覆盖面。劳动力流动性增强，越来越多的农民工进城务工。以国有企业为基础的'铁饭碗'式社会保障体系转变为不断扩大和完善的社会化保障体系④。"⑤

在充分肯定发展机会均等化与基本社会保障体系建设成就的同时⑥，

①罗伯特·霍尔茨曼、理查德·欣茨等：《21 世纪的老年收入保障——养老金制度改革国际比较》，郑秉文等译，北京：中国劳动社会保障出版社，2006，第 6 页。

②同上书，第 7 页。

③该报告于 2012 年 2 月 27 日正式在世界银行网站上首发，并于 2013 年在国内正式出版。

④在具体保障项目的设置上包括涵盖城镇人口与农村人口的养老保险和医疗保险制度，覆盖城镇正规部门劳动者的失业、大病、工伤以及生育保险，覆盖人口逾 7000 万的城镇与农村社会救助制度。此外，还包含一些其他的改革举措。

⑤世界银行和国务院发展研究中心联合课题组：《2030 年的中国：建设现代、和谐、有创造力的社会》，北京：中国财政经济出版社，2013，第 52 页。

⑥基于国际横向比较的视角，世界银行指出，经合组织国家花了几十年时间才建立起这些体系，而大部分中等收入国家至今还未能做到这一点。

世界银行亦指出了我国社会政策体系正面临着的四个方面的问题与风险：一是不平等程度较高，在某些领域近年来甚至恶化，地区之间和地区内部，尤其是农村和城市之间，收入、消费和资产以及获得良好教育、医疗、就业和社会保障的机会仍然存在严重的不平等①……令中国社会纵向流动性降低、社会结构逐渐固化的风险增大。此外，很多摆脱了贫困的人距离贫困边缘并不远，很容易因疾病、受伤或者失业等风险重陷贫困②。二是激励机制和市场结构的扭曲致使社会服务体系效率低下。公共组织和机构在社会服务供给上处于垄断或准垄断地位，它们几乎没有竞争压力，也就没有动力提高服务的效率和质量。③ 另外，由于"自下而上"的问责机制并不健全，这些机构和组织也不会遭遇多少来自服务对象的压力④。三是人口快速老龄化⑤。四是劳动者，尤其是第二代外出务工人员和迅速壮大的中产阶层的期望提升，他们希望拥有更高的薪水、更大的收入保障、更好且更均等可及的社会服务，并对这些服务的管理有发言权。人们对服务提供者的不满越来越多，对可问责性、可负担性和公平性更高的社会保障计划有更多期待。⑥ 继而，世界银行指出，面对这些问题和挑战，中国的社会政策改革需要实现以下三个目标，第一，扭转收入、消费和公

①"库兹涅茨效应"固然是导致收入和消费不平等的重要原因之一，但在该报告中，世界银行认为，造成这种不均等现象的原因主要包括以下方面，且大都与机会不均等和社会服务与社会权利覆盖不均高度相关：第一，中国的财政分权体制以及地方政府可用资源与社会支出责任不协调，导致各地方在社会福利事业方面的人均财政支出存在较大差异，这种差异在同一省份的城市和农村地区以及沿海省份和内陆省份之间都存在。第二，一些制度安排和政策在某些情况下加剧了不平等，例如，因户籍制度造成城乡社会权利不同，另外，由于制度安排和服务供给体制的分割限制了权利的可携带，阻碍了劳动力流动。尽管户籍制度改革得以不断推进，但劳动力从农村到城市、从内陆到沿海甚至城市之间的流动都仍面临阻碍，因为他们大多不能获得城镇居民享有的负担得起的医疗、教育、住房和养老保险等福利。

②世界银行和国务院发展研究中心联合课题组：《2030 年的中国：建设现代、和谐、有创造力的社会》，第 52 页。

③突出反映在医疗部门与教育部门，收入和激励机制鼓励这两类公共服务机构追求收入最大化，因此产生类似一味逐利的私营实体的行为。

④世界银行和国务院发展研究中心联合课题组：《2030 年的中国：建设现代、和谐、有创造力的社会》，第 55 页。

⑤同上。

⑥同上。

共服务获得方面日益加剧的不平等，最终确保所有人享有均等机会；第二，帮助居民家庭更好地管理与就业、医疗和养老有关的风险，确保基本的安全需求；第三，加强对服务提供者的问责①，确保服务在量上恰如其分，在质上达到应有水平。② 基于发展性社会政策的理念与人力资本理论，为了在2030年之前实现所有人享有机会均等的目标，世界银行认为政策重点应立足于使所有公民都能获得优质的、可负担的医疗和教育服务，通过平等参与劳动力市场为国家繁荣做贡献并分享其成果。中国要成为具有竞争力的高收入经济体，就必须深化和拓展其人力资本基础，并尽可能高效地加以利用。③

在中国经济开放性和劳动力市场灵活性不断增强的背景下，劳动者在工作期间和退休之后都面临着较大的风险。为此，世界银行认为建立一种“弹性安全”的机制是管理这些风险的好办法，通过“弹性安全”机制使得劳动力市场和社会保障制度灵活有效地配置劳动者，使其获得良好的工作条件和充分的社会保护。世界银行认为，建立“弹性安全”体系的第一个要素是制定一套良好的劳动力市场政策和制度。这首先要求政府采取措施消除现有的阻碍劳动力流动的因素，比如逐步改革户籍制度，减少各个社会保障项目之间的分割，推动社会保障体系一体化。与此同时，劳动力市场制度应该支持通过集体谈判为主的方式来决定工资的做法，而建立“弹性安全”体系的第二个要素是建立稳健而可持续的社会保障体系。④ 要实现这个目标，需要进行如下几方面的工作：第一，继续扩大养老保险覆盖面，特别是要涵盖农村居民、农民工和城镇其他非正式部门的就业人员；第二，确保现有城镇养老保险体系获得可持续的财政支持，以便对老年基本保障做出可信的承诺；第三，逐步消除养老保险体系各项目间的分割；第四，从更广泛的角度来看，需要建立一个更加连贯的社保体系，其中各组成部分相协调，使社保体系的整体效益最大化。⑤

---

①这其中包括公共和民营的服务提供者。

②世界银行和国务院发展研究中心联合课题组：《2030年的中国：建设现代、和谐、有创造力的社会》，第55页。

③同上。

④同上书，第60页。

⑤同上书，第60—62页。

在中国展望报告的专题报告四“所有人享有均等机会和基本保障”的第五章“提升安全感和完善社会保障体系”指出，2030年中国社会保障发展有三方面愿景。在分配基础与分配内容上，所有家庭都加入养老保险和医疗保险，养老保险和医疗保险制度应尽可能实现不同人群①和不同职业②的整合。在人口加快老龄化的背景下，通过技术性变革和结构性改革，以确保养老保险制度的可持续性和个人保障的安全性。③ 在资金来源上，要利用政府、私人部门、社区及家庭等各方面的人力和财力，建立起一个较为完善、质量较高的老年服务和长期照料服务体系，即使是穷人也能获得最基本的养老服务。④ 在服务输送上，要确保各项社会保障制度间有更好的统筹协调性，不仅能为贫困家庭提供足够的、可负担的最低保障，而且可以确保贫困边缘人群不会处于劣势地位，不会落入“贫困陷阱”。⑤

世界银行的社会保护扩展主张，对我国农民工社会保护体系积极、有序扩展的启示，在于农民工社会保护体系应建构起有效因应“灵活风险”的“弹性安全”机制。嵌入农民工群体研究的主题之中，所谓“灵活风险”主要包括中国劳动力流动性加强、社会纵向流动性降低、经济开放性增强、互联网和平台经济的兴起导致劳动力市场灵活性不断增强等，劳动者将面临越来越大的风险。在代际分化背景下，新生代农民工期望较高，人口迅速老龄化又将这一风险持续放大了。因此，从分配基础的维度来说，广义农民工社会保护体系应该是在群体的覆盖率方面更有“弹性”的安全体系，在时间上应当延伸至农民工群体进入劳务市场之前以及退出劳务市场之后，在空间上应当覆盖到返回流出地农村或进城定居的广义农民工群体。

三　亚洲开发银行的社会保护扩展建议及其启示

2010年12月，亚洲开发银行驻中国代表处在其发布的系列政策报告

①包括农村居民、城市居民以及农民工。

②不仅包括公务员、事业单位工作人员和企业职工，还包括城镇居民和农村劳动者。

③世界银行和国务院发展研究中心联合课题组：《2030年的中国：建设现代、和谐、有创造力的社会》，第374页。

④同上。

⑤同上。

Observations and Suggestions[①] 刊发主题简报“Toward Universal Social Security Coverage in the People's Republic of China”[②]。在这一报告中，亚洲开发银行认为“自 2006 年以来，中国政府一直在提高基本社会保障覆盖率，加快对解决农村的贫困问题方面的改革”，然而，“中国目前的社会保障架构是建立在一个分离的、各个方案互不协调的复杂体系基础之上的[③]，其特点是条块分割，无论是在权益还是受益人方面，覆盖面都明显不足。此外，它的二元性[④]已经不适于解决农民劳动力流动性增加所产生的需求，以及城市化进程加快所带来的挑战”。[⑤] 基于社会福利政策的分析框架，亚洲开发银行认为，中国的基本社会保障政策框架面临着如下具体挑战：在分配基础上，覆盖面小且将外来务工人员排斥在外；在分配内容上，津贴水平不足；在服务输送上，条件分割，缺乏政策协调，且养老金权利不可转移；在资金来源上，财政转移支付不足和收入分配机制缺失。

针对中国社会保障体系存在的问题与挑战，亚洲开发银行在该期政策简报中提供了一些具体的政策建议。回溯亚洲开发银行的既往政策，以此份政策简报为蓝本，基于社会福利政策的分析框架，可将亚洲开发银行对

---

①中文译名为《观察与建议》。《观察与建议》是一份由亚洲开发银行驻中国代表处出品的系列政策报告，旨在就优先发展问题向中国政府的高层决策者提供信息和建议。议题主要由中国政府提出特别请求或由亚行代表处发起，针对预期可能出现的论题进行研究并给出建议，作为未来政府采取的政策或改革重点。借此，笔者认为，该系列政策报告的相关建议可以充分代表亚洲发展银行的观点与立场。

②中文译名为《加快打造一个全覆盖社会保障体系》。

③表现为中国社会保障制度长期以来所处的“碎片化”状态，以养老保险为例，该报告发布时我国的养老保险体系有机关事业单位、城镇职工、城镇居民、新农保四种模式，此四类模式的缴纳方式、缴费标准、替代率均不相同；而医疗保险则分为城镇职工医保、城镇居民医保、新农合三种模式，此三种模式的筹资方式、报销比例、起付线、封顶线均不统一。虽然当前我国社会保障制度“碎片化”现象已得到很大改善，但亚洲开发银行相关政策建议的指导理念仍值得借鉴。

④城市和农村实行的两套方案。

⑤“Toward Universal Social Security Coverage in the People's Republic of China”, Asian Development Bank, December 2010, accessed February 26, 2022, http://www.adb.org/publications/toward—universal—social—security—coverage—peoples—republic—china.

中国社会保护政策框架的设计思想简单归结为如下几点：（1）在分配基础与分配内容上，首先，应确保社会保障模式多元化。“应当发展多支柱的社会保障体系，以更好地适应不同的劳动力市场参与者的需求，并保证公平性。该体系应当特别为弱势群体提供具体的保护，包括外来务工人员、农民和个体经营劳动者。中央级的法律框架应当设立社会保障的最低标准，并对各部门方案所提供权益的获取和转移进行规范。需要设计出创新性的健康保险基金来满足外来务工人员及其家庭的需求。2005 年 3 月深圳推出的包括外来务工人员在内的合作医疗保险是一个可推广的成功经验。同时，还应当为全体女员工提供生育保险。”① 其次，应提高社会保险方案的协调性。“由于中国的人口和劳动力市场规模庞大，建议政府逐步整合社会保障体系。先通过实行国内基金和市级社会保障基金省内的转移机制，加强省级社会保险基金（养老、伤残和职业伤害）的统筹。省级统筹将提高社会保障方案的财政可持续性，确保养老金权利可以在省内进行转移，并增加城乡之间的权益和收入分配。应将重点放在努力协调省级的社会保障方案上，而不是试图在全国范围内实行统一的体系。”② （2）在服务输送上，首先，要强化法律框架，提高机构能力。在《中华人民共和国社会保险法》于 2011 年 7 月施行的背景下，亚洲开发银行认为，当前“重要的是要先解决地方社会保障机构能力不足的问题，包括设计更好的财务战略和逐步实现社会统筹、配备足够的人力资源以及对社会保障管理者和员工进行培训等。中央政府应整合各地不同的社会保障管理体系，制定详细的运行方案，对地方的绩效和内部控制建立有效的监督机制”③。其次，应建立一个全国性的社会保障信息系统。“加快建立一个全国性的标准化、计算机化的数据系统，将中央、省级和县级的社会保障受益人账户信息连接起来。通过推行电子政务，一个全国联网的系统能够直接处理受益人的申请和养老金权利的转移，减少欺诈和权益重叠的风险，并提供数据以监督社会保障体系的绩效。”④ （3）在资金来源上，应增加预算支持，以改善

---

①“Toward Universal Social Security Coverage in the People's Republic of China”, Asian Development Bank, December 2010, accessed February 26, 2022, http://www.adb.org/publications/toward—universal—social—security—coverage—peoples—republic—china.

②同上。

③同上。

④同上。

农村地区的社会保障。“要实现全覆盖和城乡地区平等获得社会保障权益，就需要增加预算支持，进行行政改革以平衡中央向较贫困省份提供转移支付的机制。在这方面，建议大幅提高农村健康保险和养老保险的最低权益标准，并建议在农村社会保障方案中引入伤残抚恤金和工伤保险。”①

应当指出的是，亚洲开发银行《加快打造一个全覆盖社会保障体系》主题简报中援引的许多数据截至2009年末（如城市职工参加城市养老保险基金比率）或2008年末（如外来务工人员数量及参保情况），这与此后十多年来发展迅速的中国社会保障体系的最新状况难免有所出入。但应该指出的是，作为对中国基本社会保障政策框架重构的一份政策建议，彼时提出的许多问题、挑战，现在仍然在一定程度上存在着，换言之，这一主题简报仍不失其特有的参考价值。

亚洲开发银行的社会保护扩展建议对于我国农民工社会保护体系积极、有序扩展的启示有三：其一，农民工社会保护体系构建和完善的原则之一应是减少而非增加制度的“碎片化”；其二，要通过构建多元化的社会保护体系来满足农民工及其家庭的社会保护需求；其三，扩展农民工社会保护体系必须在强化法律框架的同时积极提高机构能力。

四　联合国开发计划署的社会保护政策框架及其启示②

联合国开发计划署（UNDP）的社会保护政策框架与发展性社会政策的兴起有密切的联系。与传统社会政策致力于减轻人们的不幸与困境不同，基于前馈控制理念，发展性社会政策致力于消除、减少不幸或困境的各种诱因，而不是通过反馈控制来消极弥补现实产生的困境。体现在分配内容的维度上，发展性社会政策认为增加对于人力资本的投资是一个国家和地区反贫困和提高自身竞争力的根本良策。基于发展性社会政策理念，联合国开发计划署改变了过去单纯以收入衡量贫困的指标，于1990年发布的第一部《人类发展报告》中提出了人类发展指数（HDI）的概念。这

---

①“Toward Universal Social Security Coverage in the People's Republic of China”, Asian Development Bank, December 2010, accessed February 26, 2022, http://www.adb.org/publications/toward—universal—social—security—coverage—peoples—republic—china.

②本部分的研究主要基于机会与能力的视角。

一指数由健康、教育、生活水平三个维度组成，同时该指数亦可细化为预期寿命、平均受教育年限、预期受教育年限、人均收入等四个指标（参见图3-4）。可见，作为健康、教育和收入的综合衡量标准，人类发展指数被用于评估发展水平和人类进步，其理念远比仅以收入为评估标准的发展理念广泛。① 贫困是一种多维的状态，人类发展指数的提出表明："一国贫困线的设定除了让人满足基本食物需求之外，还必须要考虑到在教育、医疗、卫生等涉及人的发展方面的基本需求，而目前教育、医疗等正是支出型贫困群体致贫的关键因素，贫困标准判定的变化也必然导致将因病致贫和因学致贫等的支出型贫困群体纳入社会保障体系当中。"②

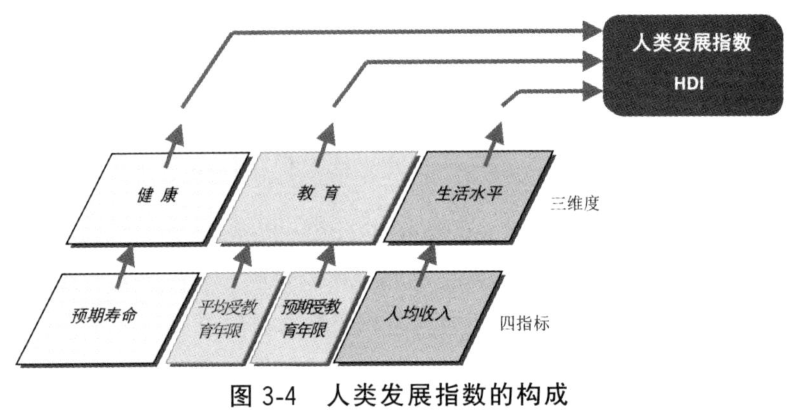

图3-4 人类发展指数的构成

资料来源："Components of the Human Development Index (The HDI—three dimensions and four indicators)"，出自联合国开发计划署网站。

2005年10月，联合国开发计划署委托中国发展研究基金会组织撰写《中国人类发展报告2005：追求公平的人类发展》正式出版。作为第一本完全由中国学者团队撰写的中国人类发展报告，该报告对我国人类发展和公平状况进行了初步图景分析，为国家发展和公平政策的制定提供了政策建议。基于社会福利政策的分析框架，《中国人类发展报告2005：追求公平的人类发展》有关中国社会保护政策框架的设计思路可概述为：在分配

①沈君彬：《发展型社会政策视域下支出型贫困救助模式的目标定位分析》，《中共福建省委党校学报》2013年第10期。

②段培新：《支出型贫困救助——一种新型社会救助模式的探索》，《社会保障研究》2013年第1期。

基础上，社会保护的扩展应该是普惠性的，不同年龄、就业情况、身体健康状况的中国公民都有权享有基本生活保障或收入保障、基本医疗保障以及享有义务教育。从分配内容上，《中国人类发展报告 2005：追求公平的人类发展》强调基本的医疗保障和义务教育不应该与个人的收入相关，它们和基本收入保障构成了公民基本社会保护体系的三个核心支柱。从资金筹集上看，需要大幅度增加公共开支，但是上述三类社会保障项目的水平高低应该与经济社会的发展水平相吻合，既不能因为水平过高导致社会财力难以承受，进而影响中国经济的长期发展，也不能因为水平过低导致部分受益人群的生存和发展受到不应有的限制。

在《中国人类发展报告 2005：追求公平的人类发展》中，联合国开发计划署提出了促进人类发展与公平的政策框架（参见表 3-2）。在这一政策框架中，面对人类发展所面临的"人类发展投入不足""缺少机会""人力资本不足""脆弱性，经不起风险""被动接受""缺少及时的公共服务"等问题，联合国开发计划署逐一提出了"提高人类发展水平""创造机会""提升能力""减少脆弱性""促进参与""改善治理"等具体对策措施。在该政策框架之中，无论是政策应对和制度安排，抑或是深层次的改革和制度设计，笔者认为其既体现出充分的发展性社会政策的视角，又秉持了社会政策发展性的理念。

表 3-2　促进人类发展与公平的政策框架

需求		供给	
问题	目标	政策应对和制度安排	深层次的改革和制度设计
人类发展投入不足	提高人类发展水平	■社会资源的重新分配 ■公共资源向落后地区倾斜	■增加公共服务财政支出的比例 ■增加人类发展评价体系
缺少机会	创造机会	■促进就业：提供更多的就业机会 ■消除就业歧视，公平的市场机会 ■发展非正规就业	■选择促进就业和有利于公平的经济增长方式 ■统一的劳动市场 ■完善市场制度、鼓励创业

续表

需求		供给	
问题	目标	政策应对和制度安排	深层次的改革和制度设计
人力资本不足	提升能力	■义务教育，农民工子女教育，教育内容改革，终身教育 ■加强公共卫生和基本医疗 ■改善农村基础设施和生活环境	■公平的社会服务 ■实施免费义务教育 ■改革医疗卫生体系 ■统一的财政转移支付制度
脆弱性，经不起风险	减少脆弱性	■社会救济 ■社会养老保险 ■医疗保险制度和医疗救助制度	■调整社会保障制度 ■建立广覆盖、低标准、强制性的统一社会保险制度
被动接受	促进参与	■保证弱势人群的权利和参与 ■帮助弱势人群积累社会资本	■取消差别化的公民待遇 ■促进公众参与
缺少及时的公共服务	改善治理	■消除社会壁垒 ■鼓励社会和谐互助 ■改善法律环境 ■改善公共财政制度 ■改善治理，提高政府治理能力 ■增加透明度，电子政务	■改善法律和政治环境 ■消除非制度性的社会壁垒：社会力量/媒体/法治和行政支持 ■政府改革 ■财政制度改革

资料来源：联合国开发计划署驻华代表处等《中国人类发展报告 2005：追求公平的人类发展》，北京：中国对外翻译出版公司，2005，第 98 页。

人类发展指数以及联合国开发计划署有关促进人类发展与公平的政策框架的设计思想对于我国农民工社会保护体系积极、有序扩展的启示主要在“家庭友好”型社会政策的建构方面：其一，农民工社会保护体系应当能完全覆盖农民工及其家庭成员，无论其处于何种生命阶段；其二，农民工及其家庭成员均应该享有基本的生活保障（收入保障）、医疗保障和接受义务教育的权利；其三，农民工社会保护水平的设置应该与我国经济社会发展水平相适应；其四，农民工社会保护的目标是通过改善治理来创造机会，提升农民工及其家庭成员的能力，在提高经济社会参与水平的同时，减少农民工家庭的脆弱性，增强其家庭成员的发展韧性与抗逆力。

第二节　上下游群体延伸与广义时间关照

如本书第二章所述，所谓农民工社会政策的狭义时间关照指的是：中央和地方各级政府在制定和完善农民工相关社会政策时，应该充分考量代际分化背景下农民工群体代际需求异质性的事实，通过积极地调整、建构，使得保护体系更好地满足、回应新老农民工的异质性需求。基于社会福利政策的四维度分析框架，在分配基础的维度上，狭义时间关照视域中农民工社会保护体系的对象限定为流动中的新老农民工群体，即第一代流动农民工和新生代流动农民工。为了方便研究，本书将第一代和新生代流动农民工群体合称为农民工的“中游”群体。

农民工社会政策的狭义时间关照的局限性体现在以下三个方面：其一，狭义农民工社会政策的瞄准对象局限于农民工的“中游”群体——第一代流动农民工和新生代流动农民工，在分配基础的维度上有所欠缺。具体来说，“上游”群体——农民工预备群体和“下游”群体——正式退出城市劳动力市场的农民工的社会保护需求在一定程度上被忽视。其二，清华大学课题组①《困境与行动——新生代农民工与“农民工生产体制”的碰撞》一文指出，“农民工生产体制”包括“拆分型劳动力再生产模式”和“工厂专制政体”两个方面。② 狭义时空关照视域下的农民工社会政策只关注劳动力生产而忽视劳动力再生产，从“农民工生产体制”的角度来看，即便加强农民工社会保护破除了“工厂专制政体”，也难以解决“拆分型劳动力再生产模式”固化的问题。其三，基于生命周期理论，生命周

---

①课题组成员包括清华大学教授沈原与郭于华及其数位博士后、博士与硕士研究生。此外，该课题组还包括中国政法大学的两位讲师和中国青少年发展基金会的三位工作人员。

②清华大学社会学系课题组：《困境与行动——新生代农民工与“农民工生产体制”的碰撞》，载沈原主编《清华社会学评论》（第六辑），北京：社会科学文献出版社，2013，第48页。

期是指从出生到死亡的全部生命历程中前后经历的具有明显异同的经济和社会特征阶段。伴随人的一生的是无处不在的风险，从分配内容的维度上看狭义农民工社会政策亟待向上游和下游延伸。

如图 1-7 所示，从生命周期与前馈控制的角度出发，基于发展性社会政策理论与社会政策的发展性理念，Sabates-Wheeler 等学者提出的移民迁移社会政策分析框架在应用于农民工社会政策分析之时，可以对其迁移时间进行延伸。换言之，广义时间关照视域下农民工社会保护体系在时间维度上应当延伸至农民工个体进入劳动力市场之前以及退出劳动力市场之后。

基于农民工社会政策狭义时间关照的局限性，所谓农民工社会政策的广义时间关照是指——中央和地方各级政府在制定和完善农民工相关社会政策时应该统筹考量农民工的“上游”群体、“中游”群体与“下游”群体的社会保护需求，通过积极地调整、建构使得农民工社会保护体系向“上游”和“下游”延伸以更好地回应、满足不同生命阶段广义农民工群体①的异质性需求偏好。进而言之，在农民工社会政策“公民权利范式”下，当前农民工社会保护系体系应当向建构“终生式”农民工社会保护体系转型（见图 3-5）。

第三节　上下游状态扩展与广义空间关照

如本书第二章所述，所谓农民工社会政策的狭义空间关照指的是：中央和地方各级政府在制定和完善农民工相关社会政策时，应该充分考量流迁模式多元化背景下农民工群体流迁需求差别化的趋势，通过积极地调整、建构使得农民工保护体系更好地满足、回应不同流迁意愿农民工的差别化需求。基于社会福利政策的四维度分析框架，在分配基础的维度上，狭义空间关照视域中农民工社会保护体系的对象限定为流动中的农民工群体。流动农民工虽然在个人主观意愿上存在“定居”“返乡”和“循环流动”

①从狭义的角度来说，农民工的“上游”群体和“下游”群体并不在传统流动农民工的范畴之内，但上下游群体延伸恰恰是农民工社会政策广义时间关照建构的意义和起点之一。

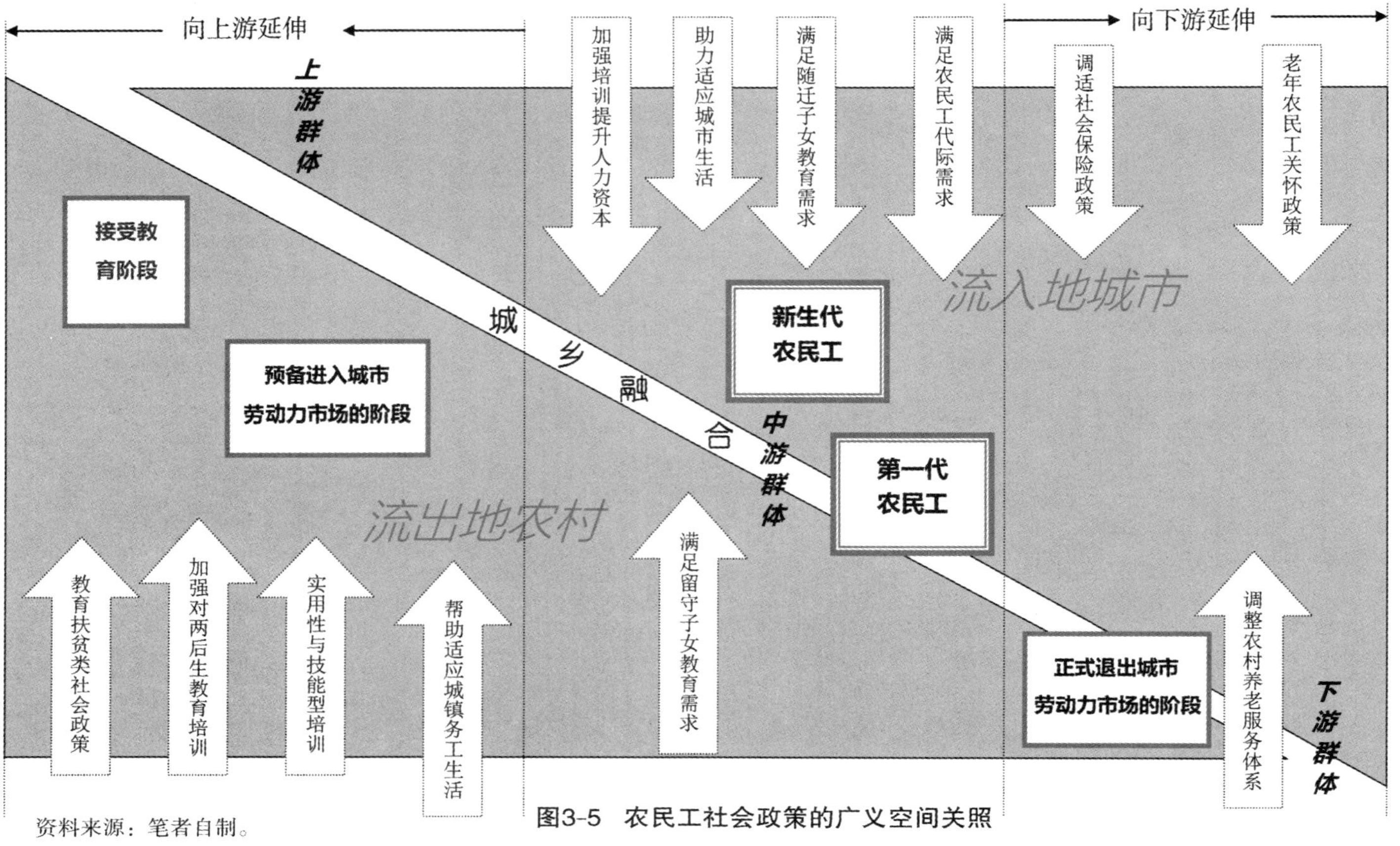

图3-5 农民工社会政策的广义空间关照

资料来源：笔者自制。

的分异，但在本次问卷调查期间并未涉及实际的“定居”或“返乡”行为。为了研究方便，如图 3-6 所示，本书将流迁决策期（区）的“定居型”“返乡型”“循环型”农民工的所处状态称为农民工的“中游”状态。毫无疑问，农民工社会政策的狭义空间关照的对象仅局限于处于“中游”状态的流动农民工群体。相应的，农民工社会政策的狭义空间关照的局限性体现在：狭义农民工社会政策的瞄准对象局限于农民工的“中游”状态——处于流迁决策期（区）的“定居型”“返乡型”和“循环型”农民工群体，在分配基础的维度上有所欠缺。具体来说，流动农民工群体的“上游”状态——正式定居期/区已经正式获得城镇户籍实现进城梦想的“已定居农民工”① 和“下游”状态——正式返乡期/区已正式返回流出地农村的“已返乡农民工”② 的社会保护需求在一定程度上被忽视。如已返乡农民工群体和已定居农民工群体的可持续生计问题与“再适应”或“适应”问题等。如图 1-7 所示，从生命周期与反馈控制的角度出发，基于发展性社会政策理论与社会政策的发展性理念，Sabates-Wheeler 等学者提出的移民迁移社会政策分析框架在应用于农民工社会政策分析之时，可以对其迁移空间进行扩展。意即，广义空间关照视域下农民工社会保护体系在空间的维度上应当扩展覆盖已返回流出地农村的“农民”或已进城定居的“市民”。

基于农民工社会政策狭义空间关照的局限性，所谓农民工社会政策的广义空间关照是指：中央和地方各级政府在制定和完善农民工相关社会政策时，应该统筹考量农民工的“上游”状态、“中游”状态与“下游”状态的社会保护需求，通过积极地调整、建构使得农民工社会保护体系向“上游”状态和“下游”状态扩展以更好地回应、满足不同流迁结果的广义农民工群体③的异质性需求偏好。进而言之，在农民工社会政策“公民权利范式”下，当前农民工社会保护系体系应当向建构“全程型”农民工社会保护体系转型（见图 3-6）。

---

①实际户籍身份应该是市民。

②同上。

③从狭义的角度来说，农民工的“上游”状态和“下游”状态并不在传统流动农民工的范畴之内，但上下游状态扩展恰恰是农民工社会政策广义空间关照建构的意义和起点之一。

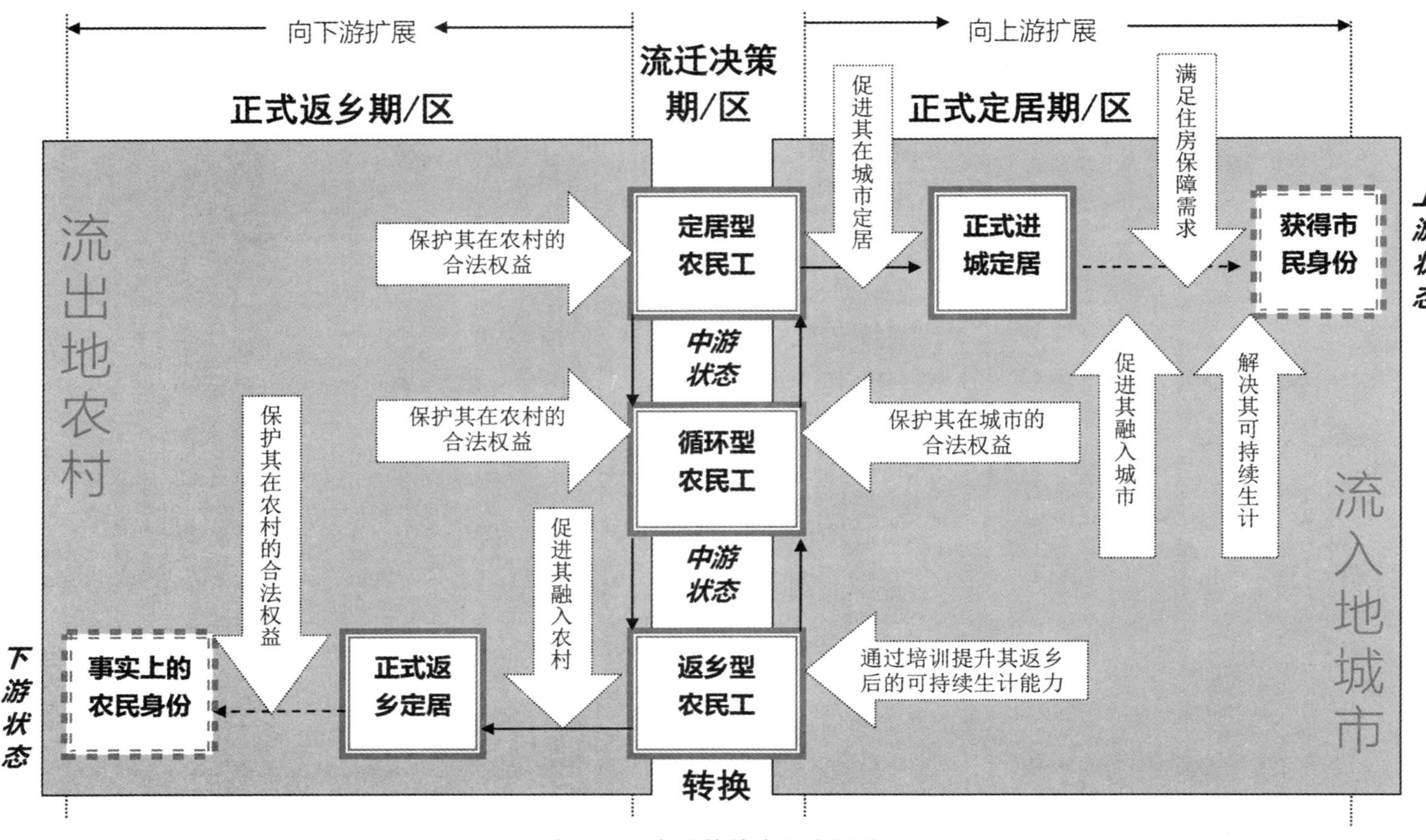

资料来源：笔者自制。

图3-6　农民工社会政策的广义空间关照

第四节　农民工社会政策的广义时空之维

综合农民工社会政策广义时间关照与农民工社会政策广义空间关照的概念与内涵，所谓农民工社会政策的广义时空之维——农民工社会政策的广义时空关照指的是：中央和地方各级政府在制定和完善农民工相关社会政策时既要考量农民工的“上游”群体、“中游”群体和“下游”群体，又要关照农民工群体的“上游”状态、“中游”状态和“下游”状态。要通过农民工社会政策优先序和瞄准机制的建构，积极、灵活、动态地调整农民工相关社会政策，建构起“终生式－全程型”农民工社会保护体系（见图3-7）。换言之，广义时空关照视域下农民工社会政策调适的目标是满足不同生命周期、不同流迁状态农民工的异质性社会保护需求偏好。

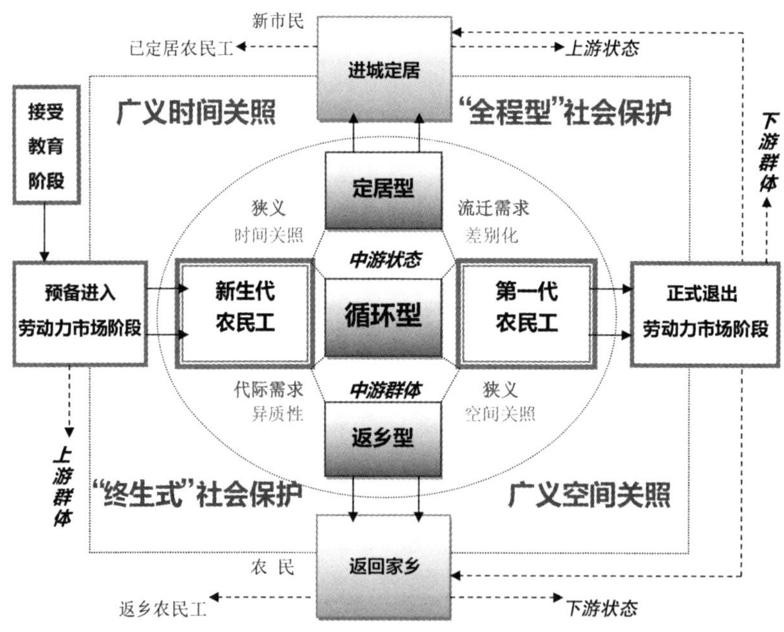

图3-7　“终生式－全程型”农民工社会保护体系

资料来源：沈君彬《异质性与差别化——农民工的社会保护需求与社会政策调适》，北京：社会科学文献出版社，2020，第200页。笔者在原图的基础上进行了修改。

就农民工社会政策狭义时空关照与广义时空关照两个层面之间的关系，笔者认为：其一，从分配基础和分配内容上看，狭义时空关照是广义时空关照的一部分，广义时空关照的内涵更加丰富①；其二，从政策范式变迁的角度来说，如果将农民工社会政策狭义和广义时空关照均视为第三序列的变化，则其在政策变迁逻辑和实际变迁历程中均呈现先狭义时空关照后广义时空关照的演进历程；其三，狭义时空关照建构的基础是农民工群体代际需求异质性的事实与流迁需求差别化的趋势，广义时空关照建构的动力是公民权利政策范式下农民工社会保护体系扩展的现实需要，狭义时空关照是广义时空关照的起点和基础；其四，基于生命周期的视角，农民工社会政策广义时空关照因应、关切即期、预期以及退出劳动力市场“广义农民工”群体的需求，而农民工社会政策狭义时空关照只回应流动中的“狭义农民工”群体的现实需求；其五，广义时空关照视域下的农民工社会政策既关注农村劳动力生产又聚焦农村劳动力再生产，在“农民工生产体制”视角下，既可以破除“工厂专制政体”，亦有助于解决“拆分型劳动力再生产模式”固化的问题，而狭义时空关照视域下的农民工社会政策只关注劳动力生产而忽视劳动力再生产，即便加强农民工社会保护破除了“工厂专制政体”，也难以解决“拆分型劳动力再生产模式”固化的问题。

与狭义时空关照一样，广义时空关照既可以作为农民工社会政策研究的一个切入面向，又可以成为农民工社会保护体系建构完善的一种指导理念。广义时空关照理念对当前农民工社会保护体系积极、有序扩展的实践具有重要指导作用。进而言之，广义时空关照视域下农民工社会政策的调适与“终生式－全程型”农民工社会保护体系的建构最终将消解“农民工生产体制”。本书第四章至第七章基于广义时空关照和狭义时空关照的切入面向和指导理念来展开国家层面农民工社会政策变迁历程与地方政府农民工社会政策创新实践的研究。

---

①基于社会福利政策的分析框架，从分配基础的维度上看，广义时空关照视域下农民工社会政策的覆盖群体更广；从分配内容的维度上看，广义时空关照视域下农民工社会政策涉及的具体公共服务、社会福利项目更加多元。

第四章　范式转移轨迹与时空关照响应

白天黑夜的每个小时对我都是一个奇迹，每一立方英寸的空间都是一个奇迹。

——惠特曼

本书第二章与第三章分别建构起了农民工社会政策狭义与广义时空关照的概念。作为一个可资借鉴的切入面向，学者们可根据自己的研究兴趣随时使用狭义与广义时空关照的研究视角来检视考察中央和地方社会政策对农民工群体代际需求异质性与流迁需求差别化的因应状况。而作为各级政府制定和调整农民工社会政策时的一种（潜在）指导理念，狭义与广义时空关照（理念）一定是在特定的社会时间与社会空间的场域中产生的。因此，对农民工社会政策范式的变迁轨迹、各政策范式的特点及其局限性展开详尽分析，有助于深入了解我国农民工社会政策的发展历史与变迁逻辑。

那么，基于政策范式转移的分析框架，系统回溯改革开放四十多年来农民工社会政策的发展变迁历程，我国农民工社会政策经历了几次范式转移呢？笔者以为，改革开放 42 年①来，我国农民工社会政策变迁经历了三次范式转移：其中，1979 年至 2000 年我国农民工社会政策处于“防控管

---

①改革开放的标志是中共十一届三中全会，其召开于 1978 年 12 月。之后，我国开始实行“对内改革、对外开放”的国家战略。纳入本文分析范畴的第一个文件《关于清理压缩计划外用工的办法》由国务院于 1979 年 4 月 16 日正式批转，纳入本文分析范畴的最后一个文件为《中华人民共和国国民经济和社会发展第十四个五年规划和 2035 年远景目标纲要》，该文件于 2021 年 3 月正式公布。此两个文件发布的时间跨度为 42 年，在这个意义上本书称之为改革开放 42 年。

制范式”之中；2001年我国农民工社会政策发生了范式转移，“权益保障范式”初步形成，该范式一直延续至2013年；2014年我国农民工社会政策再一次发生范式转移，“公民权利范式”形成。从“防控管制范式”到“权益保障范式”，再向“公民权利范式”切换，国家农民工社会政策的范式转移经历了从严控到宽松、从从紧到从宽、从消极到积极、从无序到有序、从管理到服务的转变过程。

在农民工社会政策的历次范式转移过程中，就总体而言，“防控管制范式”“权益保障范式”“公民权利范式”等农民工社会政策范式的狭义与广义时空关照情况如何？在上述三个农民工社会政策范式之下，各细分农民工社会政策是否具有狭义与广义时空关照的蕴意？在剖析我国农民工社会政策范式的转移历史与轨迹的基础上，本章研究的重点是对上述问题逐一做出回应。

第一节　防控管制范式

回溯1979年至2000年间国家发布的各项农民工群体管理的政策文件，如表4-1所示，这一时期我国农民工相关社会政策在总体上具有消极防控、严厉管制的特征，因此这一阶段的农民工社会政策范式可称之为“防控管制范式”。

一　农民工防控管制范式的特点

从改革开放到2000年，农民工社会政策处于“防控管制范式”。在该政策范式之下，农民工群体只能在“次等劳动力市场”的“3D”岗位①就业，不仅在经济上“被利用”②，而且面临着严重的社会排斥，同时流出地与流入地政府还对农民工群体实行严苛的防控与管制措施。

嵌入具体的历史情境，基于农民工社会政策“四位一体”的建构模型，在价值理念上，城乡二元分割体制所带来的不平等为农民工在流入地

①“3D”指“脏、累、险”的工作岗位，“脏、累、险”对应英文为“Dirty & Demanding & Dangerous”，此三个单词的首字母均为D。

②其具体表现为农民工群体虽然为流入地城市工业与服务业的发展提供充裕劳动力要素，但仅能获得低廉的经济报酬（工资）。

表 4-1　对防控管制范式（1979—2000 年）农民工社会政策文本的梳理

发布时间	发布单位	文件名	文本要点	关键词	狭义时空关照情况	广义时空关照情况
1979	国家计划委员会（国务院批转）	《关于清理压缩计划外用工的办法》	重点压缩、坚决清退在国家劳动计划之外的农村劳动力 200 多万人	清理压缩	无狭义时间关照 无狭义空间关照	无广义时间关照 无广义空间关照
1981	国务院	《关于严格控制农村劳动力进城做工和农业人口转为非农业人口的通知》	严把进口：对农村招工严格控制 放开出口：认真清退计划外农村劳动力	严格控制	无狭义时间关照 无狭义空间关照	无广义时间关照 无广义空间关照
1984	国务院	《关于农民进入集镇落户问题的通知》	准予有经营能力，具备技术专长的农民落户集镇（不含县城关镇）经营工商业	积极引导 加强管理	无狭义时间关照 无狭义空间关照	无广义时间关照 无广义空间关照
1985	公安部	《城镇暂住人口的暂行规定》	规定申请暂住证人口年龄在 16 周岁以上，暂住时间超过 3 个月	登记管理	无狭义时间关照 无狭义空间关照	无广义时间关照 无广义空间关照
1986	国务院	《国营企业招用工人暂行规定》	应当在城镇招收国有企业工人	面向城镇	无狭义时间关照 无狭义空间关照	无广义时间关照 无广义空间关照
1989	民政部 公安部	《关于进一步做好控制民工盲目外流的通知》	对民工盲目外出要严格控制	严格控制	无狭义时间关照 无狭义空间关照	无广义时间关照 无广义空间关照
1990	国务院	《关于做好劳动就业工作的通知》	防止农村劳动力盲目进城	盲目进城	无狭义时间关照 无狭义空间关照	无广义时间关照 无广义空间关照
1991	国务院	《关于劝阻民工盲目去广东的通知》	对民工外出务工手续的办理要暂停或从严	盲目赴粤	无狭义时间关照 无狭义空间关照	无广义时间关照 无广义空间关照
1991	民政部	《关于进一步做好劝阻劝返外流灾民工作的通知》	综合使用法律、行政和经济手段，一方面预防灾民外流，另一方面要劝阻劝返灾民外流。要求将灾民外流给社会带来的负面影响减少到最低限。	预防外流、劝阻劝返、收留遣送	无狭义时间关照 无狭义空间关照	无广义时间关照 无广义空间关照

续表

发布时间	发布单位	文件名	文本要点	关键词	狭义时空关照情况	广义时空关照情况
1994	劳动部	《关于农村劳动力跨省流动就业的暂行规定》	跨省流动必须在流出地办理“外出就业登记卡”；在流入地必须办理“外来人员就业证”；证卡合一方能生效	证卡合一	无狭义时间关照 无狭义空间关照	无广义时间关照 无广义空间关照
1995	中共中央办公厅、国务院办公厅	《关于加强流动人口管理工作的意见》	绝大部分剩余劳动力要就地消化、吸纳；对于农村剩余劳动力流动，要控制规模；农民工外出务工必须办齐“外出人员就业证、就业登记卡、暂住证”；流入地要及时清理外来人员聚居区；积极遣送、安置好盲流人员	控制规模、三证齐全、清理整顿、遣送盲流	无狭义时间关照 无狭义空间关照	无广义时间关照 无广义空间关照
1997	劳动部等七部委	《关于进一步做好组织民工有序流动工作的意见》	引导、组织农民工按需流动；加强农民工流动过程的服务与管理；输出地与输入地加强联络和协商	按需流动、管理服务、联络协商	无狭义时间关照 无狭义空间关照	无广义时间关照 无广义空间关照
1998	劳动保障部等五部委	《关于做好灾区农村劳动力就地安置和组织民工有序流动工作的意见》	有组织开展劳务输出；引导农村劳动力有序流动；原则上不再新招收临散农村劳动力；灾区民工返乡探亲后不要带新的人员外出；做好盲流人员的劝返工作；严查私招乱雇农村劳动力	有序流动、劝返盲流、私招乱雇	无狭义时间关照 无狭义空间关照	无广义时间关照 无广义空间关照
2000	劳动和社会保障部办公厅	《关于做好农村富余劳动力流动就业工作的意见》	促进农民工有序流动制度化、经常化；为确保下岗职工再就业，应合理调控（外出务工）农村劳动力规模；重点监控农村富余劳动力流动量大地区；加强对流动就业信息的预测	调控规模、有序流动、预测预报	无狭义时间关照 无狭义空间关照	无广义时间关照 无广义空间关照

资料来源：笔者根据相关资料整理而成。

城市身份与权力上所遭受的“制度性歧视”奠定了理念基础。农民工群体对于“三先三后”[①] 等歧视性规定固然感到不满，但由于老家农村无法为其提供非农就业机会，同时其个人和家庭又需通过进城务工谋得收入，在“夹缝中求生存”的现实使得他们倾向于在流入地城镇委曲求全。[②] 同样的，就社会认同的维度而言，由于城乡二元分割体制带来了农业与城镇两种户籍的不平等，“三先三后”规定在歧视和排斥农民工群体的同时，客观上强化了城镇居民的社会、经济与心理优势。另一方面，20 世纪 90 年代，城镇国有企业下岗职工再就业任务十分艰巨，该群体基本生活保障出现明显困难，城乡之间的“饭碗之争”矛盾日趋突出。[③]

基于“四位一体”的建构模型，在上述多元历史背景下，放宽对农民工群体行政控制，取消对其身份权利歧视的社会认同远未形成。在“价值理念”“社会认同”均“支持”与“固化”对农民工群体防控管制的同时，农民工群体自身缺乏博弈空间。在“制度安排”层面上，1979 年至 2000 年农民工各社会政策文本具有明显防控管制的特征。如表 4-1 所示，在防控管制范式之下，国家出台的各项农民工相关社会政策均缺乏狭义与广义时空关照的蕴意。

二 农民工防控管制范式的局限性

由于防控管制范式下的农民工社会政策难以适应城镇化与工业化发展

①指企业招工过程中要优先考虑招收本地城镇户口的应聘者，然后再招收本地农村户口的应聘者。在上述本地应聘者已经招满或者无合适的招收对象之后，才能考虑招收本省外地农民工，而最后考虑招收外省农民工。

②就此，笔者认为，农民工群体特征代际差异形成的决定性因素之一是不同代际农民工群体成长、生活时代背景的差异性。基于动态的视角，50 后、60 后农民工群体中的许多人在 20 世纪 80 年代进城务工（抑或 70 后农民工群体中的许多人在 20 世纪 90 年代或 21 世纪之初进城务工）时，其在年龄上多符合 18 到 40 岁之间这一“新生代农民工”的标准。换言之，是社会时间与社会空间而非空间转换背景下单纯的年龄差塑造了农民工群体的代际差异。因此，研究新生代农民工群体特征抑或新老农民工群体代际差异应置于社会时空的情境之中。

③正是在此背景下，劳动和社会保障部办公厅 2000 年印发的《关于做好农村富余劳动力流动就业工作的意见》开篇明确指出，发文的目的是“为配合做好城市下岗职工基本生活保障和再就业工作”。该意见指出，对于再就业任务重的大中城市，“要综合利用经济和行政手段，合理调控外来农村劳动力规模，确保下岗职工再就业”。

的趋势与需求，具有明显的局限性与不可持续性。其具体体现在以下几个方面：首先，该政策范式对农民工的身份和定位认识不清。原本被束缚在农村有限耕地上的农村剩余劳动力进城务工能为城镇第二、第三产业的发展提供劳动力要素。此外，农民工进城务工在增收的同时有利于缩小城乡收入差距，其实质上是解决三农问题的重要突破口。然而，在防控管制范式下的农民工社会政策未能准确把握农民工群体新型劳动者的身份定位，反而将其视为社会稳定隐患的“盲流”。

其次，该政策范式中政府角色“越位”与“缺位”的现象并存。一方面，政府将农民工群体视为城市稳定的风险隐患，对农民工流动总量指标进行控制。有如，1994 年劳动部印发的《关于农村劳动力跨省流动就业的暂行规定》要求跨省流动的农民工必须在流出地办理“外出就业登记卡”，同时要在流入地办理“外来人员就业证”，只有证、卡合一方能“合法”务工。政府对农民工自发外出与企业在双向选择基础上的市场化就业的干预显然属于“越位”。另一方面，在“防控管制”下农民工群体虽然为流入地城镇做出巨大贡献，但由于政府的“缺位”，该群体在就业方面的合法权益难以得到应有保障，同时其在生产安全规制、教育、社会保障、住房保障等方面的公共服务供给明显不足。正是因为政府在公共服务方面的“缺位”催生了“拆分型劳动力再生产体制”① 并使之不断固化。

最后，防控管制范式反映了城乡分割的“思维定势”②。在该政策范式下，农民被天然地和土地捆绑在一起，许多文件均要求农民“离土不离乡”，要从事非农产业只能就近就地转移。有如，1995 年中共中央办公厅、国务院办公厅联合印发的《关于加强流动人口管理工作的意见》指出，绝大部分剩余劳动力要就地消化、吸纳，对于农村剩余劳动力流动，要控制规模。为加强对流动人口的管理与限制，农民工外出务工必须办齐“外出人员就业证、就业登记卡、暂住证”，要做到三证（卡）齐全。同时，流入地要及时清理外来人员聚居区，对于不具备三证（卡）的盲流人员各流入地要积极做好遣送、安置。又有如，广东省人社厅于 2000 年 4 月发文

---

①清华大学社会学系课题组：《新生代农民工与“农民工生产体制”的碰撞》，《中国党政干部论坛》2013 年第 11 期。

②崔传义：《论中国农民工政策范式的转变》，《中国公共政策评论》2007 年第 1 期。

（劳社厅发〔2000〕3号）要求省内各地对于流入地凭卡办证率要在90%以上，而流出地登记持卡外出率要达到85%。

三　农民工防控管制范式的时空关照响应

在防控管制范式之下，农民工社会政策就整体而言是缺乏狭义与广义时空关照的。如表4-1所示，1979年至2000年间国家发布的14份农民工相关政策文件对农民工流动行为在因应理念和政策实施上倾向于使用“清理压缩、严格控制、预防外流、劝阻劝返、收留遣送”等手段。在此背景下出台的细分农民工社会政策既不可能有狭义时空关照意蕴，更不会考虑到给予广义时空关照响应。有如，国家计划委员会1979年印发的《关于清理压缩计划外用工的办法》指出，清理压缩计划外用工的重点，是“全民所有制单位在国家劳动计划以外使用的农村劳动力”，该办法要求“把压缩下来的计划外用工，动员回农村参加农业生产劳动”。就计划外用工可能带来的“负面影响”，该办法认为主要包括如下三个方面：一是计划外用工“浪费了劳动力，降低了劳动生产率，不利于企业整顿”；二是计划外用工“削弱了农业第一线的劳动力，不利于加快发展农业生产”；三是计划外用工“影响城镇待业青年的安排”。由此可见，囿于城乡分割的固有思维，该办法不仅缺乏狭义与广义时空关照的蕴意，而且将国家劳动计划以外使用的农村劳动力视为企业整顿、农业生产以及城镇就业的负面影响因素。而劳动部1994年颁布的《农村劳动力跨省流动就业管理暂行规定》指出，对用人单位跨省招收的农村劳动者，必须做到证、卡合一①，只有办理好流动就业证才能外出流动就业。又有如，就农村剩余劳动力流动总体状态的判断，中共中央办公厅与国务院办公厅发布的《中央社会治安综合治理委员会关于加强流动人口管理工作的意见》在认为“农村剩余劳动力跨地区流动的大量增多是一种必然现象”的同时，亦指出该群体“在很大程度上仍然处于盲目无序状态”。

基于社会政策需求的视角，流出地农村缺乏非农就业机会的现实驱使

---

①卡是指用人单位跨省招收的农村劳动者，在离开流出地之前，必须用个人身份证（以及其他必要的证明），到其户口所在地劳动就业服务机构登记方能领取的外出人员就业登记卡；证是指被用人单位跨省招收的农村劳动者到达用人单位后，必须凭流出省就业登记卡领取流入地劳动部门颁发的外来人员就业证。

农民工群体渴盼进城务工来谋得一份稳定的经济收入。在此特殊的历史背景下，农民想进城务工并不容易，其核心诉求是能顺利留在流入地城市打工以增加家庭收入。从现实的角度出发，农民工在城市定居的各种条件尚不成熟，而被迫返回流出地农村亦不符合他们中大多数人的生活规划。基于社会政策供给的视角，在对农村劳动者跨省流动就业进行防范管制的历史背景下①，国家层面出台的各类政策文件既不可能关照到多元流迁模式下农民工群体异质性的社会保护需求，亦不可能因应不同代际农民工群体差别化的社会保护需求。同理，如表 4-1 所示，广义时空关照亦不可能产生于以防控管制为主要特征的社会时间与社会空间的场域和情境之中。

第二节　权益保障范式

随着政治经济社会形势的发展，特别是进入 21 世纪以来，农民工群体规模不断壮大，防控管制范式已越来越难以适应工业化、城镇化发展的需要，该政策范式之下政府在流动人口管理上的“越位”与“缺位”所带来的种种弊端亦日趋为全社会所诟病。

与此同时，我国的政治经济社会亦发生了深刻变化：其一，2002 年中共十六大将“社会更加和谐”作为全面建设小康社会的重要目标，在“价值理念”上，社会政策的发展环境出现了有利于农民工群体的新变化；其二，数量巨大的农民工群体已经日渐成为产业工人大军中的主体力量，该群体对于自身就业与权益保障需求的呼声日趋高涨；其三，随着沿海地区“民工荒”现象的出现，城市下岗工人的就业压力已得到极大缓解，在此一“荒”一“缓”之间，正视农民工群体作为“产业工人重要组成部分”，

---

①应该指出的是，在农民工防控管制范式下需要“防控管制”的对象并非只针对跨省流动且在城镇就业的农村劳动者，有如，《农村劳动力跨省流动就业管理暂行规定》第七章第三十条指出，对于跨省流动从事农业生产的农村劳动力、在本省范围内的大中城市流动就业的农村劳动力以及跨省流动就业的城镇劳动力，均可参照该规定执行。这一规定给予笔者有关研究领域拓展的一个启示是——流动带来脆弱性和弱势性，不仅要关注乡—城流动人口及其社会保护需求，城—城流动人口的“再市民化”及其社会保护问题亦应引起高度关注。

减少流动限制，提升对该群体在流入地城市社会保护的社会认同正在形成。

2001年发布的三份文件标志着农民工社会政策范式从“防控管制”范式向“权益保障”范式转移。其中，2001年发布的国家“十五”计划纲要提出，要打破城乡分割体制，要促进农村富余劳动力积极有序转移，要取消对该群体进入城镇就业的诸多不合理限制与歧视，要积极引导农民工群体在城乡与地区间的有序流动。公安部则于2001年印发了《关于推进小城镇户籍管理制度改革意见》，明确指出具备如下两个条件的农民（工）本人和家人可以办理小城镇常住户口：一是农民工申请者必须有合法固定住所，二是农民工申请者必须有稳定职业或者稳定生活来源。2001年，《国家计委、财政部关于全面清理整顿外出或外来务工人员收费的通知》要求，除了证书工本费外，对农民工群体应取消包括赞助费、暂住人口管理费、城市增容费等在内的未经规定层级政府及其主管部门批准的行政事业性收费项目。

一　政策失败、焦点事件与范式转移

嵌入政策范式转移理论的具体分析框架之中，通常焦点事件发生于政策第三序列变化发生之前，该类焦点事件的发生具有深远意义，通常会直接推动甚至直接作为具体社会政策范式转移的标志，此类焦点事件可称为“触发型”焦点事件。此外，由于政策惯性，政策第三序列变化发生之后还可能会发生作为原有政策范式下政策失败表征的焦点事件，为便于区分，本书将该类焦点事情称为“时滞型”焦点事件。“时滞型”焦点事件的发生一方面会给政府、公众与社会带来一定的损失和社会成本损耗；另一方面，该类焦点事件的发生也将极大提升对旧政策范式下原有政策及其惯性的负面影响的认识，在消弭负面政策惯性的基础上新的政策范式将得到进一步的确认和巩固，而新政策范式下各具体社会政策的新执行惯性将得到加强。有如，在政治经济社会形势出现诸多有利于农民工群体权益保障变化的背景下，2001年农民工政策范式从原来的“防控管制范式”转化为“权益保障范式”。然而，2003年“孙志刚非正常死亡”与“熊德明讨薪”两起“时滞型”焦点事件的发生，使得政府、民众以及社会各界对于农民工社会政策防控管制旧范式和原有政策及其惯性有了更清醒的认识，在消弭这一政策惯性负面影响的同时，农民工社会政策“权益保障范式”得到了确认和强化，而权益保障类社会政策的执行惯性将日趋凸显。

（一）“孙志刚非正常死亡”事件与收容遣送制度的消解

“孙志刚非正常死亡”事件是保护公民权利特别是公民人身自由的典型案例。在“孙志刚非正常死亡”事件发生之前，我国大中城市普遍建立起了暂住证制度①与收容遣送制度。其中，收容遣送制度的实施依据是国务院在1982年印发实施的《城市流浪乞讨人员收容遣送办法》（以下简称《收容遣送办法》）以及于1991年颁布的《关于收容遣送工作改革问题的意见》（以下简称《遣送改革意见》）。1982年《收容遣送办法》及其实施细则先后出台的本意是为了做好城市流浪乞讨人员的收容、遣送、救济、教育以及安置工作，从而维护社会安定团结。同时，该办法的实施细则第五条明确规定要“防止乱收和错收”。该办法的实施细则第八条规定，收容遣送站要及时登记了解被收容人员的各方面情况，要对他们开展思想政治教育；第九条规定，收容遣送站要关心被收容人员的生活，要确保该群体每天能够吃足伙食定量，同时要适当照顾其中的老幼病残人员。

由此可见，国务院出台该办法是为了对城市流浪乞讨人员给予社会救助同时维护城市的形象，该办法本质上应属于一种社会福利性质的救助措施。然而，1991年《遣送改革意见》发布之后，被收容遣送的对象规定为暂住证、身份证与务工证等“三证”不全的流动人口。该意见要求在外地居住超过3天以上的非流入地城市户籍公民必须要办理暂住证，否则将因涉嫌“非法居留”而被收容遣送。基于外来流动人口的治安管理压力，在多重博弈之下，原本定位为提供临时社会救助性质的收容遣送制度在国家制度层面与各地方实践中均背离了其立法本意，逐渐演变成为限制外来人口流动的强制性措施。有如，《遣送改革意见》以及该意见发布之后各省份下发的贯彻实施通知均规定，要制止人口盲目外流。四川省于1994年印发的《关于进一步加强遣送工作的通知》即明确要求，各地要制止人口盲

①暂住证作为大中城市对非本地户籍人口管理的主要办法，首先于1984年在流入人口数量巨大的深圳市开始实施。

目外流，并将此项工作作为对各县和乡镇政府的考核指标。又有如，《中华人民共和国刑事诉讼法》在 1997 年 7 月 1 日正式实施之后，随着收容所的关闭，收容适用对象被人为扩大，收容遣送站不断壮大。由于人员激增，许多地方政府以遣送费、生活费、增容费等名义收费，无能力缴费的则被强制劳动以挣取路费。

2003 年 2 月，湖北籍中国公民孙志刚跳槽到广州市某服装公司担任该企业平面设计师。在其入职广州后不久的 3 月 17 日晚，孙志刚在去网吧途中因未随身携带身份证而被广州市公安局警察带至黄村街派出所，第二天被送至广州市收容遣送中转站。后又因“心动过速待查”被送往广州市收容人员救治站。不料，3 月 20 日凌晨，孙志刚在该救治站遭受同一病房的另八名被收治人员的数轮殴打，于当天上午非正常死亡。尸检结果表明，孙志刚在死前 72 小时曾遭受毒打。由于孙志刚是社会关注度较高的大学毕业生，加之事件最终造成了受害者身亡的恶劣后果，一经披露，就在互联网与各传统媒体上广泛传播，引发强烈反响。5 月 16 日，许志永等三位青年法学学者就“孙志刚非正常死亡”案件上书全国人大常委会，要求对《收容遣送办法》有关条款进行审查。5 月 23 日，北京大学贺卫方教授等 5 位法律学者以中国公民名义致信全国人大常委会，建议调查“孙志刚非正常死亡”案件，同时对实施中的收容遣送制度启动特别调查程序。6 月 20 日，时任总理温家宝正式签署国务院令，颁布了《城市生活无着的流浪乞讨人员救助管理办法》。当年 8 月 1 日，施行时间长达 21 年之久的《城市流浪乞讨人员收容遣送办法》正式废止。此后，多个省份的城市收容遣送条例和制度也陆续被废止。

如前文所述，农民工群体自身、制度安排、价值理念、社会认同等四个方面构成了农民工社会政策调适、建构的四要素。基于农民工社会政策四位一体的建构模型，在党的十六大报告提出的“社会更加和谐”的价值理念下，面对农民工群体改善自身在流入地城市人身自由（自由流动）的强烈诉求，“孙志刚非正常死亡”事件使得社会公众认识到流动人口管理方式中的消极防控与强制性、惩罚性问题的严重性，广泛的社会认同最终推进了废止《城市流浪乞讨人员收容遣送办法》与出台《城市生活无着的流浪乞讨人员救助管理办法》的制度安排。借此第三序列的制度变迁，农民工群体自身、制度安排、价值理念、社会认同四个要素之间重新恢复到相对平衡和妥协的状态。

（二）“熊德明讨薪”事件与农民工群体的权益保障

在城乡居民收入差距持续扩大的背景下，通过农村剩余劳动力进城就业带动“三农”问题的解决成为促进农民增收的主要渠道之一。因此，农民工社会政策如何因应农民工群体在流入地城镇的权益保障需要是进入21世纪以来中央决策层关注的重点。现实中，一方面农民工的收入水平增长缓慢，1992年至2003年的10年间珠三角地区农民工月工资只增长了68元；[①] 另一方面，拖欠农民工工资的行为十分普遍，在2002年底，劳动和社会保障部针对23个外来务工人员较多的省市（区）开展的农民工工资支付专项监察中，就查出农民工欠薪案件13000多件，涉及62.6万人，追讨农民工工资达3.5亿元。[②] 为了讨回自己的工资，不少农民工采取爬塔吊、服毒、跳楼、堵路等过激方式，各地接连发生多起因拖欠农民工工资而引发的恶性群体性事件。基于价值理念的维度，2002年11月，党的十六大报告将“社会更加和谐”作为全面建设小康社会的重要举措。基于制度安排的维度，在国务院办公厅于2003年正式印发的《关于做好农民进城务工就业管理和服务工作的通知》中，其实已经就“切实解决拖欠和克扣农民工工资问题”做出了具体安排和要求，但由于各地方政府的政策执行力度有待提高，借由“熊德明讨薪”这一“时滞型”焦点事件的发生，最终推动了农民工群体权益保护的社会认同建构。

2003年10月24日，重庆市万州云阳县农妇熊德明在割完猪草后，在家门口遇到了温家宝总理。当温家宝总理问及该村在外务工情况及在外务工者是否存在被拖欠工钱的情形时，熊德明实话实说，表示自己爱人李建明有2000多元工钱已经被拖欠了一年，影响了娃儿们交学费。得知熊德明的诉求后，温家宝总理当即表示，“欠农民的钱一定要还”。在温家宝总理的关注下，当天夜里11点多，熊德明及其丈夫拿回了拖欠许久的

---

①仇国平、温卓毅：《中国农民工政策的重大调整：走向新政策范式》，《中国公共政策评论》2007年第1期。

②同上。

2240元工资。[①] 不仅如此，温家宝总理返京后不久，建设部等国务院六部委召开电视电话会议，明确要求各省市大力解决建设领域工程款拖欠问题。为此，国务院办公厅于2003年11月正式印发《关于切实解决建设领域拖欠工程款问题的通知》，该通知要求全国各地各部门共同努力，自2004年起用三年左右的时间基本解决建设领域的工程款拖欠以及农民工工资拖欠问题。借此，一场席卷全国的建设领域清欠行动迅速推开：重庆市警方设立了农民工讨薪机构，配备专职民警立案调查恶意拖欠农民工工资的行为；四川省建立了工程备料的预付机制；北京市建立了清欠长效机制；江西省构建了预防清欠机制，做到了源头治理；浙江省建立健全了担保体系；上海市公安局110应急指挥中心与该市劳动监察部门成立了应急联动机制，力求通过“365天监察无休”，在第一时间处理农民工工资拖欠问题。

二　农民工权益保障范式的特点

2001年至2013年间，中央及地方政府在取消对农民工合理流动和就业限制的同时，要求对农民工群体要做到公平对待。在该政策范式下，各具体社会政策设计开始为农民工群体提供社会保险、子女教育、职业培训等城镇基本公共服务，因此本书将该范式命名为“权益保障范式”。嵌入具体的历史情境中，基于农民工社会政策“四位一体”的建构模型，在价值理念上，2002年11月，党的十六大报告将“社会更加和谐”作为全面

---

①据该事件亲历者——原国务院研究室主任、党组书记魏礼群回忆：“我陪时任国务院总理温家宝同志到重庆云阳县调研，路过一个村子，总理临时告诉司机停车，下车去看一看，了解村民有什么困难、有什么问题。总理这样做，事先谁都不知道，连村干部都没告诉。总理去看一看老百姓的房子、菜园子和饲养小猪的情况，还找了几个老百姓进行了座谈。刚开始，怎么问他们，回答就一个：很好，没有问题。总理说，你们几位省里的领导都出去吧，只留了总理和我们两三个人。总理就问一位叫熊德明的女同志，有没有什么困难？有需要反映的问题没有？这位女同志看了看周围没有当地干部，才小声说：她丈夫在外打工，工钱要了半年都没给。总理问有多少钱？回答说有两千多。总理当即指示让有关人员把工资补给她，当晚，熊德明就收到拖欠的工资。这就是当时社会广为流传、影响深远的温家宝同志为农民工讨欠薪的佳话。这件事说明，调研技巧、时机和方式方法很重要，老百姓一般不愿意给当地干部讲问题，调研的时候最好不要让当地领导陪同。”这一事件的详细记叙可见魏礼群《怎样搞好调查研究》，北京：中国言实出版社，2019，第126—127页。

建设小康社会的重要举措；2006 年 10 月，中共十六届六中全会通过了《关于构建社会主义和谐社会若干重大问题的决定》，该决定提出到 2020 年要构建社会主义和谐社会。至此，“社会和谐”成为农民工权益保障范式的指导价值理念。

在社会和谐的价值理念下，农民工的社会角色定位从“盲流”与流入地城市的安全隐患变成了为城市创造财富与税收的产业工人。相应的，在制度性吸纳的思路下，如何通过细分社会政策的设计为农民工群体提供均等化的公共服务，成为保障该群体权益的重中之重。如表 4-2 所示，对权益保障范式（2001—2013）农民工社会政策文本的梳理结果表明，该阶段社会政策的高频关键词主要包括“取消限制、取消收费、尊重意愿、清理歧视、户籍改革、促进落户、子女教育、社会保障、做好培训”等。由此可见，国家层面对待农民工群体的态度已然发生深刻变化。国务院于 2006 年正式颁行的《关于解决农民工问题的若干意见》，无疑是这一变化的集中体现。该意见可视为权益保障范式下针对农民工群体发布的最具有代表性的综合性社会政策：一方面，农民工群体作为劳动者与产业工人的地位得到国家的确认；另一方面，为农民工群体提供权益保障成为国家的施政方针。有如该意见指出，农民工问题关系国家经济和社会发展全局，要切实尊重、大力维护农民工群体在流入地城镇的合法权益，各地各部门要努力消除针对农民工群体的体制性障碍和歧视性规定，使该群体能切实享受到与城市职工同等的权利和义务。同时，在新的历史时期要为农民工群体生活和劳动创造良好环境、条件，要积极促进农村劳动力就地转移和异地转移结合，农民工流出（入）地都要有针对性地解决农民工问题。具体来说，权益保障范式下农民工社会政策设计的核心内容和主要特点如下：

其一，积极支持农民群体进城就业，在建立城乡一体化劳动力市场的同时促进就业的平等。有如，2001 年全国人大九届四次会议通过的“十五”计划纲要提出，要打破城乡分割体制，对农村富余劳动力要促进其积极有序转移。“十五”期间要取消对农民工群体进入城镇就业后可能面临的诸多不合理限制，引导这一相对弱势群体在城乡间与地区间有序流动。2001 年，《国家计委、财政部关于全面清理整顿外出或外来务工人员收费的通知》要求各地除了证书工本费外，应取消包括赞助费、暂住人口管理费、城市增容费在内的未经规定层级政府及其主管部门批准的针对农民工群体的行政事业性收费项目。2002 年，《中共中央、国务院关于做好 2002 年农业和农村工作的意见》指出，各地对农民工群体要做到公平对待，合理引导，完善管理，搞好服务；要认真清理对农民工群体的不合理限制与乱收费，纠正简单粗暴清退农民工的做法。2003 年中共中央印发的《关于完善社会主义市场经济体制若干问题的决定》指出，要积极改善农村富余劳动力转移就业的政策环境，逐步建立起统一城乡的劳动力市场，促进农村富余劳动力在城乡间的双向流动就业。国务院于 2005 年印发的《关于进一步做好改善农民工进城就业环境工作的通知》指出农民有序进城对于统筹城乡发展具有重要意义，中央决策层高度重视农民工就业环境。因此，为了改善农民工进城就业环境，必须大力清理、取消农民工就业方面的歧视性规定与不合理限制，切实维护好农民工合法权益。

其二，要解决长期困扰农民工群体的劳动权益保障问题，如确保工资按时支付，签订劳动合同，完善工作环境规制等。有如，国务院办公厅于 2003 年正式印发的《关于做好农民进城务工就业管理和服务工作的通知》要求各地要进一步提高对农民工服务工作和就业管理工作重要性的认识，要取消对农民进城务工就业的不合理限制，要切实解决拖欠和克扣农民工工资的问题，改善农民工的生产生活条件等。同年，国务院办公厅印发的《关于切实解决建设领域拖欠工程款问题的通知》要求各省市自 2004 年起，用三年时间基本解决建设领域拖欠工程款以及拖欠农民工工资问题。2004 年，建设部、发改委等十六部委发布的《关于进一步解决建设领域拖欠工程款问题意见》指出 2005 年春节前要清偿完 2003 年底前拖欠的农民工工资，同时要求各地要加大清欠工程款力度，特别是要优先解决拖欠农民工工资。2013 年印发的《司法部关于做好 2013 年农民工工作的通知》亦指出，农民工问题事关全面建成小康社会目标的实现，要求各省市要加大农民工权益保障工作力度，力求为农民工群体提供优质、高效、便捷的法律服务与法律保障。

其三，要让农民工群体在流入地城镇享受到基本公共服务。2005 年国务院印发的《关于进一步加强就业再就业工作的通知》要求，对进城求职的农民工，公共就业服务机构要提供免费的职业介绍服务，政府要提供一次性职业培训补贴。工伤得不到及时救助是农民工群体反映比较强烈的问题，为此国务院于 2003 年颁布了《工伤保险条例》，为《关于农民工参加工伤保险有关问题的通知》出台奠定基础，该条例在制度建设层面上为农民工完善了底线保障。同年，国务院印发的《城市生活无着的流浪乞讨人员救助管理办法》要求各省份积极给予流浪、乞讨人员救助服务，作为施行时间长达21年之久的《城市流浪乞讨人员收容遣送办法》的替代办法，在具体规定中明确将救助性质定位为临时性社会救助措施，要求救助站应及时提供救助，不得拒绝。2003年，教育部等六部委联合印发、实施的《关于进一步做好进城务工就业农民子女义务教育工作意见》指出，流入地要负责农民工子女义务教育。具体来说，公办小学应作为接收农民工子女教育的主渠道，流入地要建立相应的经费筹措保障机制，而流出地政府要配合做好该项工作。同时，基于部分流动人口密集流入地义务教育资源需求压力较大的现实，要扶持社会力量办学作为农民工子女教育渠道的补充。2006年中共中央发布的《关于构建社会主义和谐社会若干重大问题的决定》要求各地维护农民工合法权益，要保障农民工子女接受义务教育；同时加快建立适应农民工特点的社会保障制度，形成城乡统一的劳动力市场，统筹做好农村富余劳动力转移就业。

其四，要加强对农民工群体的职业教育与技能培训，提升其人力资本，增强该群体在流入地城市的就业质量。2003年农业部、劳动保障部、教育部等六部委印发的《2003—2010年全国农民工培训规划》将培训重点确立为就业前的引导性培训、职业技能培训，要求建立多渠道、多层次、多形式的农民工培训。2010年印发、实施的《关于进一步做好农民工培训工作的指导意见》指出，要提高农民工群体在流入地城镇的职业技能水平与就业能力，促进农民工群体向非农产业和城镇转移；各省市要积极推进城乡经济社会的一体化发展，按照地方政府分级管理（职能部门各负其责）的方式抓农民工培训工作，确保到2015年实现有需求的农民工都能得到一次以上的技能培训，力争让每一位农民工都能掌握一项实用技能。

其五，要通过“梯度户籍化城市化”让符合条件的农民工在城镇落户，同时通过“梯度常住化城市化”让暂不具备落户条件的农民工抑或没有落户意愿的农民工享受城镇公共服务。2001年公安部印发的《关于推进小城镇户籍管理制度改革意见》对办理小城镇常住户口的条件做了明确规定：其一，申请人必须有合法固定住所；其二，申请人必须有稳定职业或者稳定生活来源。2006年十届全国人大四次会议表决通过的“十一五”规划纲要基于农民工群体的流迁意愿不同，对临时进城务工者实行亦工亦农的城乡双向流动政策，承诺保障该群体合法权益；对在流入地有稳定职业与稳定住所的进城务工者则创造条件使之转化为市民。2011 年印发的《国务院办公厅关于积极稳妥推进户籍管理制度改革的通知》则指出：要实行分类明确户口迁移政策，要根据城市的不同规模与等级实行差别化的落户条件；要求各地要大力保障落户城镇农民工的土地权益，切实保障已落户农村人口在城镇的权益；对于不具备落户条件的农民工要解决其公共服务方面的需求，要尊重农民进城和留乡的自主选择权，要为其他暂住人口在城市生活提供方便。国家发改委发布的《关于 2012 年深化经济体制改革重点工作的意见》则指出，要深化户籍管理制度改革，采取因地制宜、稳步推进的策略，把在城镇稳定就业和居住的农民工有序转变为城镇居民。

三　农民工权益保障范式的时空关照响应及其局限性

（一）农民工权益保障范式的时空关照响应

如表 4-2 所示，笔者对权益保障范式下 2001 年至 2013 年农民工社会政策文本①的梳理结果表明，在关照水平和关照群体上，随着时间的推移，权益保障范式下各细分农民工社会政策的时空关照响应总体呈现出从低水平、个别群体狭义/广义时空关照到较高水平、多个群体狭义/广义时空关照的转变。②

2001 年公布的《中华人民共和国国民经济和社会发展第十个五年计划纲要》虽然有狭义空间关照，但是既没有狭义时间关照也没有广义时空关照。《国务院办公厅关于做好农民进城务工就业管理和服务工作的通知》（国办发〔2003〕1 号）就加强农民进城务工就业的管理和服务提出了诸多举措。其中，该通知有关“多渠道安排农民工子女就学”的举措具有狭义空间关照和广义时间关照的蕴意。该通知指出，流入地政府应采取多种形

①表 4-2 主要梳理了一些综合性的重要农民工社会政策文本，这类文本比较全面，便于开展对于农民工社会政策狭义和广义时空关照的分析。该表格也分析了一些培训、户籍等专项文本的时空关照情况。

②无论狭义或者广义时空关照水平高低和覆盖群体多少，只要存在相关时间或者空间关照情形，就视为具有狭义或者广义时（空）间关照。

表 4-2 对权益保障范式（2001—2013 年）农民工社会政策文本的梳理

发布时间	发布单位	文件名	文本要点	关键词	狭义时空关照情况	广义时空关照情况
2001	全国人大	《中华人民共和国国民经济和社会发展第十个五年计划纲要》	打破城乡分割体制，逐步建立市场经济体制下的新型城乡关系；改革城镇户籍制度，形成城乡人口有序流动的机制；取消对农村劳动力进入城镇就业的不合理限制，引导农村富余劳动力在城乡地区间的有序流动；积极有序转移农村富余劳动力，引导农民更多地从事非农产业；建设一批有利于农民直接增收的项目，增加农民劳务收入	有序流动、取消限制	无狭义时间关照 有狭义空间关照	无广义时间关照 无广义空间关照
2001	公安部	《关于推进小城镇户籍管理制度改革意见》	办理小城镇常住户口的条件：①有合法固定住所；②有稳定职业或者稳定生活来源	尊重意愿、允许落户、保留土地	无狭义时间关照 无狭义空间关照	无广义时间关照 无广义空间关照
2001	国家计委、财政部	《国家计委、财政部关于全面清理整顿外出或外来务工人员收费的通知》	除了证书工本费外，应取消包括赞助费、暂住人口管理费、城市增容费在内的未经规定层级政府及其主管部门批准的行政事业性收费项目	清理整顿、取消收费	无狭义时间关照 无狭义空间关照	无广义时间关照 无广义空间关照
2002	中共中央、国务院	《中共中央、国务院关于做好2002年农业和农村工作的意见》	对农民工要做到公平对待，合理引导，完善管理，搞好服务；对农民工的不合理限制与乱收费要认真清理；纠正简单粗暴清退农民工的做法	公平对待、合理引导	无狭义时间关照 无狭义空间关照	无广义时间关照 无广义空间关照
2002	中共中央、国务院	《关于进一步做好下岗失业人员再就业工作的通知》	各类企业招用农民工，应签订劳动合同，必须依法缴纳社会保险费；统筹兼顾城镇新成长劳动力的就业和农村富余劳动力的转移工作；对农村劳动力进城就业要公平对待，合理引导，完善管理，搞好服务，认真清理不合理的限制政策，切实保障他们的合法权益	签订合同、缴纳社保、公平对待、完善管理、搞好服务、保障权益	无狭义时间关照 无狭义空间关照	无广义时间关照 无广义空间关照
2003	国务院	《工伤保险条例》	农民工被纳入工伤保险范围之中	工伤保险	无狭义时间关照 无狭义空间关照	无广义时间关照 无广义空间关照

续表

发布时间	发布单位	文件名	文本要点	关键词	狭义时空关照情况	广义时空关照情况
2003	国务院办公厅	《关于做好农民进城务工就业管理和服务工作的通知》	对农民工就业的不合理限制要取消；拖欠和克扣农民工工资问题要解决；农民工生产生活条件要改善；要多渠道安排农民工子女就学；对返回原籍就学的，当地学校应当无条件接收，不得违规收费；不得强行收回外出务工就业农民的承包地	取消限制、改善条件、安排就学、做好培训	无狭义时间关照 有狭义空间关照	有广义时间关照 无广义空间关照
2003	国务院	《城市生活无着的流浪乞讨人员救助管理办法》	救助流浪、乞讨人员；该救助性质明确为临时性社会救助措施；救助站应及时提供救助，不得拒绝	临时救助、及时救助	无狭义时间关照 无狭义空间关照	无广义时间关照 无广义空间关照
2003	教育部等六部委	《关于进一步做好进城务工就业农民子女义务教育工作意见》	流入地负责农民工子女义务教育；公办小学作为农民工子女教育主渠道；外出务工就业农民子女返回原籍就学，当地教育行政部门要指导并督促学校及时办理入学等有关手续	义务教育、公办学校、经费保障、子女教育	无狭义时间关照 有狭义空间关照	有广义时间关照 无广义空间关照
2003	农业部、劳动保障部、教育部等六部委	《2003—2010年全国农民工培训规划》	2003—2005年，对拟向非农产业和城镇转移的1000万农村劳动力开展转移就业前的引导性培训；对已进入非农产业就业的5000万农民工进行岗位培训。2006—2010年，对拟向非农产业和城镇转移的5000万农村劳动力开展引导性培训，并对其中的3000万人开展职业技能培训。同时，对已进入非农产业就业的2亿多农民工开展岗位培训	鼓励培训、引导培训、技能培训	有狭义时间关照 无狭义空间关照	有广义时间关照 无广义空间关照
2003	中共中央	《关于完善社会主义市场经济体制若干问题的决定》	改善农村富余劳动力转移就业环境；逐步统一城乡劳动力市场；促进农村富余劳动力在城乡间双向流动就业	改善环境、城乡统一、双向流动	无狭义时间关照 有狭义空间关照	无广义时间关照 无广义空间关照
2004	国务院	《关于促进农民增加收入若干政策的意见》	引导更多的农民进入小城镇；要保障农民工的合法权益；要加强对农民工的职业技能培训；解决子女入学等问题	增加收入、保障权益、加强培训	无狭义时间关照 有狭义空间关照	有广义时间关照 无广义空间关照

续表

发布时间	发布单位	文件名	文本要点	关键词	狭义时空关照情况	广义时空关照情况
2004	建设部、发改委等十六部委	《关于进一步解决建设领域拖欠工程款问题意见》	2005 年春节前要清偿完 2003 年底前拖欠的农民工工资；加大清欠工程款力度；优先解决拖欠农民工工资	加大力度、优先解决	无狭义时间关照 无狭义空间关照	无广义时间关照 无广义空间关照
2004	国务院办公厅	《关于进一步做好改善农民工进城就业环境工作的通知》	进一步做好促进农民进城就业的管理和服务工作（各地教育部门和学校对进城就业农民子女接受义务教育，在入学条件等方面与当地学生同等对待，不得违反国家规定乱收费。要推进大中城市户籍制度改革，放宽农民进城就业和落户的条件）；切实维护农民进城就业的合法权益；进一步健全完善劳动力市场	清理歧视、取消限制、维护权益、义务教育、户籍改革、放宽落户	无狭义时间关照 有狭义空间关照	有广义时间关照 无广义空间关照
2005	国务院	《关于进一步加强就业再就业工作的通知》	对进城求职的农民工，公共就业服务机构要提供：免费职业介绍服务；一次性职业培训补贴	职介服务、培训补贴	无狭义时间关照 无狭义空间关照	无广义时间关照 无广义空间关照
2006	国务院	《国务院农民工工作联席会议制度》	加强部门间农民工工作的协调配合；研究拟订农民工工作的重大政策措施；对各地区、各部门农民工政策落实情况和任务完成情况进行督促检查；协调解决农民工政策落实中的难题；对各地开展农民工工作的经验和做法进行总结推广	协调配合、落实政策、督促检查	无狭义时间关照 无狭义空间关照	无广义时间关照 无广义空间关照
2006	中共中央	《关于构建社会主义和谐社会若干重大问题的决定》	维护农民工合法权益；保障农民工子女接受义务教育；建立适应农民工特点的社保；形成城乡统一劳动力市场；统筹做好农村富余劳动力转移就业	维护权益、建立社保、子女教育	无狭义时间关照 无狭义空间关照	有广义时间关照 无广义空间关照
2006	全国人大	《中华人民共和国国民经济和社会发展第十一个五年规划纲要》	分类引导人口城镇化：对临时进城务工者，实行亦工亦农的城乡双向流动政策，借此保障该群体合法权益；对在流入地有稳定职业（稳定住所）进城务工者，则创造条件使之转化为市民	分类引导、临时务工、稳定务工	无狭义时间关照 有狭义空间关照	无广义时间关照 无广义空间关照

续表

发布时间	发布单位	文件名	文本要点	关键词	狭义时空关照情况	广义时空关照情况
2006	国务院	《国务院关于解决农民工问题的若干意见》	农民工问题关系国家经济和社会发展全局；尊重、维护农民工合法权益；消除针对农民工的体制性障碍与歧视性规定，使其享受与城市职工同等的权利与义务；为农民工生活和劳动创造良好环境、条件；农村劳动力就地转移和异地转移结合；农民工输出（入）地解决农民工问题要有针对性	关系全局、维护权益、消除歧视、享受权利、创造环境	无狭义时间关照 有狭义空间关照	有广义时间关照 有广义空间关照
2008	国务院办公厅	《国务院办公厅关于切实做好当前农民工工作的通知》	采取多种措施促进农民工就业；加强农民工技能培训和职业教育；提高返乡农民工的农业技能；对青年农民工开展劳动预备制培训，适当延长培训期限，强化职业技能实训，使其至少熟练掌握一项职业技能；及时妥善安排返乡农民工子女入学；保障返乡群体土地承包权益	产业工人、促进就业、青年农民工、加强培训、返乡创业、土地权益	有狭义时间关照 有狭义空间关照	有广义时间关照 有广义空间关照
2009	中共中央、国务院	《中共中央、国务院关于2009年促进农业稳定发展农民持续增收的若干意见》	积极扩大就业；重视就业困难与工资下降问题；支持企业多留用农民工；督促企业足额发放工资；培训要有针对性与实行性；落实返乡创业扶持	支持就业、加强培训、养老保险	无狭义时间关照 有狭义空间关照	有广义时间关照 有广义空间关照
2010	国务院	《关于进一步做好农民工培训工作的指导意见》	提高农民工技能水平与就业能力；促进其向非农产业和城镇转移；推进城乡经济社会的一体化发展；按照地方政府分级管理（职能部门各负其责）的方式抓农民工培训工作；到2015年实现有需求的农民工都能得到一次以上技能培训	技能水平、就业能力、促进转移、城乡一体、分级管理	无狭义时间关照 有狭义空间关照	有广义时间关照 有广义空间关照
2010	中共中央、国务院	《关于加大统筹城乡发展力度，进一步夯实农业农村发展基础的若干意见》	开展农民务工技能培训；扶持农民工返乡创业；加大农民外出务工就业指导和服务力度；维护农民工合法权益；健全农民工社会保障制度；采取有针对性的措施，着力解决新生代农民工问题	外出服务、维护权益、扶持返乡、新生代	有狭义时间关照 有狭义空间关照	无广义时间关照 无广义空间关照

续表

发布时间	发布单位	文件名	文本要点	关键词	狭义时空关照情况	广义时空关照情况
2010	国务院办公厅	《关于切实解决企业拖欠农民工工资问题的紧急通知》	督促企业落实清偿被拖欠农民工工资；开展农民工工资支付情况专项检查；解决建设领域拖欠工程款；完善预防和解决拖欠农民工工资工作长效机制；进一步健全应急工作机制；完善应急预案	维护权益、足额支付、理性合法	无狭义时间关照 无狭义空间关照	无广义时间关照 无广义空间关照
2011	国务院办公厅	《关于积极稳妥推进户籍管理制度改革的通知》	分类明确户口迁移政策；保障落户城镇农民工的土地权益；保障已落户农村人口在城镇的权益；对暂不具备落户条件的农民工要解决其公共服务方面的需求；尊重农民在进城和留乡问题上的自主选择权；为其他暂住人口在城市生活提供方便	尊重意愿、保障权益、分类指导、积极稳妥、规范有序	无狭义时间关照 有狭义空间关照	无广义时间关照 有广义空间关照
2012	发改委	《关于2012年深化经济体制改革重点工作意见》	深化户籍制度改革；采取因地制宜、稳步推进策略，把在城镇稳定就业（稳定居住）农民工有序转变为城镇居民	户籍改革、促进落户	无狭义时间关照 有狭义空间关照	无广义时间关照 无广义空间关照
2012	中共中央	《坚定不移沿着中国特色社会主义道路前进，为全面建成小康社会而奋斗》	到2020年全面建成小康社会；农民工子女平等接受教育；做好农村转移劳动力就业工作；加快改革户籍制度；推进农业转移人口市民化；常住人口要实现城镇基本公共服务全覆盖	全面小康、平等教育、促进就业、户籍改革、公共服务	无狭义时间关照 有狭义空间关照	有广义时间关照 无广义空间关照
2013	司法部	《中共中央、国务院关于加快发展现代农业进一步增强农村发展活力的若干意见》	加快改革户籍制度，落实放宽中小城市和小城镇落户条件的政策；推动农民工平等享有各类基本权益，努力实现城镇基本公共服务常住人口全覆盖；对符合条件的返乡农民工务农创业给予补助和贷款支持；加强对农村“三留守”群体的社会保护	放宽落户、享有权益、公共服务、返乡补助、留守群体	无狭义时间关照 有狭义空间关照	有广义时间关照 无广义空间关照

资料来源：笔者根据相关资料整理而成。

式，接收农民工子女在当地的全日制公办中小学入学，在入学条件等方面与当地学生一视同仁。同时，该通知指出：一方面，流出地政府要配合流入地政府安置农民工子女入学，对返回原籍就学的，当地学校应当无条件接收，不得违规收费；另一方面，要贯彻中央关于农村家庭承包经营的基本政策，稳定土地承包关系，不得强行收回外出务工就业农民的承包地。对于流动农民工群体中的“返乡型”农民工群体而言，这一规定无疑扫清了其返回家乡之后子女教育和土地保障方面的具体障碍。由此可见，该通知具有狭义空间关照①和广义时间关照②的蕴意。

《国务院办公厅关于进一步做好改善农民进城就业环境工作的通知》（国办发〔2004〕92号）在指出要进一步改善农民进城就业环境、维护农民工合法权益的同时，要求各地教育部门和学校对进城就业农民子女接受义务教育，在入学条件等方面与当地学生同等对待，不得违反国家规定乱收费。这一明细规定具有广义时间关照的蕴意。同时，该通知还提出要推进大中城市户籍制度改革，放宽农民进城就业和落户的条件。对于“定居型”农民工群体而言，这一细分规定是具有狭义空间关照蕴意的。

《中华人民共和国国民经济和社会发展第十一个五年规划纲要》指出，要分类引导人口城镇化。对临时进城务工人员，继续实行亦工亦农、城乡双向流动的政策，在劳动报酬、劳动时间、法定假日和安全保护等方面依法保障其合法权益；对在城市已有稳定职业和住所的进城务工人员，要创造条件使之逐步转为城市居民，依法享有当地居民应有的权利，承担应尽的义务；对因城市建设承包地被征用、完全失去土地的农村人口，要转为城市居民，城市政府要负责提供就业援助、技能培训、失业保险和最低生活保障等。鼓励农村人口进入中小城市和小城镇定居，特大城市要从调整产业结构的源头入手，形成用经济办法等控制人口过快增长的机制。

2006年3月发布的《国务院关于解决农民工问题的若干意见》是有关农民工社会保护的一份比较全面的文件。该意见指出，农民工问题事关我国经济和社会发展全局，解决该群体问题是建设中国特色社会主义的战略

---

①关照“定居型”和“循环型”农民工的就业和在流入地的权益保障，同时关照“返乡型”农民工群体的土地权益和子女教育问题。

②关照决策中和现实中的“返乡农民工”的子女教育需求，可助力农村预期劳动力的成长。

任务。基于狭义时空关照的视角，该意见指出，有的农民工长期在城市就业，已成为产业工人的重要组成部分。“建立保障农民工合法权益的政策体系”满足“循环型”农民工最关心的就业和权益保障需求外，对于“定居型”农民工，要通过深化户籍管理制度改革，逐步地、有条件地解决他们的户籍问题。其中，中小城市和小城镇要适当放宽落户条件，而大城市要积极稳妥地解决符合条件农民工的户籍问题。此外，对于农民工群体中的劳动模范、先进工作者和高级技工、技师以及其他有突出贡献者，应优先准予落户。此外，对于“返乡型”农民工，该意见指出，“返乡创业的农民工，带回资金、技术和市场经济观念，直接促进社会主义新农村建设”。基于广义时空关照的视域，该意见的一个亮点是提出要“大力发展面向农村的职业教育”，其明确指出“农村初、高中毕业生是我国产业工人的后备军，要把提高他们的职业技能作为职业教育的重要任务”。此外，该意见还特别关注农民工的养老问题，提出要“探索适合农民工特点的养老保险办法”。该意见对于农民工相关的“一老一小”社会保护需求的关切，表明其具有一定的广义时空关照的蕴意。

在国际金融危机影响不断加深的背景下，农民工就业压力明显增加，《国务院办公厅关于切实做好当前农民工工作的通知》（国办发〔2008〕130号）指出，要采取多种举措促进农民工就业，在确保农民工工资按时足额发放的同时，要做好农民工社会保障和公共服务。对于“定居型”和“循环型”农民工群体而言，该通知有关“稳就业”的诸多细分政策无疑是逆境中的利好与希望。对于“返乡型”农民工群体而言，该通知指出，要“提高返乡农民工的农业技能”，要“在中等职业学校开展面向返乡农民工的职业教育培训，根据返乡农民工的特点开设专业和课程，采取灵活多样的学习方式，突出培训的针对性和实用性”，还要“大力支持农民工返乡创业和投身新农村建设”。可见，“返乡型”农民工在主动或者被动返回家乡之后，其异质性的社会保护需求可以得到比较充分的保障。由此可见，《国务院办公厅关于切实做好当前农民工工作的通知》具有比较明显的狭义空间关照和广义空间关照的蕴意。此外，该通知指出，要“对青年农民工开展劳动预备制培训，适当延长培训期限，强化职业技能实训，使其至少熟练掌握一项职业技能”，同时还要“及时妥善安排返乡农民工子女入学”。由此可见，一方面，该通知具有明显的狭义时间关照的蕴意；

另一方面，由于关切了返乡农民工子女的教育问题，该通知亦有助于农村后续劳动力的培养，是一项具有广义时间关照的明细社会政策。

基于时空关照的视域，《中共中央、国务院关于2009年促进农业稳定发展农民持续增收的若干意见》提出，要针对当前农民工就业困难和工资下降等问题，采取有力措施，最大限度安置好农民工。该意见还指出，有条件的地方可将失去工作的农民工纳入相关就业政策支持范围。针对返乡农民工的创业需求，该意见提出要落实农民工返乡创业扶持政策，在贷款、税费、工商登记以及信息咨询等多个方面提供支持。同时，还要保障返乡农民工的合法土地承包权益，对生活无着的返乡农民工要提供临时救助或纳入农村低保。农民工的养老问题也进入该意见的考量范畴，文中指出，要抓紧制定适合农民工特点的养老保险办法，解决养老保险关系跨社保统筹地区转移接续问题。由此可见，《中共中央、国务院关于2009年促进农业稳定发展农民持续增收的若干意见》具有狭义空间关照和广义空间关照，但是缺乏狭义时间关照，只具有低覆盖群体的广义时间关照。

《国务院办公厅关于进一步做好农民工培训工作的指导意见》（国办发〔2010〕11号）属于专项农民工社会政策文件。该意见的亮点在于“明确培训重点，实施分类培训”，即根据农民工群体的异质性需求，提供差别化的培训形式和内容，从而有助于提高培训质量和效果。有如，外出就业技能培训的对象是“拟转移到非农产业务工经商的农村劳动者”，而技能提升培训的对象是“与企业签订一定期限劳动合同的在岗农民工”；劳动预备制培训的对象是“农村未能继续升学并准备进入非农产业就业或进城务工的应届初高中毕业生、农村籍退役士兵”，而创业培训的对象是“有创业意愿并具备一定创业条件的农村劳动者和返乡农民工”；农村劳动者就地就近转移培训的对象是“重点围绕县域内农产品加工、中小企业以及农村妇女”。从上述不同培训内容和培训对象的设置，笔者认为，该意见具有广义时间关照、广义空间关照以及狭义空间关照的蕴意。

《国务院办公厅关于积极稳妥推进户籍管理制度改革的通知》（国办发〔2011〕9号）的亮点之一在于“尊重农民在进城和留乡问题上的自主选择权”。对于“定居型”农民工采取分类明确户口迁移政策，根据不同的城市等级，采取差别化的落户政策。该通知指出，对于已落户城镇的农民工[①]，要保证其享有与当地城镇居民同等的权益，对暂不具备落户条件的农民工[②]，要有针对性地完善相关制度，下大力气解决他们当前在劳动报酬、子女上学、技能培训、公共卫生、住房租购、社会保障、职业安全卫生等方面的突出问题。由此可见，《国务院办公厅关于积极稳妥推进户籍管理制度改革的通知》具有明显的狭义空间关照和广义空间关照蕴意。

《中共中央、国务院关于加快发展现代农业进一步增强农村发展活力的若干意见》就有序推进农业转移人口市民化做出了一系列安排。对于“定居型”农民工在城市的定居需求，该意见提出加快改革户籍制度，落实放宽中小城市和小城镇落户条件的政策；对于“循环型”农民工的就业和公共服务需求，该意见指出要加强农民工职业培训、社会保障、权益保护，要推动农民工平等享有各类基本权益，努力实现城镇基本公共服务常住人口全覆盖。该意见还指出，要制定专门计划，对符合条件的返乡农民工务农创业给予补助和贷款支持。可见，该意见具有明显的狭义空间关照的蕴意。此外，《中共中央、国务院关于加快发展现代农业进一步增强农村发展活力的若干意见》还指出，各级党委、政府要加强对农村留守儿童、留守妇女、留守老人问题的社会保护。从生命周期的视域看，该意见具有一定的广义时间关照的蕴意。

（二）农民工权益保障范式的局限性

基于“制度吸纳逻辑”，权益保障范式下的农民工社会政策体系仍然缺乏宏观统筹与整体考量，体现在社会政策设计上以农民工身份而非公民身份为基础构建起来的农民工社会政策体系主要局限于“修补”防控管制范式下政府角色的“缺位”与“越位”，属于渐进性的调整式政策因应。其局限性体现在以下三个维度。其一，在政策目标的维度上，权益保障范式下的农民工社会政策体系是基于当时的行政制度框架设计、颁布与实施的，并不以改革此制度框架为目标。其二，在瞄准机制的维度上，一方

---

①该群体为广义空间关照视域中的已定居农民工。

②该群体主要是“循环型”农民工或者“定居型”农民工群体中的暂不具备落户条件者。

面，在对农民工群体流迁意愿多元分化现状与趋势认识不足的同时，权益保障范式下的农民工社会政策体系对不同代际农民工群体社会保护需求的异质性认识及其因应仍有待加强；另一方面，权益保障范式下的农民工社会政策未能充分回应不同生命阶段、不同流迁结果农民工的异质性需求偏好。其三，在政策执行的维度上，权益保障范式下的农民工社会政策体系存在实践与政策文本之间脱节与错位的现象。

囿于权益保障范式下的农民工社会政策体系的局限性，农民工社会保护体系建构的不足之处体现在以下五点。其一，权益保障范式下，农民工社会保护体系的不公平之处在于，一方面，作为产业工人中的一份子，农民工群体的社会保护“应有权利、法定权利和实有权利”等三个权利维度是呈收缩态势的，意即其社会保护实有权利的绝对值在真实的环境产生了比较大的损耗；另一方面，相对于市民（或者城市社会保护体系），农民工（或者覆盖农民工的社会保护体系）的社会保护法定权利与实有权利的相对值均偏低。其二，囿于农民工与市民在三项权利上的差异，虽然制度框架已经建立，但细分政策设计仍有待完善，同时真实生活情境中农民工群体能享受公共服务的比例仍然偏小。其三，由于采取“修修补补”的渐进式调整策略，权益保障范式下的农民工社会保护体系的“完备性”与战略性考量不足，仍存在一定碎片化现象。其四，现实中，如表 4-2 所示，由于群体覆盖面有限，关照水平较低，权益保障范式下的农民工社会保护体系仍在一定程度上缺乏广义时空关照与狭义时空关照。其五，“三低两多”① 等农民工劳动权益受侵害现象仍然偏多。②

第三节　公民权利范式

2014 年起，国家层面密集出台有关户籍制度改革、新型城镇化建设以

①其中“三低”分别指：一是在小微企业就业的农民工其劳动合同的签订率偏低；二是农民工群体特别是新生代农民工的总体收入水平偏低；三是较之城镇居民，农民工群体参加各类社会保险项目的比率偏低。“两多”分别指：一是农民工群体特别是新生代农民工群体的劳动争议案件比较多；二是由于在高危行业与高污染行业工作的农民工群体数量较多，相应的，该群体工伤事故和罹患职业病的案例较多。

②就此，笔者认为农民工社会政策的一个转型或建构方向应是“既有清晰的宏观目标，又有具指导性的中观原则，还有具操作性的微观建构”。

及推进农民工享受城镇基本公共服务方面的系列政策。如上农民工相关政策制定的价值理念更多基于公民权利而非农民工身份，因此本节将 2014 年之后的农民工社会政策范式命名为“公民权利范式”。①

一　政策失败、焦点事件与范式转移

作为 2014 年国家密集出台系列农民工相关政策的先导，在政治经济社会形势出现诸多有利于农民工群体公民权利实现的变化的同时，2010 年“富士康十四连跳”与“90 后领导本田罢工”两起“触发型”焦点事件②的发生进一步促进了农民工社会政策从权益保障范式向公民权利范式的转移。所谓“富士康十四连跳”指 2010 年富士康科技集团发生的 14 起员工跳楼事件。自 2010 年 1 月 23 日发生第一起跳楼事件起至当年 11 月 5 日发生第 14 起事件止，该系列跳楼事件引起全社会的广泛关注，亦将标榜“回馈社会，关爱员工”的富士康推向舆论的中心。

如表 4-3 所示，“富士康十四连跳”事件中当事人中男性 10 人、女性 4 人，年龄最小者仅 17 岁，年龄最大者为 24 岁，均为新生代农民工。就企业层面而言，随着劳动主体的改变，企业管理方式也必须进行相应调整与变革。相应的，从社会管理或社会治理的角度来说，各级政府特别是流入地政府必须正视新生代农民工群体及其异质性的社会保护需求。

表 4-3　2010 年“富士康十四连跳”事件当事人相关信息

排序	发生时间	当事人年龄	性别	备注
1	1 月 23 日	19 岁	男	河南籍

①本节将公民权利范式的起讫时间定为 2014 年至 2021 年，并非指公民权利范式在 2021 年结束且农民工社会政策将向新的政策范式转移。截至 2021 年 6 月 27 日，农民工相关社会政策均具有明显的公民权利范式的特征，因此笔者认为 2014 年至 2021 年农民工社会政策处于公民权利范式之中。应该指出的是，与其他社会政策的演绎历史一样，公民权利范式并非是农民工社会政策范式的终点，农民工社会政策的范式变迁是一个动态的过程。

②应该指出的是，在中国人民大学劳动关系研究所与法治晚报社联袂举办的“2010 年最具影响力的十大劳动关系事件”评选中，“富士康十四连跳”与“90 后领导本田罢工”两起焦点事件双双入选，且排名高居前两位。

续表

排序	发生时间	当事人年龄	性别	备注
2	3 月 11 日	20 多岁	男	
3	3 月 17 日	17 岁	女	
4	3 月 29 日	23 岁	男	湖南籍
5	4 月 6 日	18 岁	女	江西籍
6	4 月 7 日	18 岁	女	
7	4 月 7 日	22 岁	男	云南籍
8	5 月 6 日	24 岁	男	湖南籍
9	5 月 11 日	24 岁	女	
10	5 月 14 日	21 岁	男	安徽籍
11	5 月 21 日	21 岁	男	
12	5 月 26 日	23 岁	男	
13	5 月 27 日	20 岁	男	
14	11 月 5 日	23 岁	男	

资料来源：笔者根据相关资料整理而成。

可见，在代际分化背景下，作为流入地城镇的“外地人、农村人与年轻人”，新生代农民工群体的差别化特征及其异质性的社会保护需求亟待引起全社会关注和重视。“富士康十四连跳”事件引起了全社会的密切关注，2010 年 5 月 18 日，清华大学社会学系沈原、郭于华、北京大学卢晖临等九位学者就“杜绝富士康悲剧解决新生代农民工问题”发出紧急联名信，呼吁社会各界携手，尽快解决新生代农民工问题。该联名信指出，富士康悲剧是新生代农民工以生命发出的呐喊，长期以来新生代农民工等劳动者的基本生存权利被忽视，劳动报酬微薄使他们难以在城市中安家生活，在家庭分离的同时只能在城乡之间过着“孩子缺乏关爱、父母无人照顾”无根无助的缺乏关爱和尊严的生活。

为此，包括政府、企业与新生代农民工群体自身在内的全社会都应该反思并立即终结这种“以牺牲人的基本尊严为代价”的发展模式。该联名信呼吁所有企业通过提高农民工的待遇和权利，让该群体成为“企业公民”。同时，这九位学者还呼吁地方政府积极满足农民工群体住房、教育与医疗等方面的需求，让该群体成为“社区公民”。① 最后，在公开信中沈原等学者还呼吁新生代农民工群体自身要珍爱生命，用更积极的方式来回应困境，为个人和家庭争取基本劳动权益和生存权利。

所谓“90后领导本田罢工”事件是指在2010年5月17日，因对工资待遇和企业福利状况感到不满，广东省佛山市南海区本田汽车零部件制造公司的几百名员工发生罢工事件。经过第三方调停以及劳资双方的数轮谈判，最终企业员工的月工资水平在原有的基础上增加35%（约500元），劳资双方据此签订了协议。有报道指出，本次罢工事件使得本田在华的五家工厂每天损失产值2.4亿元。嵌入本书研究主题中，“90后领导本田罢工”事件具有三个方面的启示意义：其一，由90后领导的这一事件充分说明了新生代农民工群体公民权利意识的觉醒及其对国际劳工组织所提倡的《体面劳动议程》中“充裕的就业机会、生产性的工作、自由的工作、平等的工作、安全的工作、具人格尊严的工作”的追求。其二，“90后领导本田罢工”事件亦表明，我国的劳动关系正由以个别劳动关系为主向集体劳动关系与个别劳动关系并行的方向转变。其三，“90后领导本田罢工”事件还表明，农民工相关劳动争议开始由单纯的劳动权利争议升级为劳动权利争议与劳动利益争议并行。

二　公民权利范式的特点

面对权益保障政策范式下渐进性的调整式农民工社会政策在“政策目标”“瞄准机制”以及“政策执行”等三个维度上的因应局限性，2014年后，中央决策层密集出台有关户籍制度改革、新型城镇化建设、农民工职业教育和技能培训、农民工权益保障以及推进农民工享受城镇基本公共服务方面的系列政策。如表4-4所示，以2020年全面建成小康社会总目标为依归，2014年至2019年密集出台的17项重要的《方案》《规划》《通知》《意见》②

---

①从这九位学者公开信的呼吁内容中，让农民工成为“企业公民”抑或让农民工成为“社区公民”均有明显的基于公民权赋予（新生代）农民工各项应得的权益的蕴意。由此亦可见，“富士康十四连跳”这一焦点事件对于农民工社会政策从“权益保障范式”走向“公民权利范式”具有重要推动作用。

②期间出台的农民工相关政策远不止17项，但嵌入本书研究主题，此17项政策文本对于农民工群体的社会保护具有比较重要的意义。

表 4-4　对公民权利范式（2014—2021 年）农民工社会政策文本的梳理

发布时间	发布单位	文件名	文本要点	关键词	狭义时空关照情况	广义时空关照情况
2014	国务院	《关于进一步做好为农民工服务工作的意见》	到 2020 年的总体目标：转移农业劳动力总量增加；年均培训农民工 2000 万人次；农民工劳动条件明显改善；农民工综合素质显著提高；农民工工资稳定增长的同时基本无拖欠；农民工参加社会保险全覆盖；就近城镇化（中西部地区）1 亿人；1 亿农业转移人口（与其他常住人口）落户城镇；未落户农民工能享受基本公共服务；实施农民工职业技能提升计划；加快发展农村新成长劳动力职业教育；保障农民工随迁子女平等接受教育的权利	总量增加、技能培训、劳动条件、素质提高、工资增长、杜绝欠薪、社保覆盖、落户城镇、公共服务	有狭义时间关照 有狭义空间关照	有广义时间关照 有广义空间关照
2014	国务院	《关于进一步推进户籍制度改革的意见》	到 2020 年的发展目标：建立起能依法保障公民权利的新型户籍制度；1 亿农业转移人口（其他常住人口）落户城镇具体措施：深入调整户口迁移政策；统一城乡户口登记制度；实行居住证制度；推进义务教育、基本养老、基本医疗、就业服务等城镇基本公共服务常住人口全覆盖	新型户籍、落户城镇、迁移政策、统一户口、办居住证、公共服务	无狭义时间关照 有狭义空间关照	有广义时间关照 有广义空间关照
2015	国务院	《居住证暂行条例》	居住证制度的目标：促进新型城镇化健康发展；推进城镇基本公共服务（便利）面向城镇常住人口全覆盖；保障公民合法权益；促进社会公平正义	公共服务、公民权益、公平正义	无狭义时间关照 有狭义空间关照	有广义时间关照 无广义空间关照
2015	国务院办公厅	《关于支持农民工等人员返乡创业的意见》	主要任务：通过“产业转移”“输出地产业升级”“输出地资源嫁接输入地市场”“引导一二三产业融合发展”“支持新型农业经营主体发展”促返乡创业	返乡创业、普惠政策、扶持政策	无狭义时间关照 有狭义空间关照	有广义时间关照 有广义空间关照
2016	全国人大	“十三五”规划纲要	到 2020 年加快农业转移人口市民化方面的目标与举措：通过户籍制度改革，推进符合条件的农民工在城镇落户；通过居住证制度，推进居住证持有人享有城镇基本公共服务；健全和促进农业转移人口市民化的机制	户籍改革、城镇落户、办居住证、公共服务、促市民化	有狭义时间关照 有狭义空间关照	有广义时间关照 有广义空间关照

续表

发布时间	发布单位	文件名	文本要点	关键词	狭义时空关照情况	广义时空关照情况
2016	国务院	《关于深入推进新型城镇化建设的若干意见》	到2020年推进农业转移人口市民化方面需要达到的目标：加快推进户籍制度改革；推进1亿非户籍人口在城市落户；全面实行居住证制度；实现城镇基本公共服务常住人口全覆盖；建立农业转移人口市民化激励机制	户籍改革、落户城镇、办居住证、公共服务、激励机制	有狭义时间关照 有狭义空间关照	有广义时间关照 有广义空间关照
2016	国务院办公厅	《推动1亿非户籍人口在城市落户方案》	到2020年主要目标：破除城乡、区域户籍迁移壁垒；进一步健全户籍相关配套政策体系；年均转户1300万人；年均将户籍人口城镇化率提升1%；2020年全国户籍人口城镇化率提升至45%	破除壁垒、配套措施、1亿落户、落户城镇	有狭义时间关照 有狭义空间关照	有广义时间关照 有广义空间关照
2016	国务院办公厅	《关于全面治理拖欠农民工工资问题的意见》	到2020年的目标任务：农民工工资拖欠问题得到根本遏制；实现基本无拖欠	根本遏制	专项治理意见	专项治理意见
2016	人社部办公厅等	《关于实施农民工等人员返乡创业培训五年行动计划(2016—2020年)》	到2020年工作目标：将有创业要求和培训愿望同时具有一定创业条件（或者已经创业）的农民工列为培训对象，确保该类人员至少参加一次创业培训	创业培训、五年计划	有狭义时间关照 有狭义空间关照	有广义时间关照 有广义空间关照
2016	国务院	《统筹推进县域内城乡义务教育一体化改革发展的若干意见》	到2020年：流入地政府责任得到进一步加强；随迁子女义务教育纳入城镇发展规划；建立居住证为依托的农民工随迁子女入学政策	教育改革、纳入规划、财政保障	无狭义时间关照 有狭义空间关照	有广义时间关照 无广义空间关照
2017	人社部办公厅	《治欠保支三年行动计划（2017—2019）》	用三年时间实现农民工被欠薪的比重逐年下降，到2020年农民工工资基本无拖欠	欠薪下降、治欠保支、工资无欠	专项治理计划	专项治理计划

续表

发布时间	发布单位	文件名	文本要点	关键词	狭义时空关照情况	广义时空关照情况
2017	中共中央	《决胜全面建成小康社会，夺取新时代中国特色社会主义伟大胜利》	促进农民工多渠道就业创业；破除妨碍劳动力流动的体制机制弊端；加快农业转移人口市民化；提升城乡新增劳动力教育水平	促进就业、促进创业、破除弊端	有狭义时间关照 有狭义空间关照	有广义时间关照 有广义空间关照
2017	国务院	《关于做好当前和今后一段时期就业创业工作的意见》	实施就业优先战略；支持新就业形态发展；促进以创业带动就业；抓好重点群体就业创业；强化教育培训与就业创新服务	就业优先、教育培训、就业创业	有狭义时间关照 有狭义空间关照	有广义时间关照 有广义空间关照
2018	中共中央、国务院	《乡村振兴战略规划(2018—2022年)》	加快农业转移人口市民化，推进户籍制度改革，全面实行居住证制度，促进符合条件农民工市民化；通过健全落户制度，鼓励各地放宽落户条件，居住证持有者享受基本公共服务；保障未落户农民工在流入地城镇享受平等的基本公共服务；维护进城落户农民的土地三权	户籍改革、办居住证、放宽落户、公共服务、土地三权	有狭义时间关照 有狭义空间关照	有广义时间关照 有广义空间关照
2018	国务院	《关于推行终身职业技能培训制度的意见》	2020年后目标任务：基本满足劳动者培训需求；通过培训培养大规模高技能人才队伍；培训造就数亿高素质劳动者	终身培训、职业技能	有狭义时间关照 有狭义空间关照	有广义时间关照 有广义空间关照
2019	人社部	《新生代农民工职业技能提升计划(2019—2022年)》	提升新生代农民工职业技能培训覆盖率，实现“普遍、普及、普惠”；提高培训可及性；通过落实普惠性补贴政策，提高各方主动参与培训的积极性	培训普遍、培训普及、培训普惠	有狭义时间关照 有狭义空间关照	有广义时间关照 有广义空间关照

续表

发布时间	发布单位	文件名	文本要点	关键词	狭义时空关照情况	广义时空关照情况
2019	中共中央、国务院	《关于建立健全城乡融合发展体制机制和政策体系的意见》	2022年目标：城乡融合发展体制机制初步建立，城市落户限制逐步消除。2035年目标：城乡融合发展体制机制更加完善，城乡有序流动的人口迁徙制度基本建立。本世纪中叶目标：城乡融合发展体制机制成熟定型，城乡全面融合。具体措施：健全农业转移人口市民化机制；有力有序有效深化户籍制度改革；放开放宽除个别超大城市外城市落户限制；城镇基本公共服务常住人口全覆盖要加快实现；提升城市包容性，推动农民工特别是其中的新生代农民工融入城市；吸引各类人才返乡入乡创业；鼓励外出农民工及经商人员回乡创业兴业；规范招工用人制度，消除一切就业歧视；健全农民工劳动权益保护机制；落实农民工与城镇职工平等就业制度；新生代农民工职业技能培训针对性和有效性得到提高；健全农民工输出输入地劳务对接机制	城乡融合、自由流动、工农互促、户籍改革、融入城市、返乡入乡、回乡创业、消除歧视、规范招工、权益保护、平等就业、技能培训、城乡互补、全面融合、共同繁荣	有狭义时间关照 有狭义空间关照	有广义时间关照 有广义空间关照
2020	中共中央、国务院	《关于加快推进乡村人才振兴的意见》	打造农民工劳务输出品牌；从外出务工经商返乡人员等优秀党员里培养选拔村党组织书记；将返乡农民工等群体培养成为在乡大学生、乡村治理人才；鼓励农民工等群体报考高职院校	乡村振兴、劳务输出、返乡创业、便捷服务	有狭义时间关照 有狭义空间关照	有广义时间关照 有广义空间关照
2020	国务院	《保障农民工工资支付条例》	保障农民工工资支付，应当坚持市场主体负责、政府依法监管、社会协同监督，按照源头治理、预防为主、防治结合、标本兼治的要求，依法根治拖欠农民工工资问题	依法用工、按时足额、化解矛盾、根治拖欠	无狭义时间关照 有狭义空间关照	无广义时间关照 无广义空间关照

续表

发布时间	发布单位	文件名	文本要点	关键词	狭义时空关照情况	广义时空关照情况
2020	农业农村部办公厅、人力资源和社会保障部办公厅	《扩大返乡留乡农民工就地就近就业规模实施方案》	在推动农民工有序返城返岗就业的同时，扩大返乡留乡农民工就地就近就业规模；回归农业稳定一批、工程项目吸纳一批、创新业态培育一批、扶持创业带动一批、公益岗位安置一批	稳定就业、解决困难、就业扶持、托底安置	有狭义时间关照 有狭义空间关照	无广义时间关照 无广义空间关照
2020	人力资源和社会保障部等十五部门	《关于做好当前农民工就业创业工作的意见》	通过稳定现有就业岗位、创造更多就业机会、支持多渠道灵活就业的方式拓宽外出就业渠道；通过发展乡村产业吸纳就业、推动项目建设促进就业、支持返乡入乡创业带动就业等方式促进就地就近就业；通过加强就业服务、强化教育培训、维护劳动权益、做好生活保障等举措强化平等就业服务和权益保障；优先保障贫困劳动力稳岗就业	稳定岗位、创业就业、灵活就业、就地就近、支持返乡、平等就业、权益保障	有狭义时间关照 有狭义空间关照	有广义时间关照 有广义空间关照
2021	中共中央、国务院	《关于全面推进乡村振兴加快农业农村现代化的意见》	持续做好有组织劳务输出；深入实施新生代农民工职业技能提升计划；推动在县域就业的农民工就地市民化，增加适应进城农民刚性需求的住房供给；鼓励地方建设返乡入乡创业园和孵化实训基地	返乡入乡、住房供给、劳务输出、技能提升	有狭义时间关照 有狭义空间关照	有广义时间关照 有广义空间关照
2021	全国人民代表大会	《中华人民共和国国民经济和社会发展第十四个五年规划和2035年远景目标纲要》	完善农民工等重点群体就业支持体系；以农民工等为重点，不断提高中等收入群体比重；统筹城乡就业政策，积极引导农村劳动力就业破除劳动力和人才在城乡间的流动障碍；放开放宽除个别超大城市外的落户限制；试行以经常居住地登记户口制度；提高居住证持有人城镇义务教育、住房保障等服务的实际享有水平；健全农业转移人口市民化机制	提高收入、城乡统筹、破除障碍、放开限制、提高服务、促市民化、融入城市	有狭义时间关照 有狭义空间关照	有广义时间关照 有广义空间关照

资料来源：笔者根据相关资料整理而成。

表明，修补式、局部性的农民工社会政策创新和改革已转变为国家层面上的系统、全面与整体的创新和改革①，而农民工社会政策亦已进入了公民权利政策范式。对公民权利范式下 2014 年至 2019 年出台的上述 17 份重要《方案》《规划》《通知》《意见》，2020 年出台的 4 份《意见》《条例》《方案》，以及 2021 年出台的 2 份《意见》《纲要》等共计 23 份农民工社会政策文件的梳理结果表明，该阶段社会政策的高频关键词主要包括“公民权益、落户城镇、公共服务、办居住证、促市民化、户籍改革、破除壁垒、终身培训”等。由此可见，公民权利政策范式具有以下特点：

其一，农民工群体的各项权利的赋予更多基于其公民身份而非农民工身份。有如，2014 年国务院印发的《关于进一步推进户籍制度改革的意见》明确指出，对农民工群体要“依法保障公民权利”，国务院 2015 年公布的《居住证暂行条例》第一条明确规定要“保障公民合法权益”。

其二，相对于农民工权益保障政策范式着重推进农民工与市民间的机会公平抑或机会的均等化，公民权利政策范式着重推进农民工与市民间的规则公平②抑或过程的均等化。

其三，农民工社会政策体系更注重国家层面上的宏观统筹和顶层设计。如表 4-4 所示，基于 2020 年全面建成小康社会总目标考量，“十三五”规划纲要、《推动 1 亿非户籍人口在城市落户方案》、《关于进一步做好为农民工服务工作的意见》、《关于进一步推进户籍制度改革的意见》等文件都确立了 2020 年的具体奋斗目标。可见，农民工社会政策的“整体性、系统性、全面性”特征已经替代了原本的“修补式、渐进性与碎片

---

①中国社科院社会学研究所王春光研究员曾撰文指出，我国从 20 世纪 80 年代开始的经济体制改革经历了从渐进、分部分的“摸着石头过河”式的改革逐渐过渡到系统性、整体改革的过程。经济体制改革方式的“转型升级”对于社会政策改革无疑具有深刻的启示意义。嵌入本书研究主题，王春光呼吁将农民工社会政策改革和创新上升到国家层面上的全面、系统和整体的改革和创新上。这一观点可参见王春光《中国社会政策调整与农民工城市融入》，《探索与争鸣》2011 年第 5 期。

②就规则公平的内涵，中国社科院葛道顺认为，规则公平更多体现在国家的制度和法律法规之中，通过国家的法律保证每个公民都有权利和机会参与到国家事务，比如让更多的公民参与到国家治理、社会福利、劳动就业、医疗等具体的社会保障及发展规则的制定当中。

化”特点。

其四，在充分尊重个体意愿的同时，政策设计对农民工群体流迁需求差别化与代际需求异质性的事实具有比较充分的考量。一方面，建立依法保障公民权利的新型户籍制度，在不断放宽落户条件的同时促进具有落户意愿且符合条件的农民工群体在城镇落户；另一方面，建立基于居住证制度的公共服务供给体制，推进没有落户意愿或者有意愿没条件的农民工群体平等享受义务教育、基本养老、基本医疗、就业服务等城镇基本公共服务。鉴于部分农民工群体具有返乡创业意愿和一定创业条件，《关于支持农民工等人员返乡创业的意见》《实施农民工等人员返乡创业培训五年行动计划（2016—2020年）》等文件的出台有力地提升了其创业成功率。此外，农民工社会政策的调整建构更考虑到了不同代际农民工群体异质性的社会保护需求，如人社部2019年印发的《新生代农民工职业技能提升计划（2019—2022年）》即根据新生代农民工群体的代际特征与培训需求做了相应政策安排。

其五，公民权利政策范式下的农民工社会政策体系契合生命周期理论与发展性社会政策理念，该范式下的农民工社会政策能比较充分地回应不同生命阶段、不同流迁结果农民工的异质性需求偏好。有如，《关于推行终身职业技能培训制度的意见》指出，要为城乡全体劳动者提供从“劳动预备”阶段，到“就业创业”阶段，直至覆盖“终生职业”阶段的职业技能培训。而《统筹推进县域内城乡义务教育一体化改革发展的若干意见》《新生代农民工职业技能提升计划（2019—2022年）》等文件的制定与出台则明显具有发展性社会政策“上游干预”的特征。

三　公民权利范式的时空关照响应

如表4-4所示，笔者基于公民权利范式，对2014年至2021年出台的23份农民工社会政策文本的梳理结果表明：在关照水平和关照群体上，公民权利范式下的多数农民工社会政策兼有广义时空关照和狭义时空关照意蕴。

具体来说，在这23份农民工社会政策文本中，有15份具有明显的广义时空关照和狭义时空关照蕴意。可见，就农民工社会政策体系的时空关照水平而言，公民权利范式显著高于权益保障范式。①② 有如，《国务院关于进一步做好为农民工服务工作的意见》（国发〔2014〕40 号）开宗明义指出，出台该意见是因为“目前农民工就业稳定性不强，劳动保障权益受侵害的现象还时有发生，享受基本公共服务的范围仍然较小，大量长期在城镇就业的农民工还未落户”。这一表述表明，该意见具有明显狭义空间关照蕴意：一方面，通过基本公共服务、土地管理、户籍、成本分担、住房等制度的建构完善积极回应了“定居型”农民工在城镇定居的核心诉求③，另一方面，“循环型”农民工最为关注的在流入地城镇的权益保障问题亦得到了充分关切。此外，“返乡型”农民工的核心需求也在“完善和落实促进农民工就业创业的政策”的制度安排中得到响应，该意见指出，要引导农民工有序外出就业、鼓励农民工就地就近转移就业、扶持农民工返乡创业。而该意见具有狭义时间关照蕴意的安排主要体现在“扩大农民工参加城镇社会保险覆盖面”“建立健全农村留守儿童、留守妇女和留守老人关爱服务体系”这两个明细规定上。④

基于广义时空关照的视角，《国务院关于进一步做好为农民工服务工作的意见》具有广义时间关照蕴意的计划体现在“实施农民工职业技能提升计划”“加快发展农村新成长劳动力职业教育”“保障农民工随迁子女平等接受教育的权利”之中。其中，“实施农民工职业技能提升计划”明确提出对农村未升学初高中毕业生开展劳动预备制培训。⑤“加快发展农村新成长劳动力职业教育”则指出，要努力实现未升入普通高中、普通高等院

---

①有关公民权利范式下细分农民工社会政策的时空关照响应的详细内容可参见本书第六章。囿于篇幅，此处仅分析《国务院关于进一步做好为农民工服务工作的意见》，其他细分农民工社会政策的时空关照情况将不复赘述。

②分析农民工社会政策范式抑或具体农民工社会政策特别是综合性农民工社会政策的时空关照水平可作为农民工群体权益保障水平研究的一个分析视角，这是后续相关研究的一个生长点。

③最为大众所熟知的是 2 亿人实现“人”的城镇化的表述，即引导约 1 亿人在中西部地区就近城镇化，努力实现 1 亿左右农业转移人口和其他常住人口在城镇落户。

④《国务院关于进一步做好为农民工服务工作的意见》的狭义时间关照可视为一种低水平的关照，其原因在于新生代农民工的异质性社会保护需求未在所列各类计划中得到响应。

⑤也正因为如此，共青团中央是该项计划实施的负责单位之一。

校的农村应届初高中毕业生[①]都能接受职业教育。同时，要全面落实中等职业教育农村学生免学费政策和家庭经济困难学生资助政策。上述计划安排表明“两后生”等农村预备劳动力的素质提升和职业教育问题得到高度重视。《国务院关于进一步做好为农民工服务工作的意见》具有广义空间关照蕴意的条款则体现在“开展新市民培训”“扶持农民工返乡创业”“吸纳从东部返乡和就近转移的农民工就业”“促进有条件有意愿、在城镇有稳定就业和住所（含租赁）的农民工及其随迁家属在城镇有序落户并依法平等享受城镇公共服务”等具体计划和措施之中。

①此两类未升学又未就业的毕业生群体被统称为“两后生”群体。

第五章　狭义时空关照历史的分阶段检视

历史是时空坐标中对生命的关照。

——朱孝远

对农民工社会政策狭义时空关照历史展开分阶段检视有助于进一步掌握农民工社会政策范式的变迁历程及其内在逻辑。然而，迄今为止，我国并没有出台综合性的农民工社会政策。农民工作为一个较为特殊的群体，其相关的社会政策分布在国家的各种法律、规划、制度与文件当中。有如，本书第四章系统回溯了1979年至2021年的42年间国家层面上发布的涉及农民工群体管理和服务的各类政策文件，通过对这些政策文件的梳理，本书总结了农民工社会政策范式的变迁轨迹。然而以上述政策文件分析农民工社会政策的狭义关照历史存在三点不足：其一，上述文件所制定、颁行的机构和部门不一，比较杂乱；其二，上述文件的主题不一，同时在社会政策目标、对象、内容、手段以及导向上存在显著差异；其三，上述文件缺乏系统性和“历时性”，不适合展开长周期分析。

那么，是否能针对某个系列的农民工相关政策文件来展开其狭义时空关照历史的长周期分析呢？笔者认为，历年涉农中央一号文件是比较合适的分析对象。众所周知，历年发布的涉农中央一号文件已成为中共中央、国务院重视三农工作的一个符号与代名词。回溯改革开放后中央一号文件发布的历史，1982年至1986年中央连续五年发布以农业、农村、农民为主题的一号文件，对全国的农业和农村工作作出具体部署。2004年至2021年，中央都发布了以三农为主题的一号文件。由于涉农中央一号文件具有明显的统一性、稳定性、针对性和“历时性”，对这些文件展开狭义时空关照历史的分阶段检视无疑是非常合适的。

基于狭义时空关照的检视视角，上述涉农中央一号文件是否关照了农民工群体流迁需求差别化（流迁模式多元化）与代际需求异质性的事实呢？这是本章需要回应的核心问题。为此，本书尝试以改革开放后的涉农中央一号文件为分析对象，通过逐一梳理历年中央一号文件的具体内容，分别考察这些重要文件的内容在有关农民工群体三个问题上的关切与因应状况。第一个问题是群体关切与因应情况，即考察历年中央一号文件“是否正视农民工群体及其需求”。基于狭义时空关照的视角，第二个与第三个问题分别考察历年中央一号文件对代际需求异质性与流迁需求差别化的关切因应的变迁历程。其中，第二个问题是对代际需求异质性的关切与因应，通过检视不同年份发布的中央一号文件的狭义时间关照情况来锚定其“是否有农民工群体代际差异的视角”。在代际需求异质性的方向上又可将这一问题细化为对两个子问题的具体关切，一是考察“是否关切因应新生代农民工及其需求”，二是考察“是否关切因应第一代农民工及其需求”。第三个问题是对流迁需求差别化的关切与因应，通过检视不同年份发布的中央一号文件的狭义空间关照情况来锚定其“是否有农民工群体流迁模式多元分化视域下社会保护需求差别化的视角”。基于农民工群体流迁模式三维分化的现实，在这个大问题上又有三个具体的细分问题需要检视：一是考察“是否关切因应定居型农民工及其需求”；二是考察“是否关切因应回流型农民工及其需求”；三是考察“是否关切因应循环流动型农民工及其需求”。通过逐一检视历年涉农中央一号文件对于农民工群体及其代际需求异质性与流迁需求差别化的关切与因应情况，可对农民工社会政策狭义时空关照的变迁历史形成直接且清晰的认识和判断。

第一节　忽视到正视农民工群体转变阶段

1982 年至 1986 年，中央连续五年发布以三农为主题的一号文件，对全国的农业和农村工作做出具体部署。如前文所述，通过对改革开放以来农民工社会政策范式转移的分析，在 1979 年至 2000 年的 22 年间，我国农民工社会政策处于防控管制阶段。1982 年至 1986 年前后五年发布的中央一号文件亦体现出“防控管制”的特点。

如表 5-1 所示，1982 年的中央一号文件《全国农村工作会议纪要》是改革开放以后发布的第一个中央一号文件。该文件以“农村工作会议纪要”的形式发布，其核心内容是充分肯定了“包干到户、包产到户”等多种形式责任制的合法性。在 1980 年、1981 年连续两年发布有关控制和清退农村多余劳动力进城相关通知的背景下，文件中并没有农村剩余劳动力进城的相关论述。[①] 但在论及多种经营时，该文件指出要逐步改变“全部劳力归田”的做法，切实把剩余劳力转移到多种经营方面来。

1983 年的中央一号文件题为《当前农村经济政策的若干问题》，该文件从理论与实践结合的角度阐述了家庭联产承包责任制是马克思主义理论结合中国实践的新发展，同时也是在党的领导下我国农民的伟大创造。作为缩小城乡差别与工农差别的重要举措，放活农村工商业是 1983 年中央一号文件的重要部署之一。该文件指出，只有放活工商业，走农工商综合经营的路子，才可能让“农村的剩余劳动力离土不离乡”。与此同时，该文件还指出，由于农村的生产力不够发达，同时商品生产水平也比较低，基于现实考量应该允许“资金、技术、劳力一定程度的流动”。由此可见，基于放活农村工商业考量，1983 年中央一号文件鼓励农村剩余劳动力一定程度的流动，但主要采取“离土不离乡”的方式。

1984 年的中央一号文件《关于 1984 年农村工作的通知》的关键词是“发展商品生产”，文件指出当年农村工作重点任务是通过坚定不移实行生产责任以求提高农村生产力，不断畅通流通渠道，以达到商品生产稳定发展的目标。文件指出，要改变“八亿农民搞饭吃”的落后局面，就必须有大量的农村剩余劳动力“转入小工业和小集镇服务业”，从而为改变人口、工业的既定布局创造有利条件。为此，文件提出各地可以选取一定数量的集镇展开试点，在“自理口粮”的前提下，允许经商、务工以及兴办服务业的农民到试点集镇落户。[②] 由此可见，1984 年中央一号文件对于农民工进集镇落户采取了适度放开的试点政策。对于早期的“定居型”农民工而

---

①由于直到 1984 年才由中国社科院张雨林在其发表于《社会学通讯》的文章中首次提出“农民工”这一概念。1982 年至 1986 年的中央一号文件均未用“农民工”这一词汇作为农村剩余转移劳动力的名称，直到 2004 年才正式使用了“农民工”这一概念。

②笔者认为这可视为政府后续推动农民工在县镇和中小城市落户的最早政策雏形。

表 5-1　1982—1986 年中央一号文件对农民工群体流迁需求差别化与代际需求异质性的关切与因应情况①

发布年份	关键词	群体关切与因应	狭义时间关照：对代际需求异质性的关切与因应			狭义空间关照：对流迁需求差别化的关切与因应			
		是否正视农民工群体及其需求	是否有农民工群体代际差异的视角	是否关切因应“新生代农民工”及其需求	是否关切因应“第一代农民工”及其需求	是否有农民工群体流迁模式分化的视角	是否关切因应“定居型”农民工及其需求	是否关切因应“返乡型”农民工及其需求	是否关切因应“循环型”农民工及其需求
1982 年	完善农业生产责任制、改善农村商品流通	□	×	×	×	×	×	×	×
1983 年	调整农村经济政策	□	×	×	×	×	×	×	×
1984 年	发展商品生产	√	×	×	×	×	√	×	×
1985 年	取消统购统销	√	×	×	×	×	×	×	√
1986 年	改善农业生产条件、组织产前产后服务	√	×	×	×	×	×	×	√

资料来源：笔者根据相关资料整理而成。

①表中，√代表有关切与因应；×代表无关切与因应；□代表有部分关切与因应；—代表该文件为专项窄口径文件，未涉及流迁需求差别化与代际需求异质性。表 5-2、表 5-3 亦同。

言，通过“自理口粮”的方式进试点集镇落户已成为现实。

1985 年中央一号文件《关于进一步活跃农村经济的十项政策》的政策关键词为“取消统购统销”，该文件的颁布表明，在加快发展商品生产的背景下，作为十项政策之一，实行“改革农产品统派购制度”之后，长达 30 年的农副产品统购统销制度正式退出了我国的历史舞台。嵌入本书研究主题，该文件具有鼓励劳动力要素在城乡间双向流动的意味。有如，该文件指出，城乡之间应当“互相促进、协调发展”。为此，作为十项政策之一，“鼓励技术转移和人才流动”政策指出，经所在单位同意，城市的科学技术人员可以办理停薪留职手续自行应聘到农村工作。而“扩大城乡经济交往”政策则指出，在政府加强统一管理的前提下，允许农民进城提供各种劳务或开店设坊，同时也可以兴办服务业。对于农民工特别是“定居型”和“循环型”农民工群体而言，1985 年中央一号文件的出台表明进城就业的相关规定有所放松，外出打工成为赖以谋生的一种可能形式。

1986 年中央一号文件《关于 1986 年农村工作的部署》对于当年全国农村工作的总要求是通过落实相关政策，深入农村改革，不断改善农业生产条件，通过完善产前产后服务，持续推动农村经济持续、稳定、协调发展。就发展农业和农村工业之间的关系，该文件指出，两者必须协调发展，否则会产生影响经济发展和社会稳定的不良后果。一方面，不能“以工挤农”，农业所提供的食品与原料对于农村工业发展至关重要；另一方面，也不可以“以农挤工”，如果不发展工业，“多余劳力无出路”。文件指出，经过几年时间的发展，乡镇企业吸收农村剩余劳动力数量已达六千多万人，证明该类型企业具有强大生命力，可以借此解决农村剩余劳动力的消化吸收问题。正是意识到我国存在比较突出的农村剩余劳动力外出就业需求，中央决策层力求通过乡镇企业的发展在带动商品生产的同时大力解决农村剩余劳动力就业问题。换言之，乡镇企业的发展为农民工群体在城镇谋得可持续生计提供了平台和可能。

综上所述，虽然农民工社会政策总体处于“防控管制”范式之下，但是 1982 年逐步改变“全部劳力归田”的做法，1983 年鼓励农村剩余劳动力采取“离土不离乡”的方式在一定程度上放宽人口流动以达到放活农村工商业的目的。1984 年的中央一号文件对于农民工进集镇落户采取了适度放开的试点政策，鼓励农村剩余劳动力进入小工业和小集镇服务业亦标志着农村剩余劳动力（农民工）群体及其就业需求得到了正视和部分满足。1985 年和 1986 年发布的中央一号文件则进一步正视与回应了农村剩余劳动力（农民工）群体及其就业需求，而乡镇企业在带动商品生产的同时也成了我国解决农村剩余劳动力消化吸收问题的主渠道。通过梳理和分析 1982 年至 1986 年连续 5 年中央一号文件，结果表明，该阶段农民工社会政策处于从忽视农民工群体到正视农民工群体的转变阶段。基于狭义时空关照的视角，该阶段我国农民工社会政策总体上既无狭义空间关照亦无狭义时间关照。

第二节　忽视“时间”关照“空间”阶段

20 世纪 80 年代中后期，由于改革的重点从农村向城市转移，城市化与工业化对农业与乡村造成了一定冲击。20 世纪 90 年代中后期，农民负担较重，农产品价格较不合理，在农民收入增长放缓的同时，城乡居民收入差距持续拉大。由于农民种粮积极性受挫，粮食安全形势堪忧，同时城乡矛盾较为突出。为此，党中央决议调整城乡战略部署，从 2004 年开始，延续至 2021 年间每年的中央一号文件均聚焦于三农领域。其中，2004 年至 2009 年的六年间发布的中央一号文件在开始正视农民工群体及其社会保护需求之余，仍然缺乏农民工群体代际差异的视角，但是在此期间多数年份对于农民工群体流迁需求差别化的事实已经有了具体的安排和政策考量。因此，本书尝试将 2004 年至 2009 年称为我国农民工社会政策忽视“时间”而关照“空间”阶段。

其中，2004 年中央一号文件《中共中央、国务院关于促进农民增加收入若干政策的意见》的主题为“促进农民增收”，意在通过降低农业税赋、给予农民“三项补贴”等系列政策的实施扭转城乡居民收入差距拉大的趋势。基于这一政策思路考量，在该文件第四部分中，通过改善农民进城就业环境，促进农民工群体增收成为 2004 年中央一号文件的重要内容。对于本书研究主题而言，2004 年的中央一号文件意义特殊，开创了在中央一号文件中使用“农民工”这一概念的先河。正视农民工群体及其社会保护需求是 2004 年中央一号文件有关农民工相关论述的总基调。有如，该文件明确提出，作为产业工人重要组成部分的农民工群体在财富创造与税收提供上具有重大作用。为此，一方面要保障他们在城市就业的合法权益；另一方面，要通过给予财政补贴和资助加强对该群体的职业技能培训。在文件中，党中央还明确提出我国大中城市要通过户籍制度改革的推进，逐步降低农民进城就业以及定居的准入门槛。由此可见，就群体关切而言，该文件有正视农民工群体及其需求，改善该群体进城务工的环境、积极提高其务工收入成为当年农民工工作的中心。就对代际差异性的关切而言，2004年的中央一号文件对此没有相关内容的阐述，而只是将农民工视为年龄均质化的整体，显然缺乏狭义时间关照。

就流迁模式分化的关切而言，该文件比较关注农民工进城就业的权益保障问题，提出要通过"清理歧视性规定""取消不合理收费""简化农民工进城务工手续""禁止向农民工乱收费""解决农民工子女入学""改善劳动条件""加强职业技能培训"等具体举措维护农民工群体的利益。这些政策信号可视为直接对"'循环型'农民工及其需求"[①] 的关切与回应。该文件还提出要通过"户籍制度改革""放宽进城就业和定居的准入门槛"等举措促进农民工在大中城市落户。对于"定居型"农民工群体而言，虽然未必能如愿实现在大中城市落户的目标，但上述举措可视为对该亚群体核心利益诉求的关切和回应。应该看到的是，2004年中央一号文件并没有促进或扶持农民工返乡方面的内容。因此，该文件缺乏对"返乡型"农民工群体及其需求的关切与回应。由此可见，2004年的中央一号文件关切因应了"定居型"与"循环型"农民工群体的社会保护需求，而未提及"返乡型"农民工群体及其社会保护需求，该年度中央一号文件仅具有部分狭义空间关照。

2005年中央一号文件《中共中央、国务院关于进一步加强农村工作提高农业综合生产能力若干政策的意见》的关键词为"提高农业综合生产能力"，该文件意在增加农业投入，着力解决农业基础比较脆弱的问题。该文件要求通过持续实施"两减免、三补贴""最低收购价政策""完善支持

①基于农民工社会政策的锚定机制而言，并不能说这些具体的政策措施是针对"循环型农民工群体"的。无论是"定居型"亚群体、"返乡型"亚群体抑或"循环型"亚群体都能从这些政策中直接受益。但由于"循环型农民工群体"主要利益诉求聚焦于在城市务工期间的权益保障问题，因此这些政策信号的释放可视为中央一号文件直接关切了该亚群体并回应了其主要的社会保护诉求。

粮食生产的配套政策”等优惠政策措施把党中央和国务院确定的各项重大支农政策规范化、制度化。总的来说，该文件对于农民工问题着墨不多，在有关耕地保护的第二部分内容中，就外出务工农民土地的处置问题，提出要保障其承包权以及经营自主权。此外，文件第八部分的主题为农村劳动者素质的提升问题，提出要通过“农村劳动力转移培训阳光工程”的实施加快各地农村劳动力转移，借此因应产业结构升级的现实需要。就群体关切而言，2005 年中央一号文件有正视农民工群体及其需求。作为提高农业综合生产能力的配套措施，一方面该文件要求保障农民工的土地权益，另一方面要求强化农村职业技能培训，加快农村劳动力的转移。就代际需求异质性以及流迁需求差别化的视角而言，2005 年的中央一号文件对“时间”与“空间”两个方面均没有关切和回应，而只是将农民工视为代际与流迁模式下同质化的整体。

2006 年中央一号文件《中共中央、国务院关于推进社会主义新农村建设的若干意见》的基调为“推进社会主义新农村建设”。该文件意在落实党的十六届五中全会精神，力求尽快建立“以工促农，以城带乡”的稳定机制。面对农村发展相对滞后、城乡收入差距仍然偏大的现实，文件明确提出要全面取消农业税，加大国家对“三农”的扶持力度。总的来说，该文件聚焦于农民工进城务工权益保障问题本身，而对农民工群体代际分化以及流迁模式多元分化的现实缺乏政策因应。具体来说，作为促进农民增收的手段，该文件第三部分所提出“拓宽农民增收渠道”与“保障农民工合法权益”两个方面内容与“循环型”农民工群体利益联系比较紧密。由于“循环型”农民工群体长期以来处于流而不迁的状态，他们比较关注自身在城市务工的权益保障问题。基于流迁模式分化的视角，2006 年中央一号文件对这一问题的回应比较多。在提出要强化农村劳动力转移培训的同时，就农民工在城市务工期间的权益保障问题，中央一号文件提出：一方面，其提出对于农民工相对集中的城镇要“完善社会管理职能”；另一方面，要通过“清理歧视性规定”“取消不合理限制”“健全就业公共服务网络”“建立工资保障金制度”“执行最低工资制度”“完善职业安全卫生保护”“解决农民工子女上学难”等措施保障该群体的合法权益。对于“定居型”农民工群体在城市落户的需求，同时对“返乡型”农民工回乡创业、就业方面所需的政策扶持，文件均没有相关阐述。由此可见，2006 年

表 5-2　2004—2009 年中央一号文件对农民工群体流迁需求差别化与代际需求异质性的关切与因应情况

发布年份	关键词	群体关切与因应	狭义时间关照：对代际需求异质性的关切与因应			狭义空间关照：对流迁需求差别化的关切与因应			
		是否正视农民工群体及其需求	是否有农民工群体代际差异的视角	是否关切因应“新生代农民工”及其需求	是否关切因应“第一代农民工”及其需求	是否有农民工群体流迁模式分化的视角	是否关切因应“定居型”农民工及其需求	是否关切因应“返乡型”农民工及其需求	是否关切因应“循环型”农民工及其需求
2004 年	促进农民增收	√	×	×	×	□	√	×	√
2005 年	提高农业综合生产能力	√	×	×	×	□	×	×	√
2006 年	推进社会主义新农村建设	√	×	×	×	□	×	×	√
2007 年	积极发展现代农业	√	×	×	×	√	×	√	√
2008 年	加强农业基础建设、促进农业发展农民增收	√	×	×	×	√	×	√	√
2009 年	农业稳定发展、农民持续增收	√	×	×	×	√	×	√	√

资料来源：笔者根据相关资料整理而成。

中央一号文件在明显缺乏狭义时间关照的同时，仅具有部分狭义空间关照。

2007年中央一号文件《中共中央、国务院关于积极发展现代农业扎实推进社会主义新农村建设的若干意见》的主题为“积极发展现代农业”。该文件明确提出了“现代农业”的概念，意在不断夯实我国农村的产业基础，为新农村建设保驾护航。作为发展现代农业的配套措施之一，该文件第六部分提出要“培养新型农民”为新农村建设提供人力特别是智力支持。如前文所述，在城市务工的农民工由于具备一定的资金、技术以及各方面经历、经验的积累，其返回流出地后对于新农村建设具有明显的促进作用。考虑到该群体可以为新农村建设注入强大动力，2007年中央一号文件首次明确提出，要出台各种优惠措施鼓励农民工带资金与技术返乡创业。由此可见，该文件具有农民工群体流迁模式多元分化的视角与考量，“返乡型”农民工的群体特征及其异质性需求得到了正视与回应。与此同时，“循环型”农民工群体比较关注的在城市务工期间的社会保护问题亦得到文件的关切。该文件指出，一方面，要采取“在农民工群体中培养出一批高级技工”“加大‘阳光工程’支持力度”“开展定向、订单培训”等有针对性措施加强对转移就业农民培训力度。另一方面，要基于“城乡统一，公平就业”的理念维护好在城务工农民的切身权益。特别是要加快解决乡城流动人口在城市工作期间比较关注的就业、养老、医疗、孩子教育等社会保护需求问题，切实提高农民工群体的社会地位与生活质量。这一举措的提出与落实对于农民工群体而言无疑可以更好应对“被动型生命事件”的发生。此外，令人印象深刻的是，2007年中央一号文件有关农民工社会保护的相关政策还具有家庭友好型社会政策的意蕴。有如，该文件提出要解决好农民工家庭的实际困难等。遗憾的是，“定居型”农民工群体比较关注的在城市落户的诉求在文件中未提及。即便如此，由于2007年中央一号文件高度关注“返乡型”农民工群体及其返乡创业方面的需求，同时对“循环型”农民工群体及其在城市务工期间的社会保护问题十分关注，总体上具有比较明显的狭义空间关照意蕴。此外，与往年一样，代际分化背景下新生代与第一代农民工群体异质性特征及其差别化需求仍没有得到关切与因应。因此，2007年中央一号文件在农民工群体的狭义时间关照上是明显缺失的。

2008 年中央一号文件《中共中央、国务院关于切实加强农业基础建设进一步促进农业发展农民增收的若干意见》的焦点是“推进农业基础设施建设”，该文件意在通过强化主要农产品的供给保障，解决当时农村所面临的社会管理及公共服务领域比较突出的矛盾，从而进一步加强农业的基础性地位。总的来说，作为政策目标上“口径较窄”的一份中央一号文件，该文件主要聚焦农业基础设施建设，而对农民工群体提及较少。然而，作为农民增收目标的对策措施之一，该文件提出要“改善农民工进城就业和返乡创业环境”。虽然寥寥几字，但在历年中央一号文件中，这是历史上第一次将农民工进城就业和返乡创业并列。无论是“离乡进城”就业抑或是“离城返乡”创业均是农民工群体基于自身实际做出的理性选择，至此，农民工群体流迁模式多元分化的现实已经得到了中央的正视。在文件中，中央还提出要继续加大培训力度助力农民工外出就业，同时要从返乡农民工中选拔、培养村级组织骨干力量。虽然该文件并未详述应如何改善农民工进城就业环境或返乡创业环境，但基于流迁需求差别化的视角，“返乡型”农民工群体与“循环型”农民工群体的“就业与创业环境”需求已经在文件中得到了关切与因应。然而囿于篇幅抑或文件本身的“主题口径问题”，“定居型”农民工在城市落户的核心利益诉求并未得到关切与因应。总体来说，2008 年中央一号文件具有比较明显的狭义空间关照意蕴。审视文件全文，不同代际农民工群体异质性的社会保护需求问题仍未得到正视、关切与因应。因此，2008 年中央一号文件在农民工群体的狭义时间关照上是明显缺失的。

2009 年的中央一号文件《中共中央、国务院关于 2009 年促进农业稳定发展农民持续增收的若干意见》是在国际金融危机不断蔓延，对中国经济影响日趋深化的大背景下制定出台的。正因为如此，确保农业稳定发展，农民稳定增收成为当年中央一号文件的主基调。中央决策层对农民工就业形势十分关心，在该文件中，积极促进农村劳动力就业成为推进城乡经济社会一体化战略的重要抓手之一。就扩大农民工就业，中央提出两个方面的对策。一方面，积极助力农民工就业。在扩大就业目标上，中央提出要采取“最大限度安置好农民工”“支持企业多留用农民工”；在具体措施上，中央提出可以采用“弹性用工、灵活用工”“尽量在新增公益性就业机会中多使用农民工”“以工代赈”等方式扩大农民工就业。另一方面，要加大对农民工的技能培训力度，同时基于农民工大规模失业的可能，积极探索将农民工纳入就业政策支持体系之中。基于流迁模式分化的视角，除积极稳定农民工在城市就业岗位外，对于返乡农民工群体，文件提出要积极出台并落实“农民工返乡创业扶持政策”“对生活无着的返乡农民工要提供临时救助或纳入农村低保”“解决养老保险关系跨社保统筹地区转移接续问题”“建立农民工统计监测制度”等具体举措。由此可见，基于流迁模式多元分化考量，中央对于“返乡型”农民工群体的政策安排是通过鼓励创业与提供生活救助的方式渡过难关，而对于“循环型”[①] 农民工群体的安排则是尽量扩大和稳定其在城市就业。此外，“定居型”农民工在城市落户的核心利益诉求并未在文件中得到关切与因应。即便如此，就总体来说，2009 年中央一号文件对农民工群体具有比较明显的狭义空间关照意蕴。当然，比较遗憾的是，不同代际需求异质性问题仍未得到文件的关切与因应，因此 2009 年中央一号文件仍缺乏狭义时间关照。

第三节 同时关照“时间”“空间”阶段

2010 年中央一号文件《中共中央、国务院关于加大统筹城乡发展力度进一步夯实农业农村发展基础的若干意见》的主题是“统筹城乡发展”，该文件意在以城乡统筹为切入点破解三农问题，协调推进工业化、城镇化

---

①实际上，这一政策的受益群体包括全体农民工，特别是“循环型”农民工与“定居型”农民工。即使是“返乡型”农民工群体，在他（她）们做出返乡决策并付诸行动之前都会面临在城市稳定就业的问题。在流迁模式多元化的具体情境之下，“循环型”农民工、“定居型”农民工与“返乡型”农民工群体的区分主要看他们的核心利益诉求：“循环型”农民工由于具有流而不迁的特点，因此他们的核心利益诉求是在城市能够有稳定就业的机会，其个人和家庭能得到充分的社会保护；“定居型”农民工除了需要有稳定就业和充分的社会保护之外，其核心利益诉求是在城市落户，因此笔者对中央一号文件是否有关切因应“定居型”农民工群体需求的核心判断标准是看文件中是否有提及促进农民工落户的相关内容；“返乡型”农民工群体在做出返乡决策并付诸行动之前，也同样需要稳定的就业和充足的社会保护，但如何让他们能“回得好”才是他们的核心利益诉求。因此，历年中央一号文件中是否有助力农民工返乡创业、就业的内容是笔者判断文件是否关切、因应“返乡型”农民工群体的关键标准。在此一并说明，后文不再赘述。

和农业现代化。嵌入本书研究的主题，2010 年的中央一号文件有关农民工社会政策的相关论述不仅篇幅较大，而且政策创新力度较大。该文件开篇就指出 2009 年我国农民工就业率快速提升。继而，在“促进农民就业创新”与“以制度创新推进城镇化发展”两个专项主题中，2010 年中央一号文件提出了当年抓好农民工相关工作的具体思路。在两个专项主题内容中，既有对流迁模式多元化下不同流迁意愿农民工群体社会保护需求的“空间”关切与因应，也有对新老农民工群体代际需求异质性的“时间”关切与响应。

基于流迁需求差别化的视角，对于“定居型”农民工群体，该文件明确提出要深化户籍制度改革，推动该群体在小城镇以及中小城市落户①，借此让“定居型”农民工享受与城镇居民同等的社会保护待遇。虽然该文件对农民工准入的城市规模仍有严格限定，但其开创性意义值得肯定，表明新一轮户籍制度改革的序幕即将拉开，而“定居型”农民工群体亦将迎来更宽松的城市落户政策。同时该文件还指出，要着力研究解决农民工在城镇落户后可能面临的新问题。对于“返乡型”农民工群体，文件提出积极扶持农民工返乡创业，将其纳入优惠政策扶持范围之内。对于“循环型”农民工群体，在城市流动务工期间能否享受到均等化的公共服务是其所关注的重点，而 2010 年中央一号文件在这方面有比较多的创新性规定。基于农民工社会政策“两元四分”的分析框架，在农民工“生存一问题型”社会政策方面，该文件的主要创新体现在就业政策上，指出要加强对农民工的就业指导和服务力度。农民工“生存一福利型”社会政策主要包括工作环境规制的社会政策与社会保险政策。在工作环境规制方面，该文件指出要加强针对农民工群体的职业病防治，同时为该群体提供健康服务。在农民工参加社会保险方面，该文件指出要通过推动农民工参加职工基本养老保险、职工基本医疗保险②以及工伤保险③等险种来不断完善和健全农民工社保制度体系。农民工“发展一问题型”社会政策的主要创新体现在子女教育类社会政策方面，文件要求输入地政府承担相应责任，首

①2010 年中央一号文件提出要重点推动农民工群体在县城和中心镇落户。

②将政策对象确定为在城镇具有稳定工作的农民工群体。

③该文件提出农民工参加工伤保险全覆盖的目标。

表 5-3 2010—2021 年中央一号文件对农民工群体流迁需求差别化与代际需求异质性的关切与因应情况

发布年份	关键词	群体关切与因应	狭义时间关照：对代际需求异质性的关切与因应			狭义空间关照：对流迁需求差别化的关切与因应			
		是否正视农民工群体及其需求	是否有农民工群体代际差异的视角	是否关切因应“新生代农民工”及其需求	是否关切因应“第一代农民工”及其需求	是否有农民工群体流迁模式分化的视角	是否关切因应“定居型”农民工及其需求	是否关切因应“返乡型”农民工及其需求	是否关切因应“循环型”农民工及其需求
2010 年	统筹城乡发展、夯实农业农村发展基础	√	√	√	×	√	√	√	√
2011 年	加快水利改革发展	—	—	—	—	—	—	—	—
2012 年	农业科技创新	√	□	√	×	□	×	√	×
2013 年	增强农村发展活力	√	×	×	√	√	√	√	√
2014 年	加快推进农业现代化	√	√	√	√	√	√	×	√
2015 年	加快农业现代化建设	√	√	√	√	√	√	√	√

续表

发布年份	关键词	群体关切与因应	狭义时间关照：对代际需求异质性的关切与因应			狭义空间关照：对流迁需求差别化的关切与因应			
		是否正视农民工群体及其需求	是否有农民工群体代际差异的视角	是否关切因应“新生代农民工”及其需求	是否关切因应“第一代农民工”及其需求	是否有农民工群体流迁模式分化的视角	是否关切因应“定居型”农民工及其需求	是否关切因应“返乡型”农民工及其需求	是否关切因应“循环型”农民工及其需求
2016 年	加快农业现代化	√	√	√	√	√	√	√	√
2017 年	培育农业农村发展新动能	√	√	√	√	√	√	√	√
2018 年	乡村振兴	√	×	×	√	√	√	√	√
2019 年	坚持农业农村优先发展	√	×	×	√	√	√	√	√
2020 年	全面建成小康社会、全面打赢脱贫攻坚战	√	√	×	√	√	×	√	√
2021 年	全面推进乡村振兴、加快农业农村现代化	√	√	√	√	√	√	√	√

资料来源：笔者根据相关资料整理而成。

次提出要以公办学校为主的思路来解决农民工随迁子女的入学问题。农民工“发展－福利型”社会政策方面的主要创新点在于农民工住房保障方面，文件提出要采取灵活多样的形式和渠道来解决农民工群体的居住问题。①

特别值得一提的是，2010 年中央一号文件在党中央、国务院正式文件中第一次使用了“新生代农民工”这一概念。文件明确指出，要“采取有针对性的措施，着力解决新生代农民工问题”。由此可见，2010 年中央一号文件具有代际需求异质性的视角，在关切、因应新生代农民工需求的同时，还特别强调将务工回乡青年（新生代农民工）列为村党组织书记的选拔对象。农民工社会政策由此进入了同时关切、因应流迁需求差别化与代际需求异质性阶段。多元流迁模式下不同流迁意愿农民工群体的社会保护需求开始得到关切与因应，而社会政策以新生代农民工群体为关注重点的趋势则日渐明显。综上所述，2010 年的中央一号文件具有非常明显的狭义时空关照蕴意。

2011 年中央一号文件聚焦“水利改革发展”，其主要目的在于缓解和扭转我国水利建设滞后，农田水利基础设施比较薄弱的问题。由于 2011 年中央一号文件属于专业化程度很高的部门对口型文件，其全文内容与农民工群体并无关联。

2012 年中央一号文件《中共中央、国务院关于加快推进农业科技创新持续增强农产品供给保障能力的若干意见》的主题是“农业科技创新”，其意在基于科技进步的力量达到农产品提质、节本、增收的目标。该文件明确了农业科技“三性”即公共性、基础性与社会性，强调了三农政策的三大指向即“强农、惠农、富农”。总的来说，因为该文件的侧重点在农业科技创新，对农民工群体的关切较少。新型农业农村人才队伍的打造对我国农业科技创新至关重要，因此文件强调要加强教育科技培训。对“返乡型”农民工群体而言，该文件释放的一个“利好”是明确指出要为该群体返乡创业项目提供贷款支持并给予一定补助。

在 2012 年中央一号文件中，中央决策层明确指出要加快中职教育的免费办学进程，确保每一位农村后备劳动力都能够掌握一门技能，让每一个

---

①其政策对象主要是在城镇具有稳定工作且达到一定工作年限的农民工。

未升学的初高中毕业生[①]都能免费接受培训。基于生命历程理论，每个人早期的经历会显著影响个人未来的发展；基于发展性社会政策理论，国家应该加强对社会资本与人力资本的投资，特别是应该通过投资教育领域促进当期与预期的劳动力的素质和水平的提升，在提升个人劳动力市场竞争力的同时，国家亦能在全球化的竞争中处于优势位置。对农民工群体而言，其早期接受教育的水平和质量与其在城市务工期间的就业质量具有内在关联性。[②]

基于代际分化的视角，2012年中央一号文件有关中职教育的相关规定和对初高中毕业生技能培训的要求可视为对新生代农民工异质性需求的关切与回应。总的来说，基于流迁需求差别化的视角，文件侧重“返乡型”农民工的创业需求，而未提及“定居型”农民工群体的进城落户需求以及“循环型”农民工群体的稳定就业与社会保护需求。因此，当年文件仅具有部分狭义空间关照蕴意。而从代际需求异质性的角度来看，该文件强调加强对后备劳动力的培训，对增强新生代农民工群体的人力资本具有促进作用，但是第一代农民工较为看重的养老、医疗等生活保障性的需求未能在文件中得到关切和回应。因此，当年文件亦仅具有部分狭义时间关照蕴意。

2013年中央一号文件《中共中央、国务院关于加快发展现代农业进一步增强农村发展活力的若干意见》的主题再次聚焦“现代农业”的发展，其政策核心是通过农业经营体系的创新来解决城镇化推进过程中“谁来种地以及如何种地”的困扰。文件出台的历史背景是对农村“三化”[③]趋势日渐显现的担忧，鉴于“农民利益诉求多元”，如何加强农村社会管理创新，因应农民（工）的异质性需求是文件的核心内容之一。有如，面对流迁模式多元分化背景下不同流迁意愿农民工群体差别化的社会保护需求，文件指出要推进“人”的城镇化，把推进农民工群体在城镇落户作为城镇化的紧迫任务之一。对于“定居型”农民工群体而言，这无疑与他们在城

①针对“两后生”群体的职业技能培训常被称为“两后生”培训。

②正因为如此，农村教育特别是针对农村后备劳动力的培训可视为是“上游”的农民工社会政策。类似的，促进农民工返乡就业创业的社会政策，以及农村社会保障政策可视为“下游”的农民工社会政策。

③指因人口大量外流导致的农户兼业化、村庄空心化、人口老龄化的现象。

镇落户这一核心利益诉求相契合。针对“返乡型”农民工群体在意的返乡创业就业政策，以及农村社会保障体系完善方面的需求，文件指出，对于农民工返乡务农或者创业的，要给予一定的补助或者贷款支持。同时，该文件对完善农村养老、医疗、农村低保等社会保护项目也做出了具体的规定。对于“循环型”农民工群体的利益诉求，文件指出，要通过完善农民工就业、社保、子女教育、住房保障等方面的权益保障，努力为在城镇务工的农民工群体提供均等化的公共服务。由此可见，2013 年的中央一号文件积极回应了“定居型”“返乡型”以及“循环型”农民工群体异质性的社会保护需求，其具有明显的狭义空间关照蕴意。此外，留守老人、留守妇女与留守儿童等“三留守”群体亦进入文件的视域之中，文件强调要加强对“三留守”群体的人文关怀与社会救助，切实保障他们的基本权益。基于生命历程理论，笔者团队对龙岩、南平以及三明三地 56 位农民工访谈的结果表明，“结婚、生子、家人病故”等“被动型生命事件”使得许多农民工被迫走上“离城返乡”之路。因此，通过“要干预”与“不干预”①的政策组合使得农民工可以根据自身的意愿能动性地做出“定居、循环流动抑或返乡”的个人自由决策。基于代际分化的视角，2013 年中央一号文件未提及新生代农民工，亦未对其社会保护需求做出相关回应。对于较为担心未来养老与生活安全保障问题的第一代农民工而言，文件提出的加强乡村医生队伍建设，健全新农合、新农保、农村低保以及农村社会养老服务体系的相关论述无疑是“政策利好”。因此，当年的中央一号文件具有部分狭义时间关照蕴意。

2014 年中央一号文件《中共中央、国务院关于全面深化农村改革加快推进农业现代化的若干意见》再次聚焦“农村改革”，在贯彻党的十八届

---

①笔者的一个观点是，尊重农民工个体关于流迁意愿的选择应具有两个方面的内涵。其一，不干预。即国家在出台农民工相关政策时，应当减少诸如落户门槛、行业（岗位）准入、人口流动限制、社会保险项目转移接续的区域壁垒等方面的干预与限制，使得农民工可以根据自身的意愿能动性地做出“定居、循环流动抑或返乡”的个人自由选择。其二，要干预。指国家应当出台各类农民工家庭友好型社会政策，有如针对农村“三留守”群体的照顾政策，减少其外出务工期间的后顾之忧，积极抵御可能影响其流迁决策的各类“被动型生命事件”的影响。其目标同样是使得农民工可以根据自身的意愿能动性地做出“定居、循环流动抑或返乡”的个人自由决策。基于如上考量，“不干预”与“要干预”的政策目标是一致的。

三中全会精神的历史背景下，该文件意在打破农业农村体制机制方面的弊端，积极推进农村“四化”建设。就农民工群体的社会保护问题，文件主要在“城乡基本公共服务均等化”与“农业转移人口市民化”两个部分着墨较多。基于流迁需求差别化的视角，就对“定居型”农民工社会保护需求的关切和因应而言，文件指出要通过城乡统一的户口登记制度的改革，让有意愿且已经在城镇稳定就业、生活的农民工群体顺利实现市民化。对于“循环型”农民工的社会保护需求，文件指出要通过“流动人口居住证制度”，让持证农民工可以享受均等化的基本公共服务。此外，文件还提及“三留守”群体的社会保护问题。虽然文件并没有提及“返乡型”农民工及该群体的社会保护需求，但就总体而言，文件明显具有狭义空间关照的蕴意。基于代际分化的视角，2014 年中央一号文件对于新生代农民工社会保护需求的关切和因应主要体现在加大对农村义务教育生均投入标准的提高上，同时指出要积极落实中职教育助学政策，加强对农村现有劳动力以及后备劳动力的技能培训。对于第一代农民工群体而言，该文件在基本医疗保险、基本养老保险、农村社会养老服务体系、农村最低生活保障方面标准的提高与覆盖面扩展的相关论述均可视为对其需求的关切与因应。对“一老一小”群体的关切表明，2014 年中央一号文件对第一代与新生代农民工群体及其社会保护需求具有狭义时间关照。

2015 年中央一号文件《中共中央、国务院关于加大改革创新力度加快农业现代化建设的若干意见》再次聚焦“农业现代化建设”，其意在我国整体经济增速放缓趋势明显的宏观背景下通过加大改革力度，以法治为保障措施，在强化农业基础地位的同时稳定促进农民增收。文件有三个“首次提出”：一是要“完善我国农产品价格形成机制”；二是要“推进农村一二三产业的融合发展”；三是要推进我国农村的“集体产权制度改革”与“土地制度改革的试点”。文件主要在“农村外部增收渠道的拓宽”方面比较密集地提到农民工群体的社会保护问题。基于流迁模式分化的视角，文件对不同流迁意愿农民工群体的社会保护需求均有因应与关切。就“定居型”农民工群体的社会保护需求，文件提出要通过“加快户籍制度改革”助力农民工在城镇落户。“循环型”农民工群体的社会保护需求在文件中得到比较多的关切与因应：基于农民工社会政策“两元四分”的分析框架，就农民工“生存一问题型”社会政策，文件的主要创新体现在就业政策上，指出要通过实施“农民工职业技能提升计划”促进该群体就业和创业，与此同时要推进农民工与其他城市户籍工人“同工同酬”；农民工“生存一福利型”社会政策方面，文件指出要扩大农民工城镇社会保险的参保率；农民工“发展一问题型”社会政策的主要创新点体现在农民工子女教育类社会政策方面，文件提出要大力促进农民工子女在其父母流入地就学，同时不断完善他们在当地参加中考与高考的制度；农民工“发展一福利型”社会政策方面的主要创新点在农民工群体享受城镇住房保障方面。作为对“返乡型”农民工群体社会保护需求的关切和因应，文件提出推进农民工群体返乡创业，特别鼓励有一定资金、技术和管理经验的农民工返乡创业。由此可见，文件对不同流迁意愿农民工群体异质性的社会保护需求具有狭义空间关照。基于代际分化的视角，就新生代农民工群体的社会保护需求，文件提出要以农村初高中毕业生群体（未升学）为重点加强对农村后备劳动力的技能培训。同时，要积极推进中职教育免费化。基于生命历程理论与发展性社会政策理论，投资今天的农村后备劳动力，就是投资明天的新生代农民工群体，该群体素质与劳动力市场竞争力的提升将对我国经济的整体竞争力产生能动的促进作用。相对新生代农民工群体而言，第一代农民工更加看重生存安全需要。2015 年中央一号文件虽然并未提出“第一代农民工”抑或“老龄农民工”“老年农民工”等用语，但其在农村社会保护体系构建方面的具体安排可视为对该群体的关切与因应。具体来说，2015 年中央一号文件有关“城乡居民大病保险”“规范农村低保管理制度”“农村临时救助制度的建立”“城乡居民基本养老保险的统一实施”“农村养老服务体系的建设”等方面的内容在制度设计层面上可以基本覆盖第一代农民工群体的社会保护需求。因此，2015 年中央一号文件具有狭义时间关照蕴意。

继 2015 年之后，2016 年中央一号文件《中共中央、国务院关于落实发展新理念加快农业现代化实现全面小康目标的若干意见》的主题继续锁定“农业现代化”。该文件出台的主要用意是用五大发展理念破解“三农”工作中面临的新问题，在加快农业现代化建设步伐的同时，确保全体农民按照既定战略部署按期实现全面小康的目标。2016 年中央一号文件首次提出了我国要推进农业供给侧结构性改革的目标，同时还提出要“夯实现代农业基础”“推动农业绿色发展”“推进农村产业融合”“提高新农村建设水平”等战略目标。就不同农民工群体的异质性社会保护需求，文件主要在“培训新型职业农民”“提高农村公共服务水平”以及“推进农民工就业创业与市民化”三个部分中给予关切和回应。基于流迁模式分化的视角，就“定居型”农民工群体的社会保护需求，文件明确提出要通过户籍制度改革提高户籍人口城镇化率，实现1亿农民工落户城镇的目标，同时要确保“新市民”群体享有与“原住民”同等的权利。① 该战略目标的提出表明推进“定居型”农民工在城镇落户已正式成为国家战略。② 与“定居型”农民工群体不同，“循环型”农民工长期处于“流而不迁”的状态

---

①笔者认为，基于流迁全程社会保护的概念，“定居型”农民工在城镇落户、定居之后的权利保障问题（同身份同待遇）是农民工社会保护的“上游”状态问题。就概念界定而言，农民工群体定居后成为新市民群体，已自动失去了农民工的身份而贴上了市民的标签。实践中，由于城市融入状态与水平、可持续生计及农村宅基地处置等问题的存在，使得“已定居农民工群体”抑或“新市民群体”成为和“老市民群体”在社会保护需求上存在一定异质性的特殊群体，落户后仍需要各级党委和政府正视该群体的特殊需求，故社会政策的积极介入是必不可少的。与“新市民群体”的社会保护这一农民工社会保护的“上游”问题相呼应的是农村后备劳动力（即农村不同年龄段学生）的培养和素质提升问题。同样的，由于尚未成年或尚未进入城市打工，该群体尚未具有“农民工”这一特殊的社会身份。但基于生命历程理论与发展性社会政策理念，对农村后备劳动力的关爱和投入，在提升其素质和预期劳动竞争力的同时，亦能提升我国经济在全球化中的整体竞争力。因此，关切农村后备劳动力社会保护需求的相关社会政策可视为农民工社会保护的“上游”群体问题，同样需要引起重视。此外，与此类似的一个亚群体是“已返乡农民工群体”。本书将该亚群体的概念界定为已经返回家乡时间6个月及以上且在个人主观意愿上未来不考虑再次离乡外出务工者。由此可见，在职业身份抑或社会身份上，“已返乡农民工群体”已经自动失去“农民工”的标签与身份，不属于农民工群体的一部分。但由于该群体本身及其社会保护需求与未进城务工农民存在一定异质性，因此其社会保护问题亦可视为农民工社会保护的“下游”状态问题。进而言之，根据其具体流向的不同，农民工的流迁全程应包括“进城预备期”“进城务工期”“返回家乡期”抑或“城市定居期”等多个阶段。相应的，农民工社会保护体系应当是“终生式－全程型”的社会保护，应当既能关切和回应在城市务工期间“定居型农民工”“循环型农民工”，以及“返乡型农民工”的“中游”状态社会保护需求，亦应该对农村后备劳动力的“上游”群体社会保护需求，以及“已定居农民工”“上游”状态和“已返乡农民工”“下游”状态的社会保护需求有所关切和回应。

②2016年9月，国务院办公厅印发的《推动1亿非户籍人口在城市落户方案》表明城乡、区域之间的户籍迁移壁垒将在“十三五”期间被加速破解，其实施说明促进“定居型”农民工在城镇定居已成为国家战略。

之中，在城镇务工期间的就业和社会保护需求是其核心利益诉求。而该群体的需求在2016年中央一号文件中得到了积极响应，文件指出要依托居住证制度确认农民工居住年限的基础上建立与此相关联、挂钩的城市基本公共服务提供机制。具体来说，除了完善农村劳动力外出就业服务体系，在教育政策方面，文件指出要积极推动农民工随迁子女在流入地参加中高考；就社会保障和住房保障问题而言，该文件延续既往的提法，要求将符合居住年限和稳定工作条件的农民工纳入城镇社会保障和住房保障的覆盖范围。此外，在权益保障方面，文件指出，要积极推动城乡劳动者平等就业，同时要通过完善制度与严格执行两个维度不断健全农民工工资支付保障的长效机制。对于“返乡型”农民工群体的创业就业及其社会保护需求，文件一方面积极鼓励农民工返乡加入新型职业农民的队伍之中；另一方面，在稳定农民工外出务工规模的同时，鼓励该群体返乡创业①。综上所述，2016年中央一号文件对不同流迁意愿的农民工群体具有明显的狭义空间关照。

基于代际分化的视角，代际分化背景下第一代农民工与新生代农民工的社会保护需求具异质性特征。基于新生代农民工群体已经成为农民工群体主力军的现实，针对新生代农民工群体对于提升自身素质、能力与劳动力市场竞争力的核心诉求，2016年的中央一号文件指出，要实施新生代农民工群体的职业技能提升计划。此外，针对后备农村劳动力的教育与技能培训问题，文件指出要采取扩大农村学前教育资源的普惠性、完善农村义务教育经费保障机制、农村困难学生资助全覆盖、贫困地区定向招生、抓好农村教师队伍建设等多重措施给予保障。相对新生代农民工群体而言，第一代农民工群体比较关注生活保障问题，为此文件指出要采取提高城乡居民基本医疗保险制度的补助与受益水平、提升城乡居民大病保险的覆盖率、推进医疗救助制度的城乡一体化、将农村扶贫开发政策与低保制度相衔接、完善农村“三留守”群体关爱服务体系等措施因应第一代农民工群

①就此，本书认为，看似矛盾的鼓励农民工“一出一返”的过程恰恰说明在新型城镇化战略与实施乡村振兴战略的双重国家战略背景下促进包括人力资源在内的城乡生产要素自由流动已成为各方共识。“鼓励进城”与“欢迎返乡”背后是农民工人力资本、社会资本与经济资本的增量过程，与国家长期以来既积极扶持学生出国留学又采取优惠措施吸引其回国的政策导向相类似。

体的社会保护需求。由此可见，2016 年中央一号文件具有明显的狭义时间关照蕴意。

2017 年中央一号文件《中共中央、国务院关于深入推进农业供给侧结构性改革加快培育农业农村发展新动能的若干意见》以“农业供给侧结构性改革”为主要诉求，意在从供给侧角度切入，在体制机制维度上发力，为农业农村发展注入新动能。笔者团队的前期相关问卷调查结果表明，是否需要退出宅基地与承包地以及自愿退出后的相关补偿问题是影响农民工群体定居意愿的关键变量。就前一问题，有关户籍制度改革的多项通知、方案已经明确表示现阶段农民工落户城镇不与土地挂钩。是否放弃所持有的宅基地与承包地必须完全尊重本人意愿，不得强制或变相强制收回。对于后一问题，2017 年中央一号文件指出，允许地方政府采取多渠道筹集资金的方式来补偿农民工自愿退出宅基地与承包地后的经济损失。对于“定居型”农民工群体而言，这一政策“利好”无疑能促进其在城市定居、落户。对于“返乡型”农民工群体而言，文件在鼓励返乡创业就业方面的主要举措有两个：一是将支持农民工返乡创业作为促进农村新产业、农村新业态发展的配套措施；二是积极支持各地建立包括农民工创业园、农民工创业孵化基地在内的创业服务平台。此外，“循环型”农民工群体的社会保护需求亦在文件中得到了积极回应。具体而言，与该群体直接相关的社会保护政策主要包括如下几个方面：其一，不断健全农村劳动力转移就业体制，鼓励农民工群体进城就业；其二，完善包括农民工群体在内的城乡劳动者平等就业的相关规定，鼓励农民工群体实现多渠道就业；其三，采取政府购买培训服务等方式不断提升农民工职业技能培训的针对性与实用性。由此可见，多元流迁模式下“定居型”“循环性”与“返乡型”农民工群体异质性的社会保护需求均得到了文件的狭义空间关照。

基于代际分化的视角，2017 年中央一号文件指出，要保护农民工合法权益，特别是要解决新生代农民工在城市务工期间所面临的各类焦点问题。对于第一代农民工群体的社会保护需求，该文件则提出要采取落实义务教育经费保障机制、积极抓好农村教师队伍建设、提高城乡一体化的居民基本医保筹资水平、完善农村低保制度的瞄准机制、健全农村“三留守”群体关爱服务体系、将扶贫开发政策与农村低保制度有机衔接等具体措施，积极因应人口老龄化背景下第一代农民工的养老和生活安全需求。

由此可见，文件具有明显的狭义时间关照蕴意。

就本研究主题而言，2018年的中央一号文件是一份具有划时代意义的文件。《中共中央、国务院关于实施乡村振兴战略的意见》（以下简称《意见》）的出台标志着实施乡村振兴战略已成为我国新时期做好“三农”工作的总抓手，乡村振兴战略的实施将锐意破解我国乡村发展“不平衡、不充分”方面的诸多难题。值得注意的是，该文件在中央一号文件历史上首次明确提出“城乡要素自由流动、平等交换”的奋斗目标。作为当前城乡之间劳动力流动的最重要组成部分，农民工群体的社会保护需求问题在2018年一号文件中得到较为充分的关切与因应。

基于代际需求异质性的视角，第一代农民工群体的社会保护需求更多体现在生存安全需要方面。为此，《意见》指出，在实施乡村振兴历史背景下，要强化对农村社会保障体系的构建。在农村社会保险方面的具体措施包括：一是要完善城乡一体化的居民基本医疗保险制度；二是要完善农村大病保险制度；三是要推进城乡居民医保的省际联网结算工作；四是要推动城乡居民基本养老保险待遇的常态化调整机制。在农村社会救助方面的具体举措主要包括两个方面：一是要做好重特大疾病救助；二是要做好农村社会救助兜底。在社会福利与社会服务方面，《意见》指出在创新多元化的照料服务体系的同时，健全农村“三留守”群体的关爱服务体系以有效因应人口流动的需要。基于对农村后备劳动力素质的关注，《意见》指出要通过推进农村义务教育均衡发展、针对义务教育阶段的农村学生实施营养改善计划、免除中职教育的学杂费等措施使绝大多数新增劳动力接受高中阶段教育。由此可见，《意见》的狭义时间关照蕴意并不明显，但是其具有比较明显的广义时间关照内涵。

基于流迁需求差别化的视角，就“定居型”农民工群体的社会保护需求而言，《意见》指出，深化户籍制度改革，让有条件且具有落户意愿的农民工顺利在城镇落户。此外，《意见》还指出，要将已在城市定居农民工纳入城镇住房保障体系。对于“循环型”农民工群体而言，其社会保护需求在《意见》中得到的关切与因应主要体现在：《意见》明确指出要通过强化职业技能培训、促进多渠道就业等方式大力推进农村劳动力转移就业。对“返乡型”农民工群体而言，《意见》一方面明确要注重吸引包括农民工在内的“城市人才要素”回乡担任村干部；另一方面，《意见》指出，在实施乡村振兴战略背景下，要创造各种机会促进返乡就业创业。后者主要包括以下四个方面：其一是通过加强返乡创业就业方面的引导扶持，激发农民工返乡创业就业的热情；其二是不断挖掘生态、文化、旅游等方面的乡村特色产业与传统工艺，吸引农民工返乡创业；其三是《意见》明确指出在实施乡村振兴战略进程中要注意培育一批乡村车间、手工作坊以及家庭工厂等，在提供就业机会的同时促进农村经济多元化；其四，《意见》指出要积极促进农民增收，特别是提出要扩大农村中等收入群体的目标。由此可见，无论是“定居型”“循环型”抑或“返乡型”农民工群体，其社会保护需求均在《意见》中得到了积极回应，2018 年中央一号文件具有突出的狭义空间关照蕴意。

2019 年中央一号文件《中共中央、国务院关于坚持农业农村优先发展做好“三农”工作的若干意见》的关键词是“农业农村优先发展”，该文件是在经济下行压力增加且国际形势复杂多变的特殊背景下发布的。文件指出，在全面建成小康社会的战略决胜期，三农工作的任务繁重，要以乡村振兴战略为总抓手，既要继续推进农业供给侧结构性改革，又要打赢脱贫攻坚战，到 2020 年要确保完成既定的农村改革战略目标。继 2018 年的中央一号文件之后，2019 年的中央一号文件又一次强调要打破阻碍“城乡要素自由流动”的各种壁垒，改变生产要素单向流出农村的既定格局，推动资源要素向农村流入。众所周知，劳动力是城乡之间流动的重要资源要素之一，而当前城乡之间流动的劳动力主要是农民工群体。文件对农民工群体的关切主要体现在提升农村公共服务水平、促进农村劳动力转移以及支持乡村创新创业等具体工作的布置上。

基于流迁模式分化的视角，对于“定居型”农民工群体在城镇定居的核心诉求，2019 年中央一号文件指出要加快农业转移人口的市民化进程，推进该群体在城镇落户。对于“循环型”农民工群体的社会保护需求，文件指出要实现城乡基本公共服务常住人口全覆盖，该文件主要在促进农民工进城就业、加强对农民工群体的职业技能培训、保障农民工工资足额及时发放等方面做出较为具体的规定。对于“返乡型”农民工群体的社会保护需求，文件主要在支持乡村创新创业方面给予政策回应。具体来说，文件支持和鼓励农民工返乡创新创业，其具体举措主要体现在创业支撑服务平台的建立、乡村创新创业支持服务体系的完善、乡村就业创业引导基金的设立以及解决用地、信贷困难等。在创业创新政策扶持之外，作为加强农村基层党组织建设的因应之策，文件还提出要加大从农民工优秀党员等群体中选拔村党组织书记的力度。为优化农村基层党员队伍结构，文件还指出要加大从农民工群体中发展党员的力度。可见，无论是“定居型”“循环型”抑或是“返乡型”农民工群体，其社会保护需求均在2019年中央一号文件中得到了回应，该文件具有明显的狭义空间关照蕴意。

基于代际分化的视角，就第一代农民工的生存安全需求，2019年中央一号文件指出，要提高农村社会保障、医疗卫生、养老等公共服务水平。具体来说，要不断推进社会保险与社会救助的城乡一体化，为第一代农民工群体提供生存安全保障，有如要推进城乡居民大病保险的同步整合、城乡居民基本医疗保险制度要不断健全、城乡居民基本养老保险保险（基础养老金）要实现正常调整、不断完善城乡最低生活保障制度、支持多层次的农村养老事业发展、完善农村三留守群体关爱服务体系等。契合生命历程理论与发展性社会政策理念，文件指出要积极推动城乡义务教育一体化进程，强化对农村后备劳动力的教育与素质技能培训。由此可见，2019年中央一号文件的狭义时间关照蕴意不明显，但是其广义时间关照内涵较为突出。

2020年中央一号文件《中共中央、国务院关于抓好“三农”领域重点工作确保如期实现全面小康的意见》指出当年我国“三农”领域的两大重点任务分别是集中力量完成打赢脱贫攻坚战和补上全面小康“三农”领域突出短板。该文件是在全面建成小康社会和全面打赢脱贫攻坚战的关键历史节点上出台的。嵌入本书的研究主题，基于流迁需求差别化的视角，对于“定居型”农民工群体在城镇定居的诉求，文件并未涉略。而对于“循环型”农民工群体在城市务工期间的就业和公共服务需求，2020年中央一号文件主要在“稳定农民工就业”部分给予积极回应。文件指出，2020年要加大援企稳岗工作力度，要提高农民工技能提升补贴标准，要出台并落实保障农民工工资支付条例，还要打造区域性劳务品牌。随迁子女就学是农民工群体关注的焦点问题，文件就此指出要增加学位供给，有效解决农民工随迁子女的上学问题。对于失业农民工，文件明确其可以在常住地进行失业登记以享受均等化公共就业服务。在“调处化解乡村矛盾纠纷”部分，文件特别指出要妥善化解（拖欠）农民工工资等方面的矛盾。对于

“返乡型”农民工群体的社会保护需求，2020 年中央一号文件鼓励各地设立各类公益性岗位，农民工在返乡后可从事乡村保洁员、护路员、水管员等职业。同时，文件还指出，通过深入实施创新创业带头人培育行动，将符合条件的返乡创业农民工纳入一次性创业补贴范围。综上所述，虽然 2020 年中央一号文件并未直接提及“定居型”农民工群体及其社会保护需求，但是在国家全力推进农业转移人口市民化的历史背景下，“定居型”农民工群体在城镇定居的核心利益诉求正得到高度关注与积极回应。因此，2020 年中央一号文件明显具有狭义空间关照的蕴意。

基于代际需求异质性的视角，2020 年中央一号文件指出，为了巩固义务教育普及成果，要持续推进农村义务教育控辍保学专项行动，同时要多渠道增加普惠性学前教育资源供给①，显示出中央对农村后备劳动力培养和素质提升问题的持续关切。对于中老年农民工比较关注的生存安全需求，文件指出，要完善老年人关爱服务体系，同时要发展农村互助式养老，积极改善包括老年人在内的农村弱势群体的护理服务。此外，文件还提出要适当提高城乡居民基本医疗保险财政补助与个人缴费标准，同时要合理提高低保等社会救助水平。由此可见，2020 年中央一号文件对农民工群体及其社会保护需求具有一定的狭义时间关照蕴意。

2021 年中央一号文件《中共中央、国务院关于全面推进乡村振兴加快农业农村现代化的意见》的主题是“全面推进乡村振兴”与“加快农业农村现代化”。文件在总结“十三五”时期我国现代农业建设与乡村振兴取得的历史性成就的基础上，明确提出了 2021 年以及“十四五”时期我国“三农”工作的各项目标任务。嵌入本书的研究主题，基于代际需求异质性的视角，针对新生代农民工提升个人能力的强烈需求，文件指出，要深入实施新生代农民工职业技能提升计划。而针对第一代农民工对于养老保

---

①2019 年召开的十九届四中全会提出，必须健全幼有所育、学有所教、劳有所得、病有所医、老有所养、住有所居、弱有所扶等方面国家基本公共服务制度体系。从“五有”到“七有”再到“七有”之后加上“等方面”这一后缀，表明我国国家基本公共服务制度体系随着经济发展水平的提升与人民对美好生活向往的日趋强烈，不断在质和量的维度上得到提升和扩展，这一趋势无疑符合“社会政策发展性”的意蕴。2020 年中央一号文件提出要“多渠道增加普惠性学前教育资源供给”即是明显的例证之一。

障方面的现实利益诉求，文件指出，加强妇幼、老年人、残疾人等重点人群健康服务以及农村留守儿童和妇女、老年人以及困境儿童的关爱服务，同时在农村养老保险、医疗保险、低保制度以及养老服务网络建设等方面均提出了具体的工作目标。因此，文件对于农民工群体具有狭义时间关照蕴意。

基于流迁需求差别化的视角，就“定居型”农民工群体在城市落户定居的核心诉求，2021 年中央一号文件指出，要推进以人为核心的新型城镇化，促进大中小城市和小城镇协调发展。同时，要推动在县域就业的农民工就地市民化，增加适应进城农民刚性需求的住房供给。就“循环型”农民工群体来说，其比较在意的是在城市务工期间是否能享受到均等化的公共服务。就此，文件指出，要持续做好有组织劳务输出工作。同时，在文件“提升农村基本公共服务水平”部分中，城乡公共资源均衡配置被反复提及，如，“健全统筹城乡的就业政策和服务体系，推动公共就业服务机构向乡村延伸”。就“返乡型”农民工群体而言，其最终走向是离开城市返回农村，因此其关注点在于返乡创业就业政策以及农村社会保障体系的完善方面。针对该群体返乡创业就业方面的需求，文件指出：吸引城市各方面人才到农村创业创新，参与乡村振兴和现代农业建设；面向农民就业创业需求，发展职业技术教育与技能培训，建设一批产教融合基地；鼓励地方建设返乡入乡创业园和孵化实训基地。“十四五”时期，我国将实现巩固拓展脱贫攻坚成果同乡村振兴有效衔接，为此文件还指出，要在农业农村基础设施建设领域推广以工代赈方式，吸纳更多脱贫人口和低收入人口就地就近就业①。同时，对“返乡型”农民工群体比较在意的农村社会保障方面的需求，文件在城乡居民基本医疗保险制度的完善，城乡居民基本养老保险待遇的确定和调整，城乡低保制度的统筹发展，特困人员供养服务质量的提高，县乡村衔接的三级养老服务网络的健全等方面均提出了具体要求。由此可见，现实中不同流迁意愿农民工群体的异质性社会保护需求均在 2021 年中央一号文件中得到了积极响应，该文件对农民工群体具有明显的狭义空间关照意蕴。

---

①笔者针对多地流动农民工群体与返乡农民工群体的深度访谈表明，流出地农村就业机会的可及性及其质量对农民工做出返乡决策，以及返乡农民工做出不再外出务工的决策均有显著影响。

第六章 广义时空关照现状的分维度考察

一切存在的基本形式是空间和时间，时间以外的存在和空间以外的存在，同样是非常荒诞的事情。

——恩格斯

2014年，国家层面的农民工社会政策再一次发生范式转移，农民工社会政策的公民权利范式形成。那么，后续亟待理清的一个疑问是，公民权利范式下农民工社会政策的时空关照现状如何？意即，各细分农民工社会政策的结构与组合是否能积极因应社会政策目标主体——不断分化的农民工群体自身的流迁需求差别化与代际需求异质性的诉求？而公民权利范式下的农民工社会保护体系又是否能够满足不同生命周期、不同流迁状态农民工的异质性需求？基于上述问题考量，本章建构起农民工社会政策的广义时空关照评估体系，通过2014年以来与农民工社会保护相关的重要社会政策文本的梳理与评价来回应上述疑问。①

第一节 农民工社会政策的广义时空关照评价体系

农民工社会政策的广义时空关照评价体系包括宏观目标层面和中观原

①基于某个领域农民工相关社会政策变迁的历史延续性考量，本章分析的个别细分农民工社会政策文件颁行的时间早于2014年。借此，笔者认为，农民工社会政策的范式转移是动态的历史进程，既存在一些“触发型”焦点事件推动甚至直接作为具体社会政策范式转移的标志，也可能存在一些“时滞型”焦点事件作为原有政策范式下政策失败的表征，无法绝对机械地以某个时点进行分割。相应的，可能存在一些“触发型”细分社会政策文本，亦可能存在一些“时滞型”细分社会政策文本。

则层面两个评价维度。广义时空关照评价体系在宏观目标层面的考察内容为细分农民工社会政策是否综合考量了农民工的“上游”群体、“中游”群体和“下游”群体的差别化需求？是否全面关照了农民工的“上游”状态、“中游”状态和“下游”状态的异质性需求？换言之，广义时空关照视域下农民工社会政策的调适是否满足了不同生命周期、不同流迁状态农民工的需求偏好？

以“终生式一全程型”农民工社会保护体系建构为依归，在借鉴国际发展组织社会保护体系扩展经验和策略的基础上，笔者尝试提出农民工社会政策广义时空关照的七大中观原则①——“法治”原则、“包容性”原则、“分层分类”原则、“家庭友好”原则、“七得”原则、“避免撇脂”原则、“弹性灵活”原则。此七大中观原则可辅助衡量农民工细分社会政策的广义时空关照水平。

上述七大中观原则中“法治”原则②的具体含义包括“有法可依、有法必依、执法必严与违法必究”。所谓“有法可依”的内涵主要有三点：其一，农民工群体社会保护相关的法律、制度、文件、方案等必须能够为农民工群体提供“终生式一全程型”充足的社会保护；其二，农民工群体社会保护相关的法律、制度、文件、方案等必须具有内洽性，其中的制度、文件、方案必须遵循相关法律规定；其三，农民工群体社会保护相关法律、制度、通知、方案等本身不会造成新的歧视与不平等，具有代际公平、群际公平③与群体内部公平④的特征。所谓“有法必依”是指要按照农民工社会保护相关法律、制度、文件、方案的规定给予农民工群体充足的社会保护，积极回应、满足其社会保护需求。“执法必严与违法必究”是指

①在笔者所著《异质性与差别化——农民工的社会保护需求与社会政策调适》（社会科学文献出版社 2020 年版）一书中，对农民工社会政策调适的七大中观原则有详细的介绍。此处只简要介绍各原则的核心内涵以便开展农民工社会政策广义时空关照状况的评估。

②这里的法并非单纯指法律法规，而是指农民工群体社会保护相关的法律、制度、文件、方案等，可理解为一种为农民工提供充足社会保护的方法与途径。

③所谓群际公平，指农民工社会保护体系的设计与运营要保持农民工群体与市民群体、农民工群体与普通农民群体的公平性。

④所谓群体内部公平，指农民工社会保护体系的设计与运营要保持农民工群体内部不同亚群体之间的公平性。有如，农民工社会保护体系要保持其在不同流迁模式农民工群体之间的公平性；基于代际分化的视角，农民工社会保护体系要保持第一代农民工亚群体与新生代农民工亚群体之间的公平性。

对欠薪、拒签劳动合同、不按照规定为农民工缴纳社会保险等破坏农民工群体合法权益的行为要根据相关规定给予惩戒，从而加强对农民工群体的保护。

基于社会福利政策的分析框架，“包容性”原则包括三个层面的含义：其一，社会保护对象的包容性；其二，社会保护供给方以及资金来源渠道的包容性；其三，社会保护内容的包容性。社会保护对象的包容性是指在分配基础的维度上，农民工社会保护体系不仅应包容不同流迁模式农民工群体及其“上游状态”与“下游状态”，而且应包容不同代际农民工群体及其“上游群体”与“下游群体”。社会保护供给方的包容性是指在服务输送与资金筹集的维度上，农民工社会保护体系的建构完善既需要来自政府和市场的正式政策安排与制度因应，也需要来自政府和市场之外的援手和帮助。基于分配内容的维度，社会保护内容的包容性是指农民工社会保护内容除了应尽量覆盖该群体流动过程中的各方面具体需要之外，还要特别重视现期以及预期人力资本和社会资本的投资。

所谓“分层分类”原则，是指农民工并非均质化的整体，该群体多元分化的事实与趋势，决定了要合理、妥善地因应这一庞大群体异质性的社会保护需求问题，农民工社会政策体系必须基于差别化的“分层分类”原则①展开调适、建构。嵌入本书的研究主题，一方面，要正视农民工群体流迁需求差别化与代际需求异质性的事实；另一方面，要正视不同生命周期、流迁状态（结果）广义“农民工”的社会保护需求。②

所谓“家庭友好”原则③，是指生命历程视域下不同生命周期内农民

---

①本书对于农民工群体分层分类的研究仅限于流迁模式的分化与代际的分化。现实中，性别、职业、收入水平等皆可以成为农民工群体细分的具体标准。囿于研究主题，笔者不展开相关研究。

②中观层面的“分层分类”原则与广义时空关照评价体系的宏观目标层面有所区别。笔者认为，可将“分层分类”原则视为广义时空关照评价体系宏观目标层面的具体形式或者抓手。有如，不同落户意愿与落户条件的农民工群体可细分为四类：Ⅰ.有意愿有条件型；Ⅱ.有意愿无条件型；Ⅲ.无意愿有条件型；Ⅳ.无意愿无条件型。在制定促进农民工落户的社会政策时，应考虑到农民工在落户意愿和落户条件上的分层，通过分类施策提升农民工社会政策的精确性。

③之所以要引入“家庭友好”原则是考虑到“拆分型劳动力再生产体制”将原本应该在城市展开的工作、养家、养育、奉亲与养老的生命历程机械分割成为在城市工作，在农村养家、养育、奉亲与养老。笔者希望通过农民工社会政策的调适，构建起能更好因应农民工及其家庭需求的“家庭友好”型社会保护体系，这对农民工及其原生和新生家庭加强应对“被动型生命事件”的能力至关重要。

工本人及其原生家庭与新生家庭具有多样性的需求①，面对这些家庭需求，农民工社会政策的调适需要引入“家庭视角”，以因应农民工家庭的各种社会保护需求为依归。为此，要构建出家庭友好型的农民工社会政策体系，以达到有效规避农民工家庭在不同生命周期内潜在的各种风险的目的。

所谓“七得”原则共计包括“拎得清”②“出得去”③“进得来”④“留得住”⑤

---

①生命历程视域下农民工原生家庭与新生家庭的需求呈现出显著异质性。相关研究见沈君彬《异质性与差别化——农民工的社会保护需求与社会政策调适》，北京：社会科学文献出版社，2020，第47—76页。

②所谓“拎得清”是指中央政府与地方政府特别是地方政府要充分尊重农民工个体，农民工在根据个人及其家庭的需求偏好做出的流迁决策同时，政府要积极因应其需求。

③所谓“出得去”，是指基于前馈控制理念与生命历程理论，为提升农村后备劳动力未来在劳动力市场中的竞争力，流出地政府应该重点在教育政策方面有所创新，通过加大相关财政投入提升学前教育、义务教育和针对“两后生”教育的可及性与教学质量，提升该群体在劳动力市场的预期竞争力。流出地政府要在初高中阶段普及“职业规划教育进课堂”活动，尽早让孩子们产生职业规划意识。对即将进入城镇务工的农民工特别是新生代农民工，流出地政府要在突出实用性与技能型培训的同时，加大对该群体求职方式与途径、权益保障注意事项、城市生活与交往技能、务工常用法律知识方面的培训。中央财政应侧重加大对流出地人力资源培育与教育事业发展的转移支付力度。同时，流出地政府要加大与流入地政府的沟通、联系，采取“走出去”和“请进来”两条腿走路，积极拓宽劳务输出渠道，助力农民工稳定就业。西部省份的典型实践可参见本书第七章第三节教育扶贫“安康模式”的相关内容。

④基于流迁模式分化的视角，在既定户籍改革基本原则和制度框架下，除了少数特大城市外，对于“定居型”农民工群体而言，所谓“进得来”是指流入地政府要通过深化户籍制度改革，显著降低农民工群体落户的门槛。流出地政府要严格遵守《农村土地承包法》的法条，不得以退出农户“三权”为农民工进城落户的前提条件或变相要求。

⑤“留得住”的对象应该是已经在流入地工作、生活的新老农民工群体。万事开头难，对于初次外出务工的新生代农民工来说，外出打工作为个人重要生命事件之一，其初期适应状况对其后续打工生涯有着重要影响。为此，流入地政府要针对外来农民工特别是其中的新生代农民工开展心理辅导、引导培训与岗前培训，帮助其尽快适应从农民到工人、从求学者到工作者的轨迹转变。基于流迁模式分化的视角，除了少数特大城市外，对于尚未落户且具备落户条件的“定居型”农民工来说，流入地政府要积极创造条件助力其尽快落户。对于没有或者暂时没有意愿落户的农民工来说，流入地政府要积极优化相关就业创业环境与社会保护水平，满足其在城市“打拼赚钱”的核心利益诉求。

“融得进”[①]“走得顺”[②]“回得好”[③]等七个农民工社会政策调适建议遵循的细分指导原则。这七个原则（以下简称“‘七得’原则”）的实质是要充分尊重农民工个体，根据个人及其家庭的需求偏好而做出流迁决策，同时农民工社会保护体系应积极因应多元化流迁模式农民工群体的异质性社会保护需求，以便该群体将个人的主观流迁意愿转化为实际流迁行为。

“避免撇脂”原则是指地方政府应基于全国一盘棋的意识[④]，正视并处

---

①“融得进”是要增强该群体对于流入地的归属感与认同感的问题。基于流迁模式分化的视角，“融得进”的对象包括已入户的“新市民”、尚未入户的“定居型”农民工以及没有或者暂时没有落户意愿的“返乡型”农民工与“循环型”农民工。对于已入户的“新市民”，可借鉴深圳市新入户市民系列培训与关爱措施的实践与经验，提升其对所入籍城镇历史、文化与各方面发展情况的了解，借此提升其作为城镇一分子的归属感、认同感与自豪感。对于“返乡型”农民工与“循环型”农民工，可借鉴晋江市的相关经验，通过住房保障、随迁子女教育、文化融入与农民工（人文）关怀等系列措施的有效实施，让农民工及其家庭能够顺利融入学校、社区，最终融入城市，在潜移默化中增加他们的归属感与认同感。

②现实情境中，不同农民工的实际流迁走向复杂而多变。“走得顺”主要针对“循环型”农民工群体与“返乡型”农民工群体。有如，“循环型”农民工在务工地城镇内流动或者流入其他城镇打工，又有如，“返乡型”农民工做出返乡决策并付诸行动时，农民工社会保护体系必须能积极因应其流动带来的相关需求。具体来说，有如，职工基本养老保险制度和职工基本医疗保险制度等社会保险制度要能在不同城际间实现无缝对接，确保流动农民工群体的社会保险权益。又有如，当农民工因循环流动或返乡需要离职时，在《劳动法》与《劳动合同法》的规制范围内，在符合企业相关规定的前提下，应确保企业必须足额、及时结算劳动报酬。

③基于流迁模式分化的视角，所谓“回得好”主要针对已实际返乡农民工群体。返乡农民工群体可分为“主动返乡型农民工”与“被动返乡型农民工”两大类。其中，“主动返乡型农民工”可细分为“发展机会驱动型”与“稳定生活驱动型”两类，“被动返乡型农民工”则可细分为“生活成本考量型”与“家庭需要考量型”两类。因此，对于已返回家乡的异质性农民工群体差别化的需求，现行社会保护体系在总体上应该大致能给予覆盖与满足，同时各地可根据地域特点与本地返乡农民工的实际需求，通过细分社会政策的调适来积极因应。

④人口流入地政府和流出地政府对于在城市“稳定就业且缴纳社保”的农民工群体存在“竞合关系”。所谓“竞争”，意指在双向度城镇化背景下，对流出地政府而言，具有一定资金、技术与各方面经验积累的农民工如果能返乡创业、就业，无疑是乡村发展的生力军。对流入地政府而言，作为生产要素，“稳定就业且缴纳若干年社保”的农民工群体无疑是区域经济发展和产业升级所需的。基于工具理性考量，流入地政府将该类相对高素质的农民工群体列为允许落户的重点对象。所谓“合作”，是指流入地政府和流出地政府间彼此要加强对流动人口的协作管理。在此“竞合”态势之下，“撇脂”成为农民工社会保护体系构建完善过程中的隐忧之一。

理好流迁需求差别化、代际需求异质性以及不同流迁状态、不同生命周期视域下农民工群体“代际新老分化”“能力与素质高低有别”的现实，在调适农民工相关社会政策建构完善农民工社会保护体系时，应着力避免“嫌老爱新、去粗取精”等“撇脂”① 行为。

“弹性灵活”原则是指各级地方政府在设计细分农民工社会政策与提供具体社会保护服务的时候，应该基于“法治”原则，严格遵循中央的基本政策框架，同时又要善于用好、用活政策空间和政策工具②，确保国家宏观政策在中观层面的贯彻实施与在微观层面的有效执行。

农民工社会政策的广义时空关照评价体系及其下属的宏观目标、中观原则两个层面的评价维度，可以应用于公民权利范式下整体和细分农民工社会政策的广义时空关照水平的评价。通过仔细梳理各细分农民工社会政策的广义时间关照、广义空间关照、狭义时间关照和狭义空间关照的情况，可以对其广义时空关照水平展开定性评价。同样的，仔细梳理各细分农民工社会政策文本，可以判断其是否契合“法治”原则、“包容性”原则、“分层分类”原则、“家庭友好”原则、“七得”原则、“避免撇脂”原则、“弹性灵活”原则。农民工社会政策的广义时空关照评价体系亦可应用于地方政府农民工社会政策创新实践的广义时空关照水平的评价，而这将是本书第七章的重点研究内容。

第二节　“生存—问题型”社会政策

作为民生是本，就业是代际分化背景下不同流迁模式农民工进城的根本目的。就业政策是最重要的“生存—问题型”社会政策。公民权利范式

---

①“撇脂”的概念来源于市场营销学中的“撇脂定价策略”，基于这一定价策略，企业在新产品刚上市的时候，要将价格定得相对较高，以确保在短期内获取高额利润。这一定价策略类似于从牛奶之中撇取奶油一样，喻指只关注少数精华而漠视大多数非精华部分的行为。

②有如，安徽省芜湖市的农民工缴贷公积金制度规定，对于已经签订劳动合同、建立正式劳动关系的农民工，用人单位应当为其办理住房公积金缴存手续。但实际上，有大量农民工在城镇采取非正式、灵活就业的形式，为此该市《公积金管理办法》规定，非正式就业的农民工可按照本人自愿缴存的原则进行缴存，其缴存公积金的单位和个人部分均由申请人自行承担。这一规定在分配基础的维度上具有弹性、灵活的蕴意。

下农民工社会政策体系中有关促进农民工就业、创业方面的细分政策主要包括国务院先后印发的《关于进一步做好为农民工服务工作的意见》(简称《农民工服务意见》,文号为国发〔2014〕40 号)、《关于做好当前和今后一段时期就业创业工作的意见》(简称《就业创业工作的意见》,文号为国发〔2017〕28 号)以及《关于支持农民工等人员返乡创业的意见》(简称《返乡创业的意见》,文号为国办发〔2015〕47 号)。根据农民工群体复杂而多变的流迁模式,此三份文件解决农民工就业问题的思路可概括为:对于有意愿进城务工的农民工则“引导其有序外出就业”,对于有意愿务工但是没有意愿外出的则“鼓励其就地就近转移就业”,对于已经在城市流入地务工但具有返乡意愿的农民工则“促进其返乡就业创业”。这一思路无疑契合了“七得”原则,有利于农民工将个人的主观流迁意愿转化为对应的实际流迁行为。

其中,2017 年印发的《就业创业工作的意见》有关促进农民工群体就业的主要内容,体现在如何促进城乡劳动者平等就业方面。基于农民工群体流迁模式多元化的事实,为促进农民工群体在流入地城镇稳定就业,《就业创业工作的意见》指出:一方面要给予劳务经纪人与人力资源服务机构等劳动力输出服务市场主体就业、创业相关服务补贴,鼓励其有序输出农村转移劳动力,以推动该群体进城就业;另一方面,对于暂时未找到工作或者处于失业状态的农民工则允许其在流入地城镇进行失业登记,使其能与户籍人口享受同等的普惠性就业政策。此外,基于部分发展潜力大的县城和重点镇吸纳农民工就业数量较多的现实,要在用地计划指标上给予一定倾斜。对于具有返乡创业意愿的农民工,《就业创业工作的意见》指出:一方面,要通过发展农民合作社、家庭农场、“扶贫车间”等多种生产经营主体与生产方式扶持其创业就业;另一方面,对于办理工商登记的返乡农民工,可以按照相关规定让其享受小微企业扶持政策。为促进农村贫困家庭劳动力就业,对吸纳此类就业困难群体稳定就业在一年以上的小微企业给予一定奖励或补贴。从中观原则层面看,上述具体举措分别具有“法治”原则、“包容性”原则、“分层分类”原则、“家庭友好”原则以及“七得”原则的蕴意。

此外,基于返乡创业就业风险考量,对于处于失业或无业状态的农村劳动者,《就业创业工作的意见》还明确有条件地区可探索为其办理失业登记，同时提供各类政策扶持与就业服务。在脱贫攻坚的历史背景下，《就业创业工作的意见》提出要加大对贫困人口特别是易地扶贫搬迁贫困人口转移就业的支持力度，以确保该群体“搬得出、稳得住、能致富”，这一理念本身契合了“七得”原则。应当指出的是，《就业创业工作的意见》的内容设计具有代际需求异质性考量。有如，意见针对新生代农民工群体已经成为农民工主体的现实，提出要适应该群体就业、创业特点，不断创新培训的方式和内容，推进职业培训对新生代农民工群体全覆盖，提升该群体创业成功率与就业稳定性。此外，根据该年轻群体学习能力强、熟悉互联网工具的特点，《就业创业工作的意见》还指出要积极引导新生代农民工群体到以“互联网＋”为代表的新产业、新业态就业创业。根据新生代农民工群体的异质性特征给予差别化保护的做法，无疑具有“分层分类”与“弹性灵活”的蕴意。

综上所述，从宏观目标层面上看，《就业创业工作的意见》具有明显的狭义时空关照的蕴意。源于该文件对拟进城就业农村劳动力、失业农民工和已返乡农民工的关注，《就业创业工作的意见》亦具有部分广义时空关照的蕴意。

第三节 “生存—福利型”社会政策

社会保险是农民工社会政策“两维四分”的结构框架中唯一的“生存—福利型”社会政策。我国已基本建成覆盖城乡居民的社会保险制度。经过多年的发展，社会保险项目趋于完善，覆盖面不断扩大，社保待遇不断提高，管理服务水平更为规范化。嵌入农民工群体社会保险需求的视角，在制度设计上我国并没有为农民工群体专设社会保险项目，而是在2010年10月[①]通过的《中华人民共和国社会保险法》规定了农民工群体参加各类社会保险的具体规定。[②]《社会保险法》第一次以法律的形式保证农民工群

---

①该法于2011年7月1日开始施行，2018年12月29日经全国人大常委会修正通过。

②国家未设立专属的农民工社会保险制度，而是根据农民工就业形式（稳定性）将其归为企业职工、城镇居民、农村居民中的某一类来参加各种具体社会保险项目。经过讨论，笔者研究团队认为，在当前的形势下，国家不再专设“农民工社会保险”是合理的。因为在保证农民工个体参保形式多样化的同时，这一规定避免了制度设计上新的碎片化与不公平。这一做法是符合“法治”原则的。

体享有和城镇职工同等的社会保障权利。[①] 国家强制性是法律本身所固有的属性，因此从中观原则层面上看，《社会保险法》的颁行将农民工的社会保障权利纳入法制轨道同时，可以避免社会保险领域“撇脂”现象的发生。

就农民工群体参保率相对较高的社会保险项目而言，在养老保险的制度设计上，除职工基本养老保险外，农民工还可以参加新农保。为推进社会保险制度的城乡一体化，2014 年 2 月，《关于建立统一的城乡居民基本养老保险制度的意见》（国发〔2014〕8 号）印发后，新型农村社会养老保险和城镇居民社会养老保险两项制度合二为一，成为城乡一体化的城乡居民基本养老保险。该险种与职工基本养老保险共同构成社会养老保险制度的基石。就农民工群体参加养老保险的具体办法，根据《社会保险法》及其他相关文件的规定，签订劳动合同的农民工应当在其工作地参加职工基本养老保险，其缴费义务由农民工本人以及用人单位共同承担。此外，由于许多农民工在就业形式上属于灵活就业与非正规就业，在具体操作中，不在职工基本养老保险参保范围之内的农民工可以参加户籍地农村的城乡居民基本养老保险。考虑到农民工群体就业地点多变的特点，人社部于 2014 年印发的《城乡养老保险制度衔接暂行办法》就衔接方式与条件、资金转移和待遇领取等方面做了比较详尽的规定，意在从根本上解决包括农民工群体在内的跨地区流动参保人员的养老保险权益转移接续问题。这表明在制度设计上，农民工群体既可以在不同地域城镇职工养老保险之间实现衔接，又可实现城乡居民养老保险与城镇职工养老保险的转移接续。对流迁模式呈多元分化的各农民工亚群体而言，《城乡养老保险制度衔接暂行办法》的出台，从制度设计上解决了农民工群体跨地区（城乡）流动的养老保险权益转移接续问题。就分配内容而言，为确保城乡居民养老保险待遇水平与经济发展状况相适应，人社部和财政部于 2018 年 3 月印发的《关于建立城乡居民基本养老保险待遇确定和基础养老金正常调整机制的指导意见》明确指出，城乡居民基本养老保险要基于“激励约束有效、筹资权责清晰、保障水平适度”等多重目标，来确定保险待遇及其正常调整

---

①《中华人民共和国社会保险法》第十二章附则第九十五条规定，进城务工的农村居民依照本法规定参加社会保险。

机制。目前，城乡居民保的基础养老金调整机制已经正常运作。[①] 梳理有关农民工参加养老保险的各类规定可知，公民权利政策范式下国家在积极推进养老保险制度城乡统一、衔接，同时又充分考虑到了农民工群体流迁决策、就业形式、就业地点灵活多变的特点。由此可见，从宏观目标层面上看，有关农民工参加养老保险的相关社会政策具有狭义空间关照和广义空间关照的蕴意。从中观原则层面上看，上述相关规定契合了“法治”原则、“包容性”原则、“弹性灵活”原则与“七得”原则。

当前，我国医疗保险制度已基本实现全民覆盖的目标，正朝着城乡统筹的方向努力。具体而言，当前我国城镇企业职工可以参加职工基本医疗保险，其他城镇居民可以参加城镇居民基本医疗保险，而农村居民则可以参加新型农村合作医疗。为推进城乡医疗保险制度的一体化水平，2016 年 1 月印发的《国务院关于整合城乡居民基本医疗保险制度的意见》指出，整合新农合与城镇居民医保制度，建立“六统一”[②] 城乡一体化的城乡居民基本医疗保险制度。就农民工群体的医疗保险需求而言，根据《社会保险法》及其他相关规定，农民工群体参加各医疗保险项目已无制度准入性障碍。在制度设计上，农民工只要签订了劳动合同，就应当由用人单位为其办理当地职工基本医疗保险的参保手续，其保费由农民工个人及其单位共同缴纳。考虑到农民工群体灵活就业与非正规就业比例较大的现实，除了参加职工基本医疗保险之外，农民工可以在其户籍地参加新型农村合作医疗或在其工作地参加城镇居民基本医疗保险。因此，现行医疗保险制度体系对不同流迁意愿、不同就业形式的农民工群体而言是比较具有弹性和包容性的，亦契合了中观层面的“七得”原则。从宏观目标层面上看，农民工参加医疗保险的相关规定具有部分狭义空间关照和部分广义空间关照的蕴意。

---

①基于该险种基础养老金的正常调整机制，自 2018 年 1 月 1 日起，居民保基础养老金最低标准由每人每月 70 元提升至每人每月 88 元。同期，福建省将其居民保基础养老金最低标准由 100 元提升至 118 元。

②所谓“六统一”是指新农合与城镇居民医保在“筹资政策、覆盖范围、医保目录、保障待遇、基金管理以及定点管理”等六个方面实现统一。

第四节　“发展—问题型”社会政策

在农民工社会政策“两维四分”的结构框架中，“发展—问题型”社会政策主要包括职业培训、子女教育、权益保护及户籍等四类政策。因为与切身利益联系较为紧密，“发展—问题型”社会政策是农民工群体较为关注的政策类型。在“发展—问题型”社会政策所覆盖的“户籍制度改革、职业培训、子女教育、权益保护”等社会保护领域，2014 年以来，中央与地方密集发布了多项涉农民工的规定。

一　对农民工职业培训需求的社会政策因应

基于农民工社会政策“四位一体”的建构模型，在社会认同维度上，加强职业技能培训，将农民工群体打造成高素质的产业工人队伍，是包括各级政府在内的社会各界的共识。就制度安排的维度而言，自 2014 年开展“春潮行动”后，有关农民工职业技能培训的相关政策密集发布。目前，我国已经建立起了比较适应农民工群体流迁需求差别化与代际需求异质性的职业技能培训体系，在宏观层面上具有比较明显的狭义时空关照的蕴意。同时涉农民工技能培训政策亦愈加关注处于不同流迁状态、不同生命周期的“广义农民工”的异质性社会保护需求。

基于流迁需求差别化的视角，根据《国务院关于加强职业培训促进就业的意见》，人社部于 2014 年印发《农民工职业技能提升计划——“春潮行动”实施方案》（以下简称《“春潮行动”方案》，文号为人社部发〔2014〕26 号）。该方案可视为中央决策层有关流动农民工群体职业技能培训需求的主动社会政策因应之一。基于社会福利政策的四维度分析框架，《“春潮行动”方案》的分配基础为“农村转移就业劳动者”，值得注意的是，该方案明确指出职业技能培训必须以“农村新成长劳动力为重点”，明显具有发展性社会政策“上游干预”的特征，广义时间关照蕴意明显。

就分配内容的维度，《“春潮行动”方案》包括“就业技能培训”“岗位技能提升培训”“创业培训”等培训内容，涵盖了不同就业阶段、不同就业水平、不同需求层次等“不同层类”农民工的异质性需求①，同时还

①从“供需适配”的角度来说，《“春潮行动”方案》具有“弹性灵活”与“分层分类”的特征，同时包容性较强。

为具有创业意愿的农民工群体提供了相关培训服务：对于农村新成长劳动力和其他进城务工、经商的农民，主要提供初级技能培训与专项技能培训；对于“两后生”群体与农村来源退役士兵，主要提供储备性的专业技能培训①；对于已经与企业签订了六个月以上合同的农民工，分别根据“新录用”和“已在岗”两种情形给予“岗位培训、学徒培训”或“岗位技能提升培训”，以因应不同就业阶段农民工群体异质性的培训需求；对于已具有中级职业技能等级（或以上等级）的在岗农民工，开展高技能人才培训以达到提升其人力资本的目标；此外，对于具有创业意愿同时具备创业条件的农民工，提供创业培训以提升创业能力。基于分配内容的维度，从中观层面看，《“春潮行动”方案》较为契合“法治”原则、“包容性”原则、“分层分类”原则、“避免撇脂”原则、“七得”原则与“弹性灵活”原则；从宏观层面看，该《方案》具有较为明显的广义时间关照和狭义时空关照的蕴意。

基于资金筹集的维度，《“春潮行动”方案》明确要求，必须通过严格执行有关职业技能鉴定补贴与职业培训补贴政策的方式来落实相关补贴资金。同时，对于条件成熟的省市，要求将职业培训相关资金统一纳入就业专项资金池中。就服务输送的维度，《“春潮行动”方案》提出，要通过加强“培训监管和评估考核”“就业服务和权益保障”“基础能力建设”与“舆论宣传”切实提升培训服务的可及性。在各省份的积极推动下，“春潮行动”效果良好，针对农民工群体的政府补贴性培训数量显著增加。据人社部的相关统计数据显示，自2014年“春潮行动”实施以来，全国共计开展针对农民工群体的政府补贴性培训达数千万人次。从服务输送和资金筹集的维度看，《“春潮行动”方案》比较契合“包容性”原则。

基于流迁需求差别化的视角，现行农民工社会保护体系对于具有创业意愿返乡农民工群体的因应之策，主要体现在人社部办公厅、原农业部办公厅、国务院扶贫办行政人事司、团中央办公厅与全国妇联办公厅等五部门联合印发的《关于实施农民工等人员返乡创业培训五年行动计划（2016—2020年）》（简称《创业培训五年行动计划》）之中。基于社会福利政策的分析框架，《创业培训五年行动计划》的分配对象设定为农民工、

①该类培训亦称为“劳动预备制培训”。

大学毕业生、退役士兵以及建档立卡贫困户等群体，具有较好的“包容性”特征。基于分配内容的维度，《创业培训五年行动计划》提供的培训、服务类别包括“开展针对性的创业培训”“开展互联网创业培训”“依托优质资源开展创业培训”“创业培训基础能力建设”“建立创业培训与创业孵化对接机制”以及“创业培训对象后续跟踪扶持”等内容。

基于代际需求异质性的视角，不同生命阶段农民工群体的异质性培训服务需求，可以在《国务院关于推行终身职业技能培训制度的意见》《新生代农民工职业技能提升计划（2019—2022年）》《关于实施三年百万青年见习计划的通知》等文件中得到政策响应。其中，2018年5月印发的《国务院关于推行终身职业技能培训制度的意见》指出，职业技能培训对象的确定实行普惠制，要实现对城乡全体劳动者的覆盖。基于生命历程理论，农民工个体先后会经历“劳动预备阶段”“劳动就业阶段”“（部分劳动者的）创业阶段”。《国务院关于推行终身职业技能培训制度的意见》则根据不同阶段的培训需求，提出为全体农民工提供“贯穿学习、职业生涯全过程”的终身职业技能培训。

在推行普惠性的终身职业技能培训制度的同时，基于新生代农民工群体已经超过农民工总量50％①的现实，人社部于2019年1月印发的《新生代农民工职业技能提升计划（2019—2022年）》提出要针对群体特点和时代特点，以新生代农民工群体为重点大力开展职业技能培训，2022年基本实现新生代农民工群体职业技能培训“普遍、普及、普惠”的目标。基于分配内容的维度，就具体培训形式来说，《新生代农民工职业技能提升计划（2019—2022年）》提及的职业技能培训主要包括“就业技能培训”“岗位技能提升培训”“技能扶贫培训”“创业创新培训”等四类。其中，就业技能培训的目标在于促进新生代农民工转移就业。该计划规定，对有意愿参加培训的农村预备劳动力，在登记后一个月内统筹安排参加培训，以确保其在进城务工前至少掌握一项职业技能。此外，对于初次进城务工的新生代农民工，提供必要的引导性培训。此类培训对新生代农民工顺利融入流入地城镇工作与生活具有重要意义。岗位技能提升培训的目的在于

---

① 据《2017年农民工监测调查报告》，2017年新生代农民工占比首次过半，占全国农民工总量的50.5％。

支持新生代农民工在岗位上成才，其具体培训内容根据培训对象层次的不同，包括“岗前培训”“岗位技能提升培训”“企业新型学徒制培训”以及“高技能人才培训”等。该类培训对新生代农民工群体职业技能的提升、人力资本的积累具有积极促进作用。在尊重农民工流迁意愿的政策环境下，当新生代农民工个体做出定居决策时，岗位技能提升培训助力其积累的人力资本，无疑能帮助其实现落户城镇、融入城镇的目标；如果新生代农民工个体做出循环流动的决策，则其通过培训积累的人力资本亦能改善其在流入地城镇的就业质量，有助于其幸福感、获得感与安全感的提升。技能扶贫培训的目标在于助力贫困新生代农民工脱贫攻坚。针对各类贫困家庭中的新生代农民工，结合各类扶贫项目和企业用工需求，优先为具有培训意愿的新生代农民工提供各种精准技能培训服务，从而助力其技能提升，实现就业脱贫。基于流迁需求差别化的现实，部分新生代农民工群体的最终流迁决策是返回家乡创业。这部分农民工一般具有在外务工的经历，同时具备一定资金、技术与经验积累，属于外出务工农民工群体中的“精英分子”，他们返乡创业无疑能对乡村振兴战略的顺利实施注入强大内生动力。为此，开展创业创新培训的目标是“培养创业带头人”。对具有创业意愿或者在创业初期的农民工在创业培训服务上做到应培尽培，特别是要开展电子商务类内容的相关培训。同时，还要根据新生代农民工群体所处的创业阶段给予精准化、差异性的创业类公共服务，以提高其创业成功率。

《关于实施三年百万青年见习计划的通知》于2018年12月由人社部、财政部、商务部、国资委、团中央、全国工商联等六部委联合下发。将包括新生代农民工群体在内的未就业和失业青年列为政策对象，具有代际分化的现实考量。该计划的目标是通过三年的努力，为100万未就业和失业青年提供见习机会，提升其在就业市场中的竞争力，积极促进青年就业。基于社会福利政策的分析框架，该计划的分配对象包括两类群体：其一为毕业两年内未就业的高校毕业生；其二为16岁到24岁的失业青年。该计划主要通过“开发见习岗位”“搭建对接平台”“加强见习管理”“加大跟踪扶持”等措施，努力形成促进青年群体就业的长效机制。从分配基础与分配内容可知，该计划具有发展性社会政策“投资于人力资本”“从中长期介入”“上游干预”“福利多元化”等方面的典型特征。由此可见，该计划是一项典型的发展性农民工社会政策。

从宏观目标上看，上述涉农民工培训的文件具有较为明显的广义时空关照和狭义时空关照的蕴意。从中观原则层面看，上述培训政策的组合契合农民工社会政策广义时空关照评价体系建构的七大中观原则——“法治”原则、“包容性”原则、“分层分类”原则、“家庭友好”原则、“七得”原则、“避免撇脂”原则、“弹性灵活”原则。

二　对农民工子女教育需求的社会政策因应

经过深度访谈与问卷调查，笔者团队发现农民工随迁子女教育政策是农民工群体特别是其中已婚已育亚群体最为关注的社会政策。近年来，根据就学层次的不同，国家出台了不同的细分教育政策以因应农民工随迁子女的受教育需求。作为重要的公益事业，义务教育是各阶段教育中的重中之重，也是体现政府教育责任担当的重要阶段。当前，义务教育阶段所实施的具体政策主要呈现出“两为主、两纳入”的特点。① 就随迁子女的义务教育需求问题，据2016年7月国务院发布《关于统筹推进县域内城乡义务教育一体化改革发展的若干意见》（国发〔2016〕40号），以及近年来教育部发布的《关于做好普通中小学招生入学工作的通知》，以居住证为依据建立义务教育阶段农民工随迁子女入学政策已成为国家与地方的既定政策。在该意见中，国务院根据农民工家庭化与分离化流动的不同需求，分别提出“改革随迁子女就学机制”与“加强留守儿童关爱保护”两方面的要求。具体来说，对于农民工随迁子女在城镇的就学需求，要采取“两为主②、两纳入”的方式安排其依法接受平等的义务教育。同时该意见还要求各地要利用好中小学生学籍信息管理系统的相关数据，基于该系统提升“两免一补”资金以及生均公用经费基准定额资金随学生流动的可携带性。为促进农民工随迁子女顺利融入学校，该意见还要求学校要采取混合编班制和统一管理制，收费标准必须与本地户籍学生相一致，不得向农民工随

---

①所谓“两为主”是指解决农民工随迁子女入学“以流入地区政府管理为主，以全日制公办中小学为主”；所谓“两纳入”是指将农民工随迁子女义务教育纳入各级政府教育发展规划和财政保障范畴。

②基于人口倒挂地区公办学校学位资源相对不足的现状考量，该意见允许公办学校学位不足的地区采取政府购买服务的方式安排农民工随迁子女在普惠性的民办学校就读。

迁子女收取任何额外费用。对于农民工家庭的留守子女，则要落实县、乡政府属地责任，加强关爱保护，确保其能正常接受教育。

在“两为主、两纳入”的政策安排下，统计数据显示，2021 年全国义务教育阶段随迁子女在公办学校就读和享受政府购买民办学校学位服务的比例在 90％以上。综上所述，国家层面出台的农民工子女义务教育相关政策规定在中观原则层面上比较契合“法治”原则、“包容性”原则、“分层分类”原则、“家庭友好”原则、“七得”原则。重视农民工子女教育问题的相关政策具有广义时间关照的蕴意。

农民工随迁子女在义务教育后升学需求主要包括“在流入地接受高中教育和参加异地高考”及“‘两后生’接受中等职业教育”两个方面。就前者而言，2012 年，国家发改委、教育部、人社部与公安部等四部委联合发出的《关于做好进城务工人员随迁子女接受义务教育后在当地参加升学考试工作的意见》要求各地在 2012 年底前出台农民工随迁子女在流入地升学考试的具体方案。因此，截至 2021 年，除西藏之外，其他省份均已就农民工随迁子女在流入地接受高中教育和参加高考出台具体方案。根据统计数据，2018 年全国共有 17.6 万名农民工随迁子女在流入地报名参加高考。就初高中毕业之后未继续升学而又不愿意复读的农村“两后生”而言，接受中等职业教育是提升其个人素质和就业竞争力的重要途径。为此，教育部在近年来的中等职业学校招生通知中明确规定，要积极创造条件引导该群体接受中等职业教育。综上所述，从中观原则层面上看，前述农民工子女在义务教育后升学方面的相关规定比较契合“法治”原则、“家庭友好”原则、“七得”原则。农民工子女“在流入地接受高中教育和参加异地高考”以及“‘两后生’接受中等职业教育”两个方面的规定均具有广义时间关照的蕴意。

三　对农民工权益保护需求的社会政策因应——以欠薪治理为例

如前文所述，在代际分化的背景下，“经济因素”仍然是新老农民工进城务工最重要的驱动因素。笔者团队于 2018 年 4 月至 5 月针对苏州、泉州、温州与东莞四地新生代农民工的调查数据结果表明，17.1％的受访者曾遇到过被欠薪的情况。其中，1.6％的受访者表示经常遇到被欠薪的情形。在被欠薪群体中，有 52.9％被拖欠的是工资报酬，另有 47.1％被拖欠了奖金、津贴或其他福利款项等。现实中拖欠农民工工资是农民工群体权益保障工作的重点、难点问题，属于“顽固性”问题。

我国现行有关“欠薪治理”方面的规制政策与手段，主要体现在通过完善法律法规和政策措施，在两个层次上从源头维护农民工群体利益。为保障包括农民工群体在内的劳动者工资能够正常支付，在法律法规的层面，恶意欠薪已被明确列为违法犯罪行为。其法律依据主要包括《劳动合同法》《劳动法》《刑法修正案（八）》① 与最高人民法院《关于审理拒不支付劳动报酬刑事案件适用法律若干问题的解释》等。在政府相关政策措施层面，主要通过欠薪治理的相关规定来进行规制。有如，2016 年 1 月，《国务院办公厅关于全面治理拖欠农民工工资问题的意见》（以下简称《治理拖欠意见》）明确了施行“全面规范企业工资支付行为”“健全工资支付监控和保障制度”“推进企业工资支付诚信体系建设”“依法处置拖欠工资案件”等细分规制措施。《治理拖欠意见》明确以交通、市政以及水利等工程建设领域以及餐饮服务、加工制造等容易发生工资拖欠的劳动密集型行业为重点和突破口，力求建立健全将动态监管、源头预防与失信惩戒相融合的制度保障体系。其目标为，到 2020 年，从根本上遏制拖欠农民工工资的行为，基本实现无拖欠。为确保该目标的实现，解决企业拖欠工资问题部际联席会议办公室根据《治理拖欠意见》精神，于 2017 年 7 月制定印发了《治欠保支三年行动计划（2017—2019）》，以《治理拖欠意见》所提出的力争到 2020 年实现农民工工资基本无拖欠为行动目标。② 作为专项涉农民工的社会政策，上述欠薪治理的相关规定主要针对流动农民工群体的权益保障问题，从中观原则层面看，主要契合了“法治”原则和“七得”原则中的“留得住”与“融得进”。

---

①《刑法修正案（八）》在《刑法》第 276 条之下，新增了逃避支付劳动者报酬（包括转移财产、逃匿或者有能力支付而拒不支付等情形）达到一定数额且经政府有关部门责令后仍然拒不支付的相关法条，其中一般性情节可处拘役或者 3 年以下有期徒刑，后果严重的，可处 3 年至 7 年有期徒刑。

②其具体行动措施主要包括如下十个方面的内容：推行劳动用工实名制管理、按月足额支付农民工工资、完善农民工工资支付监控机制、积极建立推行农民工工资保证金制度、完善农民工工资专用账户制度、强化对农民工被欠薪问题的劳动保障监察执法、积极发挥农民工劳动争议调解仲裁的作用、通过强化信用惩戒力度规制欠薪违法行为、加强“治欠保支”的法律援助、落实强化属地监管责任。

四　对农民工落户城镇及基本公共服务需求的社会政策因应

基于Sabates-Wheeler等学者（2003）的移民社会政策分析框架，就社会政治因素而言，由于缺乏流入地政府的政治承诺，国际移民需要面临诸多制度层面的约束，往往处于被排斥、被剥夺、被歧视的弱势困境之中。嵌入农民工社会保护体系构建的具体情境中，所谓“缺乏流入地政府的政治承诺”即长期以来户籍壁垒及依附在户籍之上的福利供给体制壁垒。在该壁垒之下，农民工群体在城镇的社会保护不足及弱势性是显而易见的。应该指出的是，户籍及其他相关制度障碍并不总是流动人口在流入地城镇定居意愿低的主要原因①，现实中农民工群体的流迁模式呈多元分化之势。由于工作稳定性较差，进城落户后农村土地权益缺乏保障，对城市生活的高成本担忧与农村生活方式的依恋等诸多因素，使得相当部分农民工选择未来在城镇继续循环流动抑或返回老家农村。但应该正视的是，在流迁模式多元化背景下，户籍壁垒使得“定居型”农民工群体难以实现在城镇落户的目标，而对于“循环型”农民工群体与“返乡型”农民工群体而言，依附在户籍之上的福利供给体制壁垒加大了其享受均等化的公共服务的难度。随着经济社会形势的发展，既定户籍制度及依附在制度之上的城镇福利供给体制，已越来越难以满足包括人才在内的城乡资源要素双向自由流动的需要，户籍制度及其福利承载功能的改革已迫在眉睫。

基于流迁模式分化的视角，无论对“定居型”农民工群体、“返乡型”农民工群体抑或“循环型”农民工群体，户籍政策皆是关注程度最高的社会政策之一。回溯近十年的相关户籍政策变迁，2011年《国务院办公厅关于积极稳妥推进户籍管理制度改革的通知》②（以下简称《积极稳妥改革的通知》）具有里程碑意义③。嵌入本书的研究主题，对农民工社会保护体

---

①朱宇、林李月：《流动人口的流迁模式与社会保护：从“城市融入”到“社会融入”》，《地理科学》2011年第3期。

②该通知印发时间为2011年2月26日，实际在中国政府网上正式公布的时间为2012年2月23日。发文时间与正式公布时间相隔长达一年之久，基于户籍制度改革的复杂性与重要性，这似乎预示着决策层的某种犹豫与慎重。

③以国务院或者国务院办公厅名义发布的户籍制度改革领域的上一份重要文件是于1984年国务院印发的《关于农民工进入集镇落户问题的通知》，时隔长达27年之久。

系构建完善而言，其政策方面的“新意和突破”[①] 体现在以下四个方面。第一，《积极稳妥改革的通知》通过分类明确户口迁移政策，清晰规定了中小城镇的具体落户条件，同时也在“职业稳定性与社会保险参保年限”方面为农民工群体落户设区市提供了具体标准。对于“定居型”农民工群体而言，在城镇定居已成为现实选择之一，虽然允许落户的城市级别较低[②]，但毕竟实现了由“无”到“有”的质的转变，其后续政策调整方向只是从“有”向“好”。第二，《积极稳妥改革的通知》意识到了农民工群体流迁模式多元分化的现实。具体表现在：其一，“必须尊重农民意愿”，要尊重农民工个体在进城和留乡上的自主选择；其二，对于“定居型”农民工，要根据城市等级采取“分类明确户口迁移政策”，同时对于已定居的农民工，要保证其享受与当地城镇居民同等权益；其三，对于“暂不具备落户条件的农民工”[③]，要下大力气解决他们的社会保护问题，在社保、住房、子女上学、劳动报酬等方面积极回应其需求；其四，对于“其他暂住人口”[④]，要为其在流入地城镇工作、学习与生活提供方便。第三，《积极稳妥改革的通知》规定，将逐步剥离户籍制度承载城镇福利的功能，各级政府后续出台的教育、就业以及技能培训方面的政策措施不应与户口性质挂钩。第四，《积极稳妥改革的通知》规定，要依法保障农民工土地权益，不得将放弃宅基地和承包地作为农民工进城落户的前提条件。

基于长期以来户籍制度改革“控大放小”的思路，《积极稳妥改革的通知》的一个不足之处在于其改革的不彻底性。该《通知》无疑进一步降低了中小城市落户门槛，尤其是为农民工进入设区市安家落户设定了较为宽松的条件。但是各方面优势明显且农民工群体定居意愿比较强烈的直辖市、副省级城市，以及其他大城市则采取了继续严控的办法。正是考虑到

---

①囿于其发布时间，《国务院办公厅关于积极稳妥推进户籍管理制度改革的通知》并不属于公民权利范式下发布的户籍制度改革文件。但由于此文件的特殊重要性和先导性，笔者将其引入作为公民权利范式下户籍制度改革的里程碑式文件。

②就城市规模和级别来说，该通知允许落户的城市中不包括直辖市、副省级市以及其他大城市。

③主要指“定居型”农民工群体中的“有落户意愿，无落户条件”者。

④所谓“其他暂住人口”主要指代没有定居意愿的“循环型”农民工与“返乡型”农民工。

这一不足之处，有业内学者认为该《通知》固然“可以获得肯定，但不能赢得掌声”[①]。但不容否认的是，从宏观目标层面上看，《积极稳妥改革的通知》具有明显的狭义空间关照；由于对已定居农民工权益保障的关注及其子女教育问题的关切，该《通知》亦有一定的广义空间关照和广义时间关照的蕴意。从中观原则层面看，该《通知》契合“法治”原则、“包容性”原则、“分层分类”原则、“家庭友好”原则、“七得”原则。

2014年是中央决策层推进户籍制度改革与公共服务均等化力度较大的一年。2014年3月，中共中央、国务院联合颁发实施的《国家新型城镇化规划（2014－2020年）》将推进农业转移人口市民化作为推进国家新型城镇化战略的重要组成部分之一；当年7月，国务院印发的《关于进一步推进户籍制度改革的意见》从专项改革的角度，对“定居型”农民工落户不同规模城市的具体准入门槛和流动状态的农民工在城镇的正式社会保护问题提出改革意见；当年9月，国务院印发的《关于进一步做好为农民工服务工作的意见》则以农民工群体为政策对象，对在新的形势下做好农民工服务工作，解决该群体面临的突出问题，推进其市民化进程提出了具体意见。可见，以上三份文件均以2020年为时间节点[②]，从不同角度对推进户籍制度改革，实现农民工群体公共服务均等化提出了原则规定与具体要求。

其中，《国家新型城镇化规划（2014—2020年）》指出，“受城乡分割的户籍制度影响”，城镇化过程中农民工难以融入城市社会的现象比较突出，市民化进程明显滞后。与此同时，高达2.3亿的农民工及其家庭成员难以享受到均等化的基本公共服务。一方面，“家庭化”流动农民工家庭随迁家属的就业、教育、社保、住房方面的需求得不到满足；另一方面，“分离化”流动农民工家庭“三留守”群体特别是“留守儿童”群体的社会保护缺失问题凸显[③]。为此，《国家新型城镇化规划（2014—2020年）》

---

①李建民：《破冰之难——评中国的户籍改革“新政”》，《人口与发展》2012年第2期。

②2020年是我国全面建成小康社会之年。因此，此三份文件亦可视为推动全面小康的因应之策。其中，《新型城镇化规划》的实施期间为2014年至2020年，《积极稳妥改革的通知》提出2020年要实现1亿农业转移人口在城镇落户。而《关于进一步推进户籍制度改革的意见》总体工作目标的完成时间也设定为2020年。

③有如，毕节市在2012年发生的5名流浪儿童在垃圾箱内非正常死亡和在2015年发生的4名留守儿童服食农药中毒死亡，均是该群体社会保护不足而诱发的恶性事件。

将“有序推进农业转移人口市民化”列为单独的一篇。该篇包括三个章节，其政策内容分别是推进符合条件农业转移人口“落户城镇、享有城镇基本公共服务及建立健全相关推进机制”。如表6-1所示，《国家新型城镇化规划（2014—2020年）》在推进农民工落户城镇方面的创新主要体现在如下几个方面：

表6-1　《国家新型城镇化规划（2014—2020年）》“差别化”落户政策的内容要点

落户的前置条件	流入地城市的规模与等级	落户门槛梯度设定	落户条件
在流入地城镇合法稳定就业且具有合法稳定住所（包括租赁房屋）	建制镇和小城市	全面放开落户限制	全面放开
	城区人口50万—100万的城市	有序放开落户限制	合理设定农民工社会保险参保年限，最高不超过5年
	城区人口100万—300万的大城市	合理放开落户限制	
	城区人口300万—500万的大城市	合理确定落户条件	
	城区人口500万以上的特大城市	严格控制人口规模	采取积分制等具体办法设置不同梯度的特大城市落户通道

资料来源：笔者根据相关资料整理而成。

第一，明确不仅放开农民工落户小城镇的限制，而且放宽大中城市落户条件。如前文所述，《积极稳妥改革的通知》对于各方面优势明显且农民工群体定居意愿比较强烈的直辖市、副省级城市以及其他大城市采取了继续严控的办法，同时在如何落实方面并没有细分的政策规定。而《国家新型城镇化规划（2014—2020年）》则通过实行“差别化”落户政策①，对满足“具有合法稳定住所”与“合法稳定就业”两个前提条件的农民工在不同等级城市落户的具体条件做出了梯度化的明确政策规定。其中，对于城区人口在500万以上的特大城市，虽然同样采取了“严格控制人口规模”的落户措施，但不同的是，明确了农民工可以走积分制的落户通道。

①笔者认为“差别化”应成为农民工社会政策调整的原则之一。在本章中，这一原则被称为“分层分类”原则。

对于城区人口在300万至500万之间的大城市，规定应合理确定农民工落户条件；对于城区人口在100万至300万之间的大城市，规定应合理放开农民工落户限制；对于城区人口在100万至500万之间的中等城市，规定应采取有序放开的落户政策。同时，关于农民工在大中城市社会保险参保年限的设定，最高不得超过5年。此外，还再次明确要全面放开建制镇和小城市的落户限制。基于流迁模式分化的视角，经由《国家新型城镇化规划（2014—2020年）》设定的“差别化”落户政策，“定居型”农民工群体在城区人口少于500万的城市落户已成为现实可能。而在城区人口超过500万的特大城市落户虽然要根据具体积分而定，但是在制度设计层面上亦已实现了全覆盖。①

第二，指出要逐步解决好已经在流入地城镇居住但尚未落户的农民工群体平等享受基本公共服务的问题。基于社会福利政策的分析框架，就构建理念而言，这一问题的解决应基于“保障基本、循序渐进”的原则展开。基于分配基础的维度，城镇基本公共服务的覆盖对象不仅要包括城镇居民，而且要将在城镇居住但尚未落户的农民工群体纳入在内。就分配内容而言，《国家新型城镇化规划（2014—2020年）》指出，要在农民工随迁子女平等接受教育、公共就业创业服务体系的完善、社会保障项目覆盖面的扩大、基本医疗卫生条件的改善及住房保障渠道等方面②推进农民工基本公共服务均等化。

第三，阐明了建立健全相关推进机制的具体实施路径。基于社会福利政策的分析框架，在服务输送与资金筹集的维度上，该推进机制可表述为“政府主导、多方参与、成本共担、协同推进”。具体来说：一是要建立政府、企业、农民工群体三位一体的成本分担机制③；二是要合理确定中央

---

①囿于超大城市的福利承载力，在现实的政策情境中，农民工想要通过积分制在北上广深等一线城市落户，存在较大难度。虽然本研究主题确定为（新生代）农民工群体的社会保护问题，但应该正视的是，不仅（新生代）农民工作为“乡—城流动人口”在一线城市落户难，其他“城—城流动人口”在一线城市落户同样面临着高门槛的现实。甚至于一般性的精英群体，比如普通大学的硕士毕业生，亦难以落户。

②基于农民工社会政策“二元四分”的分析框架，如上公共服务项目分布于“生存—问题型”“生存—福利型”“发展—问题型”与“发展—福利型”社会保护需求之中。

③基于资金筹集的维度，此成本分担机制无疑契合“包容性”原则。

政府、省级政府、市县政府的职责划分；三是要不断完善农民工社会参与机制，助力该群体融入城市社会。

从宏观目标层面上看，《国家新型城镇化规划（2014—2020 年）》既有明显的狭义空间关照蕴意，又有一定的广义空间关照和广义时间关照的蕴意；从中观原则层面看，契合“法治”原则、“包容性”原则、“分层分类”原则、“家庭友好”原则、“七得”原则。

为进一步深化户籍制度改革，国务院于 2014 年 7 月颁布《关于进一步推进户籍制度改革的意见》，指出两大工作重点：一是促进农民工落户城镇，有序推进该群体市民化；二是积极因应该群体的基本公共服务需求。①嵌入本研究主题，在《国家新型城镇化规划（2014—2020 年）》有关“有序推进农业转移人口市民化”内容的基础上，《关于进一步推进户籍制度改革的意见》对农民工落户及其在流入地城镇的社会保护问题做出了比较详尽的规定，其基本原则包括四个方面：在政策总基调上，要求做到“积极稳妥、规范有序”；在农民工定居决策上，要求做到“以人为本、尊重意愿”；就不同等级城市的推进策略上，要求做到“因地制宜、区别对待”；在服务输送与供给水平上，要求做到“统筹配套、提供基本保障”。②

系统梳理《关于进一步推进户籍制度改革的意见》文本，笔者发现其亮点主要体现在如下四个方面：一是明确提出了到 2020 年要实现包括农民工在内的 1 亿左右农业转移人口和其他常住人口在城镇落户的发展目标。基于流迁模式分化的视角，对“定居型”农民工群体而言，在城镇落户不仅是个人的能动选择，亦已成为国家战略。二是根据城镇规模等级和实际福利承载能力实行差别化的户口迁移政策。③ 如图 6-1 所示，对于建制镇和小城市落户的原则是全面放开，对于中等城市落户的原则是有序放开，对于大城市落户条件要合理确定，对于特大城市人口规模则要严格控制。三是通过创新人口管理方式使之更加适应农民工群体流迁与社会保护的需

①这两个工作重点因应了不同流迁模式下的农民工的社会保护需求，具有明显的狭义空间关照的蕴意。

②这无疑属于“分层分类”的实践逻辑。

③可见，回应“定居型”农民工的核心诉求已经成为国家战略。但是国家在推进不同等级、规模城市降低落户门槛上采取的是渐进式的、“分层分类”的原则。

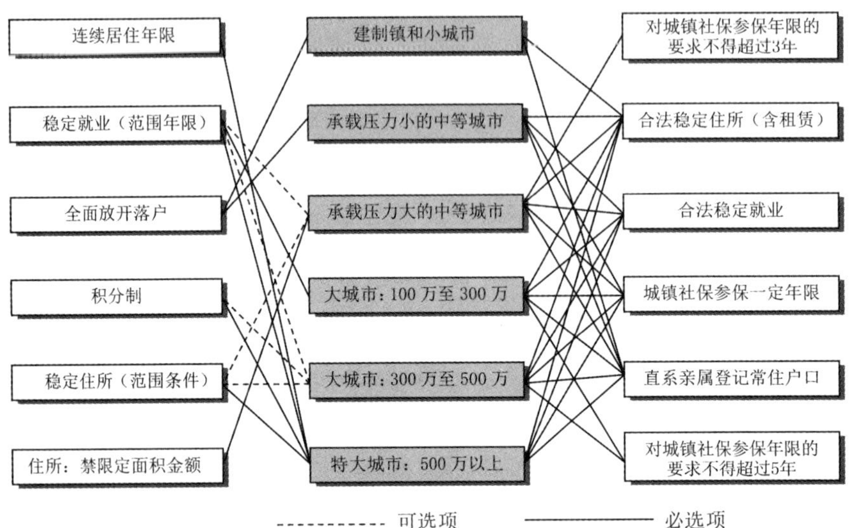

图 6-1 根据城镇规模等级和实际福利承载能力实行差别化的户口迁移政策

资料来源：笔者根据相关资料整理而成。

要。具体来说，有如下三个方面的举措：其一，用城乡统一的居民户口代替原来的农业户与非农业户，还原户籍制度原本的人口登记管理功能。其二，建立居住证制度，完善面向持证流动人口的基本公共服务提供机制。通过居住证制度，劳动就业、社会保险、子女教育、住房保障等流动农民工群体的“生存—问题型”“生存—福利型”“发展—问题型”“发展—福利型”社会保护需求均可得到充分满足。其三，人口信息管理制度得到进一步健全。其四，农民工群体的合法权益得到切实保障。一方面，农村产权制度得到完善，充分保障进城落户农民工的土地“三权”，不得以退出“三权”作为其在城镇落户的前置条件；另一方面，流入地城镇公共服务的覆盖面得到扩展，农民工及其家庭成员在不同生命周期的社会保护需求均在基本公共服务体系的覆盖范围之内。① 此外，还通过建立财政转移支付与农民工市民化相挂钩机制、完善转移支付制度和地方税体制等具体举措，确保各级地方政府具备充裕财力以提供农民工在流入地城镇所需的基

①对于拟进城抑或已进城的农民工来说，上述亮点举措无疑具有某种广义时间关照的蕴意。

本公共服务。

2014年，国务院印发《关于进一步做好为农民工服务工作的意见》（国发〔2014〕40号）指出，自《国务院关于解决农民工问题的若干意见》印发以来，农民工群体的正式与非正式社会保护体系建设得到显著加强与完善。《关于进一步做好为农民工服务工作的意见》指出了当前农民工社会保护领域存在的四个方面主要问题。基于流迁模式分化的视角，对仍处于流动状态的农民工群体①而言，其在流入地城镇务工、生活主要面临三个方面的问题与困难：一是就业稳定性仍不够强；二是劳动保障权益受侵害的事件仍时有发生；三是享受基本公共服务的范围偏小。此外，大量已经在城镇稳定、长期就业的农民工群体仍未落户给“以人为核心”的城镇化工作带来巨大压力。针对如上问题，《关于进一步做好为农民工服务工作的意见》以2020年为期限提出了稳定和扩大就业创业、维护劳动保障权益、推动享受基本公共服务和在城镇落户以及促进社会融合等方面的工作要求。值得关注的是，该意见明确推进农民工市民化必须在“有条件有意愿”的前置条件下展开。因此，对于不同流迁意愿或定居条件的农民工群体，《关于进一步做好为农民工服务工作的意见》提出了差异化的社会保护策略。具体来说，对于“有条件有意愿”的农民工要引导其在城镇落户，努力实现1亿人口落户；对于“未落户”的农民工，则要确保其也能够享受到基本公共服务。

基于农民工社会政策“两维四分”的分析框架，农民工群体的“生存—问题型”社会保护需求主要聚焦于就业创业政策方面。基于农民工群体复杂而多变的流迁决策与流迁模式考量，《关于进一步做好为农民工服务工作的意见》分别就不同流迁状态下如何扶持农民工创业就业指明了三条具体路径：首先，对外出意愿较低的农民工群体，鼓励其就地就近转移就业；其次，对外出意愿较高的农民工群体，引导其有序外出务工；最后，对已经在外务工一定时间，具备一定经验、资金与技术积累的农民工群体，则扶持其返乡创业。②

在Sabates-Wheeler的移民迁移社会政策分析框架中，移民弱势性形

①流动农民工群体包括“定居型”“循环型”与“返乡型”三类细分群体。

②此三条路径具有狭义空间关照的蕴意。

成的社会方面客观因素主要包括政治因素和文化因素①两个方面。其中，就社会政治因素而言，由于缺乏流入地政府的政治承诺，移民需要面临诸多制度层面的约束，往往处于被排斥、被剥夺、被歧视的弱势困境之中，不充分、低质量、低报酬就业即是移民受制度性排斥的具体表现。在社会文化因素而言，由于和处于主流地位的当地居民在价值、规范以及习俗上迥异，制约了移民群体的就业表现。Sabates-Wheeler 有关移民就业弱势性的成因分析对破解农民工在城镇流入地的就业困境具有一定启示意义。为解除社会政治层面因“缺乏流入地政府的政治承诺”而致的制度约束，《关于进一步做好为农民工服务工作的意见》② 提出要进一步清理影响农民工就业的户籍限制等诸多方面的歧视性规定，以确保农民工群体的平等就业权。在促进农民工就业创业方面，该意见值得关注的一点是明确提出要加强农民工流出地与流入地的劳务对接，有如农民工流出地可以在本地农民工群体密集的流入地创设农民工服务工作站等。该举措对于农民工群体的社会保护无疑具有积极作用，对流出地政府而言，本地农民工到达流入地务工就业并非其管理与服务的终点，而是起点；对于流入地政府而言，有了流出地农民工服务工作站的协助，能更好掌握、因应不同流出地农民工群体异质性的社会保护需求。③“生存—福利型”社会保护需求主要体现在社会保险方面，由于现行社会保险制度设计已经能基本覆盖不同流迁模式农民工群体与不同代际农民工群体的制度需求，该意见主要将社会保险工作的重点放在农民工参与城镇社会保险扩面工作上。现实中，农民工群

---

①农民工个体弱势性成因的社会政治因素，在制度性约束层面造成了该群体正式社会保护不足的现象。与此同时，农民工个体弱势性成因的社会文化因素，在“价值、规范以及习俗上”等非制度性约束层面造成了该群体非正式社会保护不足的问题。从这个角度来说，《农民工服务意见》及其他一些农民工社会保护相关政策文件，在规制内容上通常存在的一个不足之处在于：对社会政治因素关注较多，而对社会文化因素关注较少；对于制度性约束层面分析较多，而对非制度性约束层面分析较少；对于正式社会保护规制较多，而对非正式社会保护规制较少。

②就此，笔者认为《关于进一步做好为农民工服务工作的意见》和《关于进一步推进户籍制度改革的意见》等政策文件的出台，本身即是打破“缺乏流入地政府的政治承诺”的有力举措。

③流入地和流出地之间紧密合作、保护农民工各项权益无疑有助于“七得”目标的实现。

体就业形式呈多元分化之势，基于“分层分类”原则，对于通过签订合同实现稳定就业的农民工群体，将其纳入城镇职工基本养老保险与城镇职工基本医疗保险覆盖范围之内；对于灵活就业与非正式就业的农民工群体，则采取更加具有弹性的参保方式。同时，通过不断完善各类社会保险的转移接续政策，积极因应农民工群体高流动性的现实需要，以保障其社保权益。①

农民工“发展一问题型”社会保护需求主要体现在职业技能培训、权益保障以及随迁子女教育方面。基于社会福利政策的分析框架，作为促进农民工就业创业的辅助措施之一，《关于进一步做好为农民工服务工作的意见》有关职业技能提升计划的举措，在分配基础与分配内容的维度上具有生命历程的意蕴，针对农民工群体施行“终身职业培训”的理念已经确立。具体体现在：对于农村新成长劳动力群体，要加强职业教育、培训力度；对于“两后生”群体，要开展更有针对性的“劳动预备制”培训；对尚未外出务工的农村劳动力，要针对群体特点和需求开展就业技能培训；对于已经在工作岗位上的农民工群体，则要积极提升其岗位技能；对于已经具备中级以上职业技能的农民工群体，则着力通过培训引导其往高技能人才方向发展。②

在服务输送的维度上，通过政府购买培训服务的方式，农民工培训供给方式越来越弹性灵活，定向培训、定岗培训、订单式培训等多种模式的涌现，使得农民工培训的自主性与培训机构参与竞标的积极性显著加强。③在资金筹集的维度上，《关于进一步做好为农民工服务工作的意见》指出各级政府要加大对培训资金的投入力度，要合理确定培训补贴标准，要积极落实职业技能鉴定的相关补贴政策；在有关农民工权益保障方面，主要举措包括规范用工管理、保障工资报酬权益、强化安全生产与职业健康保护、不断畅通维权渠道、加强法律援助与法律服务等五个方面，这五个方面涵盖了农民工在流入地城镇弱势性地位形成的“时间”与“空间”维度，对促进其劳动权益保障具有积极作用；在有关农民工随迁子女教育方面，主要是针对该群体就读“普惠性学前教育”“公办义务教育”，以及

---

①保障农民工的各类社会保险特别是养老保险和医疗保险的权益，可以为农民工的养老问题提供有力的制度支撑。所以，从某种意义上说，做好农民工的社会保险工作本身是一项具有广义时空关照蕴意的社会政策举措。

②从国家的层面上看，打造“终身职业培训”体系无疑具有广义时间关照的蕴意。

③从社会福利政策的四维度分析框架来说，基于服务输送的维度，培训供给方的设定具有良好的“包容性”。

"在流入地参加中高考"做了具体规定；① 在"发展－福利型"社会保护需求的维度上，就农民工的住房保障问题做了统筹安排，具体来说，农民工住房保障问题主要通过增加中小户型商品房、规范房屋租赁市场、享受购房契税与印花税优惠、支持各类园区集中建设小户型公租房和鼓励缴贷公积金等多种方式逐步改善其居住条件。基于流迁模式多元化的视角，经过笔者研究团队在多省市与基层政策执行者与农民工群体的深度访谈，差别化的住房保障政策设计对于满足农民工群体异质性的社会保护需求而言，增加了制度供给弹性，值得肯定。

嵌入本书的研究对象与研究主题，在保障农民工土地"三权"的前置条件下，逐步推进"有条件有意愿"的农民工群体在城镇落户同时，对"暂不具备条件"的农民工群体以及"其他流动人口"提供适应其流迁模式的社会保护是《关于进一步做好为农民工服务工作的意见》的主导思路。具体来说，基于"渐进式改革"的思路，对于有条件有意愿的农民工，要通过深化户籍制度改革，借由差别化落户政策在城镇有序落实实现平等享有城镇基本公共服务的目标。另一方面，流入地城镇的基本公共服务供给标准要实现从"户籍准入制"到"常住准入制"的转变，在努力提高承载能力、扩大项目范围的同时，实现对暂不具备落户条件抑或没有落户意愿的农民工及其家庭成员的覆盖，使其能逐步平等地享受到相关社会保护权益。值得关注的是，该意见对于农民工社会融合问题做出了具体政策安排。该意见指出，为促进农民工社会融合，首先，要保障该群体依法享有民主政治权利，要通过从农民工群体中发展党员，推荐优秀农民工参评党代表、人大代表、政协委员，参评先进和报考公务员同等对待等多重举措促进该群体政治融合。其次，要丰富农民工群体的精神文化生活，通过向其免费开放文化场馆、推进"两看一上"活动、举办示范性农民工文化活动等促进该群体"文化融合"。再次，社会各界要加大对农民工群体人文关怀的力度，通过人文关怀进企业、开设农民工夜校、开展新市民培训等方式促进农民工群体融入城镇。此外，基于许多农民工家庭"分散化"流动的现实，该意见还就"三留守群体"的关爱服务体系建设提出了具体对策措施。

从宏观目标层面上看，同在2014年出台的《关于进一步推进户籍制度改革的意见》与《关于进一步做好为农民工服务工作的意见》的联合实施

①这些举措都有助于打破农民工"分离式"再生产体制。

具有明显的狭义空间关照蕴意，亦有明显的广义空间关照和广义时间关照的蕴意。从中观原则层面看，这两个文件的组合契合农民工社会政策广义时空关照评价体系建构的七大中观原则——“法治”原则、“包容性”原则、“分层分类”原则、“家庭友好”原则、“七得”原则、“避免撇脂”原则、“弹性灵活”原则。这两个文件的联合实施效果亦表明公民权利范式下农民工社会政策具有比较明显的广义时空关照的蕴意。

第五节　“发展—福利型”社会政策

本书专注于农民工住房保障需求对“发展—福利型”社会政策的广义时空关照状况展开评价。住房问题是不同流迁模式农民工群体的核心社会保护诉求之一。经过文献梳理与笔者研究团队讨论，笔者认为当前国家解决农民工住房保障问题的思路主要遵循“政府保障与市场配置”双管齐下的原则。基于社会福利政策的分析框架，就分配基础的维度而言，当前我国农民工住房保障政策的受益对象主要为在城市稳定就业、缴纳规定年限社会保险的农民工。[①] 有如，国务院办公厅 2013 年印发的《关于继续做好

①中央与地方在推进户籍制度改革中，同样以稳定就业与生活的农民工群体作为推进落户的重点人群，有如，在国务院办公厅发布的《推动 1 亿非户籍人口在城市落户方案》中，把“在城镇就业居住 5 年以上”“举家迁徙的农业转移人口”“有能力在城镇稳定就业和生活”等条件作为“稳定就业和生活”的标准。就此倾向，笔者认为基于资源有限性约束考量，以“稳定就业和生活”作为衡量是否优先提供具体社会保护服务的标准具有一定合理性。在警惕“撇脂效应”的同时，笔者认为应当正视并逐步改善“非稳定就业和生活”农民工群体的社会保护需求，其原因有两大方面。首先，就必要性而言，社会保护体系不应当造成新的不平等与群体分裂，而且社会保护不足本身就是影响农民工群体是否“稳定就业和生活”的关键变量之一。换言之，正是由于社会保护不足而导致许多农民工群体无法在其流入地城镇实现“稳定就业和生活”。因此，为避免陷入“先提供社会保护”抑或“先稳定工作与生活”这一类似“先有鸡后有蛋，抑或先有蛋后有鸡”的二元悖论，应该正视该群体的相关需求；其次，通过更具有“弹性化”的社会保护政策设计，在一定程度上解决好农民工群体流动性与社会保护资源有限性的矛盾。有如，针对苏州、泉州、温州与东莞四地新生代农民工的调查结果显示，“定居型”新生代农民工群体与“循环型”新生代农民工群体对于住房类型的需求存在一定异质性。相对来说，“循环型”新生代农民工群体在住房类型上更偏好单位宿舍与公共租赁房（可简称之为“轻保障”），相对来说“定居型”新生代农民工群体则比较青睐“商品房”和“限价房”（可简称之为“重保障”）。因此，在农民工住房保障政策设计上，在为“稳定就业和生活”的“定居型”农民工获取“重保障”提供便利的同时，可以通过更加灵活有弹性的制度设计为“非稳定就业和生活”的“循环型”农民工提供诸如租房补贴、单位宿舍等“轻保障”。

房地产市场调控工作的通知》即明确要求地级以上城市在2013年底前要把在城镇稳定就业同时符合条件的农民工群体纳入住房保障范围。

基于分配内容的维度，根据《关于继续做好房地产市场调控工作的通知》的相关内容，农民工住房保障采取“政府保障与市场配置”的二元渠道，从中观层面上看具有“分层分类”考量的意蕴。具体而言，对于经济能力较强的农民工群体，鼓励其基于“市场化”原则，通过购买住房或者租房解决自身在城镇的住房需求；对于经济能力较弱的农民工，则将其纳入城镇住房保障范围之内，其中“符合相关条件”① 的可以按照规定享受公共租赁住房与住房租赁补贴两项保障。国务院于2016年印发的《关于深入推进新型城镇化建设的若干意见》则明确规定，持有居住证的农民工享有和流入地城镇居民同等的住房保障权。② 根据人力资源和社会保障部的相关统计数据显示，截至2017年底，通过实行发放住房补贴和实物租赁两种方式，全国共计有500多万农民工享受了公租房保障待遇。除了《关于继续做好房地产市场调控工作的通知》规定的公共租赁住房与住房租赁补贴两项保障之外，住房公积金亦是农民工住房保障体系的选项之一。早在2005年，财政部、中国人民银行与建设部即联合印发《关于住房公积金管理若干具体问题的指导意见》明确指出，各地可以根据农民工群体就业形式的不同而采取差别化的住房保障措施。有如，对于有条件的地区，各用人单位在聘用农民工时可根据相关规定为其缴存住房公积金；对于灵活就业与非正规就业的农民工，则可以个人名义申请缴存住房公积金，同时政策还允许其使用住房公积金贷款帮助其实现购房需求③④。由于《关于住房公积金管理若干具体问题的指导意见》并非强制性的制度，目前建立了

---

①为此，住建部指导各省市逐步放宽对于公共租赁房农民工申请者有关收入与财产方面的准入门槛，一般来说“符合相关条件”在操作层面上有三个硬性条件：一是持有正式劳动合同；二是在流入地城镇缴纳了一定年限的社保；三是在流入地没有住房。

②这无疑为解决农民工特别是“定居型”农民工的住房保障问题提供了制度保证。

③在多个省市的调研中，笔者发现，在操作层面上，现行住房公积金贷款政策难以满足农民工在农村建造、大修或者翻修住房时的贷款需求。有如，根据福建省的相关规定，在农村建造、大修或者翻建住房可根据相关规定提取住房公积金。但由于使用农村宅基地建房不具担保和抵押资格，因此不能使用公积金贷款。

④即便存在不尽如人意之处，农民工住房公积金缴贷政策仍可视为一项“弹性灵活”的细分社会政策。

农民工住房公积金缴贷制度的城市仍比较有限。其中，安徽芜湖、重庆丰都、四川眉山等地通过将农民工纳入住房公积金制度覆盖范围的实践取得了一定成效。通过住房公积金制度，农民工可以享受与城镇职工一样的公积金缴存、提取与贷款，有助于其在流入地与流出地实现购房与建房的目标。①

基于服务输送的维度，2016 年以来，住房和城乡建设部等多个部委通过三个规范文件的出台对公租房的供给渠道与方式做了较为细致的规定。2016 年住建部和财政部联合印发《关于做好城镇住房保障家庭租赁补贴工作的指导意见》，提出鼓励和支持住房保障对象家庭通过市场租房的方式满足住房需求，而政府可以通过对符合条件的家庭提供租赁补贴的形式给予扶持。② 2017 年，住建部等九个部委联合印发了《关于在人口净流入的大中城市加快发展住房租赁市场的通知》，旨在加大对农民工群体的公租房保障力度，该通知对于促进农民工住房保障问题的解决释放了四个方面的政策利好：一是做大总量，鼓励各省市通过“在新建商品住房项目中配建租赁住房等”及“新增用地建设租赁住房”等多种形式多渠道增加新建租赁住房的供应量；二是提升比例，即新增的各类租赁住房要优先向各类公租房保障对象、新市民以及农民工群体供应；三是盘活存量，要求各地积极盘活存量房屋，用于包括农民工家庭在内的城市住房保障对象家庭租赁；四是培育企业，要积极培育机构化与规模化的住房租赁企业，在增加租赁住房供应数量的同时提升住房品质。2017 年，住建部还印发了《关于完善公租房分配方式的通知》，意在通过对住房困难问题比较突出且公交、环卫等农民工就业分布密集的行业，实行集中配租的办法来给予一定政策倾斜，以增强这些行业住房困难群众的获得感。此外，住建部还根据经济开发区、工业园区等各类园区农民工群体较为集中、住房保障需求较大的实际，指导各省市基于集约用地的原则，通过统筹规划、建设一定数量的

---

①在针对福建省内泉州、厦门与福州三地 1096 名新老流动农民工群体的问卷调查中，面对“您今后解决住房问题的计划是什么?”这一问题时，回答“回乡自建住房”的农民工占总数的 25.2%，计划“回乡购买住房”的农民工占总数的 13.8%，而选择“在流入地购买住房”的被调查对象则占总数的 23.9%。而根据福建省住房公积金管理的相关规定，缴存公积金达到相关要求后，农民工可以提取公积金“回乡自建住房”。而“回乡购买住房”与“在流入地购买住房”的农民工则可以采取公积金贷款的方式购房置业。

②相对“公租房实物保障”，给予住房补贴可以增加住房保障家庭对于住房选择的个性化与差异化需求。因此，这种保障方式更具有“弹性灵活的特征”。

宿舍型和单元型公共租赁房，以满足各类园区农民工的住房保障需求。

基于资金筹集的维度，由于享受了人口流入红利，人口密集流入地政府应当承担更多的住房保障资金投入。此外，为鼓励流入地政府妥善解决农民工群体的居住问题，国务院于2016年发出的《关于实施支持农业转移人口市民化若干财政政策的通知》规定中央财政在安排保障性住房、城市基础设施的建设与运行维护专项资金时，对于吸纳农民工数量较多、负担相对较重的地区给予一定政策倾斜。

第六节　新近农民工相关社会政策的广义时空关照评价

所谓新近农民工相关社会政策是指2019年至2021年中央层面发布的涉农民工的各类规划、通知、意见、方案等。如表4-4所示，新近农民工相关社会政策主要包括《新生代农民工职业技能提升计划（2019—2022年）》《关于建立健全城乡融合发展体制机制和政策体系的意见》《关于加快推进乡村人才振兴的意见》《保障农民工工资支付条例》《扩大返乡留乡农民工就地就近就业规模实施方案》《关于做好当前农民工就业创业工作的意见》《关于全面推进乡村振兴加快农业农村现代化的意见》《中华人民共和国国民经济和社会发展第十四个五年规划和2035年远景目标纲要》等八份文件。本节将通过文本分析逐一评价上述规划、通知、意见、方案的广义时空关照水平，以便更加准确地把握中央政府关于农民工相关社会政策调适的最新精神。

《新生代农民工职业技能提升计划（2019—2022年）》是近年来发布的少有的以新生代农民工群体为对象的涉农民工社会政策。该计划开宗明义指出其制定的目的在于“帮助农民工特别是新生代农民工增加受教育培训机会，提高专业技能和胜任岗位能力，将其培养成为高素质技能劳动者和稳定就业的产业工人”。无论文件名称抑或具体培训内容设计①，该计划

---

①之所以认为该计划是一项具有广义时间关照蕴意的社会政策，是因为该计划明确提出要促进农村剩余劳动力转移就业。该计划指出，对在公共就业服务平台登记培训愿望的农民工，在1个月内提供相应的培训信息或统筹组织参加培训，实现转移就业前掌握就业基本常识并至少掌握一项职业技能。这类农民工很可能是未有外出务工经历但是有外出务工意愿的农民。

都是一项具有广义和狭义时间关照的农民工细分社会政策。该计划针对新生代农民工群体大规模开展多种形式职业技能培训的目标，具有流迁需求差别化的考量，如规定对初次到城镇就业的新生代农民工开展必要的引导性培训，这一举措无疑有助于新生代农民工稳定就业，增强其在城市定居的愿望。另一方面，该计划又因应乡村振兴对于创业和技能人才的需要，通过积极开展创业创新培训和职业技能培训，为乡村振兴培养潜在有生力量。由此可见，《新生代农民工职业技能提升计划（2019—2022年）》又有明显的狭义空间关照和部分广义空间关照的蕴意。在中观层面，该计划契合“包容性”原则、“分层分类”原则、“七得”原则与“弹性灵活”原则。

《中共中央、国务院关于建立健全城乡融合发展体制机制和政策体系的意见》旨在“重塑新型城乡关系，走城乡融合发展之路，促进乡村振兴和农业农村现代化”。嵌入本书研究的主题之中，“建立健全有利于城乡要素合理配置的体制机制”的任务，一方面要求健全农业转移人口市民化机制，另一方面要求建立城市人才入乡激励机制。为健全农业转移人口市民化机制，《意见》指出要通过深化户籍制度改革，放开放宽除个别超大城市外的城市落户限制，“定居型”农民工的核心诉求由此得到回应；另一方面，要加快实现城镇基本公共服务常住人口全覆盖，对于没有或者暂时没有定居意愿的“循环型”农民工来说，他们的就业和社会保护需求也得到了积极响应。① 建立城市人才入乡激励机制是该意见的亮点之一，鼓励包括外出农民工及经商人员回乡创业兴业表明“返乡型”农民工的需求不仅得到政策回应而且已经成为国家战略。由此可见，该意见具有明显的狭义空间关照的蕴意。基于农民工群体的代际分化考量，该意见还指出，要提升城市包容性，推动农民工特别是新生代农民工融入城市。同时，要提高新生代农民工职业技能培训的针对性和有效性。可见，新生代农民工群体相对较高的城市融入意愿和职业技能提升需求得到了政策回应，因此该意见亦有明显的狭义时间关照蕴意。

建立健全有利于城乡基本公共服务普惠共享的体制机制是《中共中

---

①相关规定还包括“规范招工用人制度”“消除一切就业歧视”“健全农民工劳动权益保护机制”“落实农民工与城镇职工平等就业制度”等。

央、国务院关于建立健全城乡融合发展机制体制和政策体系的意见》的重要举措，其中完善城乡统一的社会保险制度积极回应了农民工特别是第一代农民工返乡后的养老需求，而“建立城乡教育资源均衡配置机制”的规定无疑有助于农村劳动力的再生产。此外，从广义时间关照的角度看该意见中提出的“健全农村留守儿童和妇女、老年人关爱服务体系”，对农村“一老一少”问题的解决无疑是稳定的政策输出和回应。而《意见》“维护进城落户农民土地承包权、宅基地使用权、集体收益分配权，支持引导其依法自愿有偿转让上述权益”在关切“已定居”农民工合法权益的同时，让其有了广义空间关照的蕴意。综上所述，该意见在中观层面契合“法治”原则、“包容性”原则、“分层分类”原则、“家庭友好”原则、“七得”原则、“避免撇脂”原则与“弹性灵活”原则等广义时空关照的七大中观原则。

《关于加快推进乡村人才振兴的意见》以 2025 年为时间点，以乡村人才振兴制度框架和政策体系基本形成为目标，力求通过多元举措的实施，使乡村振兴各领域人才规模不断壮大、素质稳步提升、结构持续优化，形成各类人才支持服务乡村的格局。作为以乡村振兴为目标的一项人才专项规划，《关于加快推进乡村人才振兴的意见》一方面鼓励农民工、农村实用人才等创办领办家庭农场、农民合作社，以返乡创业农民工等群体为对象实施“一村一名大学生”培育计划，为返乡入乡人员及其家属按规定参加城镇职工基本养老保险、基本医疗保险提供便捷服务，① 积极推动农民工返乡创业就业；另一方面并不排斥农村剩余劳动力外出务工，“培育一批叫得响的农民工劳务输出品牌”成为加快推进乡村人才振兴的重要举措，该意见具有明显的“七得”原则的蕴意。由此可见，上述举措具有明显的广义和狭义空间关照的蕴意。此外，《关于加快推进乡村人才振兴的意见》并未直接点名新生代农民工，但对农村年轻骨干力量予以特别关注，有如“鼓励村干部、年轻党员等参加社会工作职业资格评价和各类教育培训”“重点培训年轻骨干农技人员”等，因此具有一定的狭义时间关照的蕴意；另一个层次上，有关“允许返乡入乡人员子女在就业创业地接受学前教育、义务教育”“解决好返乡入乡人员的居住和子女入学问题”

---

①以返乡农民工群体为对象的培训和社会保险政策理应具有广义空间关照的蕴意。

具有较为明显的广义时间关照的蕴意，同时也避免了撇脂的发生。

作为一项专项条例，《保障农民工工资支付条例》的主要保护对象为流动农民工群体，因此其时空关照仅局限于狭义空间关照的层面上。但值得关注的是，从中观原则层面上看，该条例的精神与“法治”原则、“包容性”原则①、“七得”原则是较为内洽的。

《扩大返乡留乡农民工就地就近就业规模实施方案》的主要任务是及时解决返乡留乡农民工就业中的实际困难，努力实现农民工就地就近就业目标。作为面向返乡农民工群体的一项专项方案，其具体目标任务可描述为“五个一批”②，具有“分层分类”和“七得”的中观原则蕴意。其重点措施包括“落实就业扶持政策”“引导企业扩大岗位”“开发更多新型业态”“加强基础设施建设”“优化就业创业服务”“开展职业技能培训”等，无论具有返乡意愿的“返乡型”农民工，抑或已经返乡六个月以上且无再外出务工意愿的“已返乡”农民工，均可从中获得相应的社会保护。可见，《扩大返乡留乡农民工就地就近就业规模实施方案》具有一定的狭义空间关照和广义空间关照的蕴意。

《关于做好当前农民工就业创业工作的意见》（人社部发〔2020〕61号）是在新冠肺炎疫情、经济下行压力等多重因素叠加影响下出台的一份文件，旨在解决部分农民工就业创业方面面临的一些困难。该意见具有明显的“流迁需求差别化”的视角，在具体政策设计上没有局限于流动农民工群体，而是同时关注了不同流迁状态农民工的异质性社会保护需求。对于流动中或有意向外出就业的农民工群体，该意见采取“稳定现有就业岗位”“创造更多就业机会”“支持多渠道灵活就业”等方式来拓展外出就业渠道。③ 对于具有回流意愿抑或已经正式返回农村的“返乡型”农民工或

---

①包容性的依据之一在于该条例第八条的如下规定：工会、共产主义青年团、妇女联合会、残疾人联合会等组织按照职责依法维护农民工获得工资的权利。

②即，回归农业稳定一批、工程项目吸纳一批、创新业态培育一批、扶持创业带动一批、公益岗位安置一批。

③从广义时间关照的角度看，采取如下举措促进农村剩余劳动力外出就业，以巩固外出务工就业规模：优先组织贫困劳动力有序外出务工，加大岗位归集发布和劳务对接力度，按规定落实各项扶持政策，力争有就业意愿和就业能力的贫困劳动力都能实现就业。

者“已返乡”农民工，该意见通过“发展乡村产业吸纳就业”“推动项目建设促进就业”“支持返乡入乡创业带动就业”等途径来促进就地就近就业，这些途径无疑具有广义和狭义空间关照的蕴意。虽然该意见未提及新生代农民工群体及其社会保护需求，但由于其明确“对其中大龄、身有残疾、长期失业等特殊困难的，按规定纳入就业援助范围，实施重点帮扶”，由此具有生命周期的意蕴，对“大龄农民工”的就业援助表明其具有狭义时间关照考量，亦可视为其契合“避免撇脂”原则的证据。

《中共中央、国务院关于全面推进乡村振兴加快农业农村现代化的意见》的详细文本分析及其狭义时间关照①、狭义空间关照②情况可参见本书第五章。作为2021年的中央一号文件，它对新发展阶段优先发展农业农村、全面推进乡村振兴做出总体部署，其中关于农民工群体社会保护的规定具有一定的广义时间关照③与广义空间关照④的蕴意。

《中华人民共和国国民经济和社会发展第十四个五年规划和2035年远景目标纲要》（以下简称为“十四五”规划纲要）是指导我国2021年及之后5年和15年国民经济和社会发展的纲领性文件，全文共十九篇，六十五章。“十四五”规划纲要有两处直接提及农民工，其中第四十七章《实施就业优先战略》第一节《强化就业优先政策》指出，“完善高校毕业生、退役军人、农民工等重点群体就业支持体系”“统筹城乡就业政策，积极引导农村劳动力就业”。“十四五”规划纲要第四十八章《优化收入分配结构》第二节《扩大中等收入群体》则指出，实施扩大中等收入群体行动计划，以高校和职业院校毕业生、技能型劳动者、农民工等为重点，不断提高中等收入群体比重。可见，流动农民工群体的权益在“十四五”规划纲要中得到了高度重视。

---

①其中，“深入实施新生代农民工职业技能提升计划”具有狭义时间关照的蕴意。

②其中，“推动在县域就业的农民工就地市民化”“增加适应进城农民刚性需求的住房供给”等举措具有狭义空间关照的蕴意。

③虽然没有直接提及流动农民工的“上游”群体与“下游”群体，但是进入城市前的预备劳动力群体以及退出城市劳务市场的“退休农民工”的社会保护需求均可以在文件中得到因应。

④“鼓励地方建设返乡入乡创业园和孵化实训基地”等举措，针对的群体之一是“已返乡农民工”，因此可视为具有广义空间关照的蕴意。

基于流迁需求差别化的视角，“十四五”规划纲要第二十七章《加快农业转移人口市民化》，提出坚持存量优先、带动增量，统筹推进户籍制度改革①和城镇基本公共服务常住人口全覆盖，健全农业转移人口市民化配套政策体系，加快推动农业转移人口全面融入城市。就农民工在流入地城镇公共服务的共享路径，“十四五”规划纲要指出，健全以居住证为载体、与居住年限等条件相挂钩的基本公共服务提供机制，鼓励地方政府提供更多基本公共服务和办事便利，提高居住证持有人城镇义务教育、住房保障等服务的实际享有水平。“十四五”规划纲要第四十三章《建设高质量教育体系》第一节《推进基本公共教育均等化》则指出加快城镇学校扩容增位，保障农业转移人口随迁子女平等享有基本公共教育服务。可见，在“十四五”规划中，农民工子女的受教育需求得到了正视，这一点无疑是具有广义时间关照意蕴的。该举措有助于打破“拆分型劳动力再生产模式”，因此具有明显的“包容性”和“家庭友好”的蕴意。

“十四五”规划纲要第二十七章《加快农业转移人口市民化》第二节《健全农业转移人口市民化机制》指出，完善财政转移支付与农业转移人口市民化挂钩相关政策，提高均衡性转移支付分配中常住人口折算比例，中央财政市民化奖励资金分配主要依据跨省落户人口数量确定。此外，促进城乡人口双向自由流动亦受到高度重视。“十四五”规划纲要提出，健全劳务输入集中区域与劳务输出省份对接协调机制，加强劳动力跨区域精准对接；健全统一规范的人力资源市场体系，破除劳动力和人才在城乡、区域和不同所有制单位间的流动障碍。可见，“定居型”农民工的定居需求，以及其他流迁模式农民工在流入地城镇的就业和社会保护需求在“十四五”规划纲要中得到进一步确认。同时，农民工子女的教育问题也得到了重视。由此可见，“十四五”规划纲要具有狭义空间关照和广义时间关

①“十四五”规划纲要强调，放开放宽除个别超大城市外的落户限制，试行以经常居住地登记户口制度。全面取消城区常住人口300万以下的城市落户限制，确保外地与本地农业转移人口进城落户标准一视同仁。全面放宽城区常住人口300万至500万的Ⅰ型大城市落户条件。完善城区常住人口500万以上的超大特大城市积分落户政策，精简积分项目，确保社会保险缴纳年限和居住年限分数占主要比例，鼓励取消年度落户名额限制。可见，户籍制度改革仍有梯度推进的意蕴，但是其改革的总体走向是符合“包容性”原则及“避免撇脂”原则的。

照的蕴意。

“十四五”规划纲要中虽然没有直接提及不同代际农民工及其异质性社会保护需求，但是其第四十五章《实施积极应对人口老龄化国家战略》指出，要制定人口长期发展战略，优化生育政策，以“一老一小”为重点完善人口服务体系，促进人口长期均衡发展。这些举措无疑具有覆盖农民工全生命周期的蕴意。“十四五”规划纲要第四十七章《实施就业优先战略》第三节《全面提升劳动者就业创业能力》指出，要健全终身技能培训制度，持续大规模开展职业技能培训。要深入实施职业技能提升行动和重点群体专项培训计划，广泛开展新业态新模式从业人员技能培训，有效提高培训质量。作为对职业成长、自我实现有较为强烈需求的新生代农民工而言，他们的职业技能培训需求在“十四五”规划中得到了关切和因应。这表明“十四五”规划具有一定水平的狭义时间关照。

“十四五”规划纲要还指出，依法保障进城落户农民农村土地承包权、宅基地使用权、集体收益分配权，建立农村产权流转市场体系，健全农户“三权”市场化退出机制和配套政策。可见，无论是流动农民工抑或是“已定居”农民工的土地“三权”，都再次得到确认和保证。其中，对于“正式定居期/区”“已定居农民工”切身利益的关注表明，“十四五”规划纲要具有一定水平的广义空间关照蕴意。

第七章　地方农民工社会政策创新及其时空关照

世界有时间上之起始，就空间而言，亦有限界。

——康德

地方的社会政策创新实践往往是中央层面社会政策创新的先导或延伸。在双向度城镇化的历史背景下，笔者选取苏、浙、闽、粤等东部四省，豫、皖、鄂、湘等中部四省，以及川、渝、贵、陕等西部三省一市作为研究对象①，基于狭义时空关照和广义时空关照的考察视角跟踪比较2014年以来②这12个省市农民工社会政策的创新实践。

农民工社会政策创新的目标是为了给予农民工充分的社会保护，因此本书对于典型省市农民工具体社会政策的选取将遵循农民工社会政策“两维四分”的分析框架。换言之，某省（市、自治区）某项具体社会政策的创新是为了解决农民工群体现实存在的某个社会保护问题抑或满足农民工群体某方面的具体社会保护需求。应该指出的是，东部、中部与西部各省（市、自治区）在农民工社会政策创新上各有侧重。在选取各地农民工社

①根据国家统计局发布的《2021年农民工监测调查报告》，农民工监测调查范围包括东部地区、中部地区、西部地区和东北地区等四个地区。其中，江苏、浙江、福建、广东等10个省（直辖市）属于东部地区；安徽、河南、湖南、湖北等6个省属于中部地区；西部地区则包括重庆、四川、贵州、陕西等12个省（自治区、直辖市）；辽宁、吉林、黑龙江3个省属于东北地区。囿于研究篇幅，本书只跟踪研究东、中、西部各4个省市，合计12个省市的农民工社会政策创新实践。

②选择这一年份无疑是因为2014年是农民工社会政策从“权益保障范式”走向“公民权利范式”的转折年份。因为考虑到个别创新、实践案例具有典型性，也选取了部分2014年之前的案例。

会政策创新的实践探索案例时，不可能覆盖农民工社会政策“两维四分”分析框架的各个象限以及各个象限内的所有项目。此外，本书主要基于社会福利政策的分析框架，从分配基础、分配内容、服务输送以及资金筹集四个维度来展开分析。

第一节 东部

本书所选取的东部四省包括东南沿海地区的江苏省、浙江省、福建省与广东省。此四省皆为农民工的主要流入省份，亦分别是苏南模式、温州模式、晋江模式与珠三角模式等中国农村经济发展四大模式的生发省份。在双向度城镇化的背景下，跟踪、比较这四省农民工社会政策创新的实践与经验，有助于及时掌握人口流入地农民工社会政策创新的最新进展情况。

一 江苏省农民工社会政策创新

笔者对江苏省农民工社会政策创新的调研和考察主要聚焦于新生代农民工职业技能提升计划和农民工权益保障情况。

（一）江苏省新生代农民工职业技能提升计划

基于代际需求异质性的视角，在农民工职业培训类社会政策创新方面，早在2016年3月，江苏省人社厅发布的《关于实施新生代农民工职业技能提升计划的通知》（苏人社发〔2016〕92号）即明确指出，新生代农民工群体已然成为江苏省产业工人的中坚力量。在此背景下，江苏省敏锐地意识到做好该农民工细分群体的职业技能培训的重要意义：首先，有助于推进新型城镇化进程；其次，有利于人力资源供给质量的提升；再次，有利于服务产业转型升级目标的实现；最后，有利于更高质量就业目标的实现。由上述充满“工具理性”意味的四个方面的意义，结合笔者对苏州所辖某县级市总工会主要领导对该通知出台背景的访谈，加强对新生代农民工群体的职业技能培训，将其培养成为适应江苏省经济社会发展形势的高素质劳动者，进而促进该省产业升级目标的实现，已经得到江苏省社会各界的广泛认同。

我的个人理解，这个事情还是很有必要做的。因为我们这几年一直说这些80后、90后已经是江苏省当然也是我们市产业工人的中坚力量。前几年开始，我们工会也一直在利用各种机会去积极反映，后来各方面也都意识到针对新生代农民工的培训在政策制定和具体服务提供上都存在一些短板和不足，人大、政协开会的时候陆续有代表、委员提了这个问题，省里分管领导对打造综合素质“升级版”的新生代农民工也很重视。2016年出台这个文件对优化我们江苏省的人力资源结构，缓解我们省产业升级和高技能人才不足的矛盾肯定会有促进作用的。（访谈记录：SZ—GWY/SLL—2018.4.19）

以前市里也有人议论，说我们作为流入地县市，花这么大代价来培训他们（新生代农民工）是不是划算？我觉得这笔账我们还是要算清楚的。你看，如果一个普通新生代农民工在我们这里打工每月可以赚3000块钱，他一个人在这里，我们这个地方能得到的价值可能是2000块，他要把很多钱都寄回去。但是如果我们给他培训了，他的个人素质、专业技术能力提升上去了，可能他自己每个月的收入可以增加到5000块，收入提高了。如果结了婚，他会把老婆、孩子、老人都接过来，若他老婆也去工作，我们这个地方每个月能得到的收益可能会超过5000块。这个5000块不仅是他们的消费，而且包括他们给企业创造的价值，也要包括他们对我们市里产业发展的贡献，我举的这个例子里说5000块是一点不多的。所以为他们培训对我们流入地城市来讲，最划算的是我们自己，这个弯我们一定要转过来。（访谈记录：SZ—GWY/YXF—2018.4.19）

正是由于在这一问题的急迫性上达成了广泛共识，在分配基础的维度上，江苏省提出，在“十三五”期间，该省针对新生代农民工群体开展的补贴类职业技能培训人数预计将达50万人①。具体来说，这50万人包括以下几类农民工群体：一是新就业的新生代农民工；二是已经在各个企业不同技能岗位上的新生代农民工；三是有创业意愿且需要掌握创业知识和

①该计划自实施以来，截至2018年7月，江苏省各级政府补贴新生代农民工群体就业技能培训人数已达45.86万人，岗位技能提升培训人数已达16.12万人。

技能的新生代农民工。在分配内容的维度上，江苏省针对新生代农民工群体的培训类别包括岗前培训、岗位技能提升培训、转岗培训、高技能人才培训、创业培训等种类丰富的培训菜单。从培训对象选择与培训菜单的制订上，笔者研究团队认为，江苏省新生代农民工职业技能提升政策具有分层分类的“广覆盖”特征，能有效覆盖新生代农民工在不同就业、创业阶段差异化的培训需求。基于服务输送的维度，该省通过公共就业创业培训机构的专业化和标准化建设，以培训绩效评价体系为抓手，确保服务质量和管理水平。基于资金筹集的维度，该省规定省级财政下达的职业培训补贴资金中，应用于新生代农民工群体的职业技能提升培训的比例不得少于30％。同时，通过建立该项补贴的实名制管理制度，不断强化资金使用绩效评价体系的执行水平，确保资金使用效益的提升。基于代际需求异质性的视角，江苏省新生代农民工职业技能提升计划具有明显的狭义时间关照的蕴意。

（二）江苏省农民工社会政策创新的实践探索——以该省农民工权益保障为例

如表 7-1 所示，作为重要的人口流入省份，近年来江苏省有关农民工权益保障方面的政策创新主要包括“三位一体”联动举报投诉平台、劳动人事争议调解服务平台、黄橙红三色预警制度、信用分类监管制度以及建筑领域农民工工资支付保障机制等五个方面。就具体政策目标而言，其中，“三位一体”联动举报投诉平台与劳动人事争议调解服务平台属于维护农民工综合权益的服务平台；黄橙红三色预警制度、信用分类监管制度以及建筑领域农民工工资支付保障机制则主要针对企业拖欠农民工工资问题而设立。

表 7-1　江苏省有关农民工权益保障方面的政策创新

具体政策	政策创新		
	政策目标	主要特点	政策内容
“三位一体”联动举报投诉平台	维护农民工的综合权益	实现了农民工投诉的便捷化与联动化	农民工在投诉过程中可做到窗口、电话、网络“三位一体”。农民工在投诉后可做到江苏省全省联动受理的“三个一”，即“一个系统联网运行、一点举报投诉以及一号统一呼入”

续表

具体政策	政策创新		
	政策目标	主要特点	政策内容
劳动人事争议调解服务平台	农民工综合权益的维权	效果好、成本低、时间快	该机构属于公益性的人事争议调解服务平台。由江苏省各个专业仲裁机构的仲裁员（专职）组成专业团队为包括农民工在内的江苏省内劳动者及其用工单位提供人事方面的调解咨询服务，通过劳资双方人事争议调解快速通道的构建，快速解决相关争议需求
黄橙红三色预警制度	减少农民工工资拖欠现象	契合前馈控制的理念，真正做到防患于未然，通过对企业欠薪风险进行评估，并根据风险程度实施分类、分级管理	基于前馈控制理念，通过该制度强化对企业的跟踪、指导和管理，将存在较高欠薪隐患的企业列为重点监控对象，明确被监控企业的资金来源、工资支付的时间节点以及欠薪发生后的应急处置流程
信用分类监管制度	从源头减少企业欠薪	契合前馈控制的理念，对企业实行信用分类监管，并对失信企业给予多渠道惩戒	将是否拖欠农民工工资列入企业征信体系。基于前馈控制理念，按照既往劳动保障信用的高低将用工企业划分为A、B、C、D、E共五大类，对异质性信用等级企业采取差别化的监管措施
建筑领域农民工工资支付保障机制	保障建筑领域农民工工资的支付	出台多个建筑领域农民工工资支付保障相关办法，多管齐下减少建筑领域欠薪	在建筑领域颁布、执行《江苏省推进建筑工人信息管理服务平台（实名制管理系统）工作方案》《江苏省工程建设领域农民工工资支付管理办法》《江苏省建设领域农民工工资保证金实施办法》等多个管理制度与办法，维护建筑领域农民工群体的合法权益

资料来源：笔者根据相关资料整理而成。

江苏省“三位一体”联动举报投诉平台在保障农民工合法权益方面最大的创新是为农民工投诉、保障其合理利益提供了便捷化与联动化的渠道，提升了服务的可及性。具体来说，农民工在投诉过程中可做到窗口、电话、网络等具体投诉渠道的“三位一体”。农民工在投诉后则可做到江苏省全省联动受理的“三个一”，即“一个系统联网运行、一点举报投诉以及一号统一呼入”。具体来说，所谓“一个系统联网运行”是指举报投诉平台信息系统在江苏全省各地均可统一联网使用。所谓“一号统一呼入”是指农民工在江苏省内任何地方拨打 12333 举报热线，均可确保由江苏省内专门咨询工作人员负责接听，同时将其具体诉求做好实时录入和流转上报。所谓“一点举报投诉”是指基于江苏省域内联动受理的原则，农民工所举报的投诉诉求只要属于受理范围之内，即使接听人员所在的劳动监察机构没有管辖权也应当做好诉求登记，避免农民工重复投诉。经过笔者研究团队成员在江苏省苏州、泰州等地的调研和访谈发现，该制度的运行显著降低了农民工维权的时间成本，提升了劳动监察服务的可及性。

我以前是在苏州一个家具卖场打工，卖场不跟我签劳动合同，也没按照规定给我交社保，跟他们说了几次都不做。没办法，经济比较紧张，就在里面蛮做了 11 个月多。年后家里有事要办离职，我要求卖场人事和财务他们按照法律规定给我补交 11 个月的社保，还有给我两倍的工资，但是他们不理我。因为这个事情我前前后后跑了一个多月都没人管。后来听说可以打这个电话（12333），我就想试试看。没想到一小时不到劳动监察那边的人就给我回电话核实情况，后来卖场老板那边也很快给我打电话商量解决这个问题。我觉得这个（联动举报投诉平台）还是蛮有用的，为我们这些打工的做了一件好事。（访谈记录：SZ—NMG/JWP—2018.4.19）

江苏省劳动人事争议调解服务平台属于农民工综合权益维权的公益性服务平台。该平台的主要创新之处在于，构建出了人口流入地劳资双方人事争议调解的快速通道。作为江苏省内成立的公益性的人事争议调解服务平台，该平台成员由江苏省各个专业仲裁机构的仲裁员（专职）组成，为包括农民工在内的江苏省内劳动者及其用工单位提供人事方面的调解咨询服务，快速解决劳资双方的人事争议需求。如图 7-1 所示，该平台办理的人事争议案件中，劳动报酬类争议占总数的 75.8%，社会保险类争议占总数的 7.7%，解除和终止合同类争议占总数的 4.4%，经济补偿金或赔偿金类争议占总数的 6.6%，解除人事关系类争议占总数的 1.8%，此外还有 3.7%属于其他方面的人事争议。由此可见，保障农民工权益工作的重点仍应该放在保障其劳动报酬上。

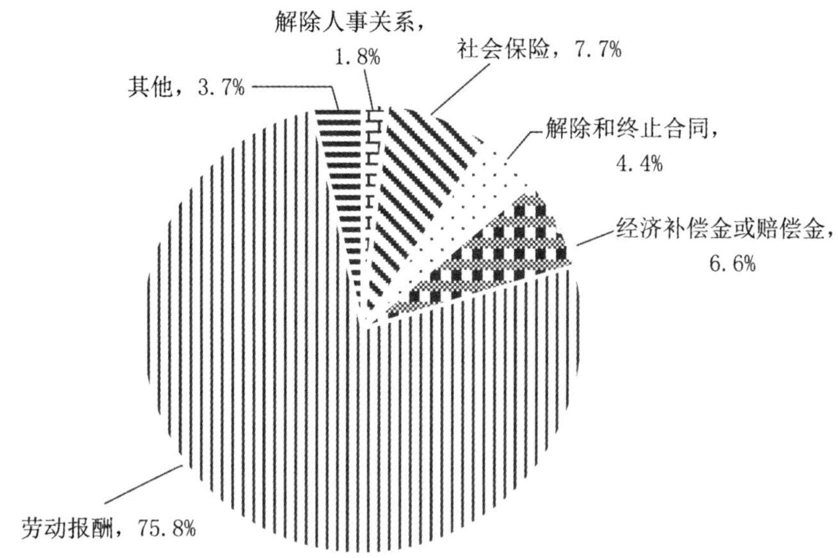

图 7-1 江苏省劳动人事争议调解服务平台办件类型构成

资料来源：江苏省劳动人事争议调整服务平台。

在访谈中，笔者了解到，农民工欠薪黄橙红三色预警制度已在江苏省内全面推行。基于前馈控制理念，江苏省劳动监察部门对所辖企业欠薪风险进行评估，并根据风险程度实施分类、分级管理，同时通过该制度强化对企业的跟踪、指导和管理，将存在较高欠薪隐患、风险的企业列为重点监控对象，明确被监控企业的资金来源、工资支付的时间节点以及欠薪发生后的应急处置流程。如表 7-2 所示，以江苏省泰州市为例，该市分级预警机制主要包括“预警预测机制”“预警处置机制”“预警撤销机制”等三个层次的内涵。其中预警处置机制根据被欠薪农民工人数与具体欠薪金额以及其他标准等具体情形严重程度的不同，将“警情”划分为“三级、二级、一级”三个等级，根据不同预警等级采取差别化的处置办法。有如，泰州市工资支付预警处置机制中规定，一级预警的标准包括四个方面：一是欠薪人数超过 30 人的案件；二是欠薪金额超过 10 万元的案件；三是因二级预警未能及时、有效解除警情的可直接升级转化为一级预警；四是因警情而引发严重群体性事件的欠薪行为。对于一级预警，泰州市规定了五个方面的具体处置措施：其一，人社、公安等多部门有效控制群体性事件；其二，督促欠薪企业足额清偿农民工工资；其三，通过工资支付保障金先行支付所欠农民工工资；其四，使用工资支付周转金垫付农民工工资，责令企业清欠；其五，对于存在犯罪行为的，追究企业主刑事责任。

表 7-2 江苏省泰州市工资支付预警处置机制

<table>
<tr><th rowspan="2">预警级别</th><th colspan="3">预警级别认定标准</th><th rowspan="2">处置办法</th></tr>
<tr><th>欠薪人数</th><th>欠薪金额</th><th>其他标准</th></tr>
<tr><td>三级预警</td><td>少于 5 人</td><td>2 万元以下</td><td>无</td><td>①对责任企业开展劳动督察；②督促欠薪企业及时清偿农民工工资</td></tr>
<tr><td>二级预警</td><td>多于 5 人，少于 30 人</td><td>2 万元至 10 万元</td><td>无</td><td>①将责任企业纳为重点劳动监察监控对象名单；②督促欠薪企业及时清偿农民工工资；③通过工资支付保障金先行支付所欠农民工工资</td></tr>
<tr><td rowspan="2">一级预警</td><td rowspan="2">多于 30 人</td><td rowspan="2">10 万元以上</td><td>因二级预警中未及时、有效解除警情的转化为一级预警</td><td rowspan="2">①人社、公安等多部门有效控制群体性事件；②督促欠薪企业足额清偿农民工工资；③通过工资支付保障金先行支付所欠农民工工资；④使用工资支付周转金垫付农民工工资，责令企业清欠；⑤对于存在犯罪行为的，追究企业主刑事责任</td></tr>
<tr><td>因警情引发严重群体性事件的欠薪行为</td></tr>
</table>

资料来源：笔者根据相关资料整理而成。

信用分类监管制度有助于从源头减少企业行为。为此，2014 年江苏省出台的《江苏省用人单位劳动保障信用分类监督管理办法（试行）》基于前馈控制理念，按照既往劳动保障信用等级的高低将用工企业划分为 A、B、C、D、E 共五大类，对异质性信用等级企业采取差别化的监管措施。以 A 类企业为例，该级别要求企业两年内未被发现存在任何违反劳动保障法纪与劳动争议案件。对该类企业实行的差别化管理主要体现在如下四个方面：一是次年可免检通过劳动保障书面审查，同时免除对该企业的社会保险稽核；二是通过出具守法诚信证明的形式帮助 A 类企业参加各类表彰评比活动，在企业上市审核时给予出具守法诚信证明；三是将 A 类企业列为劳动关系和谐企业等荣誉的培育对象；四是江苏省及下辖市公共信用信息系统记录A类企业的良好信息。对于劳动保障信用最差的E级企业的认定，则根据企业是否存在十三个方面的严重劳动保障监察案件而定。有如，某企业如果存在拖欠农民工工资6个月以上同时拒绝清偿的则可认定为是E类企业。对于E类企业，劳动监察部门将其列入各类专项监察的必查名单之中，且每年日常巡检次数不少于3次。江苏省及下辖市公共信用信息系统要将E类企业列入黑名单之中，同时按照相关办法予以惩戒，有效期7年。

建筑行业是拖欠农民工工资的高发行业，为应对该行业农民工工资支付拖欠行为频发的现象，江苏省在建筑领域颁布、实施了《江苏省推进建筑工人信息管理服务平台（实名制管理系统）工作方案》《江苏省工程建设领域农民工工资支付管理办法》《江苏省建设领域农民工工资保证金实施办法》等多个管理制度与办法，构建起建筑领域农民工工资支付保障机制，切实维护建筑领域农民工群体的合法权益。《江苏省推进建筑工人信息管理服务平台（实名制管理系统）工作方案》要求江苏全省的所有在建项目在2020年之前基本上达到实名制管理的目标；《江苏省工程建设领域农民工工资支付管理办法》则规定对于农民工群体工资的支付要基于“谁承包谁负责，总包负总责”的原则；《江苏省建设领域农民工工资保证金实施办法》规定建筑业企业在承揽项目后，要向主管部门缴纳一定数量的履约费用，该费用专项用于应急支付建筑业企业农民工被拖欠的工资，同时规定根据建筑企业信用水平的不同实行差别化的缴纳与返还标准。

综上所述，江苏省有关农民工权益保障方面的政策创新主要针对流动农民工群体，其创新之处主要在权益保障服务的输送环节。宏观目标层面上，江苏省有关农民工权益保障方面的系列政策创新主要关注农民工的“中游”群体，同时还关注农民工的“中游”状态和“上游”状态，具有广义空间关照蕴意。在中观原则层面上，江苏省有关农民工权益保障方面的系列政策创新在服务输送环节具有“灵活性”与“弹性”，有助于农民工“进得来”“留得住”“融得入”目标的实现。在社会保护模式从“城市融入”转变为“社会融入”[①] 的历史背景下，加强对于流动农民工群体的

①朱宇、林李月：《流动人口的流迁模式与社会保护：从“城市融入”到“社会融入”》，《地理科学》2011年第3期。

权益保障，无论其今后做出“定居”“返乡”抑或是“循环流动”的决策，均可以让其自身处于相对有利的位置。

二　浙江省农民工社会政策创新

（一）“浙江无欠薪”行动

在农民工权益保障方面，浙江省开展的“浙江无欠薪”行动亦具有一定的创新性。2017年，浙江省人民政府办公厅印发《关于深入开展“浙江无欠薪”行动的通知》，作为一项具体的农民工权益类社会保护举措，该行动的总体思路是基于属地管理原则，以“无欠薪”县（市、区）的创建为载体，通过对欠薪重点环节以及高发领域的全面治理，切实保护农民工的劳动所得。管理者对于系统的控制，按照时间的先后可以分为前馈控制、同步控制与反馈控制。同样的，如图7-2所示，对于农民工欠薪问题的控制，也可以分为前馈控制、同步控制与反馈控制三种控制手段。就“无欠薪行动”的具体建设标准，该通知指出，各县（市、区）要达到如下标准：目标一是构建起防范处置欠薪长效机制；目标二是有效控制工资拖欠问题；目标三是以快速有力的方式处置已发生的欠薪案件。就此，笔者认为目标一属于前馈控制手段，采取欠薪应急周转金、工资支付保证金、失信联合惩戒等制度构建起防范处置欠薪的长效机制，从源头上减少欠薪案件的发生；目标二属于同步控制，就各类别企业、工程、项目的工资拖欠问题做出常态化要求和监管；目标三属于反馈控制举措，在欠薪案件发生后能及时、快速地给予处置，避免欠薪事件演化成极端事件或重大舆情事件。由该通知可知，“浙江无欠薪”行动的主要载体是通过“无欠薪县、市、区”的创建争取2020年实现全省内所有县、市、区均成为无欠薪区域的目标，其建设流程包括申报、考核验收以及公示公告等三个环节。

在苏州、泉州、温州与东莞四地的问卷调查和访谈中，笔者了解到劳动密集型制造业、建筑业和餐饮服务业是欠薪比较高发的行业，针对这一趋势，《关于深入开展“浙江无欠薪”行动的通知》指出，要实施重点专项治理。其中，针对劳动密集型的传统制造业，要通过部门联合预警监控，加强监管无照经营主体，要通过对劳动用工的严格监管，监管和督促用工单位规范支付农民工工资。针对建筑行业欠薪高发的实际情况，通过采取落实对工程款支付和结算的监管、政府投资项目监管、其他工程款和工资费用分账管理等多种监管举措，积极推动建筑类企业管理转型，从源头上预防欠薪案件的发生。对于存在失信欠薪行为的企业要通过限制其参加政府采购、生产许可、融资贷款、评优评先等手段和措施提高其违法成本。

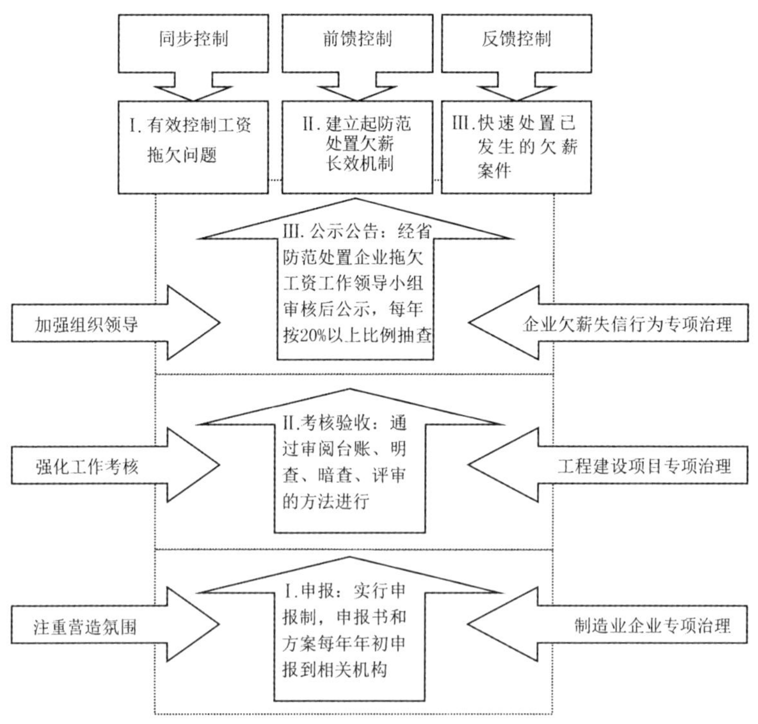

图 7-2 “浙江无欠薪”行动的主要目标和相关措施

资料来源：笔者根据相关资料整理而成。

从我们局受理举办投诉的情况来看，总体情况还是不错的。但是在个别行业，欠薪的情况还是不少的。主要是三个行业比较严重，一个是建筑业，一个是餐饮行业，还有一个是制造业。从建筑业的情况看，主要存在一个行业内的潜规则，工地老板不是每月发工资，而是发生活费，要等工程都做完了再来结账。如果工程验收不合格，农民工的工资就不给，老板的风险就这样被规避掉了。餐饮行业的主要问题跟建筑行业又不一样，主要是发工资多是不足额的，老板会想办法推迟发工资或者扣工钱，比如下个月 30 号才发这个月工资，而且只发一半，你想要拿另一半，要等下个月做满才给。一般老板都会说，这样主要是防止员工流失，很多打工者因为担心拿不到上个月的工资，就一直做下去，工资被拖欠得越来越多。餐饮业还有一点比较麻烦，就是很多农民工都不签合同，这里有老板的原因，农民工自身观念也是一个问题。如果店铺关门了，农民工的工资往往没地方结，特别是金额如果不大，很多人都不了了之。另一个就是劳动密集型的小企业、小作坊，由于这两年经济形势不大乐观，很多企业工资和原材料成本走高，订单数量又在减少，如果经营碰到困难，就很容易拖欠工资。（访谈记录：WZ—GWY/HXC—2018.5.12）

梳理“浙江无欠薪”行动的详细条文，笔者发现，在宏观目标层面上，其关注了农民工的“中游”群体，同时还主要关注了农民工的“中游”状态和“上游”状态，具有广义空间关照蕴意。在中观原则层面上，“浙江无欠薪”是浙江省贯彻《中华人民共和国劳动法》在操作层面上的行动创新，符合“法治”原则。

（二）浙江省衢州市劳务培训券制度

浙江省在职业培训类社会政策方面最典型的创新是该省衢州市于2003年首创的劳务培训券制度①。其运作实质是在“三单制”培训中的“政府买单”环节创设出的劳务培训券形式。如图7-3所示，其具体运作流程是，由衢州市政府相关部门（以教育部门为执行部门）将财政补贴以培训券的形式交给农民工，农民工作为培训对象根据自身需求挑选合适的培训机构以及培训工作等，同时在培训结束后将培训券作为培训费用交给培训机构。政府机构根据培训机构的培训质量支付相关培训补贴。

基于社会福利政策的分析框架，浙江省衢州市劳务培训券制度的创新主要是在农民工培训供给中的服务输送与资金筹集环节。基于对苏州、泉州、温州与东莞2250名新生代农民工群体的分析结果表明，该群体参加由流出地政府组织的培训是相对少的。同时，基于代际分化的视角，新生代农民工群体对培训的形式和内容有一定要求。在与管理部门和培训对象的访谈中笔者发现，新生代农民工对于语气生硬、形式单调乏味同时内容与自己实际需求不匹配的培训是比较抗拒的，其实际效果也十分有限。因此，应该在总结包括衢州在内的全国农民工教育培训券制度的相关经验与

①该制度源于美国的教育券制度，开创了国内劳务培训券的先河。

教训的基础上，大力向全国各地特别是农民工流出地推广这一经验和做法，以达到增加培训组织形式、培训内容、培训费用结算等方面的“弹性”，提升实际培训效果的目的。

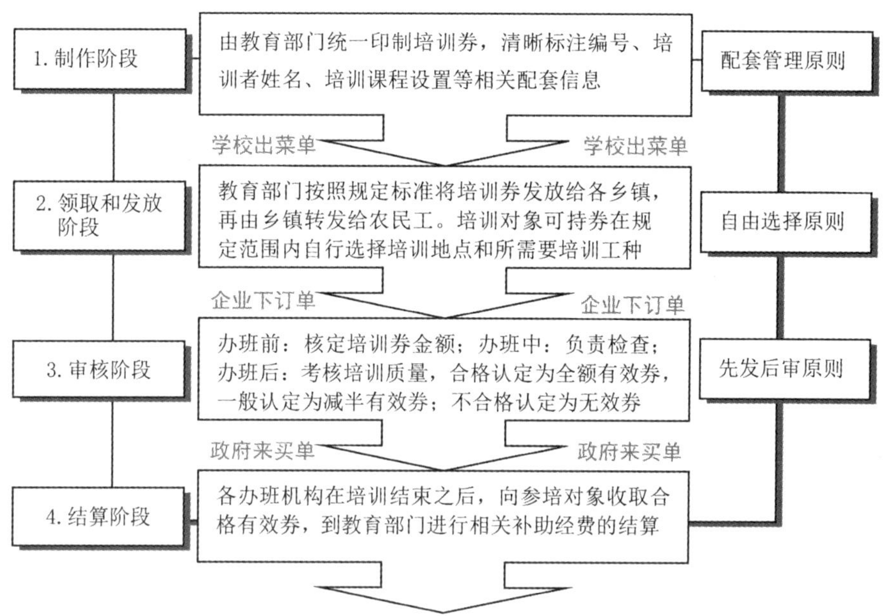

图 7-3　浙江省衢州市劳务培训券制度的运营机制

资料来源：笔者根据相关资料整理而成。

实际上，国家层面上发布的《新生代农民工职业技能提升计划（2019—2022 年）》（人社部发〔2019〕5 号）即指出，要探索培训券补贴方式，以减少新生代农民工“先垫后支”的情况。从宏观目标层面上看，衢州市劳务培训券制度关注农民工的“上游”与“中游”群体，具有明显的广义时间关照的蕴意。在中观原则层面上，该创新增加了农民工社会政策的“弹性”，使之更加灵活，较好地满足了新生代农民工群体的异质性需求。

三　福建省农民工社会政策创新

（一）福建省农民工相关就业政策的创新

福建省在农民工就业政策方面的创新主要体现在《福建省新型职业农

民认定和扶持办法》（闽农综〔2018〕76 号，以下简称《扶持办法》）和《福建省人民政府办公厅关于支持农民工等人员返乡创业十二条措施的通知》（闽政办〔2015〕149 号，以下简称《十二条措施》）两个文件上。基于流迁模式分化的视角，这两个文件与返乡农民工群体均密切相关。其中，2018 年 5 月，《扶持办法》出台后，原《福建省新型职业农民认定管理和扶持办法（试行）》（闽农科教〔2015〕215 号）同时废止。《扶持办法》放宽了新型职业农民的认定条件：一是将原来的 18 岁到 60 岁延后到 65 岁[①]；二是将原来初级以上证书所要求的涉农专业中专以上学历改为按照认定等级的不同而要求对应的学历，按照新标准，初级证书只需要初中学历即可。此外，《扶持办法》还颁行了金融支持、项目支持、教育培训、指导服务、激励表彰等具体措施。

如图 7-4 所示，《十二条措施》具体体现在五大方面。在加快产业发展带动返乡创业方面有三条细分措施：一是支持新型农业经济主体；二是促进产业转移；三是促进一二三产业融合发展。在强化基础设施建设方面也有三条措施：一是整合发展返乡创业园；二是提供返乡创业用地便利；三是实施基础设施支持返乡创业行动计划。在加大返乡创业政策支持方面则有两条细分措施：一是加大返乡创业的财税支持；二是强化返乡创业方面的金融支持。在健全返乡创业服务体系方面有三条措施：一是完善返乡创业公共服务；二是加强创业培训和辅导；三是优化返乡创业营商环境。而在强化组织协调运作方面，第十二条措施指出，各地要高度重视该项工作。基于代际差异与流迁意愿分化的视角，这两份文件表明，返乡农民工已经成为新型职业农民的重要来源之一，或者说，成为新型职业农民是农民工返乡之后的重要出路之一。

综上所述，《扶持办法》通过降低准入门槛，兼顾到了不同年龄、学历层次“返乡型”抑或已返乡农民工成为新型职业农民的愿望，具有代际友好和包容性特征。《十二条措施》则是经济发达省份支持农民工返乡的政策创新。基于社会福利政策的分析框架，在分配基础的维度上将政策

---

①将年龄延展到 65 周岁意味着正式退出城市劳动力市场的部分广义“农民工”成为福建省新型职业农民扶持办法的覆盖群体。由此可见，《扶持办法》具有明显的广义时间关照的蕴意。

对象明确为已返乡农民工的同时，此五大方面、十二条措施涵盖“分配内容”“服务输送”“资金筹集”等三个维度的诸多方面，这一政策组合对于促进农民工返乡创业就业，推动对该庞大群体的社会保护具有积极意义。

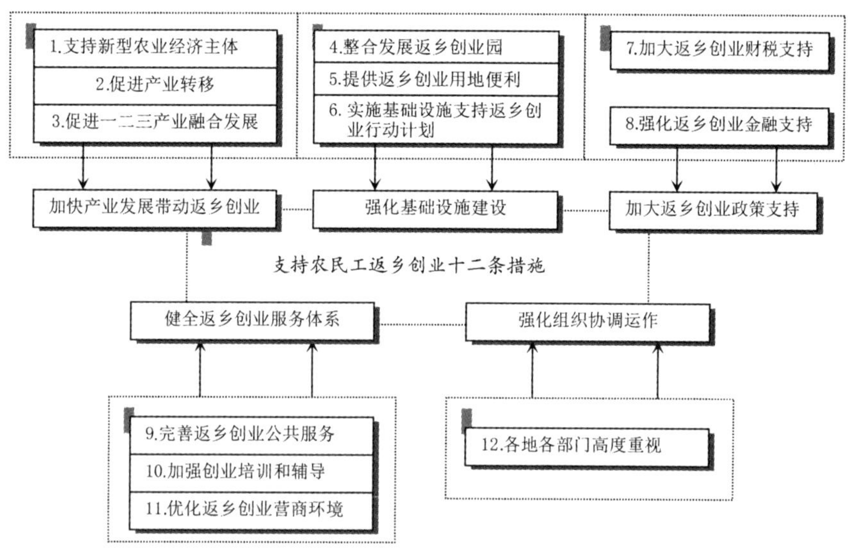

图 7-4　福建省支持农民工返乡创业政策体系

资料来源：笔者根据相关资料整理而成。

（二）农民工社会保护的“晋江经验”

福建省晋江市是县域经济发展“晋江模式”的发源地，该市长期以来亦是福建省县域发展的排头兵。作为国家新型城镇化综合试点县域，经过对晋江市长期的跟踪、调研与访谈，笔者发现晋江市在农民工社会保护方面比较具有地方特色的实践主要体现在“率先实行居住证制度推动常住人口同城同待遇”和“出台并实施流动人口市民化积分优待政策”两个方面。

1. 率先实行居住证制度推动常住人口同城同待遇

2011 年 7 月，晋江市在福建省内率先试行流动人口居住证管理制度。该市于 2014 年、2017 年先后两次对居住证管理制度展开修订。2017 年，该市正式印发《晋江市流动人口居住证管理规定》，同时印发《晋江市流动人口居住证管理规定的实施细则》。根据现行管理规定，在晋江市办理暂住登记6个月以上且具备“合法稳定就业”“合法稳定住所”以及“连续就读”[①] 等三个条件之一的流动人口可以申领居住证。以居住证为基础推进流动人口公共服务的均等化是有效推动晋江市常住人口“同城同待遇”的既定路径。根据《晋江市流动人口居住证管理规定》，包括农民工群体在内，持有晋江市居住证的流动人口可享受30项优惠政策待遇。基于社会福利政策的分析框架，本书分别对相关的优惠政策作分类梳理。

就“生存—问题型”社会政策而言，依托居住证，在晋江市务工的农民工群体可享受的具体“就业政策”包括如下三项：一是享受免费职业介绍与就业信息等公共就业服务；二是对于自主创业的高校毕业生群体[②]而言，享有申请小额贷款贴息、创业指导等创业方面的扶持政策；三是参加事业单位公开招聘享有与户籍人口同样的“报考、录取”待遇。对于持证农民工群体可享受的社会救助政策而言，主要体现在当低收入农民工家庭遇到特殊困难时，可按照相关规定向民政部门、慈善总会等组织和机构申请临时困难救助或慈善救助，以渡过难关。同时，贫困农民工家庭子女可以享受贫困家庭学生助学相关补助待遇。

就“生存—福利型”社会政策而言，持有居住证的农民工可享受的具体社会保险政策包括如下三项：其一，除签订劳动合同建立正式劳动关系的农民工群体之外，灵活就业或非正式就业的农民工可以灵活就业人员身份参加城镇职工基本养老保险；其二，参加由所在企业或者单位组织的职工医疗互助；其三，参加该市新型农村合作医疗。

就“发展—问题型”社会政策来说，持有居住证的农民工可享受的具体职业培训类政策包括如下三项：一是申报机动车驾驶证培训和汽车类注册登记；二是协助农民工申办道路运输从业人员资格证，对于具备从业条

---

①连续就读的流动人口主要包括在晋江市的全日制小学、中学、中职以及普通高校就读的非晋江户籍学生。根据国务院2015年发布的《居住证暂行条例》，2017年印发的《晋江市流动人口居住证管理规定》将申领居住证的对象扩展至16周岁之下的学生群体，借此规定，农民工随迁子女的合法权益特别是受教育权益在居住证制度的框架范围内得到了较为充分的保障。

②根据本书对于农民工的概念界定，农民工群体与高校毕业生群体存在一定交集。农村生源的大学毕业生到晋江创业且未落户者同样可视为农民工。这一事实说明，农民工群体内部已经发生多元分化，借此，社会公众对于农民工的传统认知与“刻板印象”应当有所调整。

件的农民工可与户籍人口享受同等的权利；三是与公交公司签订培训协议并在协议期内参加培训且获得 A3 驾驶证，在一年实习期满后，经公交公司考核通过并签订三年以上劳动合同的农民工，公交公司将给予最高不超过 1 万元的培训费补助。针对农民工家庭最为关注的子女教育问题，持有居住证的农民工子女申请就读义务教育阶段公办学校享有与户籍学生同等待遇，同时还能在晋江参加中考中招，被录取的还能升入晋江各高中继续就学。在普通高中与中等职业学校就读期间，农民工随迁子女可以和户籍学生一样享受免收学杂费的待遇。持有居住证的农民工可享受的权益保护类相关政策主要包括如下几点：一是享有法律咨询和法律援助服务以及需求度较高的劳动争议纠纷调解服务；二是在面对劳动争议纠纷或者在劳务者受害责任纠纷，以及交通事故责任纠纷等各类案件时，农民工享有包括加快立案进程和符合条件的诉讼费缓、减、免以及财产担保条件降低或免除等诉讼便利。在落实户籍政策方面，对于持有居住证达一定期限同时有合法稳定职业和合法稳定住所的农民工及其共同居住生活的配偶、父母以及未婚子女，均可申请落户。

“发展一福利型”社会政策则主要指住房保障政策以及农民工关怀相关政策。就住房保障政策，符合市政府规定的农民工中低收入住房困难家庭，可依政策规定申请承租或购买保障性住房。对于购买二手安置房的农民工，在晋江农商银行与泉州银行晋江分支机构等金融机构办理按揭贷款时，可以享受与户籍人口同等的贷款政策。此外，考虑到住房公积金政策对于购房的促进作用，晋江市城内所有单位均被要求为包括农民工在内的职工缴交住房公积金，并享受相关缴贷待遇。此外，对于与用人单位解除劳动合同的农民工，在提供户籍证明原件、本人身份证原件、终止或解除劳动关系证明等必备材料后，可以一次性提取其个人公积金账户余额。晋江市农民工关怀工作同样取得了比较显著的成效。该市有关农民工关怀相关政策特别是医疗、计生方面的社会保护措施比较完备，有如《晋江市流动人口居住证管理规定》即制定了有关农民工关怀的十条政策：其一，在市域内的基层医疗机构就诊可以享受门诊医疗服务的平价套餐。其二，到惠民医院①看病，可以享受市直医院的优质医疗服务②。住院可以享受住

①主要包括晋江市医院晋南分院和西滨镇卫生院。

②其具体运作方式为，由晋江市直公立医院选派技术骨干到惠民医院长期坐诊帮扶。

院政策内费用①给予减免12%的待遇，减免费封底费为每人每年5万元整。其三，到公立医疗机构分娩，可减免费用300元，采取剖宫产的手术费可减免20%。其四，对于获评“劳动模范、荣誉市民、美丽晋江人、道德模范、见义勇为”等称号的农民工，在市直公立医院住院可享受“先诊疗后结算”的服务。其五，免费享有计划生育生殖保健方面的基本项目技术服务，免费参加相关孕前优生体检项目。可按照规定就近申请一、二孩生育服务登记，同时享受国家规定的优待政策与计生奖励。其六，符合条件的可以享受涵盖“安居、成才、致富、保障以及亲情”等服务内容的流动人口计生家庭“五大项目”②。其七，可以参加居住地村或社区组织的相关活动，符合条件经民主程序后可以参加村或社区的管理工作。其八，可推荐参选各级党代表、人大代表或提名推荐为各级政协委员等。其九，在公交公司办理相应手续后，可以享受与户籍人口同等的公交乘坐优待服务。其十，可以按照相关规定，办理各类出入境证件申请与签注手续。

晋江市率先实行居住证制度推动常住人口同城同待遇，农民工“上游”③“中游”群体均可受益，该制度亦关注农民工“上游”与“中游”状态。因此，从宏观目标来说，这一制度具有明显的广义时空关照和狭义空间关照的蕴意。从中观原则层面看，晋江市率先实行居住证制度推动常住人口同城同待遇，可助力“新晋江人”在晋江“进得来”“留得住”“融得进”，避免“撇脂效应”。

2. 出台并实施流动人口市民化积分优待政策

为加速推进外来农业转移人口市民化进程，2014年晋江市印发《晋江市流动人口市民化积分优待管理办法（试行）》，旨在通过“优待资源”的选择性供给，引导一批素质较高的外来流动人口在晋江市落户。经过两年的试点，2016年晋江市正式印发《晋江市流动人口市民化积分优待管理

---

①扣除已经实施零差率销售的药品费的基础之上。

②其中，“安居项目”主要是为流动人口计生家庭提供购房补助；“成才项目”主要是为流动人口计生子女就学提供择校方便；“致富项目”主要是为流动人口计生家庭发展生产提供帮扶；“保障项目”主要是为流动人口计生家庭提供计生奖励；“亲情项目”则是为流动人口计生家庭在经济、政治与生活上提供关心关爱。

③有如，持有居住证的农民工家庭子女在义务教育公办学校就读的，在入学、收费、管理等方面均享有与户籍学生同等的待遇，在晋江参加中考与中招，被录取的还能继续升入晋江各高中就学。

办法（修订）》（以下简称《优待管理办法》）。基于社会福利政策的分析框架，在分配基础的维度上，《优待管理办法》规定的适用申请对象有两类①：第一类为在晋江市稳定就业、已办理居住证（包括暂住证）同时有意落户的外来流动人口；第二类则是落户晋江时间未满 1 年且此前未参加过积分排名管理的“新市民”。由此可见，《优待管理办法》的设计思路是通过优质教育资源、住房保障以及部分政治权益选择性供给的办法来吸引高素质人才在晋江市落户。同时，该政策亦面向在晋江落户时间未满一年的“新市民”群体。嵌入本研究主题，无论农民工群体实际流迁意愿是“定居”“循环流动”抑或“返乡”，皆可列入第一类申请对象之中，而将“新市民”这一农民工群体的“上游”状态列为第二类申请对象，对其城市融入具有一定促进作用。总的来说，在《晋江市流动人口居住证管理规定》出台并赋予持有居住证的农民工 30 项优惠政策待遇的前提下，虽然就制度设计层面《优待管理办法》难免有“撇脂”的嫌疑，但该政策文件可包容不同流迁意愿农民工群体的需要，同时在制度设计层面上并没有排斥第一代或新生代农民工，具有“代际友好”的特征。

基于积分优待资源的有限性考量，在操作层面上《优待管理办法》采取“选择性福利”的方式，采取积分制的方式甄别年度优待资格获得者。《优待管理办法》所附的“晋江市流动人口市民化积分优待评分标准”（见表 7-3）共设置了六个方面的一级指标，分别衡量申请者自身及其在晋江市的“融入程度”“综合素质”“发展贡献”“社会贡献”“杰出表现”以及“行为控制”。其中，前五项通过“做加法”的方式为申请者累加积分，而第六项则通过“做减法”的方式做相应积分扣除。就六项一级指标的权重分布，“融入程度”的比重为 30%，“综合素质”为 30%，“发展贡献”为 30%，而“社会奉献”为 10%。此外，“杰出表现”与“行为控制”为附加性指标，其中“杰出表现”为奖励指标，而“行为控制”则是扣除指标。

如表 7-3 所示，晋江市流动人口市民化积分优待政策具有代际友好特征，但是在资源有限性约束下稍有“撇脂”之嫌。

在新型城镇化的背景下，作为农民工净流入县域，晋江市农民工社会保护体系在制度设计层面上对于不同流迁意愿农民工群体具有比较好的覆盖性。通过户籍制度改革、居住证制度以及流动人口市民化积分优待政策

---

①《优待管理办法》的适用对象不包括已经入编的机关事业单位工作人员。

等三项社会保护制度的安排，晋江市农民工社会保护体系初步具备“进得来”“留得住”“融得入”的区域特色。具体来说，所谓“进得来”，是指通过户籍制度改革显著降低了农民工群体在晋江市落户的门槛。流动人口居住证管理制度的有效实施，通过将居住证与社会保障、公共服务以及部分政治权益相挂钩，提升了晋江市对于外地农民工的吸引力，实现了《晋江市流动人口居住证管理规定》提出的“吸引和集聚更多的优质人力资源”的目的。

基于流迁模式分化的视角，所谓“留得住”包括两个方面的含义：对于“定居型”农民工群体而言，通过户籍制度改革实现了“无房也能落户”“落户低门槛，转入无障碍”“先落户，后管理”“一人申请，全家落户”的目标，从“农民工”到“晋江人”的转变无疑达到了户籍留人的目标。而对于“循环型”农民工群体与“返乡型”农民工群体而言，出于自身多重因素考量，他们没有或者暂时没有在晋江落户的意愿，“赚钱打拼”才是他们在晋江市务工的主要目标。因此，他们在比较关注就业、创业机会的同时，对于能否享受与户籍人口同等的公共服务较为在意。而通过《晋江市流动人口居住证管理规定》的有效实施，30项优惠政策待遇覆盖农民工社会政策“两维四分”分析框架中的所有的社会政策项目。这在为不同代际农民工群体提供比较充裕社会保护①的同时，还降低了农民工群体在晋江务工的“经济成本”与“亲情成本”②，有益于该群体在晋江安居乐业。

所谓“融得入”是指通过居住证管理制度所赋予的30项优惠政策待遇以及《优待管理办法》规定的每年“1000个公办学校起始学位”“1000个安置房购房资格（或者自行购房补贴）”“部分政治待遇”等三类优惠待

---

①以面向农民工群体的住房保障体系为例，在制度供给层面，晋江市实物性住房保障供给形式包括公租房、廉租房、经济适用房、安置房、人才房、企业员工宿舍等六种。加之公积金制度、一次性购房补助、住房贷款等购房辅助措施的实施，晋江市农民工住房保障体系在制度供给层面已经比较完善。在住房之外，结合笔者研究团队在多地的深度访谈结果表明，医疗保障问题特别是新农合异地结报是否方便、快捷是农民工群体较为关注的问题。目前晋江已经建立了五个异地结报点，率先在福建省域范围内实现“新晋江人”新型农村合作医疗跨省结报服务。

②在笔者研究团队针对新生代返乡农民工Y的深度访谈中，问及其返回家乡后主观意愿上不再外出的具体原因，Y表示除“经济账”之外的“亲情账”对其返乡后不再外出的决策具有至关重要的作用。就“亲情账”而言，晋江市通过户籍制度改革与基于居住证的“同城同待遇”公共服务均等化制度设计的“双轨路径”，可有力推动不同流迁意愿农民工群体“家庭化”落户或“家庭化”流动的目的，这无疑大大降低了农民工群体在晋江市务工的“亲情成本”。

遇，尤其住房保障、教育、文化与农民工（人文）关怀等系列措施的有效实施，让“新市民”家庭与农民工家庭能够实现融入学校①、融入社区与融入城市，在潜移默化中增加他们对晋江的归属感与认同感，真正成为“新晋江人”。晋江市现行的农民工社会保护体系可以比较好地因应不同流迁意愿农民工群体异质性的社会保护需求。基于代际需求异质性，通过对《优待管理办法》等相关政策文件的梳理，笔者发现，就总体而言，晋江市现行农民工社会保护体系具有代际友好的特点。

表 7-3　晋江市流动人口市民化积分优待评分标准

<table>
<tr><th>一级指标</th><th colspan="2">二级指标</th><th>分值</th><th>评分单位</th><th>备注</th></tr>
<tr><td rowspan="7">融入程度30%</td><td colspan="2">在晋江市居住年限</td><td>每满 1 年积 10 分</td><td>公安局</td><td>以所持居住证年限计算，最长可追溯至 2004 年</td></tr>
<tr><td colspan="2">与晋江市用人单位依法签订劳动合同并实际履行</td><td>每满 1 年积 5 分(连续满 5 年再积 5 分，连续满 10 年再积 15 分)</td><td>人社局</td><td></td></tr>
<tr><td rowspan="5">社保参保年限</td><td>城镇职工养老保险参保年限</td><td>每满 1 年积 5 分</td><td rowspan="5">人社局</td><td rowspan="5"></td></tr>
<tr><td>城镇职工医疗保险参保年限</td><td>每满 1 年积 5 分</td></tr>
<tr><td>失业保险年限参保</td><td>每满 1 年积 5 分</td></tr>
<tr><td>工伤保险年限参保</td><td>每满 1 年积 5 分</td></tr>
<tr><td>生育保险年限参保</td><td>每满 1 年积 5 分</td></tr>
<tr><td rowspan="4">综合素质30%</td><td rowspan="4">文化程度</td><td>博士</td><td>积 70 分</td><td rowspan="4">教育局</td><td rowspan="4">包括学历与学位；
不累加，取最高值</td></tr>
<tr><td>硕士</td><td>积 50 分</td></tr>
<tr><td>本科</td><td>积 30 分</td></tr>
<tr><td>大专</td><td>积 20 分</td></tr>
</table>

①在访谈中，笔者了解到晋江市曾公开做出承诺“绝不让一名务工人员子女失去接受义务教育的机会”，同时农民工随迁子女在评优评先、学费减免、社会实践、升学录取等方面与晋江户籍学生一视同仁。在深度访谈中，笔者了解到农民工随迁子女已占晋江全市义务教育阶段学生总数的 60%以上，实现了农民工随迁子女义务教育全覆盖的目标。

续表

一级指标	二级指标			分值	评分单位	备注
综合素质30%	生育文明		在2016年1月1日之前，农村二女户（其户籍地实行一孩政策的除外）或独女办证户的父母，积50分		卫计局	
	优秀人才		符合晋江市优秀人才认定标准且已办理《优秀人才证书》的一至五类人才	1. 第一类积130分 2. 第二类积110分 3. 第三类积90分 4. 第四类积70分 5. 第五类积50分	人社局	不累加，取最高值（本项目积分不与文化程度、专业技术、职业技能、党务职称、获得专利情况等重复）
	专业人才	专业技术	1. 正高90分 2. 副高70分 3. 中级50分 4. 初级（助理级）40分 5. 初级（员级）30分		人社局	不累加，取最高值
		职业技能	1. 取得职业资格一级（高级技师）或获评泉州级及以上技能大师（或领衔获评泉州级及以上技能大师工作室者）积70分 2. 取得职业资格二级（技师）积50分 3. 取得职业资格三级（高级技工）积40分 4. 取得职业资格四级（中级技工）积30分 5. 取得职业资格五级（初级技工）积20分		人社局	不累加，取最高值
		本市急需的熟练技工积20分				由人社局考核认定
	“两新组织”党务工作者	职称评聘	取得一级党务工作者职称积90分		市非公企业党工委	不累加，取最高值
			取得二级党务工作者职称积70分			
			取得三级党务工作者职称积50分			
			取得四级党务工作者职称积30分			
			取得五级党务工作者职称积10分			
	获得专利情况	获得发明专利		每项积30分	科技和知识产权局	专利申请地须为晋江市
		获得实用新型专利		每项积20分		
		获得外观设计专利		每项积10分		

续表

一级指标	二级指标	分值	评分单位	备注
发展贡献30%	在晋江市开办的工商企业的经营性资产	每满10万元积1分	市场监督管理局	由企业法人代表自行聘请具有一定资质的评估机构展开评估，并以评估得出的净资产结果为申报依据（其中，合资企业以投资比例为准）
	在晋江市累计缴纳税收（费）	每满1万元加10分	税务局	包括经营性纳税与个税
社会奉献10%	参加无偿献血	每献200毫升积2分，依量递增；每年最高积8分；累计最高20分	红十字会卫计局	
	参加青年志愿者志愿服务	每满10小时积1分，最高50分	团市委	
	慈善捐赠	每满1万元积10分	民政局	
杰出表现（附加奖励指标，直接增加总分）	被评为晋江市本级及以上劳动模范或享受相应待遇（如省、国家五一劳动奖章）	1. 本级：100分 2. 地市级：200分 3. 省部级：300分 4. 国家级：500分	总工会	不累加，取最高规格
	在晋江居住期间，获各级党委政府表彰的荣誉称号（包括“先进工作者”，其中获“见义勇为先进个人”再加50分）	1. 本级：50分 2. 地市级：150分 3. 省部级：250分 4. 国家级：450分	推荐参评单位	不累加，取最高规格
	被评为“美丽晋江人”或各级道德模范	1. “美丽晋江人”或“晋江市道德模范”：200分 2. “美丽晋江人提名”：100分 3. “泉州市道德模范”：300分 4. “福建省道德模范”：400分 5. “全国道德模范”：500分	文明办	不累加，取最高分
	被评为晋江市“荣誉市民”	附加400分	政府办	

续表

<table>
<tr><th>一级指标</th><th colspan="2">二级指标</th><th>分值</th><th>评分单位</th><th>备注</th></tr>
<tr><td rowspan="6">行为控制（扣分指标，直接扣除总分）</td><td rowspan="3">积分期间受行政、刑事处罚</td><td>受行政处罚</td><td>1. 拘留每次扣 10 分，拘留三次以上积分直接清零
2. 其他行政处罚每次扣 5 分</td><td>相关执法部门</td><td rowspan="6"></td></tr>
<tr><td colspan="2">收容教育、强制隔离戒毒每次扣 100 分</td><td>公安局</td></tr>
<tr><td>受刑事处罚</td><td>1. 受拘役、管制每次扣 200 分
2. 获有期（含）以上徒刑的积分直接清零</td><td>法院</td></tr>
<tr><td rowspan="3">积分期间违反计生政策生育</td><td>未婚生育</td><td>未达到法定婚龄生育的扣 50 分</td><td rowspan="3">卫计局</td></tr>
<tr><td>多生育</td><td>1. 多生一孩扣 100 积分
2. 多生二孩及以上积分直接清零</td></tr>
<tr><td>婚外生育</td><td>积分直接清零</td></tr>
</table>

资料来源：晋江市提供，笔者略有调整。

四　广东省农民工社会政策创新

作为农民工流入第一大省，广东省农民工社会政策的创新无疑具有风向标的特殊地位。在双向度城镇化的背景下，广东省在农民工社会政策诸多方面都有创新，其中农民工社会保险扩面和深圳市新入户市民系列培训与关爱措施等较为典型。

（一）广东省农民工社会保险扩面

系统考察广东省农民工相关社会保险政策，对于其他省份完善异地务工人员的社会保险政策具有借鉴意义。基于社会福利政策的分析框架，在分配基础的维度上，包括农民工群体在内的不同身份、户籍与用工形式的职工①都能参加广东省企业职工基本养老保险、工伤保险、职工医保、失业保险等细分社会保险项目类别。

具体来说，一是通过完善并严格执行养老保险制度，使得养老保险在

①说明这一政策具有比较强的“包容性”。

农民工群体中的覆盖面逐步提升。在制度的完善方面，广东省于2009年起正式实现了基本养老保险关系的省内转移接续，2010年实现了基本养老保险关系的跨省转移接续；2014年7月起，按照《广东省城乡养老保险制度衔接经办规程》的规定，广东省养老保险关系在制度内实现了顺畅转移，在制度间实现了合理衔接，有力保障了农民工群体的养老权益。据广东省人力资源和社会保障厅提供的数据显示，截至2017年底，广东省参加企业养老保险的异地务工人员已经超过2310万人。

二是构建起了灵活、便捷的农民工群体及其子女医疗保险参保机制。通过完善农民工群体及其子女的医保参保机制，不同群体均可以根据自身实际选择参加不同的医疗保障项目。有如：农民工群体可以参加职工医保，截至2017年12月，在广东省参加职工医保的农民工已达1927万人；灵活就业人员也可以选择参加当地职工医保，保费由个人全额缴纳；符合条件的农民工随迁子女可以参加就读学校所在地的城乡居民医疗保险，享受与当地户籍居民一样的参保权利和财政补助。①

三是通过督促用人单位，确保农民工群体工伤保险的覆盖面不断扩大。2015年，针对建筑业工伤频发的现实特点，广东省出台了比较细致的建筑行业工伤保险工作实施意见，在参保政策、缴费办法、工伤认定、协作机制、待遇支付等方面做了详细而完整的规定。经过调研，笔者了解到，截至2017年底，在广东省参加工伤保险的异地务工人员已超过了2129万人。

就中观原则层面的创新而言，广东省农民工社会保险扩面政策在目标群体上具有很强的包容性，该政策将不同身份、户籍与用工形式的农民工都纳入社会保险范围之内；其具有家庭友好型社会政策的特征，规定符合条件的农民工随迁子女可参加其就读学校所在地的城乡居民医疗保险，享受与当地户籍居民一样的参保权利和财政补助。这一政策的扩展有助于农民工“进得来”“留得住”“融得进”“走得顺”目标的实现。

（二）深圳市新入户市民系列培训与关爱措施

一般意义上，农民工仅指流动中的农民工群体。但基于“全程型”社会保护的理念，该群体的“下游”状态——“已返乡农民工”和“上游”

---

①针对农民工随迁子女的社会保护举措具有广义时间关照的蕴意。

状态——“已定居农民工”（新市民）的社会保护问题同样在本书研究范畴之内。借此，基于流迁模式多元分化的现实，就“定居型”农民工群体而言，在城镇落户并不是农民工社会保护体系覆盖的完结。如何因应新入户农民工抑或新市民的需求特别是城市融入的需求，是流入地政府及社会各界应当考虑的问题。而广东省深圳市针对新入户市民构建的“新入户市民系列培训与关爱措施”则对国内其他省市具有一定启示意义。如表 7-4 所示，深圳市新入户市民系列培训与关爱措施主要包括深圳福袋、新鹏主体班、入市第一课、深圳云课堂以及学习者大会等五个方面的内容。

其中，深圳福袋项目的运作流程为，深圳市新入户市民在到派出所办理入户手续的时候，都会收到包括《深圳家书》邮资封、《市民礼仪知识简明读本》、《深圳市民生活指南》等宣传资料在内的深圳福袋。这一暖心举措在欢迎新市民落户的同时，可以积极引导新市民加深对深圳市的认识与认同。“新鹏主体班”① 项目由深圳市及其下辖各区文明办负责，以举办线下文明素养培训班的方式展开。通过参加素养培训班，可以让新入户深圳市民相识与互动，助力打造新市民在深圳的社交圈。“入市第一课”项目则依托入职培训、岗前培训等既有培训渠道开展，由深圳市文明办负责具体组织实施。该项目培训的具体内容包括深圳市情介绍、深圳市城市精神宣贯、深圳市民福利以及公民责任等，项目的实施意在增强新入户市民作为一名深圳人的荣耀感和责任感，增强城市认同感与归属感。截至 2017 年底，该项目已组建起超过 50 人的专业讲师团队，培训对象已超过 10 万人，规划培训覆盖面超过 200 万人。

表 7-4　深圳市多层次的新入户市民系列培训与关爱措施

培训与关爱措施	具体内容	目标与效果
深圳福袋	赠送包括《深圳家书》《市民礼仪知识简明读本》《深圳市民生活指南》等宣传资料在内的深圳福袋	在欢迎新市民落户的同时，引导新市民加深对深圳市的认识与认同
新鹏主体班	线下文明素养培训班	让新入户深圳市民相识与互动，助力打造新市民在深社交圈

①深圳别称为鹏城，新鹏意为“新深圳人”。

续表

培训与关爱措施	具体内容	目标与效果
入市第一课	深圳市情介绍、深圳市城市精神宣贯、深圳市民福利以及公民责任等	增强新市民的荣耀感和责任感，增强城市认同感与归属感，已组建起超过 50 人的专业讲师团队，培训对象已超过 10 万人，规划培训覆盖面超过 200 万人
深圳云课堂	设置“新鹏之窗”“云课堂”“我的课堂”等具体功能板块	通过打造“掌上课堂”，深化新市民对深圳的了解与理解，提升自身文明素质
学习者大会	通过沙龙、展会以及演讲等形式展示市民文明教育行业的最新成果和行业前景	引领全体市民积极参与文明教育，在提升自身素质的同时更好适应城市生活

资料来源：笔者根据相关资料整理而成。

“深圳云课堂”项目由深圳市文明办负责牵头，通过开发微信公众号“深圳云课堂”，设置了“新鹏之窗”“云课堂”“我的课堂”等具体功能板块。深圳市文明办鼓励市民特别是新市民使用“深圳云课堂”开展学习，不断深化对深圳的了解与理解，提升自身文明素质，积极融入鹏城。“学习者大会”项目则邀请各知名慕课平台、知识分享和付费行业相关方出席，通过沙龙、展会以及演讲等具体形式举行，展示市民文明教育行业的最新成果和行业前景，借此引领深圳市民的文明教育风向标。通过引领全体深圳市民积极参与文明教育，在提升自身素质的同时更好适应城市生活。

五　时空关照评价

如表 7-5 所示，作为农民工流入大省，江苏省、浙江省、福建省、广东省等东南沿海四省农民工社会政策创新的实践分布在就业、职业培训、社会保险、权益保护、户籍等多个方面。在如上社会政策领域，这四省通过社会政策调整因应不同生命周期、不同流迁状态农民工需求的启示主要体现在宏观目标、中观原则与微观建构等三个层面上。基于农民工群体流迁模式多元化与代际需求异质性的现实出发，笔者团队的一个基本观点是——农民工社会保护体系应该能覆盖农民工个体的整个生命周期，同时亦应为处于不同流迁状态的农民工群体提供充分的社会保护。

相应的，所谓宏观目标层面的创新，是考察各省出台的系列农民工相关社会政策是否可以应对如下两类风险与需求：一是农民工生命历程的各个阶段①所面临的各种风险与需求；二是农民工流迁全程的各个阶段②所面临的各种风险与需求。③ 基于社会福利政策的分析框架，无论是农民工社会保护体系的整体建构，抑或是细分农民工社会政策的微观调整，都可以嵌入分配基础、分配内容、服务输送、资金筹集等四个分析维度之中。因此在中观原则层面上，主要考察各省出台的系列农民工相关社会政策在各个分析维度内是否能积极因应和服务于农民工社会政策调整的宏观目标。有如，某地出台的某项具体社会政策在分配基础上是否具有“包容性”，该项社会政策是否有效规避“撇脂效应”，在分配内容上是否做到“分层分类”，在服务输送与资金筹集上是否具有一定“弹性”与“灵活性”等等。而所谓微观建构层面的创新，则是直接考察并客观描述各省份出台的各项具体社会政策本身，分析其在创新程度上能否为全国或其他省份农民工社会政策的调整、建构提供经验借鉴。

囿于篇幅，对于东部四省出台的具体农民工社会政策在宏观目标、中观原则和微观建构层面的创新情况可直接参见表 7-5，本书不复赘述。

---

①其中，农民工“上游”群体指预备进入劳动力市场的农村“两后生”以及义务教育阶段学生；农民工“中游”群体指新生代流动农民工群体和第一代流动农民工群体；而农民工“下游”群体则是指退出劳动力市场的老龄农民工和伤退农民工。

②其中，农民工的“上游”状态指已经在流入地定居的“已定居农民工”；农民工的“中游”状态指流动中的农民工群体；而农民工的“下游”状态则是指真实情境中已经返回家乡的“返乡农民工”。

③应该指出的是，并非每个省份的每项具体社会政策抑或具体政策创新案例都必须符合或具有“覆盖终生”或“覆盖全程”的特征。在现实情境中，由于东部、中部以及西部省份的人口流动情况大有不同，其农民工社会政策的政策目标应各有侧重。同时，由于本章中各省份所选取的案例有限，远不能反映出各省份农民工社会保护体系在扩展至农民工“终生”与“全程”方面的努力与成效。

表 7-5 东部四省分层次农民工社会政策创新的启示

省份	宏观目标层面（H）	中观原则层面（Z）	微观建构层面（W）
江苏省	H：江苏省“新生代农民工职业技能提升计划”以新生代农民工群体为目标群体 H：江苏省有关农民工权益保障方面的系列政策创新主要关注农民工的“中游”群体，同时关注农民工的“中游”状态和“上游”状态	Z：江苏省“新生代农民工职业技能提升计划”在强化针对性的同时在培训对象上具有很强的包容性 Z：江苏省“新生代农民工职业技能提升计划”的具体实施做到了分层分类，同时具有“广覆盖”特征 Z：江苏省有关农民工权益保障方面的系列政策创新在服务输送环节具有“灵活性”与“弹性”，同时有助于农民工“进得来”“留得住”“融得入”目标的实现	W：可根据新生代农民工群体的特点出台更加具有针对性的培训政策 W：应当将不同类别（需求）的新生代农民工群体都列入培训计划之中，提升其人力资本 W：新生代农民工群体的培训菜单应做到种类丰富，适应不同流迁阶段新生代农民工群体的差异化需求 W：应以培训绩效评价体系为抓手，确保相关培训机构的服务质量和管理水平 W：可设置职业培训补贴资金中应用于新生代农民工群体的职业技能提升培训资金的比例 W：“三位一体”的联动举报投诉平台，实现了农民工投诉的便捷化与联动化，而劳动人事争议调解服务平台具有效果好、成本低、时间快的特点，此两项具体政策均可有效维护农民工的综合权益；黄橙红三色预警制度契合前馈控制的理念，真正做到防患于未然，通过对企业欠薪风险进行评估，并根据风险程度实施分类、分级管理，可有效减少农民工工资拖欠现象；信用分类监管制度契合前馈控制的理念，对企业实行信用分类监管，并对失信企业给予多渠道惩戒，可从源头减少企业欠薪；建筑领域农民工工资支付保障机制通过出台多个建筑领域农民工工资支付保障相关办法，多管齐下减少建筑领域欠薪，可有效保障建筑领域农民工工资的支付
浙江省	H：“浙江无欠薪”行动关注农民工的“中游”群体，同时主要关注农民工的“中游”状态和“上游”状态	Z：“浙江无欠薪”是浙江省贯彻《中华人民共和国劳动法》在操作层面上的行动创新，符合“法治”原则	W：可基于属地化管理原则，以“无欠薪”地区的创建为载体，通过对欠薪重点环节以及高发领域的全面治理，切实保护农民工的劳动所得
	H：衢州市劳务培训券制度关注农民工的“上游”“中游”与“下游”群体，同时主要关注农民工的“中游”状态	Z：该创新增加了农民工社会政策的“弹性”，使之更加灵活，更适应差别化农民工群体的异质性需求	W：可借鉴衢州经验，采用劳务培训券制度积极提升培训组织形式、培训内容、培训费用结算等方面的“弹性”，提升实际培训效果的目的，以积极因应对培训内容和形式有较高要求的新生代农民工群体的培训需求

续表

省份	宏观目标层面（H）	中观原则层面（Z）	微观建构层面（W）
福建省	H：《福建省新型职业农民认定和扶持办法》可覆盖农民工“下游”状态和“返乡型”农民工，还包括农民工“上、中、下游”群体 H：《关于支持农民工等人员返乡创业十二条措施的通知》关注农民工“下游”状态及“返乡型”群体	Z：《扶持办法》具有代际友好、包容性强、“不撇脂”、家庭友好等特征 Z：《扶持办法》与《十二条措施》的出台有助于该省农民工“回得好”目标的实现	W：较之原有文件，《扶持办法》的主要创新点在于放宽了新型职业农民的认定条件：在年龄上延后到65岁；在学历上要求也有所降低；《扶持办法》通过降低准入门槛，兼顾到所有“返乡型”农民工成为新型职业农民的愿望，具有代际友好和包容性特征 W：《十二条措施》是一份由经济发达省份出台的专项支持农民工返乡的社会政策
	H：晋江市流动人口市民化积分优待政策的受益对象为农民工“中游”群体与农民工“上游”群体，该政策亦关注农民工的“上游”状态与“中游”状态 H：由于晋江市率先实行居住证制度推动常住人口同城同待遇，农民工“上游”“中游”群体均可受益，亦关注农民工“上游”与“中游”状态	Z：率先实行居住证制度推动常住人口同城同待遇可助力“新晋江人”在晋江“进得来”“留得住”“融得进”，避免“撇脂效应” Z：流动人口市民化积分优待政策具代际友好特征，资源有限约束下有“撇脂”之嫌	W：通过户籍制度改革、居住证制度以及流动人口市民化积分优待政策等三项农民工社会保护制度的安排，晋江市农民工社会保护体系初步具备“进得来”“留得住”“融得入”的区域特色 W：《晋江市流动人口居住证管理规定》让包括农民工群体在内，持有晋江市居住证的流动人口可享受30项优惠政策待遇，此30项优惠待遇分布于“两维四分”分析框架的各个象限内 W：“晋江市流动人口市民化积分优待评分标准”，共设置了六个方面的一级指标，分别衡量申请者自身及其在晋江市的“①融入程度”“②综合素质”“③发展贡献”“④社会贡献”“⑤杰出表现”以及“⑥行为控制”，该评分标准具有较强的实用性与科学性，值得各地借鉴

续表

省份	宏观目标层面（H）	中观原则层面（Z）	微观建构层面（W）
广东省	H：广东省农民工社会保险扩面政策关注农民工"上游""中游""下游"群体，同时关注农民工的"上游"与"中游"状态	Z：广东省农民工社会保险扩面政策在目标群体上具有很强的包容性，同时具家庭友好的特征，有助于农民工"进得来""留得住""融得进""走得顺"	W：广东省农民工相关社会保险政策，对于其他省份完善异地务工人员的社会保险政策具有借鉴意义：一是通过完善并严格执行养老保险制度使得养老保险在农民工群体中的覆盖面逐步提升；二是构建起了灵活、便捷的农民工群体及其子女医疗保险参保机制；三是通过督促用人单位，确保农民工群体工伤保险的覆盖面不断扩大
	H：深圳市新入户市民系列培训与关爱措施的目标群体为农民工的"上游"状态	Z：深圳市新入户市民系列培训与关爱措施有助于新入户市民融入深圳，有利于"融得进"目标的实现	W：深圳市新入户市民系列培训与关爱措施主要包括深圳福袋、新鹏主体班、入市第一课、深圳云课堂以及学习者大会等五个方面的内容，这对国内其他省市特别是流入地城市具有启示意义

资料来源：笔者根据相关资料整理而成。

第二节　中部

本书所选取的中部四省包括河南省、安徽省、湖北省与湖南省。基于狭义时空关照和广义时空关照的视角跟踪、比较中部四省农民工社会政策创新的实践，对于中部各级地方政府以差别化的社会政策调整因应农民工群体异质性社会保护需求，具有一定参考价值。

一　河南省农民工社会政策创新

在乡村振兴的背景下，作为农民工流出大省，如何吸引具有一定经验、技术以及资金积累的农民工返乡创业是河南省农民工社会政策创新的重要驱动因素之一。笔者对于河南省农民工社会政策创新的跟踪主要从其印发的《财政支持农民工返乡创业20条政策措施》的文本分析展开，同时也对其促进农民工参加工伤保险的实践创新展开文本分析与深度访谈。

（一）河南省农民工社会政策创新实践——以《财政支持农民工返乡创业20条政策措施》为例

在“生存一问题型”社会政策领域，河南省的主要创新在农民工就业政策方面，特别是财政支持河南籍农民工返乡创业方面力度较大。所依据政策文件主要是河南省财政厅和人社厅于2017年联合印发的《财政支持农民工返乡创业20条政策措施》（以下简称《返乡创业20条》）。如表7-6所示，这20条政策分布于创新就业资金支持方式、支持落实普惠金融政策、支持返乡创业平台建设和实施返乡创业奖补政策等四大领域。基于社会福利政策的分析框架，在分配基础维度上，《返乡创业20条》首先将政策支持对象确认为返乡创业农民工及其创办的小微企业，同时亦将返乡农民工创业相关的培训、辅导、孵化、担保机构列为财政支持的间接对象。基于分配内容的维度，《返乡创业20条》提供的政策支持主要体现在给予返乡农民工及其创办的小微企业的各类培训补贴、创业补贴、房租（水电费）补贴、社会保险补贴、担保贷款贴息、融资补贴、各类农业保险保费补贴等，同时通过评选“创业之星”既授予返乡农民工社会荣誉又给予一定资金奖励。为激励各县、市、基地扶持返乡农民工创业的积极性，通过评选“省级农民工返乡创业示范县”“省级创业培训示范基地”“省级农民工返乡创业示范园区”给予规定数额的一次性奖补。基于服务输送的维度，《返乡创业20条》通过财政补贴、政策扶持的方式，激励各类返乡农民工创业相关的培训、辅导、孵化、担保机构，为农民工提供返乡创业所需的培训、辅导、孵化、担保等方面的服务。

表7-6 《财政支持农民工返乡创业20条政策措施》的主要内容

政策领域	政策内容
创新就业资金支持	1. 给予返乡农民工每人1500元创业培训补贴，对电子商务平台及开展网络创业培训的各类创业服务机构给予电子商务实训补贴
	2. 鼓励建立农民工返乡创业项目库，为农民工提供创业辅导。同时对于开发项目成功创业且正常经营的，给予项目库建设单位创业项目开发补贴2000元/项
	3. 扶持返乡农民工的初始创业项目。符合规定条件的，给予一次性创业补贴5000元；对在创业孵化基地内发生的房租、水电等费用给予规定额度的补贴

续表

政策领域	政策内容
创新就业资金支持	4. 为雇用就业困难人群、高校应届毕业生等的农民工返乡创办的企业提供一定的社会保险补贴
	5. 支持农民工返乡创业孵化机构的发展，对孵化机构成功孵化相关项目的，按照规定标准给予最长2年的补贴
落实普惠金融政策	6. 省财政设立农民工返乡创业投资基金，鼓励省辖市、县（市）与省级基金合作设立子基金
	7. 对符合条件的返乡创业农民工，给予每人最高10万元创业担保贷款。对合伙经营或共同创业的，担保贷款总额最高可达到50万元。同时根据申请对象的实际情况给予一定额度的财政贴息
	8. 鼓励担保机构为返乡农民工小微企业提供担保服务，同时按照规定在发生相应风险后按一定比例补偿担保机构
	9. 农民工返乡创业使用林权、住房财产权等不动产抵押融资发生的担保费、贷款利息等相关费用，由市县财政给予20%补贴
	10. 省财政给予一定比例保费补贴的情况：一是返乡农民工经营的50亩以上规模化水稻或小麦参保主粮作物保险的；二是返乡农民工规模化养殖猪、牛等符合规定的牲畜的；三是返乡农民工参保地方特色农业保险品种的
返乡创业平台建设	11. 支持返乡农民工创办领办各类新型农业经营主体，对于符合条件的，给予财政补贴
	12. 鼓励返乡农民工创办健康、物流、乡村旅游等服务业项目，对该类项目予以择优支持
	13. 对被认定为省级电子商务示范县的，省财政给予每县1500万元的补助
	14. 河南籍农民企业家返乡创业项目享受与外地客商同等的优惠政策待遇
	15. 根据相关政策规定，对返乡农民工所创办的小微企业，减免相关税费
返乡创业奖补政策	16. 省财政给予每个省级农民工返乡创业示范县200万元一次性奖补
	17. 对于每个将农民工返乡创业培训示范基地建设纳入全民技能振兴工程实施范围且被评为省级创业培训示范基地的，省财政给予300万元一次性奖补
	18. 省财政给予每个省级农民工返乡创业示范园区50万元一次性奖补
	19. 省财政给予返乡农民工创业省级优秀示范项目2万—15万元一次性奖补
	20. 省财政给予每年评选出的100名返乡农民工“创业之星”每人一次性奖励1万元

资料来源：笔者根据相关资料整理而成。

基于资金筹集的视角，《财政支持农民工返乡创业 20 条》第一强调省财政对农民工及其创办的各类项目、企业的直接投入；第二在鼓励社会资本参与的前提下，省财政统筹河南省就业补助方面的专项资金设立农民工返乡创业投资基金同时鼓励县（市）设立子基金，给予返乡创业农民工一定扶持；第三设立现代服务业发展基金，积极引导社会资本投入，择优支持农民工返乡创办乡村旅游、物流、健康等服务业项目。

我们河南全省有 3000 万左右的农村外出务工人员。我们经常在想，如果能够把其中有创业能力且有一定工作经验和创业意愿的外出务工人员的十分之一引回我们河南创业，他们将是一股不可忽视的创业力量。想想看，这几年为什么从上到下这么强调创业？很重要的原因就是想以创业带动就业。返乡创业的农民多了，就会汇聚成振兴河南乡村、焕发中原生机的强大力量。所以说，我们省委、省政府是高度重视这项工作的，我们单位上下也把支持河南籍外出务工人员返乡创业作为我们的一项全局性工作来抓。通过出台《财政支持农民工返乡创业 20 条政策措施》这样的文件来促进外出务工人员返乡创业既是大势所趋，也是为了把握我们河南发展的新机遇。我们是有站在这样一个高度来看待农村外出务工人员返乡创业工作的。（访谈记录：ZZ—GWY/HHQ—2018.8.21）

随着经济社会形势的发展，作为流动人口大省，“十二五”以来，河南省流动人口总数比较稳定，流出河南的人口增速放缓，省内流动人口则呈不断增长之势。面对这一“人口回流红利”，在实施乡村振兴战略的宏观背景下，河南省出台《返乡创业 20 条》无疑是非常及时且必要的。此外，基于农民工群体流迁模式多元化的视角，《返乡创业 20 条》的出台积极因应了“返乡型”农民工返回河南创业、就业的需求和热情。同时，基于代际分化的视角，新生代农民工不仅是农民工大军的主体，亦是返乡创业的生力军，《返乡创业 20 条》各项细分政策的出台对新生代农民工群体返乡创业具有良好的促进作用。同时，此 20 条政策具有“代际友好”的特点，所有符合条件的返乡创业农民工均可以申请《返乡创业 20 条》的相关扶持待遇。因此，任何有创业意愿的新生代农民工均是潜在的扶持对象。由此可见，《返乡创业 20 条》具有明显的广义和狭义空间关照的蕴意，同时也契合狭义时间关照的理念。

（二）河南省农民工社会政策创新实践——以农民工参加工伤保险方面的创新为例

河南省在农民工社会保险政策方面的创新，主要体现在该省人社厅2017年发布的《关于进一步推进农民工参加工伤保险的意见》（豫人社〔2017〕90号）（以下简称《意见》）中。针对农民工工伤事故发生后比较急迫的“三难问题”[①]，《意见》提出了十一条具体对策措施。

其中，《意见》第一条措施要求高度重视农民工群体的工伤保险参保工作，要充分结合其就业特点，制定更有针对性的规程和方法，维护其工伤保险权益。针对劳动关系难确认的问题，《意见》的第二条措施指出要畅通农民工的实名登记渠道，要求各用人单位要据实申报、及时更新参加工伤保险的农民工名单，否则保外农民工一旦发生工伤，将由用人单位承担保险责任。为提升申报工作效率，《意见》规定各单位通过互联网报送的电子变更数据和纸面材料具有同等效力。为解决劳动关系难确认的问题，《意见》第三条还规定要根据不同情形及时确认劳资双方劳动关系。对于申请确认劳动关系争议的案件，各级劳动仲裁机构应依法及时做出处理。针对工伤难认定的问题，《意见》第四条规定要缩短工伤认定时限。对于一般性的工伤认定决定，应当在受理之日起5个工作日内做出责任判定。对于较为特殊的工伤认定决定，最长不超过60天。针对工伤待遇难落实的问题，《意见》第五条要求积极开展工伤救治，特别是对于因生产性事故导致重伤的农民工要“先抢救、后结账”，各级卫生医疗机构不得以任何理由拒绝抢救或治疗。同时，工伤保险经办机构要和相关医院做好协同联动，通过推行医疗费用实时结算等具体措施，在确保及时救治受伤农民工的同时积极减轻伤者医疗垫资压力。《意见》第六条还要求充分发挥商业保险作为社保有益补充的优势，各级人社部门要进一步与商业保险机构开展协调合作。具体合作内容可以包括两个方面：一是鼓励各用人单位为农民工办理商业类人身意外伤害险，在分担应由用人单位支付的工伤保险待遇的同时，拓宽农民工权益保障渠道；二是在工伤认定的证据收集

---

①指劳动关系难确认、工伤难认定、工伤待遇难落实。

上，可以借鉴、共享保险公司通过严谨调查、仔细取证后取得的有效证据。《意见》第七条规定要推进参保前置。要求基础设施工程实行以建设项目为单位的参保模式，做到“先参保，再开工”。《意见》第八条提出要落实农民工群体的工伤保险待遇。要根据致残等级的不同保障农民工合法权益，同时在相关伤残补助金的领取办法和标准上做到合法合规。

此外，在操作层面上，《意见》第九条、第十条与第十一条分别提出要采取加大宣传力度、建立部门联动机制和加强监督检查力度等具体措施。该政策在受益对象上不仅覆盖了农民工的“中游”群体和“中游”状态，同时因伤退出劳务市场的部分“下游”农民工也是政策对象。因此，《意见》具有部分广义时间关照的蕴意。

二 安徽省农民工社会政策创新

笔者对安徽省农民工社会政策创新的实践主要关注该省所属芜湖市的农民工住房公积金缴存（贷款）制度创新。2015 年，安徽省芜湖市住房公积金管理委员会下发《芜湖市进城务工农民缴存住房公积金及住房贷款管理办法（试行）》并推行试点，后经过修订，《芜湖市进城务工农民缴存住房公积金及住房贷款管理办法》（以下简称《公积金管理办法》）于 2018 年正式生效。此举主要是为了保障和改善民生，通过让农民工群体缴贷住房公积金解决自身购房需求，推进芜湖市城镇化步伐。

对于那些有购房意愿的农民工来说，商业贷款的利率较高，申请的门槛也较高。比如，办理商业贷款要提供收入证明、银行流水等资料，很容易将工作流动性强的农民工拦在贷款的大门外。所以，支持农民工缴存住房公积金和贷款的政策，实际上是多赢的一个政策：第一是这个制度设计总体上有利于满足农民工的购房需求、推进城镇化的进程；第二是有利于消化房地产库存，这在很多地方都是很现实的一个考虑；第三是在制度上把农民工纳入，让他们买得起房的同时进一步扩大住房公积金政策的覆盖面和受益面。（访谈记录：WH—GWY/PSJ—2018.12.14）

基于社会福利的政策分析框架，在分配基础维度上，该政策的瞄准对象即缴存范围具有比较好的包容性。《公积金管理办法》规定缴存范围包括两类群体：一是芜湖籍在外地务工或从事自由职业的农民工；二是在芜湖市内务工或者从事其他自由职业的非芜湖籍农民工。[①] 基于公积金制度风险考量，要求男性缴存人年龄低于60周岁，女性缴存人年龄低于55周岁。分配内容的维度主要体现在农民工缴贷公积金的具体权益上。在缴存环节上，《公积金管理办法》规定缴存人已经缴存的公积金归个人所有，同时按照中国人民银行规定计息。同时，《公积金管理办法》还就公积金的提取、转移以及销户列举了比较详尽的规定。在申请公积金贷款环节，《公积金管理办法》申请人必须满足六个方面条件才能申请：一是为完全民事行为能力人；二是具有稳定、合法的收入和还贷能力；三是连续缴存公积金达6个月以上；四是作为产权人在芜湖市内购买自主住房；五是借款人及配偶信用状况良好；六是申请人公积金月缴存额达到贷款要求的最低月缴存额。

服务输送的维度主要体现在公积金的缴存原则与缴存方式上。《公积金管理办法》根据农民工群体就业形式的不同采取差异化的缴存方式。对于已经签订劳动合同建立正式劳动关系的农民工，应当由用人单位为其办理住房公积金缴存手续（简称为A类农民工）；对于非正式就业的农民工，则按照本人自愿缴存的原则进行缴存（简称为B类农民工，其中具有芜湖市户籍为B1类农民工，否则为B2类农民工）。这一规定对于处在“中游”状态的“定居型”“返乡型”与“循环型”农民工群体而言是非常友好的，具有狭义空间关照蕴意。就具体缴存方式而言，A类农民工由工作单位为其办理公积金缴存手续，对于已缴存者，其公积金的缴存、贷款、提取等业务按《住房公积金管理条例》的具体规定执行；B1类农民工要到其户籍所在地的乡镇或街道申请，然后由各乡镇或街道统一到辖区公积金管理机构办理账户设立手续；B2类农民工则到务工地公积金管理机构申请办理。资金筹集的维度主要体现在公积金缴存基数及比例上，就总体而言，芜湖市的相关规定具有一定包容性、弹性和灵活性。《公积金管理办法》指出，缴存基数由缴存人自己申报后由乡镇或街道负责审核，超过5000元的，必须提供相关财力证明，缴存比例在5%到12%范围内由个人申报。

---

①可见《公积金管理办法》具有比较强的包容性。

三 湖南省农民工社会政策创新

（一）湖南省农民工社会政策创新实践——以广东省湖南务工人员服务协会的运作为例

湖南省是广东省外来务工人员主要的来源省份。鉴于大规模湖南籍在粤务工人员的现实需求考量，湖南省于2013年4月在广州市设立广东省湖南务工人员服务协会。作为服务于湖南籍在广东务工人员的省级社会组织，该协会一方面受广东省民间组织管理局的监督管理，另一方面还受湖南省政府驻广州办事处以及广东省人社厅相关主管处室的业务指导。成立协会的目的在于通过搭建流出地（湖南）、流入地（广东）政府与企业、湘籍务工者、社会等各方面沟通协调的平台和桥梁，致力于为广大的湖南籍在粤务工者提供权益维护、就业帮助、司法援助、政策宣传、沟通协调以及扶危救困等各方面的服务，是流出地与流入地政府农民工服务管理职能的有益补充。在调研中，笔者了解到该协会的宗旨是通过建立企业、员工与社会的沟通与服务的平台，促进湖南籍务工人员在广东有序、稳定、体面就业。基于前馈控制的理念，笔者认为该协会在助力湖南籍务工人员融进广东的同时，也维护了流入地的社会稳定。

我们掌握的数字是，在粤湘籍务工人员有接近800万，湖南省是广东省外来务工人员最多的省份。这么多流入流出的湘籍务工人口，对广东、湖南两省来说，加强对这个群体的管理和服务无疑是非常迫切、非常必要的。所以我们说这个协会是应需而生的。协会成立的宗旨可以概括成一句话，就是在广东省相关政府部门的指导下，团结广东省内各类企事业单位和热心本会工作的社会人士，为在粤湖南籍务工人员提供就业帮助、权益维护、扶危济困等服务，建立社会、企业、员工联系沟通的平台，共同做好湖南籍务工人员服务工作，促进其在粤稳定、有序和体面就业，更好地融入城镇生活，维护社会和谐稳定……协会的一个特色活动就是关爱我们湘籍务工人员的子女。2013年开始，我们联合各方面的爱心人士和单位，组织相关关爱留守儿童系列活动，让这些孩子有一个丰富的假期生活。比如说，去年，我们邀请了湘西、邵阳等贫困山区的留守儿童和部分符合条件的在穗湘籍务工人员子女等500人左右参加，通过举办文化阅读、社会实践、科普讲座等活动，参观走访广州地铁博物馆、广州图书馆、广州大剧院等让他们在广州体验到了一段不一样的暑假生活。（访谈记录：GZ—XHZY/CMJ—2018.10.29）

考察其具体运作环节，广东省湖南务工人员服务协会的业务范围主要包括八个方面：一是负责湘籍务工人员务工区域分布、务工情况等方面数据与资料的收集、汇总、整理和分析，为相关部门决策提供依据；二是为湘籍务工人员提供创业扶持、职业介绍、权益维护以及技能提升培训等方面的公益性服务；三是帮助湘籍务工人员解决其在住房、子女入学、医疗等方面的社会保护需求；四是积极争取社会各界的支持，对处于困境的湘籍务工人员提供生活和就业方面的援助服务；五是通过开展慰问表彰、联谊交流与文化文体活动为湘籍务工人员提供人文关怀；六是以湘籍务工人员的服务管理为中心开展相关政策咨询、宣传活动；七是基于社会稳定考量，协助有关方面处理涉及湘籍务工人员的重大问题和各类突发事件①；八是承接流入地和流出地政府及相关部门委托的其他管理服务工作。

在调研中，该协会工作人员介绍，协会的一个较有特色的活动是关爱“候鸟儿童”系列活动。即通过邀请湘籍务工人员家庭的留守儿童到广东参观学习，通过社会实践、科普活动、文化阅读、知识讲座、书展等多种形式，拉近“候鸟儿童”与其父母流入地广东省之间的距离。作为一项农民工关怀政策，该系列活动的具体实施可以提升流动农民工家庭在广东的归属感与获得感，具有家庭友好型社会政策的意蕴，符合广义时间关照的理念。该协会的经费主要来源于捐赠、政府资助、会费、在核准的业务范围内开展活动或服务的收入，以及利息与其他合法收入等。从实际运行效果来看，该协会在反映务工人员利益诉求与解决其在流入地的实际困难方面具有独特的作用，有助于湖南籍在粤务工人员实现“进得来、留得住、过得好”的目标。

---

①在调研过程中，笔者了解到该协会的运作与介入有助于湘籍务工人员在广东务工期间依法维权，依靠协会理性维权的经验是值得其他人口流出大省借鉴的。

就总体来说，该类协会在农民工社会保护方面有两点创新值得肯定①：其一是流出地政府化被动为主动，有效延伸了对外出务工农民工群体的服务管理链条，一定程度上因应了农民工及其家庭在流入地的社会保护需求；其二是建立了农民工流出地与流入地双方政府相互配合、良性互动的流动人口跨区域管理协作新机制与新模式，有助于维护农民工群体在流动务工期间的合法权益，促进其在流入地城镇的社会融入。

（二）湖南省农民工社会政策创新的实践探索——以湖南省杰出（优秀）青年农民工评选活动为例

基于新生代农民工正逐渐成为农民工队伍主体的现实，作为劳务输出大省，为表彰该省青年农民工群体中的杰出（优秀）代表，积极引导青年农民工参与流入地经济社会建设，湖南省人社厅与团省委于 2011 年 3 月至 5 月联合举办湖南省杰出（优秀）青年农民工评选活动。评选活动的准入条件②包括三个方面。其一，对于参评者年龄与籍贯的界定。参评者年龄应在 18 至 40 周岁，籍贯不仅包括湘籍还涵盖在湘务工 3 年以上的非湘籍。其二，对于参评者个人品质与内在素质提出要求。参评者必须“遵纪守法，吃苦耐劳，自强不息，敬业奉献”。其三，对于参评者业绩奉献方面提出要求。参评者必须为务工地经济社会发展做出突出业绩或者是返乡创业在推动湖南省新农村建设的进程中发挥重要作用。

最终，本次活动共评选出 21 名杰出（优秀）青年农民工，其中：湖南省杰出青年农民工 11 名，获奖者被湖南省政府记一等功，同时给予一定物质奖励；湖南省优秀青年农民工 10 名，获奖者被湖南省政府记二等奖，同时给予一定物质奖励。

如表 7-7 所示，湖南省杰出青年农民工获奖者的评选过程与评选结果

---

①该协会运作的不足之处在于对于湖南籍在粤务工人员的管理服务力度仍有待加强。有如，2015 年该协会全年共接待来访人员 96 人次，救助困难人员共计 56 人，而提供的救助金总额则不足 1 万元。

②应该指出的是，本次评选活动参评对象的条件（年龄）设置与本书对于“新生代农民工”的条件界定有所出入。本书将 1980 年 1 月 1 日及以后出生且年龄大于 16 周岁的农民工称为新生代农民工。而该评选活动开展期间为 2011 年 3 月至 5 月，要求报名对象为 18 至 40 周岁。

具有包容性强的特点，评选规则规定参评者既可以是湘籍青年农民工也可以是在湘务工 3 年以上的非湘籍青年农民工，最终获奖者为来自不同工作岗位的 11 位普通青年农民工。此外，本次评奖规则与获奖者名单的确定兼具代际分化视角和流迁模式分化的现实考量，本次最终获奖的 11 人中，其中 8 人为在湖南工作的青年农民工，另 3 人则为跨省工作的湖南籍青年农民工。

表 7-7　湖南省杰出青年农民工获奖者一览表

姓名	年龄	工作地点	主要事迹	关键词
刘志祥	34 岁	浙江杭州	获奖者为杭州市草根教育咨询服务部创始人，在杭州期间积极投身于农民工相关公共服务事业，通过创办公益机构“草根之家”，增强了在浙江务工农民工群体的归属感。获奖者致力于慈善救助事业，通过各种渠道为罹患重病的农民工累计募集善款 50 多万元	公益 慈善 志愿
向秀兰	24 岁	湖南怀化	获奖者为中石油怀化销售分公司核算员，其为了照顾父母而返乡工作，在平凡的工作岗位中做出了不平凡的成绩	返乡 孝顺
陆承伟	29 岁	湖南	获奖者为混凝土公司生产主管，其在搅拌车司机岗位上每天工作 15 个小时以上。2010 年担任生产主管后，在工作紧张时每天睡眠时间不足 6 个小时，连续一个月投身于生产一线，创造了单月安全生产 6 万多方的记录	负责 敬业 热情 安全
陈静	26 岁	湖南 富士康	获奖者从基层一线做起，和同事一起在两个月内完成了从产品概念到实体产品的“奇迹”。作为生产线组长，其所带生产线实现全年无事故、无投诉。同时，获奖者通过技术创新为公司节约制造成本达 54 万元	创新 安全
林军	26 岁	湖南株洲	获奖者作为一名普通市政设施养护工，不怕工作中的“脏、苦、累、险”，在平凡的工作中无怨无悔，保障城市排泄系统稳定畅通	艰苦 敬业
罗治国	34 岁	广东深圳	获奖者为深圳旅游出租公司驾驶员，先后 20 多次主动将乘客遗失物品归还失主。多年来免费接乘弱势人士 100 多次。在深圳市大运会期间被其公司选拔为志愿者司机，并被评为深圳市“四星级驾驶员”	诚信 爱心 志愿
胡岗	24 岁	贵州贵阳	获奖者作为一名日化用品员工，在贵阳务工期间任劳任怨，热心为同事排忧解难。2011 年 3 月，因见义勇为，在与歹徒搏斗过程中不幸牺牲，被贵阳市追授予“见义勇为先进分子”	热心 见义 勇为

续表

姓名	年龄	工作地点	主要事迹	关键词
袁增伟	27 岁	湖南湘潭	获奖者作为中铁基层劳务队技术负责人，历经多地多个工作岗位历练，始终认真负责对待每一份工作。作为基层技术负责人，其带领同事们克服专业要求高、工期紧、难度大等多重困难，为长株潭城际铁路的建设贡献了自己的力量	敬业 认真 贡献
黄文灿	35 岁	湖南	获奖者是某节能环保公司生产主管，其在学徒期间利用业余时间刻苦学习掌握多项技术，成为企业技术能手。获奖者和公司其他技术人员研发出节能环保新产品，在获得系列专利的同时，其产品已实现多国内多省市的覆盖，为公司产值连年翻番做出了自己的贡献	创新 专利 业绩
董志平	39 岁	湖南	作为某建筑公司钢筋工，始终坚持学习与专业岗位有关知识，成为一名可以独当一面的钢筋技术能手；创造性使用新钢筋技术，在节约钢筋用量的同时创造出了客观的经济效益。获奖者曾参与抗洪救灾、地震灾后重建等工作，并曾获得“全国劳动模范”等荣誉	劳模 创新 质量
裴永红	31 岁	湖南	获奖者是某人力资源公司员工，2011 年，其为了阻止挂着油罐的火车撞向油库引发恶性事故而果断跳下火车预警，导致右手臂被截断。由于其壮举，一场灾难风险被及时化解	见义 勇为 致残

资料来源：笔者根据相关资料整理而成。

四　湖北省农民工社会政策创新

本书以监利县（市）① 为例，研究湖北省农民工社会政策的创新。作为湖北省外出务工人口最多的劳务大县，湖北省监利县每年有超过 60 万人外出务工经商。为掌握湖北省监利县有关农民工返乡创业就业方面社会政策的创新实践，笔者研究团队于 2018 年 5 月赴该县，对该县政府相关部门负责人与返乡创业就业农民工进行了深度访谈。通过调研，笔者认为监利县在促进农民工返乡创业就业方面的创新举措主要体现在如下三个方面：

一是通过“结合新型城镇化开展支持农民工等人员返乡创业试点”工作的开展，推进监利籍农民工等人员返乡创业。监利县试点工作的重点领

---

①2020 年 6 月 12 日，经国务院批准，民政部批复同意湖北省撤销监利县，转设立县级监利市。2018 年 5 月，笔者研究团队在该地调研时为监利县。

域主要包括三个方面。其一，通过成立创业指导专家服务团，根据创业过程的实际需求，为返乡农民工创业提供政策咨询、风险评估、项目推介、创业孵化、项目融资、注册登记等方面的“一条龙式”服务。其二，优化创业环境：一方面，落实农民工等群体返乡创业创新专项扶持资金；另一方面，确保各类奖励政策与补贴资金落实到位，采取有力措施给予返乡创业农民工群体最大限度的融资便利。此外，该县在扶持农民工等群体返乡创业过程中，还注意用好用活社会保险补贴、一次性创业补贴、稳定岗位补贴、创业（孵化）基地扶持资金等国家政策。其三，建设创业载体。该县在试点过程中，通过设立“返乡农民工创业就业公共服务信息平台”“电商监利馆”“创业俱乐部”“创业大讲堂”“创业交流平台”“创业项目超市”“众创空间”等形式，为返乡农民工等群体创业提供载体支持。上述举措无论对于“返乡型”农民工抑或是处于“下游”状态的已返乡农民工无疑都是友好的，具有广义和狭义空间关照的蕴意。

二是开发、运用“在外监利人”外出务工创业人员数据库，促进监利籍外出务工人员返乡创业、就业。为掌握监利籍在外务工创业人员的信息，该县2015年政府工作报告将建立监利籍外出务工创业人员数据库列为县政府重点工作之一。经过成立工作组“逐村、逐组、逐户”历经半年的调查统计、登记造册工作，相关信息被载入“在外监利人”外出务工创业人员数据库之中。数据显示，监利县常年外出务工创业人员近60万人，流入地以广东省、湖南省和浙江省为主。按就业类型划分，外出务工者占总数的70%，从事个体经商的比例为28.3%，从事创办企业的企业家有1.7%。该数据库详细记载了监利籍外出务工创业人员在外地的住址、联系方式、专业技术、从事行业、资产状况、返乡意向、发展设想等信息。同时，该数据库还建立起了信息维护更新与定期联系机制，在确保信息真实准确的同时加强了外出务工创业人员与家乡的联系，有力促进了在外务工创业人员返乡创业就业。①

我们县属于劳务输出大县，全县人口不到160万，但是每年外出务工的就有60万。这么多人外出会带来留守儿童、留守老人等很多社会问题，

①在调研中，笔者了解到该数据库仅运行一年半，监利县城镇新增就业人员达1.05万人，新增各类市场主体接近1.5万户。

同时本地企业招工难的问题也凸显出来。所以县里面很重视，由工商、人社等部门牵头建立了这个外出务工创业人员数据库，研发出了“在外监利人”软件。通过数据库收集外出务工人员各方面信息，加强互动联系，可以让在外的监利乡亲离乡不离情，心系家乡发展。用这套系统，两年多全县就吸引了近10万在外的监利人返乡创业就业，促进了本地经济的发展。（访谈记录：JL—GWY/XLJ—2018.5.12）

我们两个（被访者夫妇）这么多年一起在东莞、泉州几个地方的服装厂打工，两个女儿一直跟着她们爷爷奶奶。在外面服装厂打工一直有想如果老家这里有一样的企业就好了。在外面一个是全家人聚少离多，孩子管不着；另外，外面生活消费水平很高，穷家富路，什么都要花钱，不像家里比较方便。后来是去年监利人社部门的打电话跟我说老家有个叫浩宇制衣的服装厂在招人，待遇还可以，我们就回来这里应聘。厂里看我们两个在外面这么多年经验也比较满意，就回来老家了。（访谈记录：JL—NMG/DDJ—2018.5.12）

三是通过对返乡创业先进人物与示范企业的表彰达到树立典型、激发活力的先进引领作用，在全县范围内积极营造尊重、关爱返乡创业农民工群体的良好氛围。在调研中，笔者了解到，2018年1月，该县结合“新型城镇化开展支持农民工等人员返乡创业试点”工作，在全县范围内开展农民工返乡创业明星以及创业示范企业评选。对于获奖个人与企业，县政府召开表彰大会，给予颁发奖牌和证书及奖金。其中，农民工返乡创业明星10人，其参评条件为：监利籍且有外出务工经商经历的返乡创业农民工，创办企业或项目稳定经营两年以上，同时经营实体取得了一定经济效益或社会效益。农民工返乡创业示范企业10家，其参评条件为：由监利籍返乡农民工创办的企业（或新型农业经营主体），取得良好的经济效益与社会效益，具有一定的示范带动作用。具体衡量指标为包括三个方面：一是年销售收入在500万元以上，对监利经济发展有突出贡献；二是实现吸纳就业50人以上且与从业人员依法签订了劳动合同，企业经营方面实现“三无”目标①的；

①所谓“三无”是指该企业无重大安全生产事故，无社会保险费欠缴记录，无纳税、信用与环保方面的不良记录。

三是积极履行各方面社会责任，社会形象良好，示范作用比较突出。这一激励措施明显是符合“七得”原则的。

五　时空关照评价

河南省、安徽省、湖南省、湖北省等中部四省农民工社会政策创新的实践①，对通过差别化社会政策的调整因应农民工群体异质性需求的启示，主要体现在宏观目标、中观原则与微观建构等三个层面。其主要创新领域集中在返乡创业就业、异地权益保护、住房保障等方面。中部四省农民工社会政策在各层面的创新之处可参见表 7-8。

河南省在农民工社会政策方面的创新主要体现在《财政支持农民工返乡创业 20 条政策措施》与《关于进一步推进农民工参加工伤保险的意见》两份文件之中。基于广义时空关照的视角，《财政支持农民工返乡创业 20 条政策措施》在宏观目标层面上既关注农民工的“下游”状态，又关注农民工的“中游”群体——处于流动状态之中的第一代农民工和新生代农民工。而《关于进一步推进农民工参加工伤保险的意见》则关注农民工的“中游”状态，同时也关注农民工的“中游”群体和部分因伤退出城市劳务市场的“下游”群体。在中观原则层面上，《财政支持农民工返乡创业 20 条政策措施》在瞄准机制上具有“代际友好”和“家庭友好”的特点，有助于返乡农民工返回流出地创业、就业，而《关于进一步推进农民工参加工伤保险的意见》的具体规定符合“法治”原则，有力地推进了该省农民工融入流入地城市。

安徽省在农民工社会政策方面的创新的典型案例为芜湖市农民工公积金缴贷政策的有效实施，该市通过实施农民工公积金缴贷政策满足了农民工群体进城的购房需求。在宏观目标层面上，该政策在关注农民工的“中游”群体的同时亦关注农民工的“中游”状态，积极因应了农民工流迁模式多元化的客观事实。梳理芜湖市农民工公积金缴贷政策的实施明细，结果表明，在中观原则层面上，该政策在目标群体的确定上具有很强的“包容性”，其规定的缴存范围不以芜湖户籍作为准入门槛。具体而言，其政策对象包括两类：一是在外地务工或从事自由职业的芜湖籍农民工；二是在芜湖市内务工或从事其他自由职业的非芜湖籍农民工。此外，根据农民

①囿于篇幅，本书仅跟踪、研究中部四省部分农民工社会政策创新案例。

工身份的不同，芜湖市农民工公积金缴贷政策在缴存方式上具有一定的灵活性与弹性，这一点亦值得各地借鉴。

对于湖南省在农民工社会政策方面的创新，本书主要通过考察“一个机构”——广东省湖南务工人员服务协会的成功运作经验，同时还关注“一次评选活动”——湖南省杰出（优秀）青年农民工评选活动举办来展开分析。就宏观目标而言，广东省湖南务工人员服务协会的服务对象主要是湖南籍在粤务工者，即该协会比较关注农民工的“中游”群体。同时，该协会一个较有特色的活动是关爱“候鸟儿童”系列活动，湘籍务工人员家庭的留守儿童是该活动的目标群体，因此广东省湖南务工人员服务协会亦关注农民工的“上游”群体，具有广义时间关照和狭义空间关照的蕴意。在中观原则层面上，广东省湖南务工人员服务协会的成功运作有助于农民工在流入地“进得来、留得住、过得好”，同时该协会的关爱“候鸟儿童”系列活动具有家庭友好型政策的特征。在宏观目标上，湖南省杰出（优秀）青年农民工评选活动在参评资格上设定的年龄区间为18周岁至40周岁，既可以是湘籍青年农民工也可以是在湘务工3年以上的非湘籍青年农民工。由此可见，该活动高度关注农民工的“中游”群体特别是其中的新生代农民工，同时主要关注了农民工的“中游”状态，该活动在参评资格的设定上具有较好的包容性。

湖北省在农民工社会政策创新的典型案例为监利县有关农民工返乡创业就业方面社会政策的创新举措，其目标非常明确，就是通过结合“新型城镇化开展支持农民工等人员返乡创业试点”工作的开展，推进监利籍农民工等人员返乡创业。因此，在宏观目标上，该举措比较聚焦农民工的“下游”状态，同时处于“流迁决策期/区”的“返乡型”农民工亦是该政策的潜在目标群体。可见，这一举措具有比较明显的广义空间关照和狭义空间关照的蕴意。在社会政策调整的中观原则上，监利县在促进农民工返乡创业就业方面的创新举措实现了让农民工“回得好”的目标，其具体实施可分为返乡前与返乡后两个阶段。在返乡前，监利县开发、运用“在外监利人”外出务工创业人员数据库促进监利籍外出务工人员返乡创业、就业。在返乡后，一方面，通过提供“一条龙式”服务、优化创业环境、建设创业载体等为已返乡人员创业提供各种便利；另一方面，通过表彰返乡创业先进人物与示范企业，达到树立典型、激发活力的先进引领作用，在全县范围内积极营造尊重、关爱返乡创业农民工群体的良好氛围。

表 7-8　中部四省分层次农民工社会政策创新的启示

省份	宏观目标层面（H）	中观原则层面（Z）	微观建构层面（W）
河南省	H：《返乡创业 20 条》关注农民工的“下游”状态，同时关注农民工的“中游”群体 H：《关于进一步推进农民工参加工伤保险的意见》关注农民工的“中游”状态，同时关注农民工的“中游”群体和部分因伤退出城市劳务市场的“下游”群体	Z：《返乡创业 20 条》在瞄准机制上具有“代际友好”的特点，有助于返乡农民工返回流出地创业、就业 Z：《关于进一步推进农民工参加工伤保险的意见》符合“法治”原则，有助于农民工融入流入地城市	W：各地可结合本地实际出台扶持农民工返乡创业的具体措施，积极支持、鼓励“返乡型”农民工群体回乡创业就业 W：针对农民工工伤事故发生后比较急迫的“三难问题”，河南省通过实施《关于进一步推进农民工参加工伤保险的意见》，提出了十一条具有针对性的对策措施，借此全力提升该省农民工工伤保险的覆盖率
安徽省	H：关注农民工的“中游”群体，同时关注农民工的“中游”状态	Z：安徽省芜湖市农民工公积金缴贷政策在目标群体确定上具有“包容性” Z：根据农民工身份的不同，在缴存方式上具有灵活性与弹性	W：通过实施农民工公积金缴贷政策可以满足“本地”和“外地”农民工群体的购房或者建房需求
湖南省	H：关注农民工“中游”群体与“上游”群体，同时亦关注农民工的“中游”状态	Z：广东省湖南务工人员服务协会的成功运作有助于农民工在流入地“进得来、留得住、过得好”，该协会的关爱“候鸟儿童”系列活动具有家庭友好型政策的特征 Z：湖南省杰出（优秀）青年农民工评选活动在报名者资格上具有“包容性”	W：农民工流出地通过在流入地建立企业、员工与社会的沟通与服务的平台，可促进流出地务工人员在流入地有序、稳定、体面就业 W：基于新生代农民工已经成为农民工队伍主体的现实，湖南省通过举办湖南省杰出（优秀）青年农民工评选活动，表彰青年农民工群体中的杰出（优秀）代表，积极引导青年农民工参与流入地经济社会建设
湖北省	H：关注农民工的“下游”状态以及处于“中游”状态中的“返乡型”农民工	Z：监利县在促进农民工返乡创业就业方面的创新举措实现了让农民工“回得好”的目标	W：建设外出务工创业人员数据库促进本区域外出务工人员返乡创业、就业 W：农民工流出地要对返乡创业先进人物与示范企业进行表彰达到树立典型、激发活力的先进引领作用，在区域范围内积极营造尊重、关爱返乡农民工的良好氛围

资料来源：笔者根据相关资料整理而成。

第三节　西部

本书研究所选取的西部三省一市包括我国西部地区的四川省、重庆市、贵州省与陕西省。基于狭义时空关照和广义时空关照的视角，跟踪、比较既是流出地又是回流地的这三省一市农民工社会政策创新的实践，对于流出地各级政府通过差别化社会政策供给因应农民工群体异质性的社会保护需求，具有一定参考价值。

一　四川省农民工社会政策创新

笔者对四川省农民工社会政策创新的实践考察主要聚焦于该省印发的《加强农民工服务保障十六条措施》《促进返乡下乡创业二十二条措施》以及《加强农民工住房保障工作指导意见》等文本信息及其实施效果。

（一）四川省农民工社会政策创新实践——基于《十六条措施》与《二十二条措施》的分析

作为农民工大省，2021 年四川省农村转移劳动力逾 2600 万人，占其户籍人口的四分之一以上。在双向度城镇化背景下，四川省农民工社会政策方面的创新点主要体现在《加强农民工服务保障十六条措施》（以下简称《十六条措施》）与《促进返乡下乡创业二十二条措施》（以下简称《二十二条措施》）这两份文件上。基于流迁模式多元化的视角，就总体来说，《十六条措施》对“定居型”农民工群体与“循环型”农民工群体的社会保护需求有比较多的政策回应，而“返乡型”农民工群体的社会保护需求则在专项制定的《二十二条措施》中得到更多的政策响应。

在就业政策方面，四川省《十六条措施》的第一条就是要强化就业服务，其具体工作重点主要包括三个方面：一是应用新的媒介平台实时发布劳务用工信息。文中特别强调利用手机应用程序和微信公众号等新媒体实时更新就业信息。从笔者与川籍新生代农民工的访谈结果来看，这一招聘形式深受新生代农民工群体的欢迎，且实际运营效果良好。① 二是采取专场招聘会

①从实际运营效果看，这一工作举措具有狭义时间关照的蕴意。

的形式搭建农民工与企业沟通的平台。作为农民工流出大省，在操作层面上，四川省相关部门比较注重利用农民工返乡期间密集开展“民营企业招聘周”“春风行动”等招聘活动，积极吸引农民工返乡就业；同时又与广东、浙江等东南沿海发达省份沟通，定期开展“送岗位下乡”活动，积极鼓励农民工外出务工。[①] 三是开展就业帮扶活动。基于积极就业政策理念，将在城镇居住6个月以上的失业农民工纳入失业登记范围，通过提供就业帮扶和公益性岗位安置等多种形式消除零就业家庭。[②]

肯定是不会上街找招聘广告的，很多是假的。我堂哥刚出来工作的时候吃过亏，烦求得很。招聘市场什么的我也不去，没必要，现在找工作没那么麻烦。你看，大家都有手机，微信、QQ上都有招工群，网站上也有很多招聘信息。好多群里都有工厂负责招工的人加进来，还没过完年就有很多信息发出来，有些规模大的工厂还有车过来接。我手机上还装了好几个应用程序，你看看，四川公共招聘里面的信息就很多。我今天就打算过完年重新找工作的，但家里老汉儿说不要急，在家巴适得板，待到过完元宵才走。老乡在微信群里说这个工厂还缺人，我微信视频了下发现各方面条件还不错，跟招工的谈好待遇什么的，我才过来的。（访谈记录：SZ—NMG/YCY—2018.7.24）

在完善农民工社会保险相关政策方面，四川省印发的《十六条措施》提出了优化社保服务的具体目标。针对农民工群体的需求，一是在服务输送上，要加快社保卡的发放进度，做到应发尽发；二是基于农民工群体工作繁忙且流动性大的特点，开发社保缴费手机应用程序和微信公众号，畅通社保缴费与转续渠道，提升工作效率与服务的便捷性；三是通过传真、互联网、手机应用程序等备案查询方式，完善异地就医备案管理制度，提升农民工群体异地就医的备案覆盖率和结算服务可及性。在鼓励返乡创业的同时，对创业失败者提供一定程度的社会保护是对创业行为最好的激

①鼓励农民工个体流出和鼓励其回流之间是农民工群体人力资本、社会资本以及经济资本增值的过程。可见，《十六条措施》具有狭义空间关照的蕴意。

②消除零就业对于农民工家庭而言是至关重要的，这无疑是一项家庭友好型的社会政策。

励。为此，《二十二条措施》规定，对于创业失败的返乡农民工可按照规定进行失业登记，及时提供就业服务。对就业困难的返乡农民工，在提供就业援助服务的同时，可按照规定将其纳入社会保险和社会救助体系，助力其渡过难关。①

四川省在农民工职业培训类社会政策上的创新在《十六条措施》与《二十二条措施》上均有所体现。以《十六条措施》为例，其第二条便是加强技能培训，主要举措包括如下四个方面：一是在巩固提升“川字号”传统劳务品牌的同时，积极打造“农村电商、健康养老、乡村旅游”等主题的新型劳务品牌；二是结合川籍农民工的实际需求，积极开展定岗、订单等实际操作性、应用性强的专业技能培训；三是依托手机客户端、互联网等载体开发电商、婴儿护理等适合在线培训的课件，以便利性、多样化的方式满足农民工的培训需求；② 四是优化职业技能鉴定服务，基于跨省流动川籍农民工已经超过1200万的事实，积极协调流入地职业技能鉴定机构针对川籍农民工开展鉴定服务，对鉴定合格的农民工颁发专项能力证书或职业资格证书。而《二十二条措施》中的第十七条则明确规定，依托普通高校、职业院校以及培训机构，让包括返乡农民工群体在内的每位有意愿的创业者都能有机会接受由政府补贴的创业培训。

子女教育问题是农民工群体最为关注的问题之一。在农民工子女教育方面，《十六条措施》提出要确保子女就学。对于跨省流动的川籍农民工，由其户籍所在地县级政府和驻外办理处与省外相关部门沟通，协助解决其随迁子女按时就近入学。对于在省内流动的农民工，则将其子女义务教育纳入省内流入地的城镇发展规划和财政保障范围，简化入学流程，畅通入学渠道，实现随迁子女平等接受教育。入学后，还采取混合编班的方式确保教育质量，避免农民工随迁子女受到排斥与歧视。③

在农民工关怀方面，基于跨省流动与省内流动农民工各半的事实，《十六条措施》规定每年要组织人员奔赴省内外川籍农民工比较密集的区

①对于已返乡农民工群体的关注表明《二十二条措施》具有明显的广义空间关照的蕴意。

②在一定程度上满足了新生代农民工的培训和创业需求，因此具有狭义时间关照的蕴意。

③对农民工子女教育问题的关注表明《十六条措施》具有广义时间关照的蕴意。

域开展走访慰问、心理抚慰和演出慰问等活动。基层乡镇、村（社区）要利用春节等农民工密集返乡的契机，实现对返乡农民工及其家庭走访慰问的全覆盖。《十六条措施》还规定要运用好舆论导向工具，积极宣传川籍农民工在外务工和返乡创业期间涌现出来的好人好事、先进典型等。此外，要通过开展四川省优秀农民工和农民工工作先进集体及个人的评选表彰活动，营造关心关爱农民工的社会氛围。

住房是农民工融入流入地城市的重要保障，就此，《十六条措施》提出要改善居住条件，创造条件让符合要求的农民工都能享受城镇住房保障。具体措施包括三条：首先要加大公共租赁住房供给，每年竣工的公共租赁住房要有一定的比例分配给农民工群体；其次针对农民工住房租赁负担比较重的问题，鼓励经济实力比较强的地区对符合条件的农民工群体发放公共租赁住房补贴以减轻其经济负担；最后，由于住房公积金是提高农民工群体购房能力的有效政策工具，《十六条措施》规定要采取有力措施提高目标群体缴存和使用公积金的积极性，助力其在城市购房。

笔者基于流迁需求多元化视角来审视四川省针对农民工群体出台的《十六条措施》与《二十二条措施》，结果表明，这两份均在 2018 年 11 月颁发的政策文件的组合充分考虑到了“定居型”农民工、“返乡型”农民工以及“循环型”农民工的需求。根据四川省人社部门提供的数据，2012 年川籍农民工在省内就业的人数首次超过了跨省务工群体人数，到 2017 年全省农村劳动力转移输出 2505 万人，其中转移到省内就业的已经超出省外就业人数 115 万人。这无疑是一个风向标。针对这一趋势，在政策制定上，《十六条措施》与《二十二条措施》基于“来去自由”的理念，一方面继续鼓励农民工跨省务工，同时积极协助其解决在外的公共服务需求难以得到满足的问题，巩固提升“川字号”劳务品牌；另一方面出台各类优惠政策积极鼓励川籍农民工返乡创业，助力乡村振兴战略的实施。此外，基于代际需求异质性的视角，《十六条措施》与《二十二条措施》在具体措施的制定上充分考虑到了新生代农民工已经将互联网视为开阔视野、获取信息资源的主要渠道这一现实，积极应用手机应用程序、QQ 群、微信公众号等新媒体平台为该群体提供便捷化、可及性强的公共服务。

（二）四川省农民工社会政策创新实践——基于《加强农民工住房保障工作指导意见》的分析

四川省在农民工住房保障政策方面的创新主要体现在2015年印发的《加强农民工住房保障工作指导意见》（川办函〔2015〕3号）（以下简称《住房保障意见》）这一文件中。就政策的主导思路而言，《住房保障意见》指出应将农民工住房保障问题放在四川省城镇住房保障体系之中进行通盘统筹安排。该文特别指出，应尊重农民工根据自身禀赋、经济条件以及个人居住意愿等做出的居住地选择，在此基础上提供相应的住房保障支持，逐步改善该群体的居住条件。由此可见，尊重农民工个人的流迁意愿抑或“来去自由”已经越来越成为国家以及各省市在制定农民工相关社会政策时的基本原则之一。就具体工作目标而言，《住房保障意见》指出要根据农民工群体流迁状态的不同采取差异化的对策措施，对于已经在城镇落户定居的农民工，要享受城镇居民同等住房保障待遇；① 对于已经在城镇居住一定时间同时实现稳定就业的农民工，则主要通过提供公共租赁住房的方式解决其住房保障问题。由此可见，四川省农民工住房保障问题的解决思路符合“分层分类”原则的内涵。意即，根据农民工群体的流迁模式与流迁状态的不同而采取差异化的保障方式。其启示在于，对于“定居型”农民工群体，应助力其顺利在城镇落户，将其纳入城镇居民的住房保障体系；而对于“循环型”与“返乡型”农民工，则主要通过公共租赁住房保障其居住权益。可见，《住房保障意见》具有明显的狭义空间关照的蕴意。

在操作层面上，《住房保障意见》的具体创新举措体现在如下三个方面：首先是农民工住房保障思路方面的创新；其次是租、售、建公共租赁住房方面的创新；最后是农民工缴纳、使用住房公积金方面的创新。在保障思路上，《住房保障意见》指出，要基于消除户籍差别的思路，在农民工住房保障上做到与户籍居民的“四个同等”，实现四川省农民工住房保障“市民化”的目标：意即“同等准入条件”“同等审核流程”“同等保障

---

①对于已定居农民工群体住房保障问题的关切表明，《住房保障意见》具有广义空间关照的蕴意。

标准”“同等住房保障品质”。基于稳定性考量，除了对农民工群体在四川各城镇的居住与工作年限做出适当规定外，不得对该群体享受住房保障设置其他准入门槛。在租、售、建公共租赁住房方面，《住房保障意见》的创新主要包括三个方面。一是“优惠租”。一方面，通过“农民工住房保障行动”，按照30%的比例将当年竣工的公共租赁住房定向供应给农民工群体；另一方面，对租赁公共租赁住房的农民工实施差别化租金政策，基于该群体经济条件普遍较差，支付能力有限的现实，对于租赁公共租赁住房农民工的平均租金按照实际市场租金的50%左右确定。二是“租改售”。利用成都等城市“租改售”的试点机会，将向农民工群体出售公共租赁住房纳入试点范围，为农民工购买产权型保障性住房提供渠道。三是“鼓励建”。在政府直接投资建设的同时，一方面认真落实商品房开发商必须按照一定比例配建公共租赁住房的规定；另一方面，积极鼓励开发区、工业园区和劳动密集型企业建设集体宿舍类公共租赁住房，切实提升农民工群体的居住质量。在住房公积金方面，《住房保障意见》的创新主要体现在如下几个方面：一是在引导各类企业建立住房公积金制度的基础上鼓励农民工及其就业的单位缴存住房公积金；二是在使用范围上，明确公积金可以用于租赁公共租赁住房及其他住房；三是要求增加价位较低的中小户型商品房的供应量，鼓励农民工使用公积金贷款在城镇购房落户。此外，在保障措施上，《住房保障意见》还提出要通过加强组织领导、保障房源供应、深入调查研究等举措在执行层面上将农民工住房保障问题的解决落到实处。①

《加强农民工住房保障工作指导意见》的实施力度较大，具有比较明显的政策创新性。苏州、泉州、温州与东莞四地新生代农民工的调查结果表明，不同流迁模式下新生代农民工群体的住房类型发生了显著分异。其中，“定居型”新生代农民工群体自行购买商品房与限价房的需求相对较高，“返乡型”与“循环型”农民工则更倾向于选择单位宿舍与公共租赁房等“临时性住房安排”。应该指出的是，在农民工住房保障上做到与户籍居民的“四个同等”后，四川省在农民工住房保障方面将实现比较彻底的“市民化”。在这一总体思路之下，基于农民工群体流迁模式多元分化

① 可见，《住房保障意见》具有比较好的“包容性”，同时又有“分层分类”的特点。

的现实，《住房保障意见》使不同迁移意愿的农民工群体均能根据实际迁移意愿与需要，选择自己的住房保障“路径”。对“定居型”新生代农民工群体而言，在居住年限或职业稳定性不足抑或经济上暂不具备购房条件的时候，可以在缴纳住房公积金的同时申请公共租赁住房，使用公积金租赁公共租赁住房及其他住房。在职业较为稳定且经济条件具备之后，“定居型”新生代农民工可以使用公积金购买总价较低的中小户型商品房，也可以利用公共租赁住房“租改售”的机会购买产权型保障性住房，以多渠道购房实现落户的目标。对于流动性较强的“返乡型”与“循环型”农民工而言，则可以通过租赁公共租赁住房的方式保障自身住房权益，提升居住质量。

二 贵州省农民工社会政策创新

在国家大力支持农民工等人员返乡创业的背景下，作为农民工净流出大省，贵州省在农民工就业方面社会政策的创新举措主要体现在《“雁归兴贵”促进农民工返乡创业就业行动计划》（文号为黔府办发〔2015〕31号）。“雁归兴贵”计划既是贵州省对《国务院办公厅关于支持农民工等人员返乡创业的意见》的积极回应，亦是贵州省根据自身实际在以农民工返乡创业就业助力乡村振兴的同时，从源头上减少留守儿童数量的一项能动举措。因此，该细分社会政策具有狭义空间关照和广义时空关照的蕴意。“雁归兴贵”计划的实施包括两个阶段：第一阶段是到2017年，实现75万农民工返回贵州创业就业，同时培训人次达90万；第二阶段是到2020年，累计实现150万农民工返回贵州创业就业，同时累计培训人次达180万。

如图7-5所示，“雁归兴贵”计划包括引导目标群体即农民工返乡创业就业的七个方面的具体措施。在拓展就业空间方面，“雁归兴贵”计划提出了顺应产业转移、推动产业升级、促进产业融合、支持新型农业经营主体发展以及发展互联网＋农村电子商务等具体举措。由于农民工是返乡创业的能动主体，贵州省在“雁归兴贵”计划中提出要通过开展各类专项培训、创业培训和职业教育等方式来积极提升目标群体的就业能力。在健全政策目标群体创业就业公共服务体系方面，“雁归兴贵”计划提出要做好服务平台建设、实施“双百”工程①、加强信息监测以及强化权益保障等。

①即创建创业孵化基地以及农民工创业园各一百个。

为从源头上解决儿童留守问题，“雁归兴贵”计划提出要精准帮扶留守儿童家庭与困境儿童家庭，通过采取建立帮扶台账，开展政策宣传、岗位服务、技能培训以及创业就业扶持等措施助力弱势儿童家庭劳动力返乡创业就业。

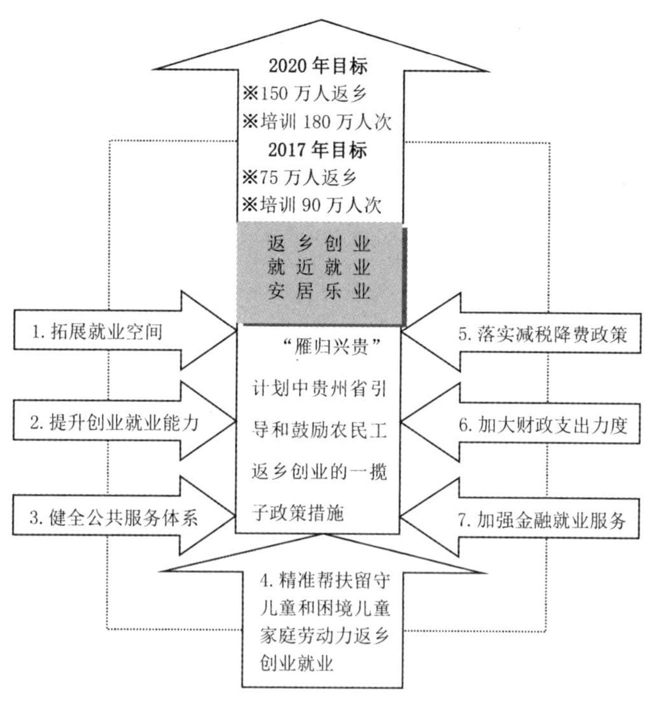

图 7-5　“雁归兴贵”计划的主要目标和相关政策

资料来源：笔者根据相关资料自制而成。

减税降费是目标群体在返乡创业就业过程中所需的扶持措施。为此，贵州省落实财政部、国税总局联合下发的关于扶持小微企业系列通知的精神，减免返乡农民工群体的税费。在加大对政策目标群体的财政支持力度方面，“雁归兴贵”计划给予返乡创业就业农民工群体社会保险补贴、一次性创业补贴和场租补贴，同时省财政大力支持众创空间发展以带动农民工群体返乡创业就业。此外，“雁归兴贵”计划还通过拓宽创业投融资渠道、加快农村金融建设以及落实金融扶持贷款等金融服务扶持农民工返乡创业就业。

在现实中，返乡农民工群体的创业意愿存在代际差异。但基于代际分化的视角，比较难得的是，贵州省所制定、实施的“雁归兴贵”计划对新老农民工群体均持平等、开放态度，为一项代际友好型社会政策。此外，基于流迁模式多元化的视角，作为针对性比较强的专项计划，“雁归兴贵”计划的实施无疑有力回应了“返乡型”农民工群体的返乡需求。结合笔者的实地调研，该计划在吸纳返乡农民工及培训返乡农民工数量上均超过了预期目标。

现在返乡农民工的情况正在发生变化，以前回来的农民工很多是上了年纪、自身素质比较低或者是因企业倒闭而被动回来的，现在很多回来是因为家乡的政策越来越好了。你看，我们贵州是劳务输出大省，这么多农民工在外面闯荡，积累了经验，同时也有了一定的资金和技能的积累。如果能把他们吸引回来家乡创业就业，一定能解决困扰我们许久的农村“三留守”问题，还能推进当地经济的发展。从 2015 年 8 月到现在，这个计划在我们这里落地快两年了，农民工积极性很高，效果还是蛮好的。（访谈记录：GZ—GWY/XHP—2018. 7. 19）

三 重庆市农民工社会政策创新

针对农民工群体工作流动性大，灵活就业比例较高，工龄延续性差而导致住房公积金实际缴纳率低、购买住房较为困难的实际，2016 年 10 月，重庆市丰都县率先推行农民工缴贷住房公积金的试点工作。基于社会福利政策的四维度分析框架，细察该县发布的《关于进一步加强住房公积金管理的通知》（简称《管理通知》，文号为丰都府〔2016〕130 号）及《丰都县农民工住房公积金缴存实施细则》（简称《实施细则》，文号为丰府办发〔2016〕95 号）的规定，可将重庆市丰都县有关农民工缴贷住房公积金试点（简称“丰都试点”）做如下梳理。基于分配基础的维度，“丰都试点”政策的受益对象可分为两类：第一类为有丰都当地户籍但是没有固定用工单位的农民工群体；第二类则针对跨省流动的外出农民工，同样要求具有丰都户籍，未缴存过公积金，但要有比较固定的工作单位①。在对受益对象类别明确划分的同时，基于风险的前馈控制考量，“丰都试点”还要求男性申请者不得超过 60 周岁，女性申请者不得超过 55 周岁，同时必须有

①就申请所需要资料，“丰都试点”规定，对于第一类无固定用工单位的申请者，要求提供村委会或者居委会出具的外出务工证明材料、身份证、户口簿以及个人收入证明等。而对于第二类跨省流动的有固定工作单位但未缴纳过住房公积金的农民工，则需提供劳动合同、身份证与户口簿以及工资收入证明等。

较为稳定的收入来源。

基于分配内容的维度，农民工缴存公积金后，其后续政策收益主要体现在以下三个方面。第一，农民工可以申请和使用公积金贷款。《管理通知》规定，足额缴存六个月以上公积金的农民工，在丰都县内购买自住房的，可以申请公积金贷款。《实施细则》则规定，农民工申请公积金贷款的额度按夫妻双方住房公积金账户总余额的25倍计。其中夫妻双方共同贷款限高60万元，个人贷款限高40万元，同时贷款总额度不能超过购房款总额的80%。考虑到申请额度可能不足的情况，《实施细则》规定申请人还可以补缴公积金。同样，基于公积金运营风险的前馈控制考量，《实施细则》一方面规定最长贷款期限为30年，同时还款最后一期的男性农民工年龄不超过70周岁，女性农民工年龄不超过65周岁；另一方面，对于申请者的偿还贷款能力进行评估。第二，县政府、开发商、住房公积金管理中心等住房公积金缴存的关联方，为缴存公积金的农民工在丰都购房时提供一定优惠政策。具体来说，县财政给予购房农民工一定的购房补贴，鼓励其购房落户，具体标准为90平方米以下（不含90平方米）的住房享受每平方米200元的购房补贴，90到144平方米（不含144平方米）的住房享受每平方米150元的购房补贴。为鼓励农民工使用住房公积金贷款购房，《管理通知》还规定，农民工可以享受公积金低息贷款政策①，同时在购房时所需契税可享受“先征后返”的优惠政策。此外，住房开发商亦给予使用公积金贷款购房的农民工一定优惠折扣。② 第三，农民工缴存公积金后，

---

①农行重庆分行与重庆市住房公积金管理中心就贷款资金沟通协商后达成共识，由该行安排10亿元贴息贷款助力农民工优惠申请公积金贷款。

②在相关报道中，一位丰都籍农民工以总房价43万元购买了一套面积为89平方米的住房。根据《实施细则》规定，该农民工购房者在支付首付款13万元后，还需在12年内还清公积金贷款30万元，月供仅为2518元，而同期商业贷款月供额应为2796元，每月可节省278元，合计可节省购房支出40032元。同时，购买该房源的农民工可享受县财政补贴13350元（原报道如此，而非计算公式的200元/平方米×89平方米=17800元），享受契税“先征后返”优惠免除额4500元，开发商还给予购房折扣8900元，加上贷款优惠额，使用公积金购买该住房的农民工实际享受优惠金额可达66782元。约为购房款总额43万元的15.5%，其政策力度可见一斑。相关报道见蒋云龙、胡虹：《重庆丰都：农民工缴存公积金　住上城里好房子》，https://www.chinaxiaokang.com/chengshi/2018/0214/379400_1.html.

其政策受益还体现在公积金提取的相关规定上。这主要包括已经申请和未申请贷款两种情形：对于已经申请贷款者，除退休和死亡两种情形外，在结清住房贷款之前，公积金账户余额只能用于偿还本息；对未申请贷款者，可根据申请人实际意愿选择一次性提取账户余额。

基于服务输送的维度，“丰都试点”规定该县兴丰资产管理有限公司负责为农民工申请缴存公积金统一办理登记手续，而具体缴存手续的办理则由重庆市住房公积金管理中心派出机构丰都县分中心负责。具体流程为：农民工向兴丰公司申请→兴丰公司负责审核农民工提交的书面申请材料→审查合格后由丰都县分中心统一办理缴存手续→农民工按月缴存（出资）。为提升服务的可及性与便捷性，该县在行政服务大厅设立“农民工公积金”服务窗口，可直接办结相关手续。

基于资金筹集的维度，“丰都试点”有关农民工缴存公积金的具体标准主要体现在“缴存基数、缴存比例与月缴存额”等三个指标上。就缴存基数的设定，《实施细则》规定月缴存基数为农民工本人月平均工资，最高不能超过上一年度重庆市社会平均工资的三倍，而最低则不得低于当年重庆市所执行的最低工资要求；就缴存比例的设定，《实施细则》明确农民工缴存住房公积金的比例为5%。此外，《实施细则》还确定了农民工住房公积金的月缴存额标准，其计算方法为：农民工公积金月缴存额＝农民工公积金月缴存基数×缴存比例×2。根据上述计算公式，农民工公积金的实际月缴存金额最低只需要140元。

市里是按照“局部试点、稳步推进”的思路推进这项工作的，市公积金管委会专门开会审议，决定在我们丰都做缴存的试点。这个试点支持的对象是无固定用工单位和返乡购房农民工。在开展试点过程中，县里采取了以下几个方面的具体措施。一是加强组织领导，成立了以我们县长为负责人的试点工作领导小组，做到目标任务层层分解。二是出台了具体的实施文件，就是给你们看的这些文件，文件对试点实施和公积金制度扩面进行了全面部署。三是给予缴存对象一定的配套政策优惠。比如说，缴存的农民工按照文件规定可以享受政府方面的购房补贴和契税减免，获得开发商给予的一定返利和银行提供的装修贷款优惠，应该说整体力度还是很大的。四是办事流程比较顺畅，县兴丰资产管理有限公司作为这个缴存试点的运作平台，可以免费为农民工代办缴存手续。五是在宣传发动方面做了大量工作。县里要求各乡镇要千方百计地向每一位农民工讲清楚试点政策的利害关系，要帮大家认真算好经济账。买房是关系到一辈子的大事，我们的要求是做到不漏掉任何一个农民工。不是漂亮话，不能因为我们的工作疏忽给农民工兄弟姐妹留下遗憾。（访谈记录：CQ—GWY/YCL—2018.7.22）

如前文所述，针对福州、厦门、泉州三地1096名新老流动农民工的调查数据显示，就流动农民工群体购、建房的区位选择，13.8%的被访者表示要“回乡购买住房”，其中新生代农民工有86人，占该亚群体总数的15.5%，而第一代农民工则有65人，占该亚群体总数的12.0%。由此可见，作为农民工流出地，重庆市丰都县推进农民工住房公积金缴贷试点对推动外出农民工特别是新生代农民工返乡购买住房具有积极的促进作用，其意义主要有四层：一是通过人口净流出县域的试点，为在流出地推行农民工住房公积金缴贷制度的改革积累了前期经验；二是通过改革试点让丰都籍农民工共享改革开放的成果，有助于农民工家庭的资产积累和资产建设，有利于社会和谐；三是通过试点扩大了公积金制度的覆盖面与受益面，有力拉动了县域住房去库存与县域经济发展；四是具有购房落户意愿的“本地”和“外出”农民工群体均可以通过住房公积金贷款及其附着的系列优惠措施，实现在家乡购房落户的愿望，有助于以县域为重要载体的城镇化建设目标的实现。

四　陕西省农民工社会政策创新

严格地说，教育扶贫政策并不在农民工社会政策的范畴之内。然而，基于发展性社会政策的理念与生命历程理论，农民工流出地特别是其中的贫困地区，通过教育扶贫在提高普通高校录取率①的同时，对农村后备劳动力素质及其后续在劳动力市场中竞争力的提升亦有着明显的促进作用。正是基于教育扶贫政策的“发展性”特征考量，陕西省安康市长期以来将教育事业当作民生建设的第一工程来抓。作为陕西省深度贫困市之一，安

---

①作为深度贫困市，在2018年陕西省11个地级市国内生产总值排名中，安康市排名仅为第8位。但该市2016年高考一本、二本录取率在陕西省11个地级市排名中均高居全省第二位。

康市位于秦巴集中连片特困地区，其下辖的10个县（区）中，国家级贫困县有9个，省级贫困县1个。在脱贫攻坚行动中，安康市将教育扶贫作为阻断贫困代际传递的重要抓手，全程施策。自2016年起，安康市启动实施13年免费教育，这意味着所有学生均可享受从学前一年到高中阶段共计13年的免费教育。其中，除小学六年、初中三年属于国家法定的义务教育阶段免收学杂费，而学前一年、高中三年则为安康市额外确定的免费教育阶段。在13年免费教育的同时，该市还对在中等职业学校和普通高校就读的贫困学生提供种类较为齐全的教育扶贫类支持项目。作为贫困发生率在20%左右的深度贫困市，其教育扶贫方面帮扶的覆盖面和力度还远超一些东部发达地市。① 如表7-9所示，安康市教育扶贫方面帮扶政策的覆盖面可划分为学前教育、义务教育、普通高中、中等职业教育以及普通高校教育等五个阶段。基于社会福利政策的四维度分析框架，本书主要从“分配基础”与“分配内容”两个维度来分析不同教育阶段帮扶政策的具体设计。其中安康市教育扶贫帮扶政策在学前教育阶段的政策项目，包括助学金和一年免费学前教育两个具体项目。基于该市“学前教育抓普及”的理念，就分配基础而言，助学金政策项目的政策对象主要包括建档立卡贫困户、重点优抚对象、低保户、残疾人家庭、有长期病患家庭、经济困难家庭以及各类计生相关困难家庭等七类家庭中的幼儿；就分配内容而言，该项目的受益对象可获得每年每生750元的助学金。此外，幼儿还可获得一年免费学前教育。就分配基础而言，该项目为普惠制，面向安康市内所有幼儿；就分配内容而言，该项目采取免交一年保教费的形式进行。其中，在安康市内公办幼儿园就读的幼儿，市财政给予免收一年保教费的待遇，而在私立幼儿园就读的幼儿，安康市财政则按照公办园保教费标准予以学费减免。

安康还是比较穷的。一个先天不足的地方就是城市比较小，没什么厂子，没有什么拿得出手的产业；二个是因为秦岭阻隔，和西安的联系比较弱，省会辐射不到；三个是由于各种原因，旅游业也没得到很好发展。有

①2020年陕西省安康市地区生产总值为1088.78亿元，同年福建省福州市地区生产总值为10020.02亿元。早在2016年，安康市就已正式启动实施13年义务教育，而福州市至今仍未实现“免除一年保教费”的普惠政策。

句玩笑话，读大学的后生在学校申请助学金连家庭调查表都不用看，就一句，老家安康的，学校就给助学金。不读大学的后生找出路，主要靠一些劳务输出。市里抓教育扶贫帮扶政策就是给娃娃们找一条出路。（访谈记录：SX—PXXX/XQW—2018.7.17）

基于“义务教育抓均衡”的理念，安康市在义务教育阶段的教育扶贫帮扶政策包括贫困寄宿生补助、免除学杂费、免费提供教科书、农村学生营养改善计划等四个项目。不同项目具体的政策设计如表 7-9 所示。就分配基础的维度，该市“贫困寄宿生补助”的受益对象包括贫困户、父母中至少一方已故家庭、父母单残或双残家庭、有长期病患家庭、经济困难家庭、农村五保户或低保户家庭，以及计生相关困难家庭等七类家庭中的义务教育阶段学生。就分配内容的维度，“贫困寄宿生补助”项目的补助标准为小学生每人每年 1000 元，而初中生每人每年补助标准为 1250 元。“免除学杂费”扶贫帮扶政策项目实行普惠制，即该市所有的义务教育阶段学生均可享受“免除学杂费”的政策。根据学生就读学校性质的不同，做出如下规定：在公办学校就读的义务教育阶段学生，直接免除其学杂费；而在民办学校就读的义务教育阶段学生，则按照中央确定的生均公用经费定额予以免除。作为义务教育阶段教育扶贫帮扶政策之一，“免费提供教科书”项目采取普惠制，凡是义务教育阶段学生均可免费获得国家规定课程和地方课程教科书。而就分配基础而言，“农村学生营养改善计划”的受益对象为农村义务教育阶段学生，其补助标准为每人每天 4 元，每年 800 元。从 2016 年开始，随着 13 年免费教育政策推进，安康市高中教育发展进入免费教育时期。基于“高中教育抓质量”的理念，该市在细分政策设计上，包括困难家庭学生助学金与免除学费两个项目。其中，在分配基础上，困难家庭学生助学金项目采取选择性政策，主要面向建档立卡贫困户、父母至少一方已故家庭、父母单残或双残家庭、有长期病患的家庭、经济困难家庭、低保户、计生相关困难家庭以及烈士家庭等八类家庭中的普通高中在校生。就分配内容，根据贫困程度的不同，困难家庭学生助学金的具体补助标准如下：建档立卡贫困户、特困生的标准为每年每生 2500 元，贫困生为每年每生 1500 元。就分配基础而言，“免除学费”项目采取普惠制，所有具有正式学籍的高中生均可享受免除学费的待遇。就分配内容而言，根据学生就读学校性质的不同有所差异：在公办高中就读的学生直接免收学费，而在私立高中就读的学生则按照同类公办高中的收费标准减免学费。

我们安康在教育扶贫方面确实做了很多工作，特别是落实建档立卡贫困户学生从幼儿园到大学的全程扶持政策。这个政策可以说是真正做到了“拔穷根”，教育扶贫毫无疑问是最精准的扶贫。放在我们学校来讲，我们对于贫困家庭的孩子也采取了一些比较具体的帮扶措施。比如，他们晚自习，学校会安排专门的教师来辅导，在学校吃饭有老师陪，来回也不要他们自己走，由学校统一派车让老师负责接送。这些措施下来，这两年，我们学校没有流失一个学生。（访谈记录：SX—GZXZ/XGH—2018.7.17）

安康市基于“职业教育抓就业”的理念，将抓好中等职业教育工作作为促进就业的重要手段之一。就具体细分项目而言，该市中等职业教育阶段的政策设计包括国家助学金、免除学费、贫困家庭学生扶贫资助等三项。其中，就分配基础而言，国家助学金项目的受益对象为就读中职学校的一、二年级学生，要求其生源地为国家集中连片特困县，或者就读于涉农专业和非涉农专业家庭经济困难学生。就分配内容而言，国家助学金项目的受益对象补助标准为每年每生 2000 元。就免除学费项目的具体制度设计而言，其分配基础并非普惠制，而采取了选择性政策，主要涵盖了农村（含县镇）中职生、城市涉农专业中职生和家庭经济困难的中职生。就项目的分配内容而言，根据学生就读学校性质的不同有所差异。其中，在公办中职学校就读的学生免收学费，而对于在民办中职学校就读的学生则负担高出同类型同专业公办中职学校免学费标准的部分学费。而贫困家庭学生扶贫资助项目的分配基础亦采取选择性政策，其受益对象为建档立卡贫困户的中职生。就分配内容而言，贫困家庭学生扶贫资助项目采取一次性资助的办法，每人资助标准为 3000 元。

对于在普通高校就读的大专院校学生，安康市主要采取国家助学贷款①、国家助学金和高职学生扶贫资助等三种方式给予资助。就其分配基础而言，国家助学贷款项目的受益对象确定为已被专科以上全日制高校录取，同时满足下列条件之一者：来自建档立卡贫困户，父母至少一方已故

①包括校园地贷款与生源地贷款两种形式。

表 7-9　安康市教育扶贫帮扶政策明细表①

所处阶段	政策项目	政策对象							补助标准	政策普惠程度
学前教育阶段	助学金	建档立卡贫困户	重点优抚对象	低保户	残疾人家庭	有长期患病家庭	经济困难家庭	计生相关困难家庭	750 元/年	选择性政策
	一年免费学前教育	免除一年保教费							在公办园就读幼儿：免收一年保教费 在私立园就读幼儿：按照公办园保教费标准减免	普惠政策
义务教育阶段	贫困寄宿生补助	贫困户家庭	父母至少一方已故	父母单残或双残家庭	有长期患病的家庭	经济困难家庭	农村五保户或低保户	计生相关困难家庭	小学生：1000 元/年 初中生：1250 元/年	选择性政策
	免除学杂费	义务教育阶段学生							公办义务教育：免除学杂费 民办学校：按中央确定的生均公用经费定额予以免除	普惠政策
	免费提供教科书	义务教育阶段学生							免费提供：国家规定课程以及地方课程教科书	普惠政策
	农村学生营养改善计划	农村义务教育阶段学生							800 元/年，每天 4 元	选择性政策

①资料来源：安康市脱贫攻坚到户帮扶政策明白卡，来源于安康市教育体育局网站。本书作者对表格的内容和形式都做了一定的修改。

续表

所处阶段	政策项目	政策对象								补助标准	政策普惠程度
普通高中阶段	困难家庭学生助学金	建档立卡贫困户	父母至少一方已故家庭	父母单残或双残家庭	有长期病患的家庭	经济困难家庭	低保户	计生相关困难家庭	烈士家庭	建档立卡贫困户、特困生：2500 元/年 贫困生：1500 元/年	选择性政策
	免除学费	具有正式学籍的高中生								公办普通高中：免收学费 民办普通高中：按同类公办校标准减免学费	普惠政策
中等职业教育阶段①	国家助学金	就读中职学校的一、二年级学生 （生源地为国家集中连片贫困县）				家庭经济困难学生 （包括涉农与非涉农专业）				2000 元/年	选择性政策
	免除学费	农村（含县镇）中职生				城市涉农专业中职生		家庭经济困难中职生		公办中职：免收学费 民办中职：按同类型同专业公办中职学校标准减免学费	选择性政策

①如表 7-9 所示，安康市“12 年免费教育”的既定政策框架中，除 1 年学前免费教育、6 年免费小学教育、3 年免费初中教育外，其高中阶段亦可享受 3 年免学费的待遇。但在具体制度设计中，并未将中等职业学校教育阶段与高中教育阶段并列，最突出的差别之处在于高中阶段免除学费政策采取普惠制，而中等职业教育阶段免除学费采取选择性政策。

续表

<table>
<tr><th>所处阶段</th><th>政策项目</th><th colspan="7">政策对象</th><th>补助标准</th><th>政策普惠程度</th></tr>
<tr><td>贫困家庭学生扶贫资助</td><td>建档立卡贫困家庭的中职生</td><td colspan="7">一次性补助 3000 元</td><td>选择性政策</td><td></td></tr>
<tr><td rowspan="4">普通高校教育阶段</td><td rowspan="2">国家助学贷款（包括校园地与生源地两种形式）</td><td colspan="7">已被专科以上全日制高校录取，同时满足下列条件之一者</td><td rowspan="2">本专科：最高 8000 元/年
研究生：12000 元/年</td><td rowspan="2">选择性政策</td></tr>
<tr><td>建档立卡贫困户</td><td>父母至少一方已故</td><td>父母单残、双残家庭</td><td>有长期病患的家庭</td><td>家庭经济困难</td><td>低保户家庭子女</td><td>烈士子女</td></tr>
<tr><td>国家助学金</td><td colspan="7">普通高校在读学生中家庭经济困难者</td><td>特别困难者：3500 元/年
一般困难者：2500 元/年</td><td>选择性政策</td></tr>
<tr><td>高职学生扶贫资助</td><td colspan="7">建档立卡贫困户的高职生</td><td>一次性补助 3000 元</td><td>选择性政策</td></tr>
</table>

家庭，父母单残、双残家庭，有长期病患的家庭，经济困难的家庭，低保户，以及烈士家庭。国家助学金项目采取选择性政策，其受益群体为普通高校在读学生中家庭经济困难者。就其分配内容，根据学生贫困程度的不同采取差别化的补助政策，其中对于家庭特别困难者给予每生每年 3500 元国家助学金，对于来自一般困难家庭的学生则按照每年每生 2500 元的标准给予资助。此外，高职学生扶贫资助的受益对象为建档立卡贫困户的高职生，就分配内容而言，高职学生扶贫资助的资助形式为一次性补助，具体标准为每人 3000 元。

五　时空关照评价

作为重要的农民工流出地，四川省、贵州省、重庆市、陕西省等西部三省一市农民工社会政策创新的实践主要集中在外出就业、职业培训、教育扶贫、子女教育、返乡创业就业、住房保障等多个领域。① 如表 7-10 所示，四地对通过差别化社会政策的调整因应农民工不同生命阶段、不同流迁状态的启示主要体现在宏观目标、中观原则与微观建构等三个层面。

表 7-10　西部三省一市分层次农民工社会政策创新的启示

省份	宏观目标层面（H）	中观原则层面（Z）	微观建构层面（W）
四川省	H：《十六条措施》与《二十二条措施》的联合实施既关注农民工“上游”“中游”以及“下游”群体的社会保护需求，又关注农民工的“上游”“中游”以及“下游”状态的社会保护需求 H：《住房保障意见》主要关注农民工的“中游”和“下游”状态	Z：《十六条措施》与《二十二条措施》的联合实施契合“法治”原则、“包容性”原则、“分层分类”原则、“家庭友好”原则、“七得”原则、“避免撇脂”原则、“弹性灵活”原则 Z：《住房保障意见》契合“法治”原则、“包容性”原则、“分层分类”原则、“七得”原则、“避免撇脂”原则、“弹性灵活”原则	W：社会政策要积极回应“定居型”农民工群体、“循环型”农民工群体以及“返乡型”农民工群体异质性的社会保护需求 W：利用手机应用程序、微信公众号等新媒体平台实时更新就业信息，提升新生代农民工对于相关资讯的可及性 W：人口流出地政府要做好返乡农民工创业失败的社会保护 W：人口流出地政府要巩固好传统劳务品牌，也要积极打造新型劳务品牌 W：要根据农民工群体的流迁模式与流迁状态的不同而采取差异化的住房保障政策措施

①囿于篇幅，本书仅研究西部三省一市的部分农民工社会政策创新案例。

续表

省份	宏观目标层面（H）	中观原则层面（Z）	微观建构层面（W）
贵州省	H：“雁归兴贵”计划关注农民工“上游”群体的社会保护需求，同时关注“中游”状态的“返乡型”农民工以及农民工的“下游”状态的社会保护需求	Z：“雁归兴贵”计划对新老农民工群体均持平等、开放状态，是一项代际友好型社会政策 Z：“雁归兴贵”计划关注留守儿童群体，具有家庭友好型社会政策的特征	W：农民工流出地应在以农民工返乡创业就业助力乡村振兴同时从源头上减少留守儿童数量 W：要精准帮扶留守儿童家庭与困境儿童家庭，通过采取建立帮扶台账，开展政策宣传、岗位服务、技能培训以及创业就业扶持等措施助力弱势儿童家庭劳动力返乡创业就业
重庆市	H：“丰都试点”关注农民工的“中游”状态以及“下游”状态的住房保障需求	Z：“丰都试点”通过将“本地”农民工和“外出”农民工纳入住房公积金缴贷范围之内，农民工社会保护体系在保护对象上具有较强的“包容性”	W：农民工流出地通过实施农民工住房公积金缴贷制度，可以推动“本地”农民工和“外出”农民工特别是其中的新生代农民工返乡购房 W：“丰都试点”的经办服务兼具灵活性和稳健性
陕西省	H：关注农民工“上游”群体的教育需求，具有明显广义时间关照蕴意	Z：要积极创造条件增强农村后备劳动体的竞争力，推动该群体“出得去”	W：农民工流出地特别是其中的贫困地区要通过大力抓教育扶贫，在提高普通高校录取率的同时，增强农村后备劳动力素质及其将来在劳动力市场中的竞争力

资料来源：笔者自制。

在宏观目标层面上，四川省出台的《加强农民工服务保障十六条措施》与《促进返乡下乡创业二十二条措施》的联合实施既关注农民工“上游”“中游”以及“下游”群体的社会保护需求，又关注农民工的“上游”“中游”以及“下游”状态的社会保护需求。上述两个文件具有明显的广义时空关照和狭义时空关照的蕴意。《加强农民工住房保障工作指导意见》则主要关注农民工的“中游”状态以及“下游”状态，具有一定的广义空间关照蕴意。在中观原则层面上，《加强农民工服务保障十六条措施》与《促进返乡下乡创业二十二条措施》的联合实施契合“法治”原则、“包容性”原则、“分层分类”原则、“家庭友好”原则、“七得”原则、“避免撇脂”原则、“弹性灵活”原则。而《加强农民工住房保障工作指导意见》的制度设计则契合“法治”原则、“包容性”原则、“分层分类”原则、“七得”原则、“避免撇脂”原则、“弹性灵活”原则，具有比较明显的广义和狭义空间关照的蕴意。

贵州省农民工社会政策创新的实践探索主要体现在“雁归兴贵”计划之中，在宏观目标层面，该计划的主要创新体现在如下两个方面：一是通过出台综合措施引导弱势儿童家庭劳动力返乡创业就业助力乡村振兴，从源头上解决贵州省比较突出的儿童留守问题，积极回应了农民工“上游”群体的社会保护需求；二是出台助力农民工返乡创业就业的七个方面的具体措施，对农民工的“中游”和“下游”状态的社会保护需求给予满足。可见，“雁归兴贵”计划具有较为明显的狭义空间关照和广义时空关照的蕴意。就中观原则层面而言，“雁归兴贵”计划的可贵之处在于其对新老农民工群体均持平等、开放态度，是一项代际友好型社会政策。同时，“雁归兴贵”计划高度关注留守儿童群体的社会保护需求，具有家庭友好型社会政策的特征。

在宏观目标层面，重庆市丰都县农民工缴贷住房公积金试点的创新之处在于关注农民工“中游”以及“下游”状态的住房保障需求。因此，“丰都”试点具有广义空间关照的蕴意。就中观原则层面而言，这一试点通过将“本地”和“外地”农民工纳入住房公积金缴贷范围之内，这一农民工社会保护细分政策在保护对象上具有较强的“包容性”。同时，“丰都试点”规定该县兴丰资产管理有限公司负责为农民工申请缴存公积金统一办理登记手续，而具体缴存手续的办理则由重庆市住房公积金管理中心派出机构丰都县分中心负责。从实际运行效果看，这一服务输送模式兼具灵活性和稳健性。

教育扶贫的“安康模式”在宏观目标层面对农民工社会政策调整的主要启示在于其关注了农民工“上游”群体的教育需求，属于“上游干预”的前馈控制型社会政策，具有明显的广义时间关照的蕴意。具体来说，“安康模式”在中观原则层面上对于人口流出地有如下启示：在加强自身建设的同时，人口流出地特别是其中的贫困地区，要积极创造条件增强农村后备劳动力的人力资本积累和市场竞争力，让未来的农村劳动力能够顺利“出得去”。

第八章　总结、讨论与思考

否认时间和空间的客观实在性，在理论上就是糊涂的哲学思想，在实践上就是向信仰主义投降或对它束手无策。

——列宁

第一节　回顾与总结

如本书开篇所述，就研究理路和逻辑进展而言，本书的研究主要包括“农民工社会政策的时空之维”与“农民工社会政策的范式变迁”两条进路。其中本书第二章、第三章研究的主要任务是建构了农民工社会政策狭义时空关照与广义时空关照的概念与理念，并明确了这一组概念的理论内涵与应用场域，是为“农民工社会政策的时空之维”。

群体代际需求异质性与流迁需求差别化的印证，分别是农民工社会政策狭义时间关照和狭义空间关照概念建构的事实基础和逻辑起点。所谓代际需求异质性是指第一代农民工群体与新生代农民工群体的社会保护需求呈现出显著的异质性特征。本书针对福州、厦门、泉州三地1096位流动农民工的有效问卷调查数据和深度访谈印证了流动农民工群体的代际需求异质性。基于这一结论，本书第二章提出了农民工社会政策狭义时间关照的概念:中央和地方各级政府在制定和完善农民工相关社会政策时，应该充分考量流动农民工群体代际需求异质性的事实，通过积极地调整、建构，使得社会保护体系更好满足、回应新老农民工的异质性需求。所谓流迁需求差别化是指多元流迁模式下不同流迁意愿的农民工具有差别化的社会保护需求。笔者团队在东南沿海温州、泉州、苏州与东莞四地获取的2250位新生代农民工的有效问卷调查数据表明，“定居型”“循环型”“返乡型”

新生代农民工群体在“生存－问题型”“生存－福利型”“发展－问题型”“发展－福利型”社会保护需求上呈现出明显的差别化特征。借此事实，本书第二章提出农民工社会政策狭义空间关照的概念：中央和地方各级政府在制定和完善农民工相关社会政策时，应该充分考量流迁模式多元化背景下农民工群体流迁需求差别化的趋势，通过积极地调整、建构，使得农民工保护体系更好地回应、满足不同流迁意愿农民工的差别化需求。综合农民工社会政策狭义时间关照与狭义空间关照的概念与内涵，本书界定了农民工社会政策狭义时空关照的概念：中央和地方各级政府在制定和完善农民工相关社会政策时，既要考量农民工群体代际需求异质性的事实，又要关照农民工群体流迁需求差别化的趋势。通过农民工社会政策优先序和瞄准机制的建构，积极、灵活、动态地调整相关社会政策，使农民工社会保护体系既能满足新生代和第一代农民工的异质性需求，又能回应“定居型”“返乡型”以及“循环型”农民工亚群体的差别化需求。

在狭义时空关照概念的基础上，本书系统分析、比较了国际发展组织的社会保护政策框架。这项研究工作有助于进一步明晰农民工社会政策广义时空关照的概念与内涵。嵌入农民工社会保护体系建构的政策环境之中，国际劳工组织、世界银行、亚洲开发银行以及联合国开发计划署的社会保护政策框架所提出的“福利多元化”“弹性灵活”“生命周期覆盖”“家庭友好”“项目扩展”“发展韧性与抗逆力”等策略与建议，对各级政府调适农民工政策均有明显启发。毋庸讳言，仅关注狭义时间关照的狭义农民工社会政策存在一定局限性：其一，狭义农民工社会政策在分配基础的维度上有所欠缺，其覆盖群体较为有限；其二，狭义农民工社会政策只关注劳动力生产而忽视劳动力再生产，从“农民工生产体制”的角度来看，即便加强流动农民工社会保护破除了“工厂专制政体”，也难以解决“拆分型劳动力再生产模式”固化的问题；其三，从分配内容的维度上看，狭义农民工社会政策亟待向“上游”和“下游”延伸。基于国际发展组织社会保护扩展的启示以及农民工社会政策狭义时间关照的局限性，本书提出农民工社会政策广义时间关照的概念：中央和地方各级政府在制定和完善农民工相关社会政策时，应该统筹考量农民工的“上游”群体、“中游”群体与“下游”群体的社会保护需求，通过积极地调整、建构，使农民工社会保护体系向“上游”和“下游”延伸以更好地回应、满足不同生命阶段广义农民工群体的异质性需求偏好。进而言之，当前农民工社会保护体系应当向建构“终生式”农民工社会保护体系转型。

农民工社会政策狭义空间关照的局限性则体现在其仅瞄准农民工的“中游”状态——处于流迁决策期（区）的“定居型”“返乡型”和“循环型”农民工群体，在分配基础的维度上有所欠缺。同样基于国际发展组织社会保护扩展的启示，以及农民工社会政策狭义空间关照的局限性，本书提出农民工社会政策广义空间关照的概念：中央和地方各级政府在制定和完善农民工相关社会政策时，应该统筹考量农民工的“上游”状态、“中游”状态与“下游”状态的社会保护需求，通过积极地调整、建构，使得农民工社会保护体系向“上游”状态和“下游”状态扩展以更好地回应、满足不同流迁状态广义农民工群体的异质性需求偏好。进而言之，当前农民工社会保护体系应当向建构“全程型”农民工社会保护体系转型。

综合农民工社会政策广义时间关照与广义空间关照的概念与内涵，本书还尝试提出农民工社会政策的广义时空关照的概念：中央和地方各级政府在制定和完善农民工相关社会政策时，既要考量农民工的“上游”群体、“中游”群体和“下游”群体，又要关照农民工群体的“上游”状态、“中游”状态和“下游”状态。要通过农民工社会政策优先序和瞄准机制的建构，积极、动态、灵活地调整农民工相关社会政策，建构起“终生式—全程型”农民工社会保护体系。广义时空关照视域下农民工社会政策调适的目标，是满足不同生命周期、不同流迁状态农民工的异质性需求偏好。广义时空关照与狭义时空关照既可以作为农民工社会政策研究的一个切入面向，又可以成为农民工社会保护体系建构完善的一种指导理念。

基于“农民工社会政策的范式变迁”的研究进路，本书第四章至第七章的研究主题是基于农民工社会政策广义与狭义时空关照的视域，来剖析农民工社会政策范式的转移轨迹与变迁历程。

改革开放42年来，我国农民工社会政策变迁先后经历了三次范式转移。从“防控管制范式”到“权益保障范式”，再向“公民权利范式”切换，国家农民工社会政策的范式转移经历了从严控到宽松、从从紧到从宽、从消极到积极、从无序到有序、从管理到服务的转变过程。在防控管制范式之下，国家层面上出台的各类农民工相关社会政策均缺乏狭义与广义时空关照的蕴意。因此，防控管制范式下的农民工社会政策难以适应城镇化与工业化发展的趋势与要求，具有明显的局限性与不可持续性。2001年，中央决策层发布的“十五”计划纲要、《关于推进小城镇户籍管理制度改革意见》、《国家计委、财政部关于全面清理整顿外出或外来务工人员收费的通知》等三份文件标志着农民工社会政策范式从“防控管制范式”向“权益保障范式”转移。权益保障范式下的农民工社会政策积极支持农民工群体进城就业，提出要解决长期困扰农民工群体的劳动权益保障问题，让农民工群体在流入地城镇享受到基本公共服务。在该政策范式下，国家层面政策提出要通过“梯度户籍化城市化”让符合条件的农民工在城镇落户，要通过“梯度常住化城市化”让暂不具备落户条件的农民工抑或没有落户意愿的农民工享受城镇公共服务。就时空关照水平和关照群体而言，权益保障范式下各细分农民工社会政策的时空关照响应总体呈现出从低水平、个别群体狭义/广义时空关照到较高水平、多个群体狭义/广义时空关照的转变。但是，权益保障范式下的农民工社会政策体系仍然缺乏宏观统筹与整体“叙事”，体现在社会政策设计上以农民工身份而非公民身份为基础构建，主要局限于“修补”防控管制范式下政府角色的“缺位”与“越位”，属于渐进性的调整式政策因应。由于群体覆盖面有限、关照水平较低，权益保障范式下的农民工社会保护体系仍在一定程度上缺乏广义时空关照与狭义时空关照。权益保障范式下“三低两多”等农民工劳动权益受侵害的现象仍然偏多。

2014年至2021年，国家密集出台了有关户籍制度改革、新型城镇化建设以及推进农民工享受城镇基本公共服务方面的诸多《方案》《规划》《通知》《意见》，上述农民工相关政策制定的价值理念更多基于公民权利而非农民工身份。由此可见，修补式、局部性的农民工社会政策创新和改革，已转变为国家层面上的系统、全面与整体的创新和改革，农民工社会政策已然进入了公民权利范式。对公民权利范式下的23份农民工社会政策文本的梳理结果表明，多数农民工社会政策兼有广义时空关照和狭义时空关照蕴意。

本书第五章尝试以改革开放后23份涉农中央一号文件为分析对象，逐一检视这些文件对农民工群体及其代际需求异质性与流迁需求差别化的关切与因应情况，对历年中央一号文件狭义时空关照变迁历史的分析表明：1982年至1986年，我国农民工社会政策在总体上既无狭义空间关照亦无狭义时间关照，可称为“忽视到正视农民工群体转变阶段”；2004 年至 2009 年，在开始正视农民工群体及其社会保护需求之余，仍然缺乏农民工群体代际差异的视角，但其间多数年份对于农民工群体流迁需求差别化的事实已经有了具体的政策考量与制度安排，因此这一阶段可称为“农民工社会政策忽视‘时间’而关照‘空间’阶段”；除了专项规划，2010 年之后的多数中央一号文件既关照流迁模式多元化下不同流迁意愿农民工群体社会保护需求的“空间差”，又关照新老农民工群体代际需求异质性的“时间差”，因此可视为同时关照“时间”和“空间”阶段。

农民工社会政策的广义时空关照评价体系，是对各细分农民工社会政策展开广义时空关照状况评价的工具。该评价体系包括宏观目标层面和中观原则层面两个维度。宏观层面上，通过仔细梳理各细分农民工社会政策的广义时间关照、广义空间关照、狭义时间关照和狭义空间关照的实际情况，可以对其广义时空关照水平展开定性评价。中观层面上，通过仔细梳理各细分农民工社会政策文本，判断其是否契合“法治”原则、“包容性”原则、“分层分类”原则、“家庭友好”原则、“七得”原则、“避免撇脂”原则和“弹性灵活”原则。

评价结果表明，作为“生存一问题型”社会政策，从宏观目标层面上看，《就业创业工作的意见》具有明显的狭义时空关照的蕴意。源于其对拟进城就业农村劳动力、失业农民工和已返乡农民工的关注，《就业创业工作的意见》具有部分广义时空关照的蕴意。从中观原则层面上看，《就业创业工作的意见》中的相关举措符合“法治”原则、“包容性”原则、“分层分类”原则、“家庭友好”原则、“七得”原则以及“弹性灵活”原则。对“生存一福利型”社会政策的评价表明，从宏观目标层面上看，农民工参加养老保险的相关社会政策具有狭义空间关照和广义空间关照的蕴意。从中观原则层面上看，相关规定契合了“法治”原则、“包容性”原则、“弹性灵活”原则与“七得”原则。从宏观目标层面上看，农民工参加医疗保险的相关规定具有部分狭义空间关照和部分广义空间关照的蕴意。现行医疗保险制度体系对不同流迁意愿、不同就业形式的农民工群体而言是比较有弹性的，同时具有比较强的包容性，契合了中观层面的“七得”原则。对“发展一问题型”社会政策的评价表明，从宏观目标上看，与农民工培训相关的各类《计划》《意见》具有较为明显的广义时空关照和狭义时空关照的蕴意。从中观原则层面看，农民工职业培训政策的组合契合农民工社会政策广义时空关照评价体系建构的七大中观原则。国家层面出台的农民工子女在义务教育后升学方面的规定在中观原则层面上契合了“法治”原则、“家庭友好”原则、“七得”原则；农民工子女“在其父母流入地接受高中教育和参加异地高考”以及“‘两后生’接受中等职业教育”两个方面的规定均具有广义时间关照的蕴意。作为专项涉农民工社会政策，欠薪治理相关规定从中观原则层面看契合了“法治”原则和“七得”原则。尽管在流入地城市定居仅是部分农民工群体的核心利益诉求，但在推动“人”的城镇化国家战略下，这一诉求已经进入国家政策议程。因此，从宏观目标层面上看，《关于进一步推进户籍制度改革的意见》与《关于进一步做好为农民工服务工作的意见》的“联合实施”，既具有明显的狭义空间关照蕴意，又有明显的广义空间关照和广义时间关照的蕴意。从中观原则层面看，这两个《意见》的组合契合农民工社会政策广义时空关照评价体系建构的七大中观原则。对“发展—福利型”社会政策的评估表明，从宏观目标上看，国家层面的农民工住房保障政策具有一定狭义空间关照的蕴意，而安徽芜湖、重庆丰都、四川眉山等地的农民工住房保障政策创新具有一定狭义时空关照与广义空间关照的蕴意。从中观原则层面看，随着各类保障制度文件的出台，农民工住房保障需求正被逐渐纳入“法治”的轨道之中，契合了农民工社会政策广义时空关照评价体系建构的“法治”原则。而采取“政府保障与市场配置”的二元渠道来回应农民工住房保障需求，从中观层面上看无疑具有“分层分类”考量的意蕴。《关于住房公积金管理若干具体问题的指导意见》规定，各地可以根据农民工群体就业形式的不同而采取差别化的住房保障措施，这一颇具灵活性的政策设计关照了农民工多元化的流迁决策和不稳定的就业形式，“七得”原则和“弹性灵活”原则在这一文件中得到了彰显。此外，对新近农民工相关社会政策的广义时空关照评价结果表明，2019 年至 2021 年中央层面发布的涉农民工的各类文件，多数具有较为明显的狭义时空关照和广义时空关照的蕴意。

地方的社会政策创新实践往往是中央层面社会政策创新的先导或延伸。在双向度城镇化的历史背景下，本书选取苏、浙、闽、粤等东部四省，豫、皖、鄂、湘等中部四省，以及川、渝、贵、陕等西部三省一市作为研究对象，基于狭义时空关照和广义时空关照的考察视角跟踪比较12省市2014年来农民工社会政策的创新实践。作为农民工流入大省，东南沿海四省农民工社会政策创新的实践分布在就业、职业培训、社会保险、权益保护、户籍等多个方面。在如上政策领域，东部四省通过社会政策调整积极因应不同生命周期、不同流迁状态农民工的社会保护需求。中部四省农民工社会政策创新领域集中在促进农民工返乡创业就业、异地权益保护、住房保障等方面。而作为重要农民工流出地（回流地），西部三省一市农民工社会政策创新的实践主要集中在外出就业、职业培训、教育扶贫、子女教育、返乡创业就业、住房保障等领域。上述12省市的农民工社会政策创新既各有所侧重，又各有区域特色。这些社会政策创新实践不同程度地回应并满足了不同生命周期、不同流迁状态农民工的异质性社会保护需求偏好，同时对中央层面的农民工社会政策创新也具有重要的启示意义。

第二节　讨论与思考

如《困境与行动——新生代农民工与“农民工生产体制”的碰撞》文中所指，新生代农民工面临的“仍然是近三十年来形成的‘农民工生产体制’”，这一体制包括“拆分型劳动力再生产模式”和“工厂专制政体”两个方面。其中，“拆分型劳动力再生产模式”的基本特征是将农民工劳动力再生产的完整过程分解开来。其中，“更新”部分如赡养父母、养育子嗣及相关的教育、医疗、住宅等安排，交由他们在乡村地区的老家去完成，城镇和工厂只负担这些农民工个人劳动力日常“维持”的成本。① 而“工厂专制政体”则是指以生产过程中高强度、长时间的简单劳动，微薄

①关于“拆分型劳动力再生产模式”的建构与消解，笔者认为要充分尊重农民工及其家庭根据自身实际做出的个体以及家庭的流迁决策。换言之，“拆分型劳动力再生产模式”的消解并不意味着所有农民工家庭都必须父母子女随迁，也不意味着所有农民工都必须买房来解决城市住房问题。农民工社会保护体系建构完善的目标应是让农民工及其家庭有自主选择的权利，而非被迫做出某项选择。从制度供给的角度来说，政策调适的目标应是让农民工与流入地市民在“应有权利、法定权利、实有权利”上基本保持一致，这一目标一旦达成就意味着农民工“拆分型劳动力再生产模式”的消解。

的工资待遇，严苛的管理制度，肮脏、恶劣与危险的工作环境等为特征的工厂体制。[①]基于生命周期的视角，如图 8-1 所示，“农民工生产体制”只有限关注农民工的劳动力生产而忽视劳动力再生产。具体来说，“农民工生产体制”之下的农民工社会保护体系只有限关注流动农民工群体的需求，而忽视了农民工“上游”群体[②]及“下游”群体[③]的社会保护需求。基于流迁状态的视角，如图 8-1 所示，“农民工生产体制”之下的农民工社会保护体系只有限关注“流迁决策期/区”农民工群体的需求，而忽视了农民工“上游”状态（已正式定居农民工）以及“下游”状态（已正式返乡农民工）的社会保护需求。换言之，“农民工生产体制”只有限关照“狭义农民工群体”与“农民工的狭义状态”。“拆分型劳动力再生产模式”即是对“农民工生产体制”之下的社会保护体系只有限关照正式进入城市劳动力市场阶段的“狭义农民工群体”的生动描述。

2014 年以来，无论是国家层面农民工社会政策的调适还是地方层面农民工社会政策的实践创新，都越来越关照到不同生命周期与不同流迁状态的广义农民工群体异质性的社会保护需求。换言之，公民权利范式下各级政府出台的农民工相关社会政策具有明显的广义时空关照与狭义时空关照的蕴意。那么，公民权利范式下农民工社会政策的调适因应——中央层面发布的有关农民工的各类文件，以及地方层面的积极社会政策创新实践，是否意味着“农民工生产体制”的终结呢？

就此，笔者认为，“农民工生产体制”的终结之问包含以下两个方面疑问。一方面，“工厂专制政体”是否终结？基于农民工社会政策“两维四分”的结构框架，农民工在就业、职业安全、权益保护等方面的状况是

①清华大学社会学系课题组：《困境与行动——新生代农民工与“农民工生产体制”的碰撞》，载沈原主编《清华社会学评论（第六辑）》，北京：社会科学文献出版社，2013，第 49 页。

②该群体可视为“预期”农村劳动力群体。

③该群体可视为“往期”农民工群体——正式退出城市劳动力市场的老年农民工或者伤退农民工。他们的贡献与需求必须得到正视。

否得到较大改善？[①] 另一方面，“拆分型劳动力再生产模式”是否终结？换言之，农民工赡养父母、养育子嗣以及相关的教育、医疗、住宅等需求是否可以根据农民工个体及其家庭的需求和决策得到政策的积极回应？就“农民工生产体制”的终结之问，笔者尝试从两个维度来展开分析。

其一，是制度供给[②]的维度。如图 8-1 所示，公民权利范式下上述农民工社会保护需求的社会政策因应如果具有充分的狭义时空关照的蕴意，则在制度供给维度可视为“工厂专制政体”的终结；[③] 农民工上述社会保护需求的社会政策因应如果具有充分的广义时空关照的蕴意，则在制度供给的维度可视为“拆分型劳动力再生产模式”的终结，亦意味着“农民工生产体制”的终结。本书的研究结果显示：首先，对公民权利范式下 2014 年至 2021 年出台的 23 份农民工社会政策文本的梳理结果表明，公民权利范式下多数农民工社会政策兼有广义时空关照和狭义时空关照蕴意。其次，本书对改革开放后 23 份涉农中央一号文件狭义时空情况的梳理表明，2010 年之后的多数中央一号文件既有对流迁模式多元化下不同流迁意愿农民工群体社会保护需求的“空间”关照，又有对新老农民工群体代际需求异质性的“时间”关照。可见，2010 年之后的中央一号文件兼具狭义时间关照与狭义空间关照的蕴意。再次，本书建构了农民工社会政策的广义时空关照评价体系，对公民权利范式下细分农民工社会政策进行了评估。结果表明，从宏观层面上看，无论是“生存—问题型”“生存—福利型”“发展—问题型”“发展—福利型”，抑或是 2019 年至 2021 年出台的新近农民工相关社会政策，多数具有广义时间关照或广义空间关照的蕴意，甚至二者兼具；从中观层面上看，新近农民工相关社会政策契合多项广义时空关照评价体系建构的中观原则。最后，本书对苏、浙、闽、粤等东部四省，

①“工厂专制政体”下种种不利境遇对应着农民工在就业、职业安全、权益保护等方面的政策议题。

②所谓制度供给是指作为制度供给者的各级政府在给定的制度环境、主观偏好、理性水平、利益结构、技术条件等多重约束下，基于特定的渠道和程序所进行的正式规则创新与设立的过程。

③权益保障范式下的农民工社会政策较为关注劳动力生产而相对忽视劳动力再生产，从“农民工生产体制”的角度来看，即便加强农民工社会保护破除了“工厂专制政体”，也难以解决“拆分型劳动力再生产模式”固化的问题。

豫、皖、鄂、湘等中部四省，以及川、渝、贵、陕等西部三省一市农民工社会政策创新实践的跟踪、评价表明，东南沿海人口流入地省份的农民工社会政策创新领域较集中在农民工的“中游”状态和“上游”状态，同时在聚焦农民工的“中游”群体的同时亦比较关注其“上游”群体，但是在户籍准入和优待政策方面存在一定“撇脂”现象；中部省份的农民工社会政策创新领域也比较关注农民工的“中游”状态和“中游”群体，同时比东部省份更加关注农民工的“下游”群体和“下游”状态；作为重要流出地（回流地）的西部省份农民工社会政策创新则更加聚焦于农民工的“上游”群体与“下游”状态。综上所述，从制度供给的维度看，“农民工生产体制”正在快速“消解”。

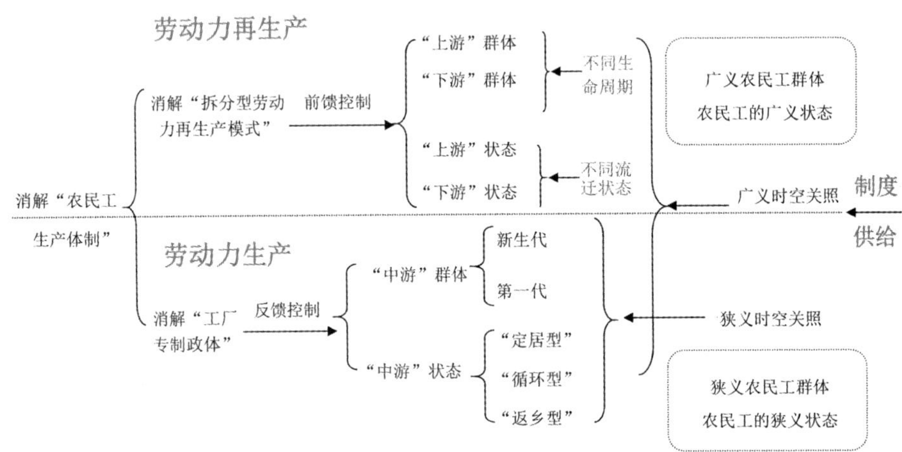

图 8-1 时空关照、群体分异与“农民工生产体制”的消解

资料来源：笔者根据相关资料自制而成。

其二，农民工实际保护状况的维度。“工厂专制政体”中种种不利境遇在现实中是否仍然存在呢？笔者团队针对苏州、温州、泉州、东莞四地开展的问卷调查和深度访谈结果形成如下几个方面的结论。首先，高强度的生产过程、较长的工作时间仍然是摆在东南沿海四地新生代农民工面前的现实挑战。笔者团队在苏州、温州、泉州与东莞四地的调查数据表明，有 50.4%的新生代农民工每月休息少于 4 日（含 4 日），还有 17.5%的新生代农民工没有休息日。① 此外，每月休息在 8 日及以上的仅有 11.8%，

①访谈中，一些新生代农民工表示，在旺季他们往往选择整个月连续上班以获取较高的经济收入。

月休在4至8日者占比为20.3%。在“工作时间上跟诺基亚一样，超长待机”① 的同时，新生代农民工群体的总体收入并不高，多数农民工的月收入在5000元以下。笔者团队针对福州、厦门、泉州三地1096名新老农民工的问卷调查显示，87.6%的新生代农民工对工资水平表示不满意，其中第一代农民工表示不满意的比率为83.5%。新生代农民工群体之所以对于工资水平的满意度更低，一方面是因为工资收入水平本身较低；另一方面，低满意度又与工资拖欠和工资罚扣等侵害权益的企业违法违规行为密切相连。东南沿海四地的问卷调查中，在被问及“若存在有害环境，单位是否采取相应措施?”这一问题时，从事有害身心健康工作的789名新生代农民工中，仅有17.0%表示单位“保护措施比较完备”，45.5%表示单位仅仅“采取了部分保护措施”，20.9%表示单位只是“随便采取一些措施”，还有16.6%的受访者则表示面对有害工作环境单位“没采取任何防护措施”。由此可见，部分新生代农民工在一定程度上面临着危险的工作环境。基于苏州、泉州、温州与东莞四地及福州、厦门、泉州三地流动农民工的问卷调查数据，新生代农民工仍然面临着生产过程中高强度、长时间的简单劳动，微薄的工资待遇，严苛的管理制度，肮脏、恶劣与危险的工作环境。虽然从历史纵向的角度看，农民工社会保护体系的建构日趋完善，但是从农民工实际受保护状况的维度看，“工厂专制政体”远未终结。

综上所述，基于制度供给的维度，“农民工生产体制”正在快速“消解”。然而，从实际保护状况的维度看，“工厂专制政体”仍然较为稳固，“农民工生产体制”远未“终结”。那么，学界应如何看待这一现象呢？在制度密集供给的政策环境下，“农民工生产体制”何时才能终结呢？就此，笔者认为，一方面应当看到中央和地方各级政府，以及社会各界在农民工社会保护体系建构完善方面所做出的巨大努力和已取得的历史性成就，但另一方面也需要正视农民工社会保护问题的长期性、艰巨性和复杂性。随着户籍制度改革的深入，济南、福州、昆明、石家庄、南昌、银川等省会城市均实现落户“零门槛”，除了个别超大城市外，户籍制度的“社会屏蔽”功能几乎不复存在。在此全新历史背景下，农民工弱势地位形成的分析应兼顾人力资本、产权、技术证书等多重因素，而不是单方面归因于户

①访谈记录：WZ—NMG/HNB—2018.5.12。

籍制度的“社会屏蔽”功能。[①] 从政策范式转移的角度看，公民权利政策范式并不是农民工社会政策范式变迁的终点。就农民工社会保护体系建构的中期目标而言，在“人的全面发展、全体人民共同富裕取得更为明显的实质性进展”的宏观叙事下，应通过复合型社会政策的调整让农民工成为中等收入群体。就长期目标来说，应以“终生式一全程型”农民工社会保护体系建构为依归，不断提升细分农民工社会政策的广义和狭义时空关照水平，驰而不息，久久为功，让“农民工生产体制”走向终结。

---

①结合笔者的相关研究，可以举一个明显的对照证据和案例：如果一位在业的城一城流动人口 A 人力资本有限，同时缺乏产权和技术证书，则 A 在流入地城市的实际境遇并不会明显好于在业乡一城流动人口（农民工）B。

参考文献

一　专著类

[1] Burawoy, M., *The Politics of Production: Factory Regimes Under Capitalism and Socialism*, London: Verso Press, 1985.

[2] Fan, C. C., *China on the move: Migration, the state and the Household*, London and New York: Routledge, 2008.

[3] Myrdal, G., *Rich Lands and Poor: the road to world prosperity*, New York: Harper and Brothers, 1957.

[4] Ngai, P., *Making in China: Women Factory Workers in a Global Workplace*. Durham: Duke University Press, 2005.

[5] Solinger, D. J., *Contesting Citizenship in Urban China: Peasant Migrants, the State, and the Logic of the Market*, Berkeley: University of California Press, 1999.

[6] Zhu, Y., *New Paths to Urbanization in China: Seeking More Balanced Patterns*, New York: Nova Science Publications, Inc., 1999.

[7] 埃什尔曼·J. 罗斯：《家庭导论》，潘允康、张文宏等译，北京：中国社会科学出版社，1991。

[8] 波兰尼·卡尔：《大转型：我们时代的政治与经济起源》，冯钢、刘阳译，杭州：浙江人民出版社，2007。

[9] 布雷弗曼·哈里：《劳动与垄断资本：二十世纪中劳动的退化》，方生、朱基俊、吴忆萱、陈卫和、张其骈译，北京：商务印书馆，1979。

[10] 蔡昉主编：《中国人口与劳动问题报告 No.8 刘易斯转折点及其政策挑战》，北京：社会科学文献出版社，2007。

[11] 蔡昉：《从人口红利到改革红利》，北京：社会科学文献出版

社，2014。

[12] 蔡禾：《转型中国的社会学透视》，北京：社会科学文献出版社，2016。

[13] 常凯主编：《劳动关系·劳动者·劳权——当代中国的劳动问题》，北京：中国劳动出版社，1995。

[14] 陈春良：《城市化进程中的劳动力流动与犯罪：实证研究与公共政策》，北京：经济管理出版社，2017。

[15] 陈东琪主编：《“十三五”时期经济社会发展总体思路研究》，北京：人民出版社，2017。

[16] 陈丰：《城市化进程中流动人口服务管理创新研究》，上海：华东理工大学出版社，2015。

[17] 陈兰：《新生代农民工的发展和归宿》，北京：法律出版社，2013。

[18] 陈锡文、韩俊主编：《农业转型发展与乡村振兴研究》，北京：清华大学出版社，2019。

[19] 崔传义：《中国农民工返乡创业创新调研》，太原：山西经济出版社，2017。

[20] 崔海兴、郑风田：《我国农民工回乡创业行为的理论与实证研究》，北京：中国农业出版社，2014。

[21] 邓鸿勋、陆百甫主编：《走出二元结构——农民工、城镇化与新农村建设》，北京：中国发展出版社，2006。

[22] 迪安·哈特利：《社会政策学十讲》，岳经纶、温卓毅、庄文嘉译，上海：格致出版社、上海人民出版社，2009。

[23] 杜赞奇：《文化、权力与国家：1900—1942年的华北农村》，王福明译，南京：江苏人民出版社，2020。

[24] 傅帅雄等：《农民工市民化成本分摊机制研究——以北京市为例》，北京：商务印书馆，2019。

[25] 高更和等：《典型农区农民工务工区位研究：以河南省为例》，北京：经济科学出版社，2016。

[26] 高伟：《住有所居：农民工住房问题实证研究》，北京：人民出版社，2020。

[27] 高兴民：《人口流动与社会保障制度困境》，北京：中国经济出版社，2012。

[28] 高中建、王萌：《新生代农民工收入状况与消费行为研究——基于河南省 18 个省辖市的问卷调查》，北京：社会科学文献出版社，2016。

[29] 贡森、葛延风等：《福利体制和社会政策的国际比较》，北京：中国发展出版社，2012。

[30] 古德·威廉·J.：《家庭》，魏章玲译，北京：社会科学文献出版社，1986。

[31] 顾佳峰：《时空社会科学：理论与方法》，北京：经济日报出版社，2020。

[32] 贵州电视台《中国农民工》栏目组编：《中国农民工口述实录》，贵阳：贵州教育出版社，2008。

[33] 郭忠华：《公民身份的核心问题》，北京：中央编译出版社，2016。

[34] 国家卫生计生委流动人口服务中心编：《流动人口社会融合政策法规选编》，北京：中国人口出版社，2016。

[35] 国家人口和计划生育委员会流动人口服务管理司编：《中国流动人口发展报告 2010》，北京：中国人口出版社，2010。

[36] 国家人口和计划生育委员会流动人口服务管理司编：《中国流动人口发展报告 2011》，北京：中国人口出版社，2011。

[37] 国家人口和计划生育委员会流动人口服务管理司编：《中国流动人口发展报告 2012》，北京：中国人口出版社，2012。

[38] 国家卫生和计划生育委员会流动人口服务管理司编：《中国流动人口发展报告 2013》，北京：中国人口出版社，2013。

[39] 国家卫生和计划生育委员会流动人口服务管理司编：《中国流动人口发展报告 2014》，北京：中国人口出版社，2014。

[40] 国家卫生和计划生育委员会流动人口服务管理司编：《中国流动人口发展报告 2015》，北京：中国人口出版社，2015。

[41] 国家卫生和计划生育委员会流动人口服务管理司编：《中国流动人口发展报告 2016》，北京：中国人口出版社，2016。

[42] 国家卫生和计划生育委员会流动人口服务管理司编：《中国流动人口发展报告 2017》，北京：中国人口出版社，2017。

[43] 国家卫生健康委员会编：《中国流动人口发展报告 2018》，北京：中国人口出版社，2018。

[44] 国务院发展研究中心社会发展研究部：《中国人口问题的重点公共政策研究》，北京：中国发展出版社，2020。

[45] 国务院发展研究中心公共管理与人力资源研究所“我国社会治理创新发展研究”课题组：《我国社会治理的制度与实践创新》，北京：中国发展出版社，2018。

[46] 国务院发展研究中心课题组：《农民工市民化：制度创新与顶层政策设计》，北京：知识产权出版社，2021。

[47] 国务院农民工办课题组：《中国农民工发展研究》，北京：中国劳动社会保障出版社，2013。

[48] 国务院研究室课题组：《中国农民工调研报告》，北京：中国言实出版社，2006。

[49] 韩长赋：《中国农民工的发展与终结》，北京：中国人民大学出版社，2007。

[50] 韩长赋主编：《行走阡陌 振兴乡村：农业农村部 2018 年“百乡万户调查”活动 60 个村实录》，北京：中国农业出版社，2018。

[51] 贺雪峰、袁松、宋丽娜等：《农民工返乡研究——以 2008 年金融危机对农民工返乡的影响为例》，济南：山东人民出版社，2010。

[52] 侯永志、张永生、刘培林等：《国际比较视角下的中国发展经验与理论研究》，北京：中国发展出版社，2018。

[53] 胡俊波等：《劳务输出大省扶持农民工返乡创业研究：制度困境与政策选择》，北京：科学出版社，2016。

[54] 黄晨熹：《社会福利》，上海：格致出版社、上海人民出版社，2009。

[55] 黄建新：《社会流动与农民工创业行为研究》，北京：社会科学文献出版社，2017。

[56] 黄锟：《中国农民工市民化制度分析》，北京：中国人民大学出版社，2011。

[57] 黄晓勇、张春勋：《基于结构化视角的农民工返乡创业研究——以重庆为例》，北京：经济科学出版社，2011。

[58] 黄兆信、万荣根：《农民工随迁子女融合教育研究》，北京：中国社会科学出版社，2014。

[59] 黄兆信等：《新生代创业教育论》，北京：中国社会科学出版社，2018。

[60] 黄宗智：《长江三角洲小农家庭与乡村发展》，北京：中华书局，2000。

[61] 黄宗智：《华北的小农经济与社会变迁》，北京：中华书局，2000。

[62] 吉尔伯特·尼尔、特雷尔·保罗：《社会福利政策导论》，黄晨熹、周烨、刘红译，上海：华东理工大学出版社，2003。

[63] 加拉格尔·玛丽·E.：《全球化与中国劳工政治》，郁建兴、肖扬东译，杭州：浙江人民出版社，2010。

[64] 简新华、黄锟等：《中国工业化和城市化过程中的农民工问题研究》，北京：人民出版社，2008。

[65] 简新华：《中国农地制度和农业经营方式创新研究》，北京：经济科学出版社，2020。

[66] 金维刚、石秀印主编：《中国农民工政策研究》，北京：社会科学文献出版社，2016。

[67] 景天魁、张志敏等：《时空社会学：拓展和创新》，北京：北京师范大学出版社，2017。

[68] 景天魁、何健、邓万春、顾金土：《时空社会学：理论和方法》，北京：北京师范大学出版社，2012。

[69] 卡赫克·皮埃尔、齐尔贝尔博格·安德烈：《劳动经济学》，沈文恺译，上海：上海财经大学出版社，2007。

[70] 科尔曼·詹姆斯·S.：《社会理论的基础》，邓方译，北京：社会科学文献出版社，2008。

[71] 柯兰君、李汉林主编：《都市里的村民——中国大城市的流动人口》，北京：中央编译出版社，2001。

[72] 孔祥智等：《乡村振兴的九个维度》，广州：广东人民出版社，2018。

[73] 李春玲：《断裂与碎片——当代中国社会阶层分化实证分析》，北京：社会科学文献出版社，2005。

[74] 李春平、葛莹玉：《中国人口流动家庭化研究》，北京：人民出版社，2017。

[75] 李丹：《理解农民中国：社会科学哲学的案例研究》，张天虹、张洪云、张胜波译，南京：江苏人民出版社，2008。

[76] 李德：《新生代农民工婚姻报告》，上海：上海交通大学出版社，2011。

[77] 李怀玉：《新生代农民工贫困代际传承问题研究》，北京：社会科学文献出版社，2014。

[78] 李俊：《从生存到发展：转型时期农民工城市创业研究》，北京：中国经济出版社，2017。

[79] 李培林、张翼、赵延东：《就业与制度变迁——两个特殊群体的求职过程》，杭州：浙江人民出版社，2000。

[80] 李培林主编：《农民工——中国进城农民工的经济社会分析》，北京：社会科学文献出版社，2003。

[81] 李强：《农民工与中国社会分层》，北京：社会科学文献出版社，2004。

[82] 李强等：《城市化进程中的重大社会问题及其对策研究》，北京：经济科学出版社，2009。

[83] 李树茁等：《农民工的社会支持网络》，北京：社会科学文献出版社，2008。

[84] 李艳：《新生代农民工劳资冲突行为研究：基于满意目标变化的视角》，北京：人民出版社，2017。

[85] 李彦锋、白洪鸽：《新农村农民工外出打工知识问答》，石家庄：河北科学技术出版社，2017。

[86] 李叶妍：《中国城市包容度、流动人口与城市发展研究》，北京：社会科学文献出版社，2017。

[87] 李莹：《中国农民工政策变迁》，北京：社会科学文献出版社，2013。

[88] 李友梅、孙立平、沈原主编：《当代中国社会分层：理论与实证》，北京：社会科学文献出版社，2006。

[89] 廖金香：《新生代农民工公民意识教育研究》，北京：经济管理出版社，2018。

[90] 林立青：《做工的人》，北京：中国工人出版社，2018。

[91] 林燕玲：《改革开放30年：中国工人权利意识的演进和培育》，北京：中国社会科学出版社，2009。

[92] 林燕玲：《体面劳动——世界与中国》，北京：中国工人出版社，2012。

[93] 林燕玲：《国际劳工标准与中国劳动法比较研究》，北京：中国工人出版社，2015。

[94] 刘博：《中国新生代农民工生存状况调查》，上海：上海人民出版社，2018。

[95] 刘成斌：《农民工的终结：基于社会成本与城镇化背景的考察》，北京：社会科学文献出版社，2017。

[96] 刘程：《资本建构与新生代农民工的城市融合》，上海：上海人民出版社，2017。

[97] 刘传江、程建林、董延芳：《中国第二代农民工研究》，济南：山东人民出版社，2009。

[98] 刘旦、陈翔等：《流动中国——中国流动人口生存现状考察》，广州：广东人民出版社，2011。

[99] 刘怀廉：《中国农民工问题》，北京：人民出版社，2005。

[100] 刘建娥：《农民工融入城市的困境、政策及实务研究——赋权式融入视角》，北京：社会科学文献出版社，2015。

[101] 刘建洲：《农民工的阶级形成与阶级意识研究》，北京：中国社会科学出版社，2014。

[102] 刘林平、万向东：《制度短缺与劳工短缺》，北京：社会科学文献出版社，2007。

[103] 刘林平、孙中伟等：《劳动权益：珠三角农民工状况报告》，长沙：湖南人民出版社，2011。

[104] 刘林平：《权益、关系与制度：十年（2001—2011）劳工研究》，北京：中国社会科学出版社，2012。

[105] 刘林平等：《农民工权益保护理论与实践研究》，北京：经济科学出版社，2015。

[106] 刘茜、杜海峰：《城市融入视角下的农民工权利研究》，北京：社会科学文献出版社，2017。

[107] 刘小年：《中国农民工政策研究》，长沙：湖南人民出版社，2007。

[108] 刘旭：《国际劳工标准概述》，北京：中国劳动社会保障出版社，2003。

[109] 刘玉侠、鲁文：《回归与超越——回流农民工的社会作用研

究》，北京：人民出版社，2020。

［110］柳建平、张永丽：《流动、转型与发展：新生代农民工市民化问题研究》，北京：中国社会科学出版社，2015。

［111］柳可白、王玫、阎春芝：《当代工人阶级地位与作用》，北京：中国工人出版社，2007。

［112］陆文荣、段瑶：《农民工生活质量研究——来自个体的报告》，上海：上海人民出版社，2018。

［113］陆学艺主编：《当代中国社会阶层研究报告》，北京：社会科学文献出版社，2002。

［114］陆益龙：《户籍制度——控制与社会差别》，北京：商务印书馆，2003。

［115］罗尔斯·约翰：《正义论》（修订版），何怀宏、何包钢、廖申白译，北京：中国社会科学出版社，2009。

［116］孟达拉斯·H.：《农民的终结》，李培林译，北京：社会科学文献出版社，2005。

［117］明娟：《工作转换与农民工就业质量》，北京：社会科学文献出版社，2018。

［118］《农民工权益文件汇编》编写组编：《农民工权益文件汇编》，北京：煤炭工业出版社，2010。

［119］潘鸿雁：《城市流动人口家庭的社会服务需求研究：以上海市为例》，北京：人民出版社，2018。

［120］潘毅：《中国女工：新兴打工阶层的呼唤》，香港：明报出版有限公司，2007。

［121］潘泽泉：《国家调整农民工社会政策研究》，北京：中国人民大学出版社，2013。

［122］彭华民：《社会福利与需要满足》，北京：社会科学文献出版社，2008。

［123］彭红碧：《中国农民工工资形成机制（1985～2016年）》，北京：经济管理出版社，2017。

［124］彭拥军：《走出边缘——农村社会流动的教育张力》，武汉：华中科技大学出版社，2011。

[125] 全国“七五普法”学习读本编写组：《农民工以案释法读本》，北京：法律出版社，2017。

[126] 沙琳编：《需要和权利资格：转型期中国社会政策研究的新视角》，北京：中国劳动社会保障出版社，2007。

[127] 社会发展研究部课题组：《社会政策重点领域改革研究》，北京：中国发展出版社，2016。

[128] 沈君彬：《台湾长期照顾服务体系的转型发展》，北京：社会科学文献出版社，2018。

[129] 沈君彬：《异质性与差别化——农民工的社会保护需求与社会政策调适》，北京：社会科学文献出版社，2020。

[130] 沈水生：《中国农民工市民化问题研究》，北京：中国劳动社会保障出版社，2015。

[131] 沈原：《市场、阶级与社会——转型社会学的关键议题》，北京：社会科学文献出版社，2007。

[132] 沈原主编《清华社会学评论（第六辑）：社会转型与新生代农民工》，北京：社会科学文献出版社，2013。

[133] 沈原、李阿琳等：《老旧街区的社区建设》，北京：社会科学文献出版社，2019。

[134] 盛明富：《中国农民工 40 年（1978—2018）》，北京：中国工人出版社，2018。

[135] 谌新民、李萍：《人口变化、产业升级与农民工就业问题研究》，北京：人民出版社，2017。

[136] 石长慧：《认同与定位：北京市农民工子女的社会融合研究》，北京：中国社会科学出版社，2014。

[137] 斯格特・W. 理查德、戴维斯・杰拉尔德・F.：《组织理论：理性、自然与开放系统的视角》，高俊山译，北京：中国人民大学出版社，2011。

[138] 宋丽娜：《婚恋转型：新生代农民工的婚恋实践》，北京：社会科学文献出版社，2021。

[139] 苏黛瑞：《在中国城市中争取公民权》，王春光、单丽卿译，杭州：浙江人民出版社，2009。

[140] 孙大雄、徐增阳等：《农民工权益的法律保障研究》，北京：知识产权出版社，2017。

[141] 孙景淼：《乡村振兴战略》，杭州：浙江人民出版社，2018。

[142] 孙战文：《农民工家庭迁移决策与迁移行为研究》，济南：山东人民出版社，2015。

[143] 汤普森·E. P.：《英国工人阶级的形成》，钱乘旦等译，南京：译林出版社，2013。

[144] 佟丽华主编：《谁动了他们的权利？——中国农民工维权案例精析（5）》，北京：法律出版社，2012。

[145] 王辉：《变革时代的流动人口》，北京：社会科学文献出版社，2014。

[146] 王剑波：《“城市梦”下的北京市流动人口犯罪的治理》，北京：中国政法大学出版社，2018。

[147] 王建生：《流动的城乡界限》，北京：光明日报出版社，2012。

[148] 王箐：《流动人口就业代际差异及其影响因素研究》，北京：首都经济贸易大学出版社，2015。

[149] 王伦刚：《中国农民工非正式的利益抗争：基于讨薪现象的法社会学分析》，北京：法律出版社，2011。

[150] 王同信、翟玉娟主编：《深圳新生代农民工调查报告》，北京：中国法制出版社，2013。

[151] 王小章等：《走向承认：浙江省城市农民工公民权发展的社会学》，杭州：浙江大学出版社，2010。

[152] 魏礼群：《怎样搞好调查研究》，北京：中国言实出版社，2020。

[153] 魏礼群、韩长赋：《中国农民工调研报告》，北京：中国言实出版社，2006。

[154] 温铁军：《中国农村基本经济制度研究》，北京：中国经济出版社，2000。

[155] 吴维海：《新时代乡村振兴战略规划与案例》，北京：中国金融出版社，2018。

[156] 吴忠民等：《中国社会政策的演进及问题》，济南：山东人民出版社，2009。

[157] 肖子华主编：《中国城市流动人口社会融合评估报告 No 1》，北

京：社会科学文献出版社，2018。

［158］肖子华主编：《人口流动与社会融合：理论、指标与方法》，北京：社会科学文献出版社，2018。

［159］肖子华、王春超主编：《中国流动人口及家庭发展报告：第二届流动人口健康与发展论坛文集》，广州：暨南大学出版社，2018。

［160］谢建社：《新产业工人阶层——社会转型中的“农民工”》，北京：社会科学文献出版社，2005。

［161］谢建社：《中国农民工权利保障》，北京：社会科学文献出版社，2009。

［162］谢建社：《新生代农民工融入城镇问题研究》，北京：人民出版社，2011。

［163］谢建社主编：《广州农民工研究报告（2019）》，北京：社会科学文献出版社，2019。

［164］谢增毅：《劳动法的比较与反思》，北京：社会科学文献出版社，2011。

［165］许光：《新生代农民工城市融入的进程测度及政策创新研究》，北京：中国社会科学出版社，2017。

［166］徐水源：《社会融合：新时代中国流动人口发展之路》，北京：人民出版社，2019。

［167］徐旭初、钱文荣主编：《生存故事——50位农民工访谈实录》，杭州：浙江大学出版社，2009。

［168］徐毅成：《新时代中国社会政策执行与创新研究》，北京：中国经济出版社，2020。

［169］杨高：《深圳农民工聚居区空间演变及形成机制研究》，北京：科学出版社，2021。

［170］杨涛：《社会政策：概念、理论与分析框架》，南京：南京大学出版社，2021。

［171］杨志明：《中国农民工》，北京：中国劳动社会保障出版社，2018。

［172］叶兴庆、张云华等：《农业农村改革若干重大问题研究》，北京：中国发展出版社，2018。

［173］叶兴庆、金三林、韩杨等：《走城乡融合发展之路》，北京：中

国发展出版社，2019。

[174] 岳经纶主编：《农民工公共服务：国际经验·本地实践·政策建议》，广州：中山大学出版社，2012。

[175] 岳经纶：《转型期的中国劳动问题与劳动政策》，上海：东方出版中心，2011。

[176] 曾坚、尹力、陈芳等：《权利体系中的社会保障制度研究》，北京：中国民主法制出版社，2007。

[177] 张春龙：《工厂规训：从农民工到产业工人》，上海：华东理工大学出版社，2018。

[178] 张斐：《新生代农民工市民化研究》，北京：北京师范大学出版社，2015。

[179] 张华等：《四川农民工家庭城市融入促进机制研究》，成都：西南财经大学出版社，2017。

[180] 张来明、葛延风等：《新时代中国社会保护重点领域改革：进展、问题、政策建议》，北京：中国发展出版社，2018。

[181] 张领：《流动的共同体：新生代农民工、村庄发展与变迁》，北京：中国社会科学出版社，2016。

[182] 张敏杰：《社会政策论：转型中国与社会政策》，北京：北京大学出版社，2015。

[183] 张一名主编：《中国农民工社会政策研究》，北京：中国劳动社会保障出版社，2008。

[184] 张一名、梁栩凌：《青年农民工：流动与就业》，北京：经济科学出版社，2013。

[185] 张英洪：《农民权利研究：农民、公民权与国家》，北京：中央编译出版社，2014。

[186] 张英洪：《农民权利研究：农民权利论》，北京：中央编译出版社，2014。

[187] 张英洪：《农民权利研究：给农民以宪法关怀》，北京：中央编译出版社，2014。

[188] 赵宝柱：《新生代农民工培训：意愿与行动》，北京：中国社会科学出版社，2016。

［189］赵德雷：《农民工社会地位认同研究——以建筑装饰业为视角》，北京：知识产权出版社，2015。

［190］赵冈：《中国传统农村的地权分配》，北京：新星出版社，2006。

［191］赵冈、陈钟毅：《中国经济制度史论》，北京：新星出版社，2006。

［192］赵冈、陈钟毅：《中国土地制度史》，北京：新星出版社，2006。

［193］赵俊超：《城镇化：改革的突破口》，北京：中国人民大学出版社，2015。

［194］赵利梅：《新型城镇化背景下农民工住房问题研究》，成都：巴蜀书社，2018。

［195］郑冰岛：《冲突与融合：社会转型中的人口流动》，上海：上海书店出版社，2018。

［196］郑功成、黄黎若莲等：《中国农民工问题与社会保护》，北京：人民出版社，2007。

［197］郑功成、郑宇硕：《全球化下的劳工与社会保障》，北京：中国劳动社会保障出版社，2002。

［198］郑欣：《进城：传播学视野下的新生代农民工》，北京：社会科学文献出版社，2018。

［199］郑真真、贺珍怡、张展新主编：《中美流动迁移比较研究》，北京：中国社会科学出版社，2016。

［200］周大鸣：《多元与共融——族群研究的理论与实践》，北京：商务印书馆，2011。

［201］周大鸣：《人类学的中国经验与方法》，北京：社会科学文献出版社，2020。

［202］周大鸣：《人类学与中国社会》，北京：社会科学文献出版社，2021。

［203］周海旺：《城市女性流动人口社会融入问题研究》，上海：上海社会科学院出版社，2013。

［204］周皓：《流动儿童发展的跟踪研究》，北京：北京大学出版社，2014。

［205］周化明：《中国农民工职业发展问题研究》，北京：中国农业出版社，2013。

[206] 周佳：《教育政策执行研究——以进城就业农民工子女义务教育政策执行为例》，北京：教育科学出版社，2007。

[207] 周佳：《农民工随迁子女城市社会发展路径研究》，北京：中国社会科学出版社，2017。

[208] 周景阳：《城镇化发展的可持续性评价研究》，北京：经济科学出版社，2017。

[209] 周秋琴：《法学视野下的农民工权益保障问题研究》，镇江：江苏大学出版社，2011。

[210] 周士红：《漂在都市》，北京：新华出版社，2013。

[211] 周双文：《改造中国农业：中国城镇化的根本出路》，成都：西南财经大学出版社，2015。

[212] 周水涛、轩红芹、王文初：《新时期农民工题材小说研究》，北京：社会科学文献出版社，2010。

[213] 周松柏：《贵州省农民工经济研究》，成都：西南交通出版社，2012。

[214] 周天勇、王元地：《繁荣的轮回——人口变动与经济增长的一个逻辑解释》，北京：中国财富出版社，2017。

[215] 周小刚：《新生代农民工职业技能培训和创业教育模式研究》，北京：经济科学出版社，2015。

[216] 周小刚：《深化户籍制度改革的城市公共服务创新研究》，北京：科学出版社，2020。

[217] 周雪光：《组织社会学十讲》，北京：社会科学文献出版社，2003。

[218] 朱光磊等：《当代中国社会各阶层分析》，天津：天津人民出版社，1998。

[219] 朱国宏、桂勇：《社会学视野里的经济现象》，成都：四川人民出版社，1998。

[220] 朱红根：《农民工返乡创业行为意愿、绩效评价与政策优化》，北京：经济科学出版社，2013。

[221] 朱柔若：《社会变迁中的劳工问题》，台北：扬智文化事业股份有限公司，1998。

[222] 朱宇、林李月等：《流动人口的流迁模式、权益问题和社会保护：以福建省为例》，北京：海洋出版社，2013。

［223］朱宇、祁新华等：《中国的就地城镇化：理论与实证》，北京：科学出版社，2012。

［224］左学金、朱宇、王桂新主编：《中国人口城市化和城乡统筹发展》，上海：学林出版社，2007。

二 论文类

［1］Bastia，T.，“Should I Stay or Should I Go? Return Migration in Times of Crises”，*Journal of International Development*，23（4）：583—595，2011.

［2］Bogdon，A. S.，and Can，S.，“Indicators of local housing affordability：Comparative and Spatial Approaches”，*Real Estate Economics*，25（1）：43—80，1997.

［3］Cassarino，J. P.，“Theorizing Return Migration：The Conceptual Approach to Return Migrants Revisited”，*Social Science Electronic Publishing*，6（2）：21—54，2004.

［4］Chan，K. W.，and Zhang，L.，“The Hukou System and Rural—urban Migration in China：Processes and changes”，*The China Quarterly*，160：818—855，1999.

［5］Cook，S.，“The Challenge of Informality：Perspectives on China's Changing Labour Market”，*IDS Bulletin*，39（2）：48—56，2008.

［6］Hall，P. A.，“Policy Paradigms，Social Learning and the State：The Case of Economic Policymaking in Britain”，*Comparative Politics*，25（3）：275—296，1993.

［7］Hao，P.，and Tang，S. S.，“What Keeps China's Floating Population From Moving?”. *Chinese Journal of Sociology*，4（1）：30—55，2018.

［8］Liang，Z.，“The Age of Migration in China”. *Population and Development Review*，27（3）：499—524，2001.

［9］Liang，Z.，and Chen，Y. P.，“The Educational Consequences of Migration for Children in China”. *Social Science Research*，36（1）：28—47，2007.

［10］ Lin，L. Y.，and Zhu，Y.，“Diversified Housing Needs of Rural-urban migrants and Policy Responses in China：Insights From a Survey in Fuzhou”，*IDS Bulletin*，41（4）：12－21，2010.

［11］ Watson，A.，“Social Security for China's Migrant Workers：Porviding for Old Age”，*Jounal of Current Chinese Affairs*，38（4）：85－115，2009.

［12］ Zhu，Y.，and Chen，W. Z.，“The Settlement Intention of China's Floating Population in the Cities：Recent Changes and Multifaceted Individual－level Determinants ”，*Population Space and Place*，16（4）：253－267，2010.

［13］ 蔡昉：《劳动力迁移的两个过程及其制度障碍》，《社会学研究》2001 年第 4 期。

［14］ 蔡昉：《中国“三农”政策的 60 年经验与教训》，《广东社会科学》2009 年第 6 期。

［15］ 蔡昉：《人口转变、人口红利与刘易斯转折点》，《经济研究》2010 年第 4 期。

［16］ 蔡昉：《刘易斯转折点与公共政策方向的转变——关于中国社会保护的若干特征性事实》，《中国社会科学》2010 年第 6 期。

［17］ 蔡禾、李超海、冯建华：《利益受损农民工的利益抗争行为研究——基于珠三角企业的调查》，《社会学研究》2009 年第 1 期。

［18］ 蔡禾：《从“底线型”利益到“增长型”利益——农民工利益诉求的转变与劳资关系秩序》，《开放时代》2010 年第 9 期。

［19］ 常凯：《WTO、劳工标准与劳工权益保障》，《中国社会科学》2002 年第 1 期。

［20］ 常凯：《赋权新工人》，《中国改革》2010 年第 9 期。

［21］ 常凯：《关于罢工的合法性及其法律规制》，《当代法学》2012 年第 5 期。

［22］ 陈洪连、杜婕：《我国农民工培训政策的国际借鉴与本土建构》，《中国成人教育》2011 年第 19 期。

［23］ 陈顺玉、郑功成：《农民工本地就业的理性分析》，《江西社会科学》2005 年第 2 期。

[24] 陈维真、凌冲：《关注城市外来劳务工的问题——来自深圳外来劳务工发展状况的调查报告》，《中国青年政治学院学报》2004 年第 4 期。

[25] 陈星博：《结构挤压与角色错位——社会转型期我国城市青年农民工群体中“问题化”倾向研究》，《改革》2003 年第 4 期。

[26] 陈映芳：《“农民工”：制度安排与身份认同》，《社会学研究》2005 年第 3 期。

[27] 城市流动人口问题调查组：《对于城市农民工政策的反思——以北京市为例》，《中国党政干部论坛》2004 年第 4 期。

[28] 崔传义：《论中国农民工政策范式的转变》，《中国公共政策评论》2007 年第 1 期。

[29] 邓秀华：《长沙、广州两市农民工政治参与问卷调查分析》，《政治学研究》2009 年第 2 期。

[30] 邓智平、黄卓宇：《融入城市的仪式——麦当劳消费对青年民工的意义》，《青年探索》2006 年第 5 期。

[31] 杜世卫、方佩芬：《农民工维权的“义务模式”》，《中共浙江省委党校学报》2006 年第 5 期。

[32] 都阳、王美艳：《中国最低工资制度的实施状况及其效果》，《中国社会科学院研究生院学报》2008 年第 6 期。

[33] 都阳、屈小博：《劳动合同法与企业劳动力成本——基于珠三角地区外向型制造业企业的调查与分析》，《山东经济》2010 年第 3 期。

[34] 段成荣、杨舸：《我国流动儿童最新状况——基于 2005 年全国 1%人口抽样调查数据的分析》，《人口学刊》2008 年第 6 期。

[35] 费平：《深圳市农民工社会保险制度》，《中国劳动》2006 年第 10 期。

[36] 风笑天：《农村外出打工青年的婚姻与家庭：一个值得重视的研究领域》，《人口研究》2006 年第 1 期。

[37] 冯钢：《企业工会的“制度性弱势”及其形成背景》，《社会》2006 年第 3 期。

[38] 符平：《青年农民工的城市适应：实践社会学研究的发现》，《社会》2006 年第 2 期。

[39] 甘满堂：《“工荒”：高离职率与无声的抗争——对当前农民工群

体阶级意识的考察》，《中国农业大学学报》（社会科学版）2010 年第 4 期。

[40] 高颖：《农村富余劳动力的供需变动及分析》，《人口研究》2008 年第 5 期。

[41] 共青团佛山市委员会：《沿海经济发达地区外来务工青年的特点与需求——来自广东省佛山市的调查分析》，《广东青年干部学院学报》2004 年第 2 期。

[42] 顾海英、史清华、程英等：《现阶段“新二元结构”问题缓解的制度与政策——基于上海外来农民工的调研》，《管理世界》2011 年第 11 期。

[43] 古恒宇、覃小玲、沈体雁：《中国城市流动人口回流意愿的空间分异及影响因素》，《地理研究》2019 年第 8 期。

[44] 辜胜阻、易善策、郑凌云：《基于农民工特征的工业化与城镇化协调发展研究》，《人口研究》2006 年第 5 期。

[45] 郭星华、储卉娟：《从乡村到都市：融入与隔离——关于民工与城市居民社会距离的实证研究》，《江海学刊》2004 年第 3 期。

[46] 国务院中国农民工问题研究总报告起草组：《中国农民工问题研究总报告》，《改革》2006 年第 5 期。

[47] 韩长赋：《关于农民工问题的几点认识和思考》，《求是》2006 年第 9 期。

[48] 韩俊：《公平对待农民工的十个问题》，《瞭望新闻周刊》2004 年第 22 期。

[49] 韩克庆：《农民工社会流动研究：以个案访谈为例》，《中国人民大学学报》2006 年第 6 期。

[50] 何勤、王飞鹏：《〈劳动合同法〉实施后企业用工成本的增量分析与应对措施》，《中国劳动关系学院学报》2009 年第 5 期。

[51] 何一鸣、罗必良：《政府监督博弈、企业协约权利管制与农民工雇佣权益保护——以〈劳动合同法〉为例》，《中国农村经济》2011 年第 6 期。

[52] 洪朝辉：《论中国农民工的社会权利贫困》，《当代中国研究》2007 年第 4 期。

[53] 洪芳：《劳动合同、劳动用工之于劳动关系建立的意义》，《社科

纵横》2011 年第 7 期。

［54］胡晓红：《社会记忆中的新生代农民工自我身份认同困境——以S村若干新生代农民工为例》，《中国青年研究》2008 年第 9 期。

［55］黄乾：《工作转换对城市农民工收入增长的影响》，《中国农村经济》2010 年第 9 期。

［56］黄任民：《农民工及相关问题对监利和谐劳动关系的双重影响》，《中国劳动关系学院学报》2005 年第 6 期。

［57］黄岩：《代工产业中的劳工团结：以兴达公司员工委员会试验为例》，《社会》2008 年第 4 期。

［58］黄岩：《全球化、跨国倡议网络与农民工保护》，《经济学家》2009 年第 1 期。

［59］黄岩：《市民社会、跨国倡议与中国劳动体制转型的新议题——以台兴工人连锁罢工事件为例分析》，《开放时代》2011 年第 3 期。

［60］黄祖辉、宋瑜：《对农村妇女外出务工状况的调查与分析——以在杭州市农村务工妇女为例》，《中国农村经济》2005 年第 9 期。

［61］纪韶：《中国农民工流动就业现状的实证研究——对 2004—2005 年我国 14 个省调研数据的分析》，《经济与管理研究》2006 年第 4 期。

［62］简新华、黄锟：《中国农民工最新生存状况研究——基于 765 名农民工调查数据的分析》，《人口研究》2007 年第 6 期。

［63］江立华、符平：《断裂与弥补——农民工权益保障中法与政府角色》，《社会科学研究》2005 年第 6 期。

［64］蒋晓阳、黄黎若莲：《农民工政策的范式转移及其障碍》，《中国公共政策评论》2007 年第 1 期。

［65］景天魁：《中国社会发展的时空结构》，《社会学研究》1999 年第 6 期。

［66］景天魁：《时空社会学在中国的兴起》，《西北师大学报》（社会科学版）2018 年第 2 期。

［67］劳动保障部社会保障研究所：《城镇化进程加快过程中农民工社会保障制度研究》，《社会保障研究》2006 年第 1 期。

［68］劳动力转移联合课题组：《改革条件下农业劳动力个人行为模式》，《管理世界》1990 年第 5 期。

［69］雷佑新、雷红：《论农民工劳动合同缺失的成因及解决思路》，《经济体制改革》2005 年第 4 期。

［70］李培林：《流动民工的社会网络和社会地位》，《社会学研究》1996 年第 4 期。

［71］李培林、李炜：《农民工在中国转型中的经济地位和社会态度》，《社会学研究》2007 年第 3 期。

［72］李强：《关于城市农民工的情绪倾向及社会冲突问题》，《社会学研究》1995 年第 4 期。

［73］李强：《户籍分层和农民工的社会地位》，《中国党政干部论坛》2002 年第 8 期。

［74］李强：《影响中国城乡流动人口的推力与拉力因素分析》，《中国社会科学》2003 年第 1 期。

［75］李强：《社会学的“剥夺”理论与我国农民工问题》，《学术界》2004 年第 4 期。

［76］李强：《中国城市化进程中的“半融入”与“不融入”》，《河北学刊》2011 年第 5 期。

［77］李强、唐壮：《城市农民工与城市中的非正规就业》，《社会学研究》2002 年第 6 期。

［78］李涛：《新生代农民工市民化问题的社会学分析》，《长春理工大学学报》（社会科学版）2009 年第 5 期。

［79］李伟东：《新生代农民工的城市适应研究》，《北京社会科学》2009 年第 4 期。

［80］李雄、刘山川：《劳动用工制度改革视野下劳动合同制度的贡献与不足》，《西北工业大学学报》（社会科学版）2012 年第 1 期。

［81］李艳红：《新闻报道常规与弱势社群的公共表达——广州城市报纸（2000～2002）对“农民工”报道的量化分析》，《中山大学学报》（社会科学版）2007 年第 2 期。

［82］李艳霞：《公民身份理论内涵探析》，《人文杂志》2005 年第 3 期。

［83］林燕玲：《论农民工权利意识的发展轨迹及其社会意义》，《中国劳动关系学院学报》2008 年第 4 期。

［84］林毅夫：《“三农问题”与我国农村的未来发展》，《农业经济问题》2003 年第 1 期。

［85］刘程、邓蕾、黄春桥：《农民进城务工经历对其家庭生活消费方式的影响——来自湖北、四川、江西三省的调查》，《青年研究》2004 年第 7 期。

［86］刘传江：《城乡统筹发展视角下的农民工市民化》，《人口研究》2005 年第 4 期。

［87］刘传江：《新生代农民工的特点、挑战与市民化》，《人口研究》2010 年第 2 期。

［88］刘传江、程建林：《第二代农民工市民化：现状分析与进程测度》，《人口研究》2008 年第 5 期。

［89］刘传江、程建林：《养老保险“便携性损失”与农民工养老保障制度研究》，《中国人口科学》2008 年第 4 期。

［90］刘传江、程建林：《双重“户籍墙”对农民工市民化的影响》，《经济学家》2009 年第 10 期。

［91］刘传江、周玲：《社会资本与农民工的城市融合》，《人口研究》2004 年第 9 期。

［92］刘精明：《向非农职业流动：农民生活史的一项研究》，《社会学研究》2001 年第 6 期。

［93］刘开明：《社会出身歧视：从户籍问题看中国的就业歧视》，《FORUM：中国劳工研究通讯》2005 年 10 月第 15 期。

［94］刘林平：《试论“家庭型经济组织”的结构及其特点》，《社会学研究》1987 年第 3 期。

［95］刘林平：《外来人群体中的关系运用——以深圳“平江村”为个案》，《中国社会科学》2001 年第 5 期。

［96］刘林平：《交往与态度：城市居民眼中的农民工——对广州市民的问卷调查》，《中山大学学报》（社会科学版）2008 年第 2 期。

［97］刘林平、万向东、王翊：《二元性、半合法性、松散性和农民工问题》，《中山大学学报》（社会科学版）2005 年第 2 期。

［98］刘林平、张春泥：《农民工工资：人力资本、社会资本、企业制度还是社会环境？——珠江三角洲农民工工资的决定模型》，《社会学研

究》2007 年第 6 期。

[99] 刘林平、张春泥、陈小娟：《农民的效益观与农民工的行动逻辑——对农民工超时加班的意愿与目的分析》，《中国农村经济》2010 年第 9 期。

[100] 刘林平、郑广怀、孙中伟：《劳动权益与精神健康——基于对长三角和珠三角外来工的问卷调查》，《社会学研究》2011 年第 4 期。

[101] 刘能：《越轨社会学视角下的青少年犯罪》，《青年研究》2003 年第 11 期。

[102] 刘霞：《流动儿童的歧视知觉及与自尊的关系》，《心理科学》2010 年第 3 期。

[103] 卢国显：《我国大城市农民工与市民社会距离的实证研究》，《中国人民公安大学学报》（社会科学版）2006 年第 4 期。

[104] 陆文聪、李元龙：《农民工健康权益问题的理论分析：基于环境公平的视角》，《中国人口科学》2009 年第 3 期。

[105] 陆文荣、何雪松、段瑶：《新生代农民工：发展困境及出路选择——基于苏浙沪七个城市的调查数据分析》，《学习与实践》2014 年第 10 期。

[106] 陆学艺：《发展变化中的中国农业、农村与农民》，《中国社会科学院研究生院学报》2006 年第 4 期。

[107] 罗霞、王春光：《新生代农村流动人口的外出动因与行动选择》，《浙江社会科学》2003 年第 1 期。

[108] 罗小兰：《我国最低工资标准农民工就业效应分析——对全国、地区及行业的实证研究》，《财经研究》2007 年第 11 期。

[109] 吕萍：《因人、因地、因时推进城乡人口双向流动》，《国家治理》2020 年第 36 期。

[110] 毛丹：《赋权、互动与认同：角色视角中的城郊农民市民化问题》，《社会学研究》2009 年第 4 期。

[111] 潘寄青、谭海燕、李娜：《新生代农民工城乡转移及就业路径探析》，《当代青年研究》2009 年第 2 期。

[112] 潘毅、任焰：《国家与农民工：无法完成的无产阶级化》，《21 世纪双月刊》2008 年第 107 期。

[113] 潘泽泉：《国家调整农民工政策的过程分析：理论判断与政策思路》，《理论与改革》2008 年第 5 期。

[114] 戚迪明、张广胜、杨肖丽、江金启：《农民工“回流式”市民化：现实考量与政策选择》，《农村经济》2014 年第 10 期。

[115] 钱文荣、张忠民：《农民工在城市社会的融合度问题》，《浙江大学学报》（人文社会科学版）2006 年第 4 期。

[116] 钱雪飞：《进城农民工消费的实证研究——南京市 578 名农民工的调查与分析》，《南京社会科学》2003 年第 9 期。

[117] 钱雪飞：《代差视角下第二代农民工城乡迁移个人风险成本的实证研究——基于 1012 位城乡迁移农民工的问卷调查》，《中国青年研究》2009 年第 6 期。

[118] 清华大学社会学系课题组：《新生代农民工与“农民工生产体制”的碰撞》，《中国党政干部论坛》2013 年第 11 期。

[119] 仇国平、温卓毅：《中国农民工政策的重大调整：走向新政策范式》，《中国公共政策评论》2007 年第 1 期。

[120] 任焰、潘毅：《跨国劳动过程的空间政治：全球化时代的宿舍劳动体制》，《社会学研究》2006 年第 4 期。

[121] 任焰、梁宏：《资本主导与社会主导——“珠三角”农民工居住状况分析》，《人口研究》2009 年第 2 期。

[122] 任远、陈春林：《农民工收入的人力资本回报与加强对农民工的教育培训研究》，《复旦学报》（社会科学版）2010 年第 6 期。

[123] 沈君彬：《农民工权益保障缺失：现状、根源、对策——以构建和谐社会为视角的解读》，《中共福建省委党校学报》2005 年第 9 期。

[124] 沈君彬：《促进新生代农民工城市融入的积极社会政策体系：理念、特征、实践》，《中共福建省委党校学报》2011 年第 11 期。

[125] 沈君彬：《社会政策视阈下的新生代农民工城市融入：一个分析的框架》，《中共福建省委党校学报》2012 年第 9 期。

[126] 沈君彬：《乡村振兴背景下农民工回流的决策与效应研究——基于福建省三个山区市 600 位农民工的调研》，《中共福建省委党校学报》2018 年第 10 期。

[127] 沈小革：《广州市外来人员子女教育模式的社会学分析》，《青

年研究》2004 年第 11 期。

[128] 沈原：《社会转型与工人阶级的再形成》，《社会学研究》2006 年第 2 期。

[129] 史寒冰：《构建和谐劳动关系——中国人民大学教授常凯访谈》，《中国社会保障》2007 年第 8 期。

[130] 石智雷、杨云彦：《家庭禀赋、家庭决策与农村迁移劳动力回流》，《社会学研究》2012 年第 3 期。

[131] 宋林飞：《农民工是新兴工人群体》，《江西社会科学》2005 年第 3 期。

[132] 苏海南等：《我国劳动密集型小企业劳动关系问题研究》，《华中师范大学学报》（人文社会科学版）2012 年第 2 期。

[133] 孙中伟、杨肖锋：《脱嵌型雇佣关系与农民工离职意愿——基于长三角和珠三角的问卷调查》，《社会》2012 年第 3 期。

[134] 唐钧：《“三方机制”：解决农民工工资问题的最佳选择》，《中国党政干部论坛》2004 年第 5 期。

[135] 田丰：《城市工人与农民工的收入差距研究》，《社会学研究》2010 年第 2 期。

[136] 田凯：《关于农民工城市适应性的调查与思考》，《人口学刊》1996 年第 4 期。

[137] 佟新：《劳工政策和劳工研究的四种理论视角》，《云南民族大学学报》（哲学社会科学版）2008 年第 5 期。

[138] 佟新：《承前启后：袁方的劳动社会学思想》，《社会学评论》2016 年第 2 期。

[139]“外来农民工”课题组：《珠三角外来农民工状况》，《中国社会科学》1995 年第 4 期。

[140] 万向东：《农民工非正式就业的进入条件与效果》，《管理世界》2008 年第 1 期。

[141] 万向东、刘林平、张永宏：《工资福利、权益保障与外部环境——珠三角与长三角外来工的比较研究》，《管理世界》2006 年第 6 期。

[142] 王春光：《新生代农村流动人口的社会认同与城乡融合的关系》，《社会学研究》2001 年第 3 期。

［143］王春光：《农民工的社会流动和社会地位的变化》，《江苏行政学院学报》2003 年第 4 期。

［144］王春光：《农民工的国民待遇与社会公正问题》，《郑州大学学报》（哲学社会科学版）2004 年第 1 期。

［145］王春光：《农民工：一个正在崛起的新工人阶层》，《学习与探索》2005 年第 1 期。

［146］王春光：《农村流动人口的半城市化问题研究》，《社会学研究》2006 年第 5 期。

［147］王春光：《中国城市化进程中的公民社会实践》，《浙江社会科学》2009 年第 1 期。

［148］王春光：《重视社会力量在落实农民工就业政策上的放大效应》，《中国党政干部论坛》2009 年第 4 期。

［149］王春光：《外来农村流动人口本地化的体制性困境》，《学海》2017 年第 2 期。

［150］王春光：《中国社会政策阶段性演变逻辑》，《国家行政学院学报》2018 年第 3 期。

［151］王春光：《第三条城镇化之路："城乡两栖"》，《四川大学学报》（哲学社会科学版）2019 年第 6 期。

［152］王春光：《乡村建设与全面小康社会的实践逻辑》，《中国社会科学》2020 年第 10 期。

［153］王春光：《新社会转型视角对乡村振兴的解读》，《学海》2021 年第 5 期。

［154］王思斌：《注重社会工作中的时间和空间》，《中国社会工作》2019 年第 31 期。

［155］王小章：《公民权视野下的社会保障》，《浙江社会科学》2007 年第 3 期。

［156］王小章：《从"生存"到"承认"：公民权视野下的农民工问题》，《社会学研究》2009 年第 1 期。

［157］王兴周：《新生代农民工的群体特性探析：以珠江三角洲为例》，《广西民族大学学报》（哲学社会科学版）2008 年第 7 期。

［158］汪国华：《两代农民工文化适应的逻辑比较与实证研究》，《西

北人口》2009 年第 5 期。

[159] 汪国华：《生活意义的再造：新生代农民工日常行为的仪式化研究》，《中国青年研究》2010 年第 4 期。

[160] 汪和建：《就业歧视与中国城市的非正式经济部门》，《南京大学学报》（哲学·人文科学·社会科学版）1998 年第 1 期。

[161] 汪明：《农民工子女就业问题与对策》，《教育研究》2004 年第 2 期。

[162] 魏文彪：《平等赋权比农民工日更重要》，《江苏农村经济》2008 年第 1 期。

[163] 文军：《农民市民化：从农民到市民的角色转型》，《华东师范大学学报》（哲学社会科学版）2004 年第 3 期。

[164] 翁晓斌、谭靖：《城市农民工处境的法律透视》，《浙江大学学报》（人文社会科学版）2006 年第 5 期。

[165]《我国农民工工作“十二五”发展规划纲要研究》课题组：《中国农民工问题总体趋势：观测“十二五”》，《改革》2010 年第 8 期。

[166] 吴方卫、康姣姣：《中国农村外出劳动力回流与再外出研究》，《中国人口科学》2020 年第 3 期。

[167] 吴贵明：《中国农民工培训：经验与反思》，《福建行政学院学报》2011 年第 5 期。

[168] 吴维平：《寄居大都市：京沪两地流动人口住房现状分析》，《社会学研究》2002 年第 3 期。

[169] 吴忠民：《公正新论》，《中国社会科学》2000 年第 4 期。

[170] 项继权：《农民工子女教育：政策选择与制度保障——关于农民工子女教育问题的调查分析及政策建议》，《华中师范大学学报》（人文社会科学版）2005 年第 3 期。

[171] 谢桂华：《农民工与城市劳动力市场》，《社会学研究》2007 年第 5 期。

[172] 谢建社、牛喜霞、谢宇：《流动农民工随迁子女教育问题研究——以珠三角城镇地区为例》，《中国人口科学》2011 年第 1 期。

[173] 谢勇：《农民工劳动权益影响因素的实证研究——以南京市为例》，《中国人口科学》2008 年第 4 期。

[174] 谢勇：《最低工资制度在农民工就业中的落实情况及影响因素研究》，《经济与管理》2010 年第 3 期。

[175] 谢岳：《从“司法动员”到“街头抗议”——农民工集体行动失败的政治因素及其后果》，《开放时代》2010 年第 9 期。

[176] 信卫平：《国际金融危机与中国最低工资标准》，《中国劳动关系学院学报》2010 年第 1 期。

[177] 徐道稳：《农民工工伤状况及其参保意愿调查》，《中国人口科学》2009 年第 1 期。

[178] 徐道稳：《劳动合同签订及其权益保护效应研究——基于上海等九城市调查》，《河北法学》2011 年第 7 期。

[179] 许传新：《“落地未生根”——新生代农民工城市社会适应研究》，《南方人口》2007 年第 4 期。

[180] 杨菊华：《从隔离、选择融入到融合：流动人口社会融入问题的理论思考》，《人口研究》2009 年第 1 期。

[181] 杨菊华：《流动人口在流入地社会融入的指标体系——基于社会融入理论的进一步研究》，《人口与经济》2010 年第 2 期。

[182] 杨菊华：《对新生代流动人口的认识误区》，《人口研究》2010 年第 2 期。

[183] 杨立雄：《农民工社会保护问题研究》，《中国人民大学学报》2006 年第 6 期。

[184] 杨立雄：《全球化、区位竞争与农民工社会保护》，《经济学家》2007 年第 6 期。

[185] 杨思远：《试析农民工的廉价工资》，《教学与研究》2004 年第 7 期。

[186] 杨正喜：《珠三角以农民工为劳动者的劳资关系模式》，《中国劳动关系学院学报》2008 年第 1 期。

[187] 姚建平：《农民工的社会养老保险参与问题——基于北京、深圳、苏州和成都四城市调查数据分析》，《天水行政学院学报》2008 年第 5 期。

[188] 姚俊：《农民工参加不同社会养老保险意愿及其影响因素研究——基于江苏五地的调查》，《中国人口科学》2010 年第 1 期。

[189] 姚裕群、陆学彬：《中小企业劳动者签订书面劳动合同的影响因素研究》，《东岳论纵》2010 年第 8 期。

[190] 殷娟、姚兆余：《新生代农民工身份认同及影响因素分析——基于长沙市农民工的抽样调查》，《湖南农业大学学报》（社会科学版）2009 年第 3 期。

[191] 殷晓清：《农民工：一种就业模式的形成及其社会后果》，《南京师大学报》（社会科学版）2001 年第 5 期。

[192] 余晓敏：《经济全球化背景下的劳工运动：现象、问题与理论》，《社会学研究》2006 年第 3 期。

[193] 余晓敏：《跨国公司行政守则与中国外资企业劳工标准——一项“跨国—国家—地方”分析框架下的实证研究》，《社会学研究》2007 年第 5 期。

[194] 俞德鹏：《外地劳动力分类管理制度的不合理性》，《中国农村经济》2000 年第 11 期。

[195] 俞可平：《新移民运动、公民身份与制度变迁——对改革开放以来大规模农民工进城的一种政治学解释》，《经济社会体制比较》2010 年第 1 期。

[196] 袁小平：《新生代农民工培训的制度供给研究》，《社会工作》2012 年第 10 期。

[197] 袁志刚、封进、张红：《城市劳动力供求与外来劳动力就业政策研究——上海的例证及启示》，《复旦学报》（社会科学版）2005 年第 5 期。

[198] 原新、韩靓：《多重分割视角下外来人口就业与收入歧视分析》，《人口研究》2009 年第 1 期。

[199] 岳经纶：《农民工的社会保护：劳动政策的视角》，《中国人民大学学报》2006 年第 6 期。

[200] 曾旭晖：《非正式劳动力市场人力资本研究——以成都市进城农民工为个案》，《中国农村经济》2004 年第 3 期。

[201] 张春泥、刘林平：《网络的差异性和求职效果——农民工利用关系求职的效果研究》，《社会学研究》2008 年第 4 期。

[202] 张德荣、王仕琼：《“90 后”农民工职业技能培养与提升的路径

研究》，《广西青年干部学院学报》2012 年第 6 期。

［203］张静：《义乌外来工为什么愿意使用法律》，《江苏行政学院学报》2010 年第 3 期。

［204］张军扩、候永志、刘培林：《我国城镇化的基本态势、战略重点和政策取向》，《经济界》2009 年第 6 期。

［205］张文宏、雷开春：《城市新移民社会融合的结构、现状与影响因素分析》，《社会学研究》2008 年第 5 期。

［206］张霞：《城市劳动力市场二元分割与外来农业户籍劳动者社会保障权益缺失》，《中国社会科学院研究生院学报》2007 年第 2 期。

［207］张兴华：《对外来工的政策歧视：效果评价与根源探讨》，《中国农村经济》2000 年第 11 期。

［208］张翼：《农民工社会保障政策执行中存在的若干问题》，《中国社会科学院院报》2005 年 9 月 27 日。

［209］张永宏：《地方治理的政治—制度视角：以农民工保护政策执行为例》，《中山大学学报》（社会科学版）2009 年第 1 期。

［210］赵芳：《“新生代”，一个难以界定的概念——以湖南省青玄村为例》，《社会学研究》2003 年第 6 期。

［211］赵丰：《青年研究——从“代”到“后”的演进》，《中国青年研究》2007 年第 12 期。

［212］赵晔琴：《“居住权”与市民待遇：城市改造中的“第四方群体”》，《社会学研究》2008 年第 2 期。

［213］赵延东、王奋宇：《城乡流动人口的经济地位获得及决定因素》，《中国人口科学》2002 年第 4 期。

［214］郑秉文：《改革开放 30 年中国流动人口社会保障的发展与挑战》，《中国人口科学》2008 年第 5 期。

［215］郑功成：《农民工的权益与社会保障》，《中国党政干部论坛》2002 年第 8 期。

［216］郑功成：《解决农民工工资拖欠问题需要多管齐下》，《中国党政干部论坛》2004 年第 5 期。

［217］郑功成：《对农民工问题的基本判断》，《中国劳动》2006 年第 8 期。

[218] 郑功成：《对中国农民工问题的理论判断》，《党政干部文摘》2007 年第 1 期。

[219] 郑功成：《中国流动人口的社会保障问题》，《理论视野》2007 年第 6 期。

[220] 郑功成：《中国社会公平状况分析——价值判断、权益失衡与制度保障》，《中国人民大学学报》2009 年第 2 期。

[221] 郑功成：《让农民工享有平等权利》，《群言》2010 年第 2 期。

[222] 郑功成、黄黎若莲：《中国农民工问题：理论判断与政策思路》，《中国人民大学学报》2006 年第 6 期。

[223] 郑英隆：《中国农民工弱信息能力初探》，《经济学家》2005 年第 5 期。

[224] “中国农民工战略问题研究”课题组：《中国农民工现状及其发展趋势总报告》，《改革》2009 年第 2 期。

[225] 钟笑寒：《劳动力流动与工资差异》，《中国社会科学》2006 年第 1 期。

[226] 周大鸣：《广州“外来散工”的调查与分析》，《社会学研究》1994 年第 4 期。

[227] 周静华、赵阳：《“80 后”农民工消费意识转变探究》，《商业文化》（学术版）2009 年第 7 期。

[228] 周林刚：《地位结构、制度身份与农民工集体消费——基于深圳市的实证分析》，《中国人口科学》2007 年第 4 期。

[229] 朱力：《准市民的身份定位》，《南京大学学报》（哲学·人文科学·社会科学版）2000 年第 6 期。

[230] 朱力：《论农民工阶层的城市适应》，《江海学刊》2002 年第 6 期。

[231] 朱力：《农民工阶层的特征与社会地位》，《南京大学学报》（哲学·人文科学·社会科学版）2003 年第 6 期。

[232] 朱宇：《新生代农民工：特征、问题与对策》，《人口研究》2010 年第 2 期。

[233] 朱宇：《尊重农民工的多样性需求，推进户籍制度的根本性改革》，《人口与发展》2012 年第 2 期。

[234] 朱宇：《51.27%的城镇化率是否高估了中国城镇化水平：国际

背景下的思考》，《人口研究》2012 年第 2 期。

［235］朱宇、林李月：《流动人口的流迁模式与社会保护：从“城市融入”到“社会融入”》，《地理科学》2011 年第 3 期。

［236］朱宇、林李月、柯文前：《国内人口迁移流动的演变趋势：国际经验及其对中国的启示》，《人口研究》2016 年第 5 期。

［237］朱宇、林李月：《中国人口迁移流动的时间过程及其空间效应研究：回顾与展望》，《地理科学》2016 年第 6 期。

［238］朱宇、林李月：《流动人口在城镇的居留意愿及其决定因素——文献综述及其启示》，《人口与经济》2019 年第 2 期。

［239］朱宇、丁金宏、王桂新、沈建法、林李月、柯文前：《近 40 年来的中国人口地理学——一个跨学科研究领域的进展》，《地理科学进展》2017 年第 4 期。

三　报纸类

［1］白靖利、杨绍功：《农村“越来越像城市”，春节里的另类“乡愁”》，《新华每日电讯》2014 年 2 月 2 日，第 4 版。

［2］白青锋、姜明：《“让农民工子女共享城市义务教育”——天津市南开区总工会主席杨志成谈农民工随迁子女入学问题》，《工人日报》2014 年 5 月 27 日，第 6 版。

［3］蔡永庆：《“继续教育”靠不靠谱？新生代农民工很纠结》，《工人日报》2013 年 9 月 26 日，第 5 版。

［4］操家齐、郑光魁、欧阳月明、王小峰：《应高度重视农民工党建工作——基于 15 省 24 市农民工党建工作调查的思考》，《学习时报》2011 年 11 月 14 日，第 5 版。

［5］曹凤岐：《建设小康社会的几点思考》，《中国科学报》2013 年 5 月 13 日，第 7 版。

［6］陈锡文：《新阶段的农业、农村和农民问题》，《社会科学报》2002 年 1 月 17 日，第 2 版。

［7］陈锡文、韩俊：《如何有序转移农村富余劳动力》，《人民日报》2002 年 6 月 3 日，第 9 版。

［8］陈锡文：《中国农村面临的五大问题》，《社会科学报》2004 年 11

月 25 日，第 1 版。

[9] 陈锡文：《当前的农村形势和农村工作》，《社会科学报》2007 年 3 月 15 日，第 1 版。

[10] 陈锡文：《农民工流动为社会发展带来机遇与挑战》，《农民日报》2008 年 9 月 15 日，第 3 版。

[11] 陈锡文、江夏、赵永平：《创新经营体系不是另起炉灶》，《人民日报》2013 年 2 月 1 日，第 2 版。

[12] 崔传义：《营造良好政策环境支持农民工返乡创业创新》，《中国经济时报》2017 年 3 月 28 日，第 5 版。

[13] 崔传义：《尊重农民走出二元结构的探索创造——追忆王郁昭与农民流动就业、返乡创业》，《中国经济时报》2017 年 7 月 17 日，第 8 版。

[14] 崔传义：《农民工返乡创业：促进乡村振兴农民小康的重要力量——汇川区营造良好环境发挥返乡农民工“双创”潜能调查》，《中国经济时报》2017 年 12 月 28 日，第 5 版。

[15] 崔传义：《来自基层扶贫和农业农村发展的机制创新——安徽阜阳市三星村调查》，《中国经济时报》2018 年 7 月 9 日，第 8 版。

[16] 葛延风：《新常态发展需社会政策支撑》，《人民日报》2015 年 2 月 16 日，第 7 版。

[17] 郭晓鸣：《以创新性发展确保一号文件政策绩效》，《四川日报》2012 年 2 月 8 日，第 6 版。

[18] 郭晓鸣、曾旭晖：《我省乡村振兴中农民工返乡面临的障碍与对策》，《四川日报》2019 年 7 月 4 日，第 6 版。

[19] 韩长赋：《解决好农民工问题是个大战略》，《经济日报》2006 年 6 月 19 日，第 2 版。

[20] 韩长赋：《关于“90 后”农民工》，《人民日报》2010 年 2 月 1 日，第 7 版。

[21] 韩长赋：《农民工问题是事关我国现代化建设顺利推进的大问题》，《学习时报》2010 年 10 月 11 日，第 1 版。

[22] 韩长赋：《新生代农民工社会融合是个重大问题——关于新生代农民工问题的调查与思考》，《光明日报》2012 年 3 月 16 日，第 7 版。

[23] 韩雪洁、马贺：《三代农民工的“城市梦”——“我的梦 · 中国

梦”系列报道之二》，《吉林日报》2013 年 4 月 9 日，第 5 版。

［24］何玉长：《告别“农民工”：加快推进农业转移人口市民化》，《中国人口报》2019 年 2 月 4 日，第 3 版。

［25］匡贤明：《城乡权益平等　迈向共同富裕》，《深圳特区报》2021 年 10 月 29 日，A4 版。

［26］匡亚林：《社会政策转型：从“迟滞型”到“前置型”》，《中国社会科学报》2017 年 10 月 11 日，第 6 版。

［27］李卫东、罗志华：《人口流动背景下如何提升农民工婚姻稳定性》，《中国人口报》2019 年 1 月 10 日，第 3 版。

［28］李一陵：《不能因劝返生“闹校”就否定控辍保学》，《光明日报》2019 年 12 月 5 日，第 15 版。

［29］刘玉照：《加强农民工职业教育与继续教育》，《社会科学报》2019 年 5 月 30 日，第 4 版。

［30］任社宣：《加大执法力度保障农民工劳动报酬权益——人社部劳动监察局负责人就〈拖欠农民工工资“黑名单”管理暂行办法〉答记者问》，《中国劳动保障报》2017 年 12 月 2 日，第 1 版。

［31］王春光：《农村流动人口的“半城市化”问题分析》，《长江日报》2007 年 2 月 1 日，第 12 版。

［32］王春光：《回流农民工：乡村振兴的重要力量》，《中国社会科学报》2022 年 8 月 24 日，第 11 版。

［33］王静宇：《从居住证看我国户口政策变迁》，《中国经济时报》2016 年 1 月 8 日，第 2 版。

［34］邬慧颖、董小红、吴帅帅、孙清清：《留城或返乡　高龄农民工陷两难困境》，《经济参考报》2017 年 8 月 10 日，第 5 版。

［35］薛志伟：《从农民工变化看经济社会转型》，《经济日报》2012 年 5 月 8 日，第 15 版。

［36］杨文明：《全国人大代表袁海波：让农民工出得来留得住》，《人民日报》2019 年 12 月 12 日，第 18 版。

［37］杨秀峰：《农民工维权之十年探索——基于北京致诚农民工法律援助与研究中心公益维权的调查》，《中国县域经济报》2015 年 2 月 16 日，第 5 版。

[38] 郁静娴:《千方百计保障农民工拿到工资》,《人民日报》2019 年 10 月 31 日,第 2 版。

[39] 郁静娴:《促进返乡留乡农民工就地就近就业创业》,《人民日报》2020 年 3 月 31 日,第 6 版。

[40] 郁静娴:《乡村产业,等你来》,《人民日报》2020 年 7 月 20 日,第 10 版。

[41] 张杰、张清俐:《人口流动正由“可逆”向“不可逆”转化》,《中国社会科学报》2013 年 2 月 22 日,第 2 版。

[42] 张清俐:《提升社会政策实施的科学性》,《中国社会科学报》2018 年 11 月 28 日,第 2 版。

[43] 张清俐:《一位老记者眼中的农民工》,《中国社会科学报》2019 年 2 月 15 日,第 6 版。

[44] 张赢方:《不断擦亮“浙江无欠薪”品牌——浙江省农民工工资支付保障工作成效显著》,《中国劳动保障报》2020 年 1 月 24 日,第 1 版。

[45] 张赢方:《扎实推进农民工返岗复工“点对点”服务保障工作》,《中国劳动保障报》2020 年 3 月 3 日,第 3 版。

[46] 张赢方:《兜牢近 3 亿农民工的民生底线》,《中国劳动保障报》2020 年 6 月 9 日,第 3 版。

[47] 张赢方:《保障农民工体面劳动　推动制造业高质量发展》,《中国劳动保障报》2020 年 6 月 22 日,第 3 版。

[48] 张赢方:《增强制度可持续性　构建多层次体系——访中国社会科学院社会发展战略研究院研究员房连泉》,《中国劳动保障报》2020 年 10 月 13 日,第 3 版。

[49] 张赢方:《灵活就业人员社会保障如何加码?》,《中国劳动保障报》2020 年 11 月 20 日,第 3 版。

[50] 张赢方:《推进农民工市民化　扩大中等收入群体——访中国社会科学院学部委员蔡昉》,《中国劳动保障报》2021 年 3 月 30 日,第 3 版。

[51] 赵永智、郑莉、张锐:《农民工融入城市需跨“6 大门槛”——政协委员热议农民工问题》,《工人日报》2012 年 3 月 12 日,第 2 版。

附录

附录1　东南沿海四地（苏州、温州、泉州与东莞）新生代农民工调查问卷

问卷编号：□□□□□　　　　　　　　　　　　访问员编号：□□□

一审督导	二审督导	QC督导	编码督导

访问员保证：

我保证此次的访问都是正确和完整、真实的，并且是按照访问指示和问卷调查国际惯例准则实施的。如有一份问卷作假，同意将所有问卷作废处理，并承担一切责任。

访问员签名：

新生代农民工社会保护调查问卷

________女士/小姐/先生：

您好！我是本问卷的访问员，受“×××”课题组的委托，进行有关新生代农民工社会保护问题方面的问卷调查，主要目的在于为制定更合理的农民工社会保护政策提供一些建议。我们将对您的回答绝对保密，希望能够得到您的支持和配合，耽搁您几分钟，可以吗？

S1 记录行业配额：□1. 制造业工人　□2. 文员　□3. 销售人员　□4. 公司管理人员　□5. 交通运输业人员　□6. 建筑业人员　□7. 居民服务业及其他服务业人员　□8. 街头待业人员　□9. 其他劳动者

S2 记录就业配额：□1. 正规就业人员　□2. 非正规就业人员

S3 记录性别配额：□1. 男　□2. 女

访员注意：以下内容在“访问结束后”再返回提问、填写。为了方便后期信息资料的准确性和其他工作人员的复核工作，请您留下您的姓名和联系电话，我们将保密您所提供的任何信息。

被访者姓名：__________

被访者联系电话：1. 手机号：□□□□□□□□□□□

或 2. 固定电话：□□□□□□□□□□□

（注：至少填写一个可以联系到被访者本人的电话号码，否则按废卷处理）

访问地点								
访问日期	201 ____ 年 ____ 月 ____ 日							
访问开始时间		时		分	访问结束时间		时		分

S 部分：甄别部分

S1 请问您的实际年龄是________ 周岁

（请访员确认合格被访者是公历 1980 年 1 月 1 日以后出生的，否则终止访问）

S2 记录被访者性别：

1. 男　　2. 女

S3 请问您是否拥有本地（请访员指出具体城市）户口？

1. 是——感谢并终止访问　　2. 否——继续访问

S4 请问您的户口性质是否是非农业户口？

1. 是——感谢并终止访问　　2. 否——继续访问

S5 请问您的职业是属于以下哪种？

□1. 制造业工人　□2. 文员　□3. 销售人员　□4. 公司管理人员　□5. 交通运输业人员　□6. 建筑业人员　□7. 居民服务业及其他服务业人员　□8. 街头待业人员　□9. 其他劳动者（请说明）__________

S6 请问您是否有与您所工作的企业或单位签订劳动合同？

1. 是，有签订——［查看配额］

2. 否，没有签订——［查看配额］

A 部分：基本情况

A1 您所在企业名称为________________，共有员工________人

A2 您所在企业的性质属于：________

1. 国有企业 2.（股份）有限责任公司 3. 外商及港、澳、台投资企业 4. 私营企业 5. 个体经营户 6. 城市街头流动摊贩 7. 无稳定雇主的他雇者 8. 其他（请说明）________

A3 您的文化程度：____________。您爱人的文化程度是（此栏目未婚者不问）：________

1. 不识字或识字很少 2. 小学 3. 初中 4. 高中/中专 5. 大专 6. 本科及以上

A4 您在外务工时间的累计年限是？________

1. 1 年以下 2. 1—5 年 3. 5—10 年 4. 10 年以上

A5 您到此地工作的主要原因是（请按主次顺序限选三项）：________

1. 这里挣的钱比较多 2. 原先的地方缺乏发展机会 3. 原先的地方生活条件差 4. 家人来就跟着来了 5. 孩子可以接受更好的教育 6. 此地有亲朋好友，可以互相照顾 7. 来看看是否有发展的空间 8. 在此地干活比较轻松 9. 其他（请说明）________________

A6 您在城市工作生活时最不满意的方面有哪些？（请按主次顺序限选三项）：________

1. 上班环境差 2. 工作太辛苦 3. 食宿条件差 4. 孩子上学困难 5. 收入太低 6. 找工作时受到限制与歧视 7. 没有社会保险，生活得不到保障 8. 其他（请说明）________

A7 您在城市工作生活遇到困难时，主要是通过何种途径解决困难？（限选三项）：________

1. 本人或本人家庭成员的各类社会保障（保险）项目 2. 家人/亲戚/朋友的帮助 3. 同事/老乡的帮助 4. 打工的单位或老板的帮助 5. 当地居委会、政府部门的救助 6. 本地居民的帮助 7. 工会或其他民间组织的帮助 8. 自己想办法解决

A8 如果可以自由选择，您将来有关户口迁移的决定是？________

1. 全家迁到流入地 2. 自己一个人迁到流入地 3. 保留老家农村户口 4. 难以决定

A9 如果本地公安部门允许您将全家户口迁入的条件是放弃家乡的土地，您将如何决定？________

1. 全家迁到流入地 2. 自己一个人迁到流入地 3. 保留老家农村户口 4. 难以决定

A10 如果可以自由选择，您将来的去留决定是？________

1. 在流入地定居 2. 继续工作一段时间后选择某个城镇定居 3. 继续工作一段时间后返乡定居 4. 继续在流入地和流出地之间循环流动 5. 难以决定

B 部分：就业与收入状况

B1 您第一次离开家乡前的职业是：________

1. 在家务农 2. 在家乡经商做生意 3. 在家乡打零工 4. 在家乡工厂当工人 5. 学生 6. 当村、乡（镇）干部 7. 主要务农，兼做其他 8. 其他（请说明）________

B2 离开家乡后您的工作情况是：

类　别	第一份职业	第二份职业	第三份职业	目前职业
工作地点（省、市、区）				
工作起止时间（年、月）				
职业类型（请填写代码）				
每日工作时数（小时）				
每月固定休息日数（日）				
月总收入（元）				

（职业类型主要包括：1. 制造业工人 2. 文员 3. 销售人员 4. 公司管理人员 5. 交通运输业人员 6. 建筑业人员 7. 居民服务业及其他服务业人员 8. 街头待业人员 9. 其他劳动者）

B3 您是怎么找到目前这份工作的？________

1. 亲友介绍 2. 毕业分配或者校推 3. 招聘类网站、手机软件及微信等 4. 自己闯 5. 劳务市场或中介 6. 政府的劳务输出 7. 其他

B4 您在城市生活的主要支出：________

1. 吃、住、交通费用：________元/月 2. 子女教育：________元/月
3. 缴纳社会保险费：________元/月 4. 其他生活费用：________元/月

B5 除去平常的开销之外，目前您平均每月大概省下多少钱？________

1. 300 元以下　2. 300～500 元　3. 500～800 元　4. 800～1000 元

5. 1000～1500 元　6. 1500～2000 元　7. 2000～3000 元　8. 3000～5000 元

9. 5000 元以上

B6 您觉得您和您家人在这里的收支状况与当地居民相比？________

1. 大大低于当地居民　2. 低于当地居民　3. 与当地居民相当　4. 高于当地居民　5. 不知道当地居民情况，无法进行比较

B7 您的工资最近是否有被克扣或拖欠？________

1. 经常　2. 偶尔　3. 从来没有

B8 外地户口对您找工作的负面影响有多大？________

1. 很大　2. 有一些　3. 没影响

B9 根据您的经历，目前本地的哪些工作对外地户口的人员有限制？（可多选）________

1. 公务员工作　2. 事业单位工作　3. 工厂工作　4. 服务业工作

5. 不知道　6. 其他（请说明）________

B10 目前，您个人的每月的工资收入大概是多少？____您全家的每月的总收入大概是多少？______其中在迁入地的每月总收入是多少？________

1. 2000 元以下　2. 2000～3000 元　3. 3000～4000 元　4. 4000～5000 元

5. 5000 元以上

B11 您是否与雇主签订劳动合同或就业协议？________

1. 是（请直接跳问 B13）　2. 否

B12 您为什么不签订劳动合同？________

1. 企业未签　2. 自己不愿意签　3. 从没想过签合同这个事

B13 如果您与雇主签订了劳动合同，那么劳动合同的期限是：________

1. 1 年以下合同　2. 1—3 年合同　3. 3—5 年合同　4. 5 年以上合同

5. 无固定期限合同

B14 签订劳动合同是否有必要？________

1. 有必要　2. 没必要　3. 不知道

B15 您在城市工作生活是否需要办理下列证件，费用如何？请在相应的框内打“√”或填写金额

证件类型	不需要	需要	
		收费（请填写具体金额）	无须收费
居住证			
城镇务工许可证			
计划生育证			
其他证件			

B16 请回答下列问题，在相应的框内打“√”

问题	是	否
1. 您的单位是否有成立工会组织？		
2. 您是否是工会组织成员？		
3. 您是否参加过工会组织的活动？		
4. 您有没有得到过工会的帮助？		
5. 您是否想加入工会组织？		

B17 您觉得政府在农民工的就业与收入方面最应该做的三件事是什么？______

1. 减少工作时间，规范加班费用　2. 提供免费的就业信息与技能培训　3. 监督劳动合同的订立及履行　4. 提高工资水平，保证工资按时足额支付　5. 提供相关法律知识以维护自身权益　6. 提供平等的工作机会

B18 您每月休息日数有多少？________

1. 8日及以上　2. 4至8日之间　3. 少于4日(含)　4. 没有休息日

B19 您单位有定期安排身体健康检查吗？________

1. 有　　2. 没有

B20 您单位的女性在孕期、哺乳期是否享受特殊保护？________

1. 有　　2. 没有

B21 您所从事的工种、岗位是否有害身体健康与心理健康？________

1. 有害　　2. 无害

B22 若存在有害环境，单位是否采取相应措施？________

1. 保护措施比较完备　2. 采取了部分保护措施　3. 随便采取一些措施　4. 没采取任何防护措施

B23 您是否在流出地农村参加过培训？________

1. 有　　2. 没有

B24 您是否在流入地城镇参加过培训？________

1. 有　　2. 没有（请直接跳问 B27）

B25 您在流入地城镇参加过几次培训？________

1. 1—2 次　　2. 3—4 次　3. 5 次以上

B26 您在流入地城镇参加过的培训是由谁组织的？________

1. 本单位组织　2. 政府部门组织　3. 个人报名参加

B27 您会考虑参加各类有助于提升个人技能或者素质的培训项目吗？________

1. 愿意　2. 不愿意（请直接跳问 B29）

B28 您会考虑参加何种培训项目？________

1. 电焊（餐饮、驾驶、美发、烹饪）等就业技能培训　2. 岗位技能提升培训　3. 创业技能培训　4. 种植、养殖实用技术培训　5. 电子商务培训　6. 其他

B29 您不愿意参加培训的具体原因是什么？________

1. 工作忙，没有时间　2. 培训费很贵　3. 培训都是填鸭式的，很无聊　4. 培训内容不是我需要的　5. 目前的技能已经足够，没必要参加　6. 其他原因

B30 您是否被欠薪？________

1. 偶尔有　2. 经常被拖欠　3. 没有被拖欠

B31 您被拖欠的是哪方面的收入？________

1. 被拖欠工资　2. 被拖欠奖金　3. 被拖欠津贴　4. 被拖欠其他福利款项

C 部分：社会保险状况

C1 您是否已购买以下保险：(请在相应的框中打“√”)

	自己购买	单位（或老板）购买	自己和单位共同购买	没有购买
城镇职工基本养老保险				
城镇职工基本医疗保险				
失业保险				
工伤保险				

C2 您没有参加各种保险的原因是（请按主次顺序限选三项）：________

1. 对保险内容不了解　2. 要缴纳的钱太多，承受不了　3. 不知道如何购买　4. 工作单位不给办理　5. 参加保险有条件限制，达不到要求　6. 觉得挺麻烦的，没必要　7. 觉得是很久远的事情，不予考虑　8. 不打算在一个地方长期待着，怕交了钱到时候带不走

C3 您是否担心过个人未来的养老问题？________

1. 担心　2. 不担心　3. 还没想

C4 如果单位给您缴纳一部分，您本人缴纳一部分，您愿意参加下列哪种类型的养老保险？________

1. 城镇职工养老保险　2. 农村养老保险　3. 暂时还没有任何打算

C5 您计划如何解决今后的养老问题？________

1. 参加城镇企业职工基本养老保险　2. 参加新型农村社会养老保险　3. 养儿防老　4. 储蓄养老　5. 暂时还没有任何打算

C6 您在外打工过程中生病的医疗费用是由谁来承担？________

1. 全部由自己或家人承担　2. 全部由单位承担　3. 单位、个人共同承担　4. 由城镇职工医疗保险承担　5. 回老家，由新型农村合作医疗保险承担

C7 您觉得下列哪种形式更符合您在医疗保险上的需求？________

1. 只保小病，不保大病　2. 只保大病，不保小病　3. 既保大病，又保小病，但保障程度稍低　4. 暂时还没有任何打算

C8 如果单位缴纳一部分费用，您自己缴纳一部分费用，您愿意参加下列哪种类型的医疗保险？________

1. 城镇职工医疗保险（请直接跳问 C10）　2. 在老家参加新型农村合作医疗保险　3. 暂时还没有任何打算（请直接跳问 C10）

C9 如果您打算在老家参加新型农村合作医疗保险，但只有在老家的医院治疗时才可以报销，那您是否有想过如果在城市里生病怎么办？________

1. 在城市里面自己花钱治疗　2. 回到老家去治疗　3. 没想过这个问题

C10 您外出打工后是否有过失业的经历？________

1. 有，多长时间______（请选择代码）：a. 一个星期　b. 半个月到一个月　c. 1 至 3 个月　d. 3 个月以上　2. 没有（请直接跳问 C12）

C11 失业后，您是如何维持生活的？________

1. 靠以往的积蓄生活　2. 靠亲朋好友接济　3. 靠单位发放的失业补偿

4. 靠失业保险金生活　5. 靠政府有关部门的资助　6. 离开城市回老家

C12 在您的工作过程中，是否受过工伤或患过职业病？________

1. 有　2. 没有（请直接跳问 C14）

C13 若您曾受过工伤或患职业病，治疗费用是由谁来承担？________

1. 自己/家人　2. 用人单位、自己共同承担　3. 用人单位　4. 工伤保险承担　5. 没有治疗

C14 您是否知道现在政策规定，合同制农民工受工伤或患职业病时雇主有责任承担其治疗费用？________

1. 知道　2. 不知道　3. 听说过，但具体情况不知道

C15 您目前最需要参加的社会保险的重要程度的排序是？______＞______＞______＞______（请按主次顺序填写）

1. 城镇职工基本养老保险　2. 城镇职工基本医疗保险　3. 失业保险

4. 工伤保险

C16 如果条件允许，您希望参加以下哪种类型的社会保险，好让您今后的生活有所保障呢？________

1. 加入当地城镇居民社会保险　2. 根据农民工特点设计的社会保险

3. 参加老家为农村居民设计的社会保险　4. 遇到问题时回家乡渡过难关

C17 目前，您可以承受支付的社会保险金最多是每个月多少钱？________

1. 少于 50 元　2. 50～100 元　3. 100～200 元　4. 大于 200 元

C18 如果政策规定可以将家乡的土地出售或让出以换取在城镇内的各种社会保险，您是否愿意？________

1. 愿意　2. 不愿意　3. 没考虑过，不清楚

C19 您不打算出售或让出土地的原因是什么？_____（请按主次顺序限选三项）

1. 将来老了要靠土地养老　2. 城里待不下去了，回家起码有个保障

3. 怕卖了吃亏　4. 土地仍然是我们家的经济来源之一　5. 自己做不了主　6. 将来留作他用

C20 您目前如何处理家乡的土地？________

1. 家乡已经没有土地　2. 抛荒未耕种　3. 由家人耕种（每年收入______元）

4. 由家里亲戚免费耕种　5. 承包给别人（每年的承包金为______元）

6. 家人耕种一部分，其余的承包给他人耕种（每年收入______元）

D部分：子女就学情况

D1 您是否已婚？________

1. 是　　　　　　2. 否（以下不填）

D2 您的配偶是否也在此地？________

1. 是　　　　　　2. 否

D3 您是否已有孩子？________

1. 是　　　　　　2. 否（以下不填）

D4 您有几个孩子？______在此地同住的有几个？________留守在家几个？________

D5 您（是/否）有孩子，已经处于义务教育阶段（若没有处于义务教育阶段的孩子，以下内容不答）

____岁，（男、女）在（家乡、本地），上（未入学、小学、初中、已工作）________

____岁，（男、女）在（家乡、本地），上（未入学、小学、初中、已工作）________

____岁，（男、女）在（家乡、本地），上（未入学、小学、初中、已工作）________

____岁，（男、女）在（家乡、本地），上（未入学、小学、初中、已工作）________

D6（若孩子不在本地上学，请跳问D12）您孩子在本地就学的学校类型是：________

1. 私立学校　2. 农民工子弟学校　3. 当地公立学校（无须多交费）
4. 当地公立学校（需多交费）　5. 其他（请说明）________

D7 您的小孩是通过什么办法进入您务工所在地的学校就读的？________

1. 孩子自己考进　2. 自己找关系　3. 亲戚朋友帮忙介绍的　4. 当地教育部门帮助推荐的　5. 其他（请说明）__________

D8 您的小孩目前在您的务工所在地读书一学年的总支出大概________元，其中，生活费________元、赞助费________元、借读费________元、书报费________元、其他费用________元

D9 您对您孩子在务工地上学受教育的总体情况是否满足？________

1. 非常不满意　2. 不大满意　3. 比较满意（请直接跳问D11）
4. 很满意（请直接跳问D11）

D10 您对您孩子在务工地上学受教育的总体情况不满意的主要原因是：________（限三项）

1. 教学质量不高　2. 收费太高　3. 学校校风不好　4. 孩子受歧视
5. 生活费太高　6. 要经常转学　7. 学校基础设施不健全　8. 其他原因

D11 您为什么选择让孩子在务工地读书？________

1. 务工地教育质量比较高　2. 老家没人照顾　3. 方便照顾孩子　4. 务工地生活条件比较好　5. 以后想让孩子在务工地发展　6. 其他原因

D12 如果您的孩子不在务工地上学，其原因是：________

1. 上学费用过高，承担不起费用　2. 务工地没有学校可以让孩子读书
3. 工作不稳定，不适合接出来　4. 孩子自己不想出来读书　5. 工作太忙了，没办法照顾　6. 老家比较好，不需要接　7. 其他原因

D13 您认为您的孩子在初中毕业以后应该：________

1. 留在务工地继续读高中　2. 上职高　3. 工作　4. 回老家去读高中
5. 目前还不知道会怎么样

D14 如果条件允许的话，您期望孩子能受到什么程度的教育：________

1. 小学毕业　2. 初中毕业　3. 高中、技校、中专、职高　4. 大学
5. 研究生　6. 其他

D15 如果可以自由选择的话，您会让孩子去什么学校读书？________

1. 老家学校　2. 务工地的公立学校　3. 务工地的私立学校　4. 务工地的农民工子弟学校

E 部分：住房情况

E1 您在此地的住所来源于：________

1. 单位宿舍　2. 亲朋提供　3. 自购住房　4. 租赁房屋　5. 其他（请说明）____________________

E2 您在此地住房的人均使用面积大概为________平方米

E3（若不住在宿舍，请跳问 E4）如果您是住在单位提供的宿舍，单位是否是免费提供？________

1. 免费　2. 有收取一定的费用，月租（________元）

E4（若不是在外租房，请跳问 E6）如果您在外租房，每个月的房租大概为多少呢？________元

E5 如果您在外租房，您所在的单位是否提供一定的租房补贴？________

1. 没有　2. 有一定的补贴（________元/月）

E6 在住房开支上，您每个月可以接受的最大金额是多少？________元

E7 您在此处的住房内：________

1. 有独立使用厨房 2. 有与其他户合用的厨房 3. 没有厨房

E8 您在此处的生活用燃料是：________

1. 液化气 2. 电 3. 煤炭 4. 柴草 5. 其他

E9 您在此处的住房内是否有自来水？________

1. 是 2. 否

E10 您在此处住房内的洗澡设施为：________

1. 统一供热水 2. 家庭自装热水器 3. 其他 4. 没有洗澡设施

E11 您在此处住房内的厕所为：________

1. 独立抽水式马桶 2. 独立使用其他式样 3. 与邻居合用抽水式马桶 4. 与邻居合用其他式样 5. 无厕所

E12 请您评价一下您对当前务工地住房条件的满意程度：________

1. 很满意 2. 比较满意 3. 一般 4. 不满意 5. 非常不满意

E13 您在务工地选择住房时，主要考虑以下何种因素：________

1. 方便上下班 2. 房租 3. 住房条件（面积） 4. 子女教育

E14 您在工作地最希望拥有的住房类型是什么？________

1. 商品房 2. 限价房 3. 公共租赁房 4. 单位宿舍

E15 在政府为农民工制定的下列住房优惠政策中，您享受到了哪些优惠措施？（可多选）：________

1. "零租金"租房 2. 获得政府或企业提供的住房补贴 3. 购买经济适用房 4. 租赁政府推行的廉租房 5. 享受住房公积金 6. 都没有享受

E16 您认为政府或者工作单位最有必要为农民工提供下列哪些方面的住房保护措施？（请按主次顺序限选三项）：________

1. 要求工作单位免费提供宿舍 2. 要求工作单位提供夫妻房 3. 提供廉租公寓 4. 提供住房租金补贴 5. 可申请购买经济适用房 6. 可享受住房公积金 7. 买房时提供贷款、税收优惠 8. 制定农民工集体宿舍的住房标准

E17 在所在务工城市，您今后解决住房问题的计划是什么？________

1. 继续居住单位宿舍 2. 继续在流入地租房 3. 在流入地购房 4. 其他

附录2 福建省内三地（福州、厦门、泉州）流动农民工社会保护需求的代际差异调查问卷

尊敬的女士/小姐/先生：

您好！我是本问卷的访问员，受“×××”课题组的委托，进行本次问卷调查，其目的是为制定更加合理的农民工社会政策提供决策依据。我们感谢您的配合和支持，同时将对您在本次问卷中提供的个人资讯严格保密。

S部分：甄别部分

S1 请问您的实际年龄是________周岁

S2 记录被访者性别：________

1. 男　　2. 女

S3 请问您是否拥有本地（请访员指出具体城市）户口？

1. 是——感谢并终止访问　　2. 否——继续访问

S4 请问您的户口性质是否是非农业户口？

1. 是——感谢并终止访问　　2. 否——继续访问

S5 请问您的职业是属于以下哪种？

□1. 制造业工人　□2. 文员　□3. 销售人员　□4. 公司管理人员　□5. 交通运输业人员　□6. 建筑业人员　□7. 居民服务业及其他服务业人员　□8. 街头待业人员　□9. 其他劳动者（请说明）__________

A部分：基本情况

A1 您所在企业名称为____________________，共有员工________人

A2 您所在企业的性质属于：________

1. 国有企业　2.（股份）有限责任公司　3. 外商及港、澳、台投资企业　4. 私营企业　5. 个体经营户　6. 城市街头流动摊贩　7. 无稳定雇主的他雇者　8. 其他（请说明）________

A3 您的文化程度：________。您爱人的文化程度是（此栏目未婚者不问）：________

1. 不识字或识字很少 2. 小学 3. 初中 4. 高中/中专 5. 大专 6. 本科及以上

A4 您到此地工作的主要原因是（请按主次顺序限选三项）：________

1. 这里挣的钱比较多 2. 原先的地方缺乏发展机会 3. 原先的地方生活条件差 4. 家人来就跟着来了 5. 孩子可以接受更好的教育 6. 此地有亲朋好友，可以互相照顾 7. 来看看是否有发展的空间 8. 在此地干活比较轻松 9. 其他（请说明）________________

A5 您在城市工作生活最不满意的方面有哪些？（请按主次顺序限选三项）：________

1. 上班环境差 2. 工作太辛苦 3. 食宿条件差 4. 孩子上学困难 5. 收入太低 6. 找工作时受到限制与歧视 7. 没有社会保险，生活得不到保障 8. 其他（请说明）____________

A6 如果可以自由选择，您将来有关户口迁移的决定是？________

1. 全家迁到流入地 2. 自己一个人迁到流入地 3. 保留老家农村户口 4. 难以决定

A7 如果本地公安部门允许您将全家户口迁入的条件是放弃家乡的土地，您将如何决定？________

1. 全家迁到流入地 2. 自己一个人迁到流入地 3. 保留老家农村户口 4. 难以决定

A8 如果可以自由选择，您将来的去留决定是？________

1. 在流入地定居 2. 继续工作一段时间后选择某个城镇定居 3. 继续工作一段时间后返乡定居 4. 继续在流入地和流出地之间循环流动 5. 难以决定

A9 您在外务工时间的累计年限是？________

1. 1 年以下 2. 1—5 年 3. 5—10 年 4. 10 年以上

B 部分：就业与收入状况

B1 离开家乡后您的工作情况是：

类 别	第一份职业	第二份职业	第三份职业	目前职业
工作地点（省、市、区）				
工作起止时间（年、月）				
职业类型（请填写代码）				
每日工作时数（小时）				
每月固定休息日数（日）				
月总收入（元）				

（职业类型主要包括：1. 制造业工人 2. 文员 3. 销售人员 4. 公司管理人员 5. 交通运输业人员 6. 建筑业人员 7. 居民服务业及其他服务业人员 8. 街头待业人员 9. 其他劳动者）

B2 请问您的具体工种与岗位是：________（请访问员解释相关概念界定）

1. 普通工人（普工） 2. 技术工人 3. 企业中底层管理者

B3 您是怎么找到目前这份工作的？________

1. 亲友介绍 2. 毕业分配或者校推 3. 招聘类网站、手机软件及微信等 4. 自己闯 5. 劳务市场或中介 6. 政府的劳务输出 7. 其他

B4 您是否更换过工作？________

1. 没有更换过工作 2. 更换过工作

B5 您每月休息日数有多少？________

1. 8 日及以上 2. 4 至 8 日 3. 少于 4 日（含 4 日） 4. 都没有休息日

B6 您每日工作时数有多少？________

1. 9 小时以下 2. 9 至 11 小时 3. 11 至 13 小时 4. 13 小时以上

B7 您加班有领取加班费吗？________

1. 没有加班费，也没有其他形式补贴 2. 没有加班费，但有其他形式补贴 3. 加班费跟正常工资差不多 4. 加班费高于正常工资

B8 当您的合法权益被他人侵犯时，倾向于采取以下何种措施应对？________

1. 走法律途径解决问题 2. 寻求工会等相关部门、组织的帮助 3. 找对方协商解决问题 4. 找老乡、亲朋好友帮助 5. 自认倒霉 6. 用言

行恐吓　7. 暴力维权　8. 其他方式维权

B9 在务工期间，您从工会等相关组织、部门得到帮助的情况是？________

1. 经常得到帮助　2. 偶尔得到帮助　3. 从没获得帮助

B10 您过去一年是否存在拖欠工资的情况？______1. 是　　2. 否

B11 您过去一年是否存在罚扣工资的情况？______1. 是　　2. 否

B12 在流入地，您个人平均月收入大概是__________元；在流入地，您家庭平均月收入大概是__________元。

B13 您对工资水平满意吗？________

1. 满意　2. 不满意

B14 您是否与雇主签订正式劳动合同或就业协议？________

1. 是（请直接跳问 B16）　2. 否

B15 您为什么不签订劳动合同？________

1. 企业未签　2. 自己不愿意签　3. 从没想过签合同这个事

B16 如果您与雇主签订了劳动合同，那么劳动合同的期限是：________

1. 签订固定期限合同　2. 签订无固定期限合同

B17 您个人认为是否有必要签订劳动合同？________

1. 有必要　2. 没必要　3. 不知道

B18 您曾获得过几种职业资格证书？________

1. 未获得任何资格证书　2. 获一种资格证书　3. 获两种及以上资格证书

B19 您是否在流入地城镇参加过培训？________

1. 有　2. 没有（本部分结束，跳问 C 部分）

B20 您在流入地城镇参加过________次培训

C 部分：社会交往与身份认同情况

C1 您喜欢当前所在的务工地城市吗？________

1. 非常喜欢　2. 比较喜欢　3. 一般　4. 不大喜欢　5. 很不喜欢

C2 您与务工地城市居民交往多吗？________

1. 很频繁　2. 较为频繁　3. 一般　4. 偶尔　5. 没有

C3 您在与务工地城市的市民交往过程的感受如何：________

1. 非常平等　2. 较为平等　3. 一般　4. 不大平等　5. 很不平等

C4 您认为您自己属于何种阶层（访问员可适当解释该概念）：________

1. 底层群体　2. 劳工阶层　3. 中产阶层　4. 中上阶层

C5 您如何评价自身在流入地城镇所处的社会地位：________

1. 非常高　2. 比较高　3. 一般　4. 比较低　5. 非常低

C6 您认为自己的身份是什么？________

1. 农民工　2. 农民　3. 打工者　4. 工人　5. 白领　6. 管理人员

C7 您认为自己与务工地城市市民的差距大吗？________

1. 非常大　2. 比较大　3. 一般　4. 比较小　5. 没差别

D 部分：住房情况

D1 您当前在务工地城市住房的获取方式是什么？________

1. 单位宿舍　2. 租赁房屋　3. 其他（请说明）____________________

D2 您在此地住房的人均使用面积大概为__________平方米

D3（若不住在宿舍，请跳问 D4）如果您是住在单位提供的宿舍，单位是否是免费提供？________

1. 免费　2. 有收取一定的费用，月租是（__________元）

D4（若不是在外租房，请跳问 D6）如果您在外租房，每个月的房租大概为多少呢？________元

D5 如果在外租房，您所在的单位是否提供一定的租房补贴？________

1. 没有　2. 有一定的补贴（__________元/月）

D6 在住房开支上，您每个月可以接受的最大金额是多少？________元

D7 您在此处的住房内：________

1. 有独立使用厨房　2. 有与其他户合用的厨房　3. 没有厨房

D8 您在此处的生活用燃料是：________

1. 液化气　2. 电　3. 煤炭　4. 柴草　5. 其他

D9 您在此处的住房内是否有自来水？________

1. 是　2. 否

D10 您在此处住房内的洗澡设施为：________

1. 统一供热水　2. 家庭自装热水器　3. 其他　4. 没有洗澡设施

D11 您在此处住房内的厕所为：________

1. 独立抽水式马桶　2. 独立使用其他式样　3. 与邻居合用抽水式马

桶 4. 与邻居合用其他式样 5. 无厕所

D12 您所在单位是否给您缴纳了住房公积金？________

1. 有缴纳 2. 没缴纳

D13 您今后解决住房问题的计划是什么？________

1. 回乡自建住房 2. 回乡购买住房 3. 在流入地购买住房 4. 没有计划或其他计划

E 部分：社会保险状况

E1 您是否已购买以下保险？（请在相应的框中打“√”）

	自己购买	单位（或老板）购买	自己和单位共同购买	没有购买
基本养老保险				
医疗、生育保险				
失业保险				
工伤保险				

E2 您是否担心过个人未来的养老问题？________

1. 担心 2. 不担心 3. 还没想

E3 如果单位给您缴纳一部分，您本人缴纳一部分，您愿意参加下列哪种类型的养老保险？________

1. 城镇职工养老保险 2. 农村养老保险 3. 暂时还没有任何打算

E4 您目前最需要参加的社会保险的重要程度的排序是？______>______>______>________（请按主次顺序填写）

1. 基本养老保险 2. 医疗、生育保险 3. 失业保险 4. 工伤保险

E5 您在外打工过程中生病的医疗费用是由谁来承担？________

1. 全部由自己或家人承担 2. 全部由单位承担 3. 单位、个人共同承担 4. 由城镇职工医疗保险承担 5. 回老家由新型农村合作医疗保险承担

附录3　东南沿海四地（苏州、温州、泉州与东莞）访谈提纲

序号	访谈题目	追　问
1	如果可以自由选择，您将来有关户口迁移的决定是什么？	
2	您为什么会考虑保留老家户口？或您为什么不考虑保留老家户口？	
3	针对保留老家户口者提问：您没有这里的户口会给您和您的家人在流入地城市的生活带来什么不便吗？（可提示孩子教育等）	
4	您经常变换工作吗？	为什么？
5	您有签订合同吗？	
6	针对没有签订合同者：为什么不签合同？您是怎么考虑的？	
7	针对企业人力资源管理者：您公司员工签订合同的情况如何？	不签订合同的员工是基于什么原因？
8	您是通过什么途径找到工作的？	
9	您在流出地接受过培训吗？	
10	您在流入地接受过培训吗？	
11	针对不愿意参加培训者：为什么不参加培训呢？您是怎么考虑的？	您觉得自己需要什么样的培训课程？
12	您是怎么解决流入地住房问题的？	

续表

序号	访谈题目	追　问
13	考虑过在流入地购房吗？	为什么？
14	流入地政府有给您提供什么住房保障措施吗？	
15	您有参加什么类型的社会保险？	针对不参加的某些险种追问：为什么不参保？
16	您担心您将来的养老问题吗？	
17	您有孩子吗？	请介绍一下他们目前的情况。
18	针对有适龄儿童辍学的农民工家长：为什么不让您的孩子读书了？	
19	针对长时间加班的新生代农民工：为什么您愿意长时间加班？	
20	您有被欠薪的经历吗？	
21	针对80后农民工：您觉得你们80后跟60后、70后、90后、00后有什么不一样吗？	
22	针对90后农民工：您觉得你们90后跟60后、70后、80后、00后有什么不一样吗？	
23	针对00后农民工：您觉得你们00后跟60后、70后、80后、90后有什么不一样吗？	
24	针对企业主与企业管理人员：您觉得60后、70后、80后、90后、00后员工有什么不一样的地方？	

附录 4　生命历程视角下新生代农民工的进城与返乡决策访谈提纲

序号	访谈题目	追问 1	追问 2
1	能否简要介绍一下您自己？		
2	当初怎么想到要出去打工的？		
3	您刚出来打工的时候感觉怎么样？		
4	工作一段时间以后情况怎么样？		
5	您是因为什么事情想到要回家的？	是在结婚前还是结婚后？	
6	您觉得在农村的生活怎么样？	以后还想出去打工吗？	为什么？
7	针对返乡创业的新生代农民工：您最初是怎么想到要回老家创业的？		
8	针对返乡务农的新生代农民工：您最初是怎么想到要回老家务农的？		

附录5　福建省内三地（福州、厦门、泉州）访谈提纲

序号	访谈题目	追问1	追问2	追问3
1	能否简要介绍一下您自己？			
2	您喜欢××市吗？			
3	您住哪里？	住得还满意吗？		
4	您今后解决住房问题的计划是什么？			
5	您有参加什么保险项目？	为什么不参加××保险项目？		
6	针对基层社保经办人员：60后、70后、80后和90后的参保意愿有差异吗？			
7	如果可以自由选择，您将来的去留问题怎么决定？			
8	您有签劳动合同吗？	合同是什么类别？	为什么不签合同？	个人认为是否有必要签订合同？
9	您是否更换过工作？	更换过几次？	待遇有提高吗？	职位有提高吗？
10	您有去考过什么职业资格证书吗？	为什么不去考？	为什么想到要去考？	
11	您在这里的工作岗位是什么？			
12	您在这里的每个月可以赚多少钱？	您对收入满意吗？		

续表

序号	访谈题目	追问 1	追问 2	追问 3
13	过去一年里，您有被拖欠过工资吗？	打工这么长时间，工资有没有被拖欠过？		
14	您和这里的市民交往多不多？	和他们交往的过程中，您感受如何？		
15	您觉得自己在这个城市的身份是什么？			
16	您觉得自己和这里的市民差距大吗？			
17	您每个月休息几天？			
18	您每天工作几个小时？			
19	您单位有给加班费吗？	是按照什么标准给的？		
20	有没有遇到过自己权益被侵害的事情？	如果碰到这种事情，您会怎么解决？		
21	针对基层法院法官：您觉得新生代农民工的维权意识如何？			
22	您得到过工会或者其他组织、部门的关心、帮助吗？			

附录6 东南沿海四地（苏州、温州、泉州与东莞）访谈对象名录

（仅列出本书写作过程中的主要访谈对象，根据事先约定，课题组对所有受访者及其工作单位均进行了匿名化处理）

公务员（8人）

1. S市中级人民法院公务员 ZQS（法官）
2. S市总工会公务员 SXD（副主席）
3. W市公安局公务员 JW（科长）
4. W市民政局公务员 GHL（副局长）
5. Q市人力资源和社会保障局公务员 HPH（科长）
6. Q市经济技术开发区公务员 YYR（副科级干部）
7. D市教育局公务员 WLX（副局长）
8. D市住房和城乡建设局 LZM（副局长）

企业主（4人）

1. 昆山市 FRD 电子材料有限公司董事长
2. FJ泉州市 LL 玩具公司董事长 SQY
3. 瑞安市 OC 汽车配件有限公司董事长 XZF
4. 东莞市 QH 贸易有限公司总经理 BQH

企业人事（4人）

1. 苏州市××集团人力资源部副经理 CZ
2. 温州市 ZT 集团人力资源总监 HNN
3. 泉州市 LL 玩具公司人力资源部经理 XBC
4. 东莞市 QH 贸易有限公司人力资源部招聘经理 GYZ

正规就业的新生代农民工（12 人）

1. 苏州市××集团操作工 ZJX
2. 昆山市 FRD 电子材料有限公司品管员 DQ
3. 苏州市 HL 集团搬运工 GY
4. 温州市 JQ 实业有限公司 QC（质检员）ZZC
5. 温州市 ZT 集团操作工 HNB
6. 瑞安市 OC 企业配件有限公司操作工 LXD
7. 泉州市 LL 玩具公司操作工 CGW
8. 晋江市 HDL 火锅（SM 广场）服务员 OYHQ
9. 石狮市 XH 针织服装有限公司机修工 AB
10. 东莞市 QH 贸易有限公司会计 FGD
11. 东莞市 BN 酒店服务生 MJ
12. 东莞市 RH 机械设备有限公司学徒工 HP

非正规就业的新生代农民工（12 人）

1. 苏州市建筑工 GZ
2. 苏州市小作坊员工 SQM
3. 苏州市街头小贩 AG
4. 温州市搬运工 LXF
5. 温州市水电工 LHL
6. 温州市服务员 HB
7. 泉州市摩的司机 PYK
8. 泉州市洗车工 CWM
9. 泉州市小作坊员工 MJX
10. 东莞市茶叶店销售人员 ZYR
11. 东莞市搬运工 CYX
12. 东莞市装修临时工 HGY

附录7 福建省内三地（福州、厦门、泉州）访谈对象名录

（仅列出本书写作过程中的主要访谈对象，根据事先约定，本书课题组对所有受访者及其工作单位均进行了匿名化处理）

公务员（6人）

1. F市M区人力资源和社会保障局公务员 CJX
2. F市总工会公务员 WDM
3. X市建设局公务员 LSX
4. X市中级人民法院公务员 HD
5. Q市总工会公务员 MGH
6. Q市人力资源和社会保障局公务员 BJL

企业主（3人）

1. 福州市KY食品有限公司董事长 TNZ
2. 厦门BC建材有限公司总经理 YJ
3. 晋江GS新材料科技有限公司董事长 FTL

企业人事（3人）

1. 福州市KY食品有限公司人力资源部副经理 DLR
2. 厦门市TH商场招聘经理 CHX
3. 晋江GS新材料科技有限公司人力资源部经理 CYL

新生代农民工（9人）

1. 福州市XN洗车行洗车员 CX
2. 福州市KY食品有限公司营销员 WPB
3. 闽侯县SH工艺制品有限公司文员 LJH

4. 厦门 HDL 火锅中山路店服务员 MGN
5. 厦门 BC 建材有限公司销售 TZY
6. 厦门海沧 SWKJ 发展有限公司车间主任助理 WGH
7. 晋江市 YJ 皮革制品有限公司技术部助理 HLD
8. 晋江市 SD 塑胶有限公司搬运工 ZXL
9. 泉州市 XF 酒店服务员 CNF

第一代农民工（9 人）

1. 福州市 KY 食品有限公司仓管 BJ
2. 闽侯县 SH 工艺制品有限公司一车间组长 WLQ
3. 福州市晋安区火车北站附近散工 SBT
4. 厦门市建筑工地工人 HGH
5. 厦门市 YL 小区保安 QZY
6. 厦门市 TH 商场保洁 CYZ
7. 晋江市 SD 塑胶有限公司操作工 HYC
8. 晋江 GS 新材料科技有限公司操作员 JZX
9. 泉州市 SL 漆有限公司油漆工 DDC

附录8　东、中、西部12省市访谈对象名录

（仅列出本书写作过程中的主要访谈对象，根据事先约定，课题组对所有受访者及其工作单位均进行了匿名化处理）

江苏省访谈对象

1. S市总工会公务员 SLL（副主席）
2. T市人力资源和社会保障局公务员 YF（办公室主任）
3. 江苏省 RS厅公务员 TLH（处长）
4. 苏州市 JY新材料科技有限公司销售 JWP
5. 苏州市 HD小区建设项目施工员 CF
6. 昆山市千灯镇街头散工 LM

浙江省访谈对象

1. W市总工会公务员 XSY（副主席）
2. W市人力资源和社会保障局公务员 HXC（办公室副主任）
3. Q市教育局公务员 SMF（副局长）
4. Q市物产机电设备有限公司操作工 LDH
5. Q市万能职业培训学校副校长 DGJ
6. Q市万能职业培训学校培训对象 XB

福建省访谈对象

1. 福建省 RS厅公务员 QZG（副处长）
2. F市公安局公务员 FH（科长）
3. J市公安局公务员 DZP（副科级干部）
4. J市市委宣传部公务员 CH（科长）
5. J市新材料科技有限公司培训经理 MJQ
6. S市返乡农民工 ZF
7. S市返乡农民工 LDN

广东省访谈对象

1. 广东省 RS 厅公务员 HJJ（副处长）
2. S 市 F 区委宣传部（文明办）公务员 YX（副科级干部）
3. S 市 F 区 S 派出所公务员 XDB（副所长）
4. 广州市××涂料有限公司班组长 YZG
5. 广州市 MT 外卖骑手 ZSY
6. 广州市 WG 集团销售 SQQ
7. 广东省 HN 务工人员服务协会工作人员 CMJ

河南省访谈对象

1. 河南省 CZ 厅公务员 JS（副处长）
2. 河南省 RS 厅公务员 HHQ（副处级干部）
3. Z 市测控新技术有限公司销售 LJK
4. Z 市返乡农民工 CSY
5. Z 市返乡农民工 QLW
6. Z 市返乡农民工 MDS
7. Z 市本地农民工 LZW

安徽省访谈对象

1. W 市住房公积金管理中心负责人 LYW
2. W 市人力资源和社会保障局公务员 PSJ（科长）
3. W 市返乡农民工 DHX
4. W 市返乡农民工 CDY
5. W 市返乡农民工 CPP
6. W 市 HL 国际大酒店服务员 CM

湖南省访谈对象

1. 湖南省 RS 厅公务员 QHZ（处长）
2. C 市市委党校副教授 LJG（长期跟踪农民工问题）
3. C 市暂时性返乡农民工 KK（长期在深圳务工）

4. C 市返乡农民工 WJS
5. C 市返乡农民工 LY
6. C 市本地农民工 QZB

湖北省访谈对象

1. J 县县委宣传部公务员 LZY（副科级干部）
2. J 县人力资源和社会保障局公务员 XLJ（经办人员）
3. J 县返乡农民工 WSH
4. J 县返乡农民工 DDJ（就业于 HY 制衣，WKM 丈夫）
5. J 县返乡农民工 WKM（就业于 HY 制衣，DDJ 妻子）
6. J 县返乡农民工 PYR

四川省访谈对象

1. 四川省 RS 厅公务员 ZLG（副处长）
2. 四川省 JY 厅公务员 FXF（副处长，主持处室工作）
3. D 市返乡农民工 LQQ
4. D 市返乡农民工 XWQ
5. D 市返乡农民工 LSS
6. D 市返乡农民工 ZLJ
7. D 市农民工 YCY（在广东务工，事假回家）

贵州省访谈对象

1. 贵州省 RS 厅公务员 LH（副处长）
2. 贵州省 NY 厅公务员 XHP（分管相关事务的副处长）
3. Z 市返乡农民工 MGN
4. Z 市返乡农民工 CHL
5. Z 市返乡农民工 YSQ
6. Z 市返乡农民工 GPZ
7. Z 市返乡农民工 YPJ

重庆市访谈对象

1. F 县县委宣传部公务员 YCL（副科长）
2. C 市公积金管理中心经办人员 LYT
3. F 县 YF 资产管理有限公司经办人员 LXS
4. F 县返乡农民工 YSK
5. F 县返乡农民工 XZ
6. F 县返乡农民工 SDK
7. F 县本地农民工 LNM

陕西省访谈对象

1. A 市教育局公务员 CJG（科长）
2. A 市人力资源和社会保障局公务员 MMT（副局长）
3. A 市 JN 中学副校长 XGH
4. A 市 YY 中等职业学校校长 XQW
5. A 市 YY 中等职业学校学生 GYT
6. A 市 YY 中等职业学校学生 YDG

后　记

——拉开时空社会政策研究的序幕

本书是我主持的2013年度国家社科基金项目的结项成果之一。全书在构建出广义和狭义时空关照概念的基础上，系统回溯了改革开放40多年来国家层面农民工社会政策的变迁历史与转移轨迹，同时跟踪比较了东部、中部和西部12省市农民工社会政策的创新实践。在过去的几年间，陆续“消灭了”30多罐哥伦比亚黑咖啡后，本书的正式出版可视为我在农民工社会保护研究领域的一个“中点”，将来我们团队有关农民工问题的研究将更聚焦在“90后平台劳动者的劳动控制与社会保护”与“新社会转型视角下城乡人口双向流动与融合机制”两个细分研究方向上。

时空无垠。景天魁先生指出，回顾自20世纪末以来时空社会学在中国成长为一个新兴学科的历程就会发现，时空社会学在中国得以迅速发展的根本原因在于中国的崛起过程召唤从时间性和空间性上对之予以刻画和解释，要求时空社会学为中国特色社会主义提供描述和分析的基础性框架。另一方面，冯仕政教授认为，社会政策是施行社会治理、推动社会建设的关键抓手，是社会学介入现实、服务社会的“控制性工程”，同时也是社会学感知和洞察社会，从而反哺学科发展的重要途径。因此，大力发展社会政策研究是社会学学科建设的题中应有之义，必须予以重视。那么，时空社会学与社会政策的相遇又会碰撞出什么火花呢？我以为，时空社会政策的时代已经到来，这对时空社会政策的研究富有社会学想象力且现实意义重大，社会学人应尽快打开社会政策的时空之维。而本书正是我进入时空社会政策研究领域之后的第一本著作，希望它的出版能抛砖引玉，让更多学者关注并参与到时空社会政策的研究中来。

此外，如政治哲学家迈克尔·沃尔泽（Michael Walzer）所言，致谢和引文事关分配正义，是我们支付智力债务的通用货币。因此，在后记之中对本书研究和写作过程中提供了许多帮助的师友们表达感激之情是非常有必要的。首先要感谢朱宇教授与林李月研究员，他们关于流动人口流迁模式分化的研究给了我最初的研究灵感。林胜教授等“朱源里”师门里的其他成员的研究也给了我许多启示。要感谢清华大学社会学系沈原教授和郭于华教授，“农民工生产体制”仍未终结的现实表明他们的开创性研究领域仍有许多可拓展的空间。更要感谢景天魁研究员，他关于时空社会学的开创性研究，为我尝试提出且计划深耕的时空社会政策研究指明了方向。还要感谢王春光研究员，他所提出的“新社会转型”“城乡两栖”“新生代农村流动人口”等理论和概念充满社会学想象力，滋养了我的学术旨趣。

感谢研究过程中接受我们问卷调查和深度访谈的跨越多省市（时空）的公务员、企业主、企业人力资源管理者、各类社会组织工作人员，以及第一代和新生代农民工朋友们。回顾本书的研究过程，寒来暑往，天南地北，时空转换间，一份份问卷，一次次访谈，一个个并不奢侈的愿望……我明白的是，这本书凝聚着许多农民工兄弟姐妹的热切期盼。他（她）们朴实的话语和期盼的眼神是我们推动相关政策落地以改善该群体处境的不竭动力。从这个角度看，我希望呈现在读者面前的是一本有温度的著作，而非冰冷统计数据和黑白文字的简单堆砌。

当然，个人的“群学”研究离不开群体力量的支持，中共福建省委党校社会学省级重点学科建设为本书的写作提供了坚实的学术支撑。特别要感谢刘大可教授、程丽香教授和周玉教授的点拨和援手。窃以为，先行者对后来人的帮助有两种方式：其一是在具体事项上施予援手，满足受助者的急难之需；其二是在努力方向和思考方式上给予点拨，即便只是片言只语之劳，对受助者来说，一旦“开窍”则其影响将更加深远。然而，许多人往往记住了前者而忽视了后者。幸运的是，加入校院社会学省级重点学科平台以来，这三位本校院专业领域的前辈既为我指了远路，又帮我解了近忧。本人不善言辞，唯怀感恩之心继续前行！还要感谢林怡教授、王海英教授、林星教授、陈心颖教授、孙秀艳教授、肖剑南教授、陈祖英副教授、林娜副教授、吴燕霞副教授、张春霞副教授、祖群英副教授以及翁献民老师的关心、指导和帮助。

感谢研究团队的小伙伴们，时间易逝，但大家一起冒着冷风、酷暑和台风东奔西走展开问卷调查和访谈的记忆将永不磨灭。做一点实证研究获取第一手调查数据并不容易，在这几年走南闯北进村入户的过程中，“被狗追”“被鹅啄”“搭错车”“被误会”“遭盘查”的种种囧事与调研花絮不仅成为事后的笑谈，也将成为彼此独特的精神财富。未来几年我们调查中心规划出版的《时空社会政策》《县域社会学视域下的共同富裕问题研究：晋江经验与石狮实践》《灵活风险与弹性安全》《一线之隔：90后农民工群体研究（三卷本）》等学术专著值得期待。时不我待，只争朝夕。我们明白的是，时空社会政策研究的春天已经到来，即便团队全体成员倾注全力，还是有太多不断涌现出来的社会政策创新案例等待我们去发现、去收集、去研究、去推广。

感恩朱宇老师在百忙之中抽空为本书写了序言，我将谨记老师的嘱托，坚持不懈地做好就地城镇化相关问题的研究工作。感谢赵建国教授、许斗斗教授、陈世奎教授、张君良教授、谢宏忠教授的指导、点拨与援手。感谢郑庆昌教授、黄陵东教授、甘满堂教授、吴宏洛教授对我农民工社会保护与社会政策研究过程中所提出的许多宝贵意见和研究建议。感谢于春洋教授的“老踏时间管理术”，和黑咖啡一起，已经成为我提升工作效率、延长有效劳动时间的唯二法门。感谢我的好友徐纪阳教授、吴莲妹老师、钱鼎炜博士、黄庆强博士、汪乐萍主任，和你们的切磋、互动和讨论让“笨鸟后飞”的我在本书的写作中受益良多。

时空转换，物是人非。感谢我已经谢世的父亲，是他把我带到这个世界上，让我有机会品尝人世间的酸甜苦辣。虽然我最终没有走他为我指明的道路，但是这几年始终在自己坚守的方向上努力奔跑。感谢我的母亲，她虽工作在体制内，但是几十年来的日夜辛劳并不亚于一位农民工妇女。面对生活的波折与不易，她每每用坚定的行动和倔强的背影告诉我：求人不如求己，普通人能改变自身命运的机会就在自己的手茧上。这几年来，父亲的逝去和母亲的老去使我愈发感觉光阴缱绻、终成老旧。单位从小柳搬迁到闽侯之后办公环境得到很大改善，对于许多潜心“教—科—咨—宣”的同事们来说，集体和个体的事业都迎来了全新的发展机遇期。但是个人的家庭住所在鼓楼、晋安之间的往返折腾又让我饱受迁徙之苦。时空无垠，但个体生命有限，这些年来在“时空”压力之下尽快将自己有关时空社会政策的思考和感悟转化为现实文字沉淀下来的愿望愈加急切。

工作、生活密不可分。人到中年，一张安静的书桌来之不易！非“宁静”无以致远，感谢我的妻子在家里家外的默默操持。亦谢谢小女一诺、小儿骞翮。爸爸羡慕并努力守护你们的天真、快乐且无拘无束。感谢顽皮的你们让我在负重前行的中年感受到了许多童真与乐趣。

时空社会政策的序幕已经拉开，让我们共同期待未知的精彩！

沈君彬

2022 年 6 月 27 日完稿于福建省委党校新校区综合楼 B338